근로자 개념의 실무적 이해

근로자 개념의 실무적 이해

초 판 인 쇄 | 2017년 3월 20일
초 판 발 행 | 2017년 3월 31일

지 은 이 | 배 동 희 · 김 형 로 · 이 욱 래
펴 낸 이 | 김 남 진
펴 낸 곳 | (주)중앙경제
편집·디자인 | 한 지 희

주 소 | 서울시 중구 다산로11길 19 백석빌딩 신관 4층
전 화 | 02-2231-7293
팩 스 | 02-2235-5344
홈 페 이 지 | www.elabor.co.kr
출 판 등 록 | 80. 6. 21 제 2-66호

I S B N | 978-89-7017-372-6 (93330)
정 가 | 20,000원

근로자 개념의 실무적 이해

배동희 · 김형로 · 이욱래

(주)중앙경제

발간사

우리나라 사람들에게 가장 많은 영향을 미치는 법이 무엇인지 묻는다면 단연코 근로기준법이라는 사실에 이의를 제기하는 사람은 그리 많지 않을 것이다. 근로기준법은 적용을 받는 사람에게 가장 강력한 법적 보호나 규제를 가하고 있고 그에 반하는 약정은 근로계약이든 단체협약이든 모두 무효가 된다. 우리는 최근 통상임금 소송을 통하여 근로기준법의 위력을 실감하였다.

그러면 근로기준법은 누구에게 적용되는가? 일의적으로 답변할 수 있는 사람은 그리 많지 않다. 근로기준법은 "직업의 종류와 관계없이 임금을 목적으로 사업이나 사업장에 근로를 제공하는 자"라고 규정하고 있으나 이 규정만으로는 턱없이 부족하다.

현실 세계에 존재하는 모든 사항을 법률에 담을 수 없으니 근로기준법의 간략한 규정은 입법기술에 속한다. 그러나 그 적용 여부에 따라 재산적 부담이 늘어나는 것은 물론이고 형사처벌까지 받을 수도 있는 사람들의 처지에서는 답답하기 그지 없는 노릇이 아닐 수 없다.

거기에 이제는 노동조합 및 노동관계조정법 상 근로자 개념과 근로기준법상 근로자 개념을 구별해야 한다는 이야기까지 나온다. 그렇지 않아도 혼란한 상황에서 더욱 복잡한 양상을 띠게 된 것이다.

이 책의 저자들은 모두 10년에서 20년까지 노동법실무를 담당해 오면서 의뢰인들의 답답함을 체감해왔고, 이를 풀 수 있는 묘안에 대하여 고민해 보았다. 근로자 개념을 둘러싼 학설을 체계적으로 정리하고, 2017년 1월에 선고된 백화점 판매용역에 관한 최신 판례까지 빠짐 없이 소개하였다. 난해한 부분이 전혀 없다고 할 수 없으나, 가능한 한 실무가들이 접근하기 쉽도록 쓰기 위하여 노력하였다.

덧붙여 본 책자는 배동희 노무사의 2016년 고려대학교 법학박사학위논문인『판례 분석을 통한 근로자성 판단기준에 관한 연구』를 기초로 하였음을 밝힌다. 이 책이 근로기준법의 적용 여부가 문제되는 상황에서 만병통치약이 될 수는 없겠으나 적어도 나침반 역할을 할 수 있으리라 기대한다.

알파고로 대표되는 4차 산업혁명이 도래하고 초고령 사회로 진입하게 되면 일자리는 더 이상 상수가 아닐 수도 있다. 독자들이 스스로를 사용종속관계에 묶어 놓고 안정감을 느끼기보다는 새로운 사업기회를 끊임없이 만들어낼 수 있는 환경을 고민하는 계기가 되기 바란다.

배동희, 김형로, 이욱래(BAE, KIM & LEE)

목 차

제1장 서 론

제2장 노동법상 근로자 개념에 관한 기존 논의와 평가

제4장 근로자성 판단기준의 재정립

제5장 결 론

제1장

서 론

제1장 서 론

제1절 저술의 배경 및 목적

Ⅰ. 저술의 배경

모든 법률은 현실을 반영하고 현실이 변화되면 그에 따라 법도 변모해야 한다. 현실의 바탕을 떠난 법은 그 존재가치를 잃는다. 한 나라의 법이 실제와 달리 규율된다면 국민의 법적 신뢰를 잃게 되어 그 법적 안정성은 물론 국가의 존망에도 영향을 미칠 것이다. 법치국가에서 헌법에 기초를 둔 모든 법률이 현실에 맞게 규정되고 운용될 수 있도록 입법부와 법을 집행하는 행정부뿐만 아니라 법률을 해석하는 사법부에서도 부단한 노력을 경주하고 있다. 법의 현실정합성을 높이고자 입법부, 행정부 및 사법부는 각각의 권한 내에서 입법을 하고, 법을 집행하며, 법을 해석한다. 그 중 사법부는 법을 해석함에 있어 입법부와 행정부의 권한을 침해하지 않으며 삼권분립의 원칙을 견지하고자 한다. 이러한 법의 해석에서 현실정합성을 높이는 노력이 한계점에 도달하는 경우에는 입법권자가 법률을 개정하여 현실의 기반 위에서 법이 운용될 수 있도록 한다.

이처럼 법률은 현실에 바탕을 두고 있지만 특히 노동관계법의 영역에서는 더 많은 현실적인 이슈들이 부단히 제기되고 있다. 비정규직근로자의 보호 문제, 근로시간 단축 문제, 통상임금 관련 문제, 그리고 노동개혁 과제로 정년연장에 따른 임금피크제 도입과 성과연봉제를 비롯한 취업규칙 불이익변경과 관련한 문제 및 일반해고의 도입 문제 등은 최근 경제상황의 변화에 따라 비교적 최근에 제기된 문제들이다. 이러한 문제 등은 자세히 살펴보면 결국 고용률 70% 달성이라는 박근혜 정부의 대선 공약과 직 · 간접적으로 연결되어 있는 사항들임을 알 수 있다. 고용률 제고를 위한 정책적 방안으로 논의 중인 사항들은 결국 노동법상 '근로자 개념' 에 포섭되는 일자리 창출을 목표로 한다고 볼 수 있다.

변화의 속도나 범위에서 지금은 산업구조의 변화를 논의하던 이전과는 비교조차 불가능하고, 앞으로는 예상조차도 힘들 정도이다. 이미 IT첨단기술의 혁신과 정보화로 전 세계는 하나의 경쟁시장이다. 경제시장에서 국경도 없이 일어나는 기업간 경쟁은 생존을 위한 치열한 장(場)이 되고 있고, 세계화로 포장된 신자유주의로 인하여 일국 내에서 주된 의미를 가지던 단위노동의 가격과 생산력, 즉 노동생산성 또한 세계시장이라는 범주에서 논의될 수밖에 없다는 책속의 논리가 이미 노동시장에 있어서의 국경조차도 무의미하게 되어 대한민국 경제에서도 노동시장의 유연화라는 패러다임으로 자리잡은 지 오래다. 기존 전통적인 고용의 형태에도 이전에 겪어보지 못한 변화의 속도나 범위에 대응하여 커다란 변동이 일어나고 있다. 근로자의 생존은 기업의 존립과 불가분의 관계이므로 기업의 변화에 맞추어 근로자의 전형적인 모습도 새로운 양상으로 변화하고 있다. 근로자의 개념은 아직도 기본적으로 노동법의 보호대상으로 논의되고 있고 오래된 노동법의 전형적인 테마이기도 하다. 이러한 '근로자의 개념' 에 관한 논의는 노동법 적용의 선결문제로서 예전부터 꾸준히 있었지만, 20세기 말부터 고용 유연화 등의 영향으로 새로운 고용형태의 등장과 함께 다시 주요한 논의의 대상이 되고 있다. 특히 새로운 기술의 발달과 산업구조를 비롯한 경제환경의 변화 등으로 인하여 전통적인 고용의 형태와 구조 및 그 내용에서 근본적인 변화가 이루어지고 있어 최근 더 부각되고 있다. 로봇공학, 인공지능(AI),[1] 사물인터넷(IoT), 유비쿼터스, 모바일, 3D프린터 등의 혁신이 결합한 최신 기술이 전 세계의 산업 지형도를

1) 2016년 3월 서울에서 진행된 구글의 인공지능(AI) 알파고와 프로기사 이세돌의 '바둑' 대결에서 인공지능이 승리함으로써 과학 기술의 발전 속도에 대한 충격과 함께, 인간의 인식 한계를 머지않은 장래에 컴퓨터 인공지능이 뛰어 넘을 것임이 사실로 받아들여져 인류의 미래에 대한 예상은 기대와 우려가 뒤섞인 혼동 상태이다. 인공지능의 도덕적 경계와 그 제한에 대한 노력은 논의수준에 그치고 있는 반면, 인공지능의 기술적 고도화를 위한 노력은 전면적이고 집약적으로 이루어지고 있어, 우리가 그와 관련된 법제도를 준비하기 전에 노동시장은 그로 인한 혁명적 변화를, 근로자 개인 또는 집단은 그와 같은 변화를 과정이 아닌 결과로 먼저 마주할 가능성이 매우 높다.

혁명적으로 바꿔 '4차 산업혁명'을 일으킬 것으로 전망되는 앞으로의 시대는 지금보다 변화의 속도가 더 한층 가속화될 것이 확실하다.[2)] 그에 따라 고용의 형태나 내용도 다양하고 지금까지와는 다른, 전혀 새로운 모습으로 변모할 것이므로 근로자 개념을 둘러싼 노동법적 문제 또한 그 양상을 달리 하면서 지속적으로 제기될 것으로 보인다.

Ⅱ. 저술의 목적

노동법은 전통적으로 근로자를 그 보호대상으로 하고 있다. 따라서 근로자에 해당하는지의 여부는 노동법의 보호를 받을 수 있는지의 여부와 직결되는 것으로서 그 중요성은 별도의 설명이 필요 없는 당연한 내용이다. 근로자의 개념은 노동법의 보호 대상의 범위를 확정하는 것으로 노동법의 핵심적인 문제다. '근로자' 개

2) 2016. 3. 24. 한국고용정보원은 우리나라 주요 직업 400여개 가운데 인공지능(Artificial Intelligence)과 로봇기술(Robotics) 등을 활용한 자동화가 일자리에 미치는 영향을 분석해 발표했다. 영국 옥스퍼드대에서 미래 기술의 영향을 연구하는 칼 베네딕트 프레이와 마이클 오스본 교수가 제안한 분석 모형을 활용하였다. 각 직업이 정교한 동작이 필요한지, 비좁은 공간에서 일하는지, 창의력이 얼마나 필요한지, 예술과 관련된 일인지, 사람들을 파악하고 협상 · 설득하는 일인지, 서비스 지향적인지 등을 주요 변수로 삼아 분석한 것이다. 자동화에 따라 직무의 상당 부분이 인공지능과 로봇으로 대체될 위험이 높은 직업은 콘크리트공, 정육원 및 도축원, 고무 및 플라스틱 제품조립원, 청원경찰, 조세행정사무원 등의 순이었다. 환경미화원, 택배원, 주유원, 부동산 컨설턴트, 보조교사, 육아도우미, 주차 관리원 등도 사라질 가능성이 높은 상위 30위권 안에 들었다. 이들 직업은 업무를 수행하기 위해 단순 반복적이고 정교함이 떨어지는 동작을 하거나 사람들과 소통하는 일이 상대적으로 적은 특징을 보인다. 이밖에 통상 전문직으로 분류된 손해사정인, 일반의사, 관제사도 자동화에 의한 직무대체 확률이 상대적으로 높은 것으로 나타났다. 이는 단순 · 반복적인 저숙련 업무뿐만 아니라, 전문성이 요구되는 인지적 업무도 인공지능의 영향에서 벗어날 수 없다는 의미다. 반면 화가 및 조각가, 사진작가 및 사진사, 작가 및 관련 전문가, 지휘자 · 작곡가 및 연주자, 애니메이터 및 문화가 등 감성에 기초한 예술 관련 직업들은 자동화에 의한 대체 확률이 낮았다. 안무가, 가수, 메이크업아티스트, 패션디자이너, 감독, 배우 및 모델, 대학교수, 마술사, 초등학교 교사, 물리치료사, 임상심리사 등도 인공지능 시대에 살아남을 직업으로 분석됐다(고용정보원 홈페이지 www.keis.or.kr 참조).

념은 과거 전통적인 초기 산업사회에 나타난 공장 등 제조업의 생산 현장에서 인적으로 종속되어 노동력을 제공했던 근로자의 형상에서 도출하였다. 그러나 산업화 이후 기계화 및 자동화된 생산 기반과 고도화된 지식정보화 사회에서 전통적인 생산직의 모습에서 보이는 징표만으로 근로자 여부를 판단하기에 어려운 여러 직종이 계속 생기고 있다. 전통적인 징표로써 근로자 여부를 판단하기에 어려운 직종 중 하나인 사무직도 고용사회를 규율하는 법의 적용대상이 되며 그 수는 늘어나는 추세이다. 이러한 직종 가운데는 형식상 고용계약을 맺지 않았을 뿐 근로제공의 과정에서 실질적으로 노무수령자에 종속되어 그 지휘 · 명령을 받고 사회적, 경제적으로 열등한 지위에 노출되어 낮은 보수, 신분상 불안, 재해 위험에 노출되어 노동법의 보호가 필요한 직종이 적지 않다.

또한 일반적으로 과거와 비교하면 현실에서의 근로자상(像)에 큰 구조적 변화가 일고 있다. 먼저 기술 혁신, 서비스 산업의 확대, 서비스 경제화 등을 배경으로 '근로의 내용'이 급변하고 있다.[3] 육체근로 · 정형근로가 줄어들고 반면에 고도의 지식과 판단력이 필요한 정신적 · 전문적 근로와 독특한 재능이나 감성이 필요한 '창조적 근로'가 늘고 있다. 또한 정규직 근로자 외에 단시간 · 기간제 · 파견근로자, 아르바이트 · 일용직 · 임시직 · 촉탁직, 외국인 · 도급근로자 등 다양한 계약으로 다양한 형태로 일하는 사람들이 늘어났다. 이렇게 다양한 근로 형태에서 '자영업자'에 가까운 독립성을 가진 자들이 늘어나 '사업자'와의 경계선이 모호해지고 있다. 정규직 근로자 중에서도 재량근로시간제 · 탄력적 근로시간제 · 선택적 근로시간제 · 재택근로제 · 스마트워크제 등의 유연근무형태[4]가 증가하고 있다. 그리고 정규 장기고용제도에서 내부 승진으로 근로자와 '경영자'의 경계선도 불명확하게 되었다. 이에 비하여 노동법에서의 근로자상(像)은 신분 · 자본 · 교육

---

3) 제러미 리프킨(이영호 옮김), 「노동의 종말」, 민음사, 2005, 185~251면에서는 전 세계 노동력의 감소를 (기존의 1차, 2차, 3차산업의 분류에 따라) 더 이상 농부가 필요없는 세상, 블루칼라의 종말, 최후의 서비스 노동자로 나누어 설명하고 있다.

4) 근무형태의 유연성(flexibility)을 말하며, 정형화된 근무형태에서 벗어나 근무시간, 근무장소, 근무형태를 다양화하는 조직관리 방식이며, 우리나라에서는 2010년부터 공공부문에서 본격적으로 도입 · 활용되기 시작했다. 유연근무제는 근무형태의 다양화를 통해 생산성 향상 및 성과중심의 근무체제를 만들기 위해 활용되고 있다.

등에서 자본가 · 경영자와의 계급적 격차가 있고, 노동시장의 교섭력 측면에서도 계속 사회적 보호가 필요한 집단이다. 노동법 생성초기의 근로자 모습, 제조업이 산업구조의 중심을 이루는 시대에서의 근로자 모습, 그리고 서비스업이 주된 비중을 차지하는 후기 산업사회 시대의 근로자 모습은 각각 다르다. 노동법은 열악한 환경에서 노동을 하는 전형적인 사회적 약자인 임금노동자를 보호하기 위하여 생성되었고, 그러한 사회적 약자로서의 근로자를 보호한다는 기본이념은 여전히 현행 노동법의 핵심원리로 유지되고 있다. 노동법은 근로자를 대상으로 일률적 · 강행적인 근로조건과 기준을 마련하고, 노동시장에서의 교섭에 따른 착취를 방지하고, 집단적 조정 등으로 근로자의 단결 활동을 지원하며 집단적 보호체계를 규정하고 있다. 그러나 정치적, 사회적 민주주의의 성장과 더불어 근로자가 신분적 하위계층이라는 지위에서 동등한 국민의 지위로 변모했고, 더 나아가 기술진보를 통한 근로자 계층의 다양화에 따라 오늘날 근로자의 모습은 노동법이 생성되던 초기의 전형적인 근로자의 모습과는 다르다는 점을 확연하게 보여준다. 위에서 말한 근무형태의 구조적 변화 속에서 노동시장에서도 고도의 전문지식, 독자적인 재능, 자유근로형태로 행동하는 개별 근로자가 늘어났다. 결국 근로자의 지위를 가지면서도 일정한 범위 내에서 사용자적인 권한을 행사하는 자나 특수한 기능과 능력을 보유하여 상당한 보수를 지급받는 자가 있는 반면, 여전히 현재의 생존을 걱정해야 하는 근로자, 새로운 비전형 근로관계를 형성하고 있는 근로자, 실업자 등 실로 다양한 모습들로 이루어져 있다. 오늘날에는 근로자의 전형적인 모습을 그리는 것이 쉽지 않은 상황이다. 이러한 현상 속에서 근로자의 지위를 가진 자는 곧 사회적 보호를 받을 필요가 있는 사회적 약자라는 기존의 명제가 과연 현실규율적인 측면에서 구체적 타당성을 가지고 지금도 유지될 수 있을지 의문이다.

현행법의 구조는 일반적으로 근로자를 중심으로 노동법의 적용범위를 정하고 있기 때문에 '누가 근로자인가' 하는 문제는 곧 노동법의 기본이념인 사회적 보호필요성의 문제와 함께 제기된다. 사회적 · 경제적 변화 및 이에 따른 취업 내지 고용형태의 변화 속에서 근로자 개념을 판단하고 이와 결부된 사회적 보호필요성을 판단하기 위해서는 변화된 사회 · 경제적 환경을 고려하고 반영할 필요가 있다.

이와 관련하여 입법정책적인 관점에서 새로운 입법을 통하여 해결책을 강구하는 방안과, 현재의 입법체계 내에서 가능한 한 합리적인 해석방법을 강구하여 문제점을 해결하는 방안을 생각할 수 있다. 본서는 후자의 입장에서 급격하게 변화하는 경제적 · 사회적 여건에 따라 이에 대응하는 근로자 개념을 체계화할 수 있는 방안을 모색한다. 구체적으로는 노동법상 근로자 개념에 관한 기존 '논의'를 먼저 살펴보고, '판례'를 유형별로 분석하여 근로자 개념의 판단기준과 판단방식을 체계화하고자 한다.

제2절 저술의 범위와 방법

Ⅰ. 저술의 범위

근로자 개념은 노동법의 인적 적용범위, 즉 노동법의 외연(外延)을 획정하는 기준이 된다. 노동법의 보호를 받으려면 노동법상의 근로자에 해당하여야 한다. 최근 새로운 노동형태가 출현하여 근로자의 범위에 대한 논의가 다양하고 복잡하게 전개되고 있어 노동법상 근로자성 판단을 더 어렵게 하고 있다. 독일의 경우 오랫동안 학설과 판례를 통해 정립된 통일된 근로자 개념의 본질적인 요건인 인격적 종속성을 기초로 하여 근로자성을 판단해왔으나, 1960년대 초반부터 확정된 개념요건에 치중하지 않고 인격적 종속성의 존재를 판단할 수 있는 하위지표들을 적용하여 유형적 관점에서 실재하는 사실관계로부터 근로관계에 대한 종합적 평가를 통해 근로자의 법적 형상을 탄력적으로 판단하게 된다.[5] 근로자 개념은 유형학적 개념이고, 유형적 방법론[6]에서는 구별 대상자 즉, 구별하고자 하는 자와의 비교가 중요하다. 근로자 개념은 근로자와 자영인 사이의 구별을 위한 것인 만큼, 특정 노무공급자의 근로자성은 근로자 징표뿐만 아니라 자영업자 징표까지 함께 고려하여야 한다.

---

5) 법률상의 개념을 소위 '유형개념(Typusbegriff)' 과 '분류개념(Klassenbegriff)' 으로 나누는 경우에 노동법상 근로자 개념은 흔히 유형적 개념에 해당하는 것으로 이해가 된다. 이러한 개념 분류에 대해서는 박종수, "세법상 유형화 · 포괄화의 정당성과 한계", 『조세법연구』, 한국세법학회, 2004, 128~158면.

6) 법학 방법론에서 유형이라는 개념은 한 집단의 사물에 공통된 특성을 기반으로 결과되는 형식을 의미하므로 이러한 특성이 일정한 유형에 속하거나 일정한 유형을 이룬다는 의미로 전형적 특징을 의미한다(Larenz/ Canaris, Methodenlehre der Rechtswissenschaft, 1995, S. 461 ff.). "판결(2006. 12. 7. 선고 2004다29736 판결: 대학입시학원 종합반 강사가 근로기준법상 근로자에 해당한다고 한 사례)에서 나타난 유형적 방법론의 의미"를 설명하면서 근로자의 규범적 유형화를 위한 핵심개념을 '인적 종속성, 즉 종속적 지휘명령관계' 라고 하는 주장은 박지순, "근로자개념론–골프장캐디 사건 판결을 계기로–", 노동법실무연구회 발표문(2015.5.12.), 4~11면.

노동법상 근로자 개념에 관한 '판례'를 분석하고 '근로자 개념의 판단기준과 판단방식을 체계화'하기 위하여, 먼저 노동법의 영역 중 근로기준법과 노동조합 및 노동관계조정법(이하 '노조법'이라 함)을 중심으로 한 이론상 근로자 개념에 관한 기존 논의를 살펴보고, 판례의 입장과 비교하여 그 논의에 대한 평가가 이루어져야 할 것이다. 이를 기초로 새롭게 등장한 다양한 근로형태에서 노동력을 제공하는 자(노무제공자)의 근로자성에 대한 법원의 판례를 살펴보고 이들을 노동법의 보호영역에 포섭시킬 수 있는지 검토해야 한다.

Ⅱ. 저술의 방법

먼저 제2장에서는 근로자 개념에 관한 기존 논의를 정리하고 평가한다. 헌법과 근로기준법 및 노조법에서의 근로자 개념이 무엇인지, 그 본질은 무엇이고 각각의 근로자 개념은 구별되는 것인지 등의 논의를 중심으로 살펴본다. 헌법의 관련 규정에서 출발하여 헌법상 근로자 개념과 노동법상 근로자 개념에 관한 학설상 논의를 중심으로 살펴보고, 그 논의와 관련된 내용을 중심으로 주요 국가의 입법례 등 비교법적인 고찰을 통해 기존 근로자 개념에 대한 논의를 정리하고 평가한다. 노동법상 근로자의 개념은 개별적 근로조건에 관한 사항을 규율하는 대표적인 법률로서 근로기준법상 근로자 개념과, 근로기준법과 다른 내용으로 근로자 개념에 관한 별도의 정의 규정을 두고 있는 집단적 노사관계를 규율하는 대표적인 법률인 노조법상의 근로자 개념과 사회보장법상의 근로자 개념[7] 등으로 나눌 수 있는데, 본서에서는 개별적 근로조건에 관한 근로기준법과 집단적 노사관계에 관한 노조법에서의 근로자 개념을 중심으로 검토한다. 먼저 근로기준법상 근로자

7) 산업재해보상보험법은 제5조 제2호에서 근로기준법상 근로자 개념을 따르고 있지만, 국민연금법(제3조 제1항 제1호)과 국민건강보험법(제3조 제1호)에서 근로자는 현실적 취업관계를 전제하지 않고 임금 · 급료 기타 이에 준하는 수입으로 생활하는 자도 포함하는 노조법상 근로자 개념에 따르는 것으로 보인다.

개념에서는 근로기준법이 규정하는 근로자 정의의 개념 요소를 검토한 후, 일반적으로 근로자성의 판단근거로 들고 있는 종속성의 본질이 무엇인지와 종속관계에 대한 판례의 판단 기준을 비판적으로 이해하는 학설들을 살펴본다. 이어서 노조법상 근로자 개념에서도 노조법이 규정하는 근로자 정의의 개념 요소를 검토한 후, 근로자 개념의 통일성과 상대성에서 노조법상 근로자 개념을 근로기준법과 동일하게 볼 것인지에 대한 논의를 살펴본다.

제3장에서는 대법원의 판례를 중심으로 근로기준법과 노조법으로 대별하여 각각 근로자 개념의 판단기준에 관한 대표적인 사례를 정리 · 검토하고, 문제된 판례 사안에서의 직업이나 노무공급 형태를 유형별로 분류하여 살펴본다. 이를 통해 판례가 판단기준을 실제 사안에서 사실관계를 포섭하여 적용하는데 일관성이 있는지, 판례에서의 판단기준과 판단방식이 근로자성 여부에 대한 예측가능성 있는 체계인지 등을 분석한다.

제4장에서는 근로자성과 관련하여 우리 법원이 문제된 개별적인 사안에서의 해결에 집중한 나머지 사실관계를 포섭하는 판례의 판단기준이 애매하고 실제 사안마다 결론을 달리하는 문제점을 해결하기 위한 방법을 살펴본다. 본고에서는 판례의 전체적인 흐름에서 판례 사안들을 정리 · 체계화하여 근로자 개념의 판단체계를 정립하는 방안을 제시하고자 한다. 근로자 개념의 종속성의 본질을 동일하게 보는지(근로자 개념의 구별), 근로자성의 판단기준을 어떻게 설정할지와 그 판단기준을 적용한 인적대상으로 근로자를 어느 범위까지 인정할지(근로자성의 판단기준과 적용범위)에 관한 논의를 구분하여 하나씩 검토하는 방법으로 접근한다. 이러한 방법은 기존 판례들이 판단기준과 판단방식에서 체계가 없어서 실무적으로 근로자성 판단에 관한 예측가능성과 법적 안정성을 담보하지 못한다는 문제점을 극복하기 위한 것이다. 그 후에 판례가 제시한 판단기준에서 나아가 새로운 근로자성 판단기준을 모색하고, 근로기준법과 노조법상 근로자의 범위를 복합적으로 이해하여 그 차이를 중층적 구조로 설명해보기로 한다.

제2장

노동법상 근로자 개념에 관한 기존 논의와 평가

제2장 노동법상 근로자 개념에 관한 기존 논의와 평가

제1절 헌법상 근로자 개념

Ⅰ. 의 의

1. 논의의 출발

노동법상 근로자 개념을 살펴보기 위해서는 헌법의 관련 규정부터 검토하여야 한다. 헌법은 모든 법률 체계에서 기초를 형성하는 기본법이기 때문이다. 헌법은 모든 법규범의 성립과 존속, 내용 및 효력의 근거가 될 뿐 아니라 동시에 그 해석의 기준이 되어야 한다.[8] 우리 헌법 제32조와 제33조에서 노동기본권을 보장하고 있고, 이러한 노동권을 구체화한 대표적인 법률로 근로기준법과 노조법 등이 있다. 헌법에 규범적으로 규정된 헌법상의 근로자 개념이 존재하는가 하는가를 먼저 살펴보면, 우리 헌법은 헌법 제32조 제1항과 제33조 제1항 내지 제3항에서 명시적으로 '근로자' 라는 용어를 사용하기 때문에 헌법상의 근로자 개념이 문제될 수 있다. 전자는 '근로권(근로의 권리)' 과 관련된 근로자를, 후자는 '노동3권(근로

8) 허영, 『한국헌법론』, 박영사, 2015, 76면.

3권)’[9]과 관련된 근로자를 의미하는 것으로 구분할 수 있다.[10] 그러나 일반적으로 헌법 제32조의 근로권은 그 주체를 ‘국민’으로 파악한다.[11] 따라서 우리 헌법은 ‘근로자’를 근로조건의 향상을 위한 노동3권의 향유주체라고 제33조에서 규정할 뿐이다.[12] 따라서 헌법상 근로자의 개념은 노조법상 근로자와 같이 볼 것인가에 초점을 두고 일반적으로 논의되고 있다. 하지만 헌법상 근로자의 개념이 정확히 무엇이고 사회적 보호가 필요한 종속노동을 제공하는 자가 근로자로 되어 어떻게 보호되어야 하는지에 대해 아무런 기준을 제시하지 않고 있고, 헌법상 근로자 개념이 근로기준법과 노조법 등 노동법에 규정된 근로자라는 개념을 모두 포섭하는 것인지(‘근로자’란 용어 자체에 대해 직접적인 개념정의를 두고 있는 대표적인 법률은 근로기준법과 노조법이지만, 이 두 법률은 서로 조금씩 다른 표현을 사용하여 규정하고 있다), 아니면 노동3권의 주체로서의 근로자 개념을 의미하는 것인지에 대해

---

9) 단결권, 단체교섭권, 단체행동권은 원칙적으로 상호불가분의 일체의 권리로서, 학자에 따라 ‘근로3권’(김형배)이나 ‘단결활동권’(임종률)이라고 표현하기도 한다. 본고에서는 어감상 ‘노동3권’이라는 표현를 기본으로 하고 [‘근로3권’이라고 부르는 것은 노동조합을 근로조합, 노동쟁의를 근로쟁의로 부르는 것처럼 어감을 살리지 못한 부적절한 용어라는 주장에 임종률, 『노동법』(제14판), 박영사, 2016, 21면], 판례나 학자의 견해를 직접 인용할 경우 ‘근로3권’으로 표현된 것은 이를 그대로 사용하기로 한다.

10) 이달휴, “헌법상 근로권에 있어서 근로자개념”, 「공법학연구」(제12권 제2호), 한국비교공법학회, 2011, 6면.

11) 헌법재판소는 “근로의 권리가 “일할 자리에 관한 권리”만이 아니라 “일할 환경에 관한 권리”도 함께 내포하고 있는바, 후자는 인간의 존엄성에 대한 침해를 방어하기 위한 자유권적 기본권의 성격도 갖고 있어 건강한 작업환경, 일에 대한 정당한 보수, 합리적인 근로조건의 보장 등을 요구할 수 있는 권리 등을 포함한다고 할 것이므로 외국인 근로자라고 하여 이 부분에까지 기본권 주체성을 부인할 수는 없다. 즉 근로의 권리의 구체적인 내용에 따라, 국가에 대하여 고용증진을 위한 사회적 · 경제적 정책을 요구할 수 있는 권리는 사회권적 기본권으로서 국민에 대하여만 인정해야 하지만, 자본주의 경제질서하에서 근로자가 기본적 생활수단을 확보하고 인간의 존엄성을 보장받기 위하여 최소한의 근로조건을 요구할 수 있는 권리는 자유권적 기본권의 성격도 아울러 가지므로 이러한 경우 외국인 근로자에게도 그 기본권 주체성을 인정함이 타당하다.“고 판시하고 있다(헌법재판소 2007. 8. 30. 2004헌마670).

12) 만약 독일처럼 ‘모든 자’ 또는 ‘각 인’(Jederman)이 단결의 자유를 향유한다고만 규정할 경우는 헌법 규정이 근로자라는 용어를 사용하지 않기 때문에 헌법상의 근로자 개념은 존재하지 않는다고 할 수 있다.

명확한 설명을 하고 있지 않다.[13)]

2. 헌법상 근로자 개념의 의미

1) 헌법상 노동기본권의 주체로서 근로자

근로자는 우리 헌법에서 어떠한 의미를 가지는지에 대해서 먼저 살펴볼 필요가 있다. 우리 헌법은 제32조와 제33조에서 근로자가 가지는 노동기본권을 규정하고 있으면서도 근로자의 개념에 대해서는 정의하고 있지 않다. 이에 따라 노동기본권의 주체가 되는 근로자는 과연 어떤 자를 의미하는 지에 대한 논의가 다양하게 펼쳐지는데 대표적인 것들을 중심으로 보면 다음과 같다.

2) 실정법상의 개념 정의규정에서 찾는 견해

헌법상 근로자 개념은 헌법 내에서 별도로 규정하고 있지 않으므로 헌법상 노동기본권의 주체로서 근로자 개념 정의를 헌법을 근거로 입법화된 실정법상의 개념 정의규정에서 찾는 견해가 있다. 이러한 견해 중 하나가 헌법 규정상의 근로자 개념과 이를 근거로 입법화된 실정법상의 근로자 개념이 동일하다는 전제에서 근로자 개념을 파악하는 견해이며, 또 다른 하나는 하위법률에 규정된 근로자의 개념들을 통하여 헌법이 상정하고 있는 전체의 근로자 개념을 파악하여야 한다는 견해이다.[14)] 전자는 노동기본권상의 근로자 개념을 각각의 실정법률에서의 정의규정으로 연결하여 이해한 것임에 반해, 후자는 근로자의 개념을 정의한 하위법률 전체의 개념을 종합하여 헌법상의 근로자 개념을 도출하려고 한다는 점에 있다.

두 견해가 서로 다른 이유는 전자가 헌법 제32조와 제33조의 규정 하나 하나의 근로자 개념과 그에 근거한 실정법에서의 근로자 개념을 일대일 관계로 인식하고

13) 강희원 · 김영문, 「근로자개념과 계약의 자유」, 중앙경제, 2001, 79~83면.
14) 김재기, '공무원노동조합법제의 입법방향', 「노동법연구」 제10호, 서울대 노동법연구회, 2001, 268면 참조.

있는 반면, 후자는 우리 헌법의 다른 기본권은 대부분 모든 국민을 그 향유주체로 하고 있으면서 노동기본권만 근로자라고 특정하고 있는 점을 감안할 때 적어도 그 범위가 '국민' 보다는 좁은 것이 명백하지만 헌법이 근로자 개념에 대해 적극적으로 그 개념정의를 하고 있지 않기 때문에 결국 헌법의 위임을 받은 실정법에서 나타나는 개념 표지 등을 종합하여 헌법에서의 근로자 개념을 도출할 수밖에 없다는 인식에서 시작한다는 점에서 찾을 수 있다.

3) 독자적인 헌법상 근로자 개념을 설정하려는 견해

실정법률을 통한 헌법상 근로자 개념의 이해는 최소한 그 개념에 포함되는 대상을 식별할 수는 있지만 실제 헌법상 근로자 개념의 외연을 확정하는 데에는 한계가 있을 수밖에 없다는 지적과 함께 헌법상의 노동기본권과 근로자 개념은 실정법률의 입법과 관계없이 이미 헌법 내에서 개념화 되어 있는 것이고, 실정법률은 이러한 헌법상의 근거를 바탕으로 현실에 맞게 입법화된 결과물에 불과하다는 것을 전제로 헌법상의 구조와 맥락 속에서 노동기본권의 주체로서 근로자의 의미를 도출하는 견해가 있다.[15] 이에 따르면 헌법상의 근로자 판단은 노동관계법상의 근로자 범위와 한계를 확정하는 기준을 제공하고 또한 노동관계법을 해석하는데 있어서 예측가능성, 법적 안정성을 부여한다고 한다.

헌법은 실정 법률의 상위에 존재하면서 실정 법률의 정당성 기초를 제공하는 관계에 선다. 이러한 상위 헌법과 하위 법률이라는 도식관계를 전제한다면, 비록 근로자라는 동일한 표현을 사용하였지만 헌법상 근로자의 의미에 포섭되는 외연은 하위 법률에서 규정하고 포섭하는 근로자의 외연보다 적어도 같거나 크다는 것이 논리적으로 당연히 인정될 수 있을 것이다.[16] 이 입장에서는 우리 헌법이 채택하

---

15) 이달휴, "헌법상 근로권에 있어서 근로자개념", 「공법학연구」(제12권 제2호), 한국비교공법학회, 2011, 4면.

16) 실정법상의 근로자 개념은 헌법이 상정한 근로자 개념의 외연 중 해당 법률이 대상으로 삼고자 하는 근로자의 범주를 획정하는 개념으로 볼 수 있다. 이런 관계에서 노조법의 근로자 개념과 헌법상의 근로자 개념은 종개념(species)에 대한 유개념(genus)의 관계로 볼 수 있다[박종희, "노동조합 및 노동관계조정법상 근로자의 개념-특히 실업자의 조합원자격과 관련하여-", 「노사관

고 있는 자본주의 경제체제와 헌법 제15조에서 규정하고 있는 직업의 자유 등의 구조 속에서 생산수단을 소유하고 독립적인 경제활동이 가능한 사람과 대별되게, 타인에게 자신의 근로를 제공함으로써 경제활동을 하는 사람을 근로자의 범주로 인식한다. 물론 당연히 노동기본권의 주체로서 근로자는 근로의 권리를 보장하여야 할 대상이라는 점에서 구체적인 직업활동을 하고 있는 근로자만을 의미하는 것이 아니라 직업활동으로서 종속적인 지위에서 근로를 제공할 의사가 있는 자까지도 포괄하여 지칭하는 것으로 이해한다.[17)]

4) 검 토

헌법의 전체 체계 속에서 근로자 개념을 도출하는 견해는 헌법이 노동기본권 향유 주체로 설정한 근로자를 직접 도출한다는 점에서 적합성이 높지만, 근로자 범위의 한계가 상대적으로 명확하지 않다는 단점이 존재한다. 반면, 실정법상의 정의 규정에서 근로자의 개념을 도출하는 견해는 헌법상의 근로자 개념을 모두 포섭할 수 있는 개념으로 인정하기에는 다소 부족할 수 있다는 단점이 있지만, 근로자의 개념이 보다 명확하다는 장점이 있다.

우리 헌법은 근로자에 대해 적극적으로 그 개념정의를 하고 있지 않으므로, 본고에서는 헌법상 근로자 개념을 먼저 헌법 제32조와 제33조의 규정 및 헌법상의 구조와 원리를 바탕으로 노동기본권(대표적으로 근로권과 노동3권)의 주체로서 근로자의 의미가 무엇인지 내용을 알아보고, 이어서 그 한계에서의 구체적 내용 등을 차례로 살펴보기로 한다.

계 선진화방안 주요쟁점 분석 및 입법대안 모색(Ⅴ)」, 한국노동연구원, 2005.9., 6면].

17) 박종희, "공무원의 노동관계법상 지위에 관한 연구", 「노동법포럼」, 노동법이론실무학회, 2010, 114면.

Ⅱ. 헌법상 근로권에서의 근로자 개념

1. 근로권에서의 근로자 규정

우리 헌법 제32조에 근로권이 규정되어 있다. 그런데 이 조문에서 제1항에만 '근로자' 라는 용어가 나온다.[18] 제1항은 "모든 국민은 근로의 기회를 가진다. 국가는 사회적 · 경제적 방법으로 근로자의 고용의 증진과 적정임금의 보장에 노력하여야 하며, 법률이 정하는 바에 의하여 최저임금제를 시행하여야 한다."고 규정하고, 이외의 조항에는 '근로자' 라는 표현이 나타나지 않는다. 헌법상 근로권에서 근로자의 범위를 논하는데 있어서 제32조가 기준으로 된다. 제1항에 근로자의 고용증진을 규정하고 있기 때문에 문언상으로는 고용하기 전에 근로자 개념이 확정되어야 한다. 즉 헌법 제32조의 근로권은 문언상 고용관계가 있기 전에 근로자의 개념이 먼저 확정되어야 한다는 것이다. 그렇지만 근로자의 개념은 노동하는 형태에 따라 발생하는 개념이고 노동하는 형태와 관계없이 우선적으로 근로자 개념이 확정될 수 없기 때문에,[19] 먼저 근로권의 내용을 통해 헌법상 근로권의 근로

---

18) 제32조 ① 모든 국민은 근로의 권리를 가진다. 국가는 사회적 · 경제적 방법으로 근로자의 고용의 증진과 적정임금의 보장에 노력하여야 하며, 법률이 정하는 바에 의하여 최저임금제를 시행하여야 한다.

② 모든 국민은 근로의 의무를 진다. 국가는 근로의 의무의 내용과 조건을 민주주의원칙에 따라 법률로 정한다.

③ 근로조건의 기준은 인간의 존엄성을 보장하도록 법률로 정한다.

④ 여자의 근로는 특별한 보호를 받으며, 고용 · 임금 및 근로조건에 있어서 부당한 차별을 받지 아니한다.

⑤ 연소자의 근로는 특별한 보호를 받는다.

⑥ 국가유공자 · 상이군경 및 전몰군경의 유가족은 법률이 정하는 바에 의하여 우선적으로 근로의 기회를 부여받는다.

19) 이달휴, "헌법상 근로권에 있어서 근로자개념", 「공법학연구」(제12권 제2호), 한국비교공법학회, 2011, 8면 참조. 이달휴 교수는 원칙적으로 고용되고 난 후에 근로자의 보호를 목적으로 하는 근로기준법과 관련하여 헌법 제32조에서 근로자가 고용이 되기 전에 근로자 개념이 과연 확정될 수 있는가 하는 문제를 제기하면서, 만약 고용되기 전에 근로자 개념을 확정한다면 이는 노사계급론적 시각과 가깝다고 한다.

자 개념을 파악하고 그 범위와 한계가 어디까지인지를 알아보아야 할 것이다.

2. 근로권의 내용과 근로자 개념

1) 근로권의 의의

우리 헌법 제32조에 일할 권리, 즉 근로권을 보장하고 있으며, 근로권의 내용을 '일할 자리에 관한 권리'와 '일할 환경에 관한 권리'로 나눈다면,[20] 전자의 일할 자리는 고용되기 전의 문제를 주로 말하고 있고, 후자는 고용된 후의 일할 환경에 관한 내용이라고 할 수 있다. 이에 따라 근로자 개념의 내용을 살펴본다.

2) '일할 자리'에 관한 권리에서 근로자 개념

헌법 제32조 제1항의 '근로자' 규정을 보면, "근로자의 고용증진"이라고 규정되어 있으므로 일할 자리에 관한 권리와 관련되어 있다고 할 수 있다. 고용 증진은 일할 자리를 제공한다는 의미이기 때문이다. 일할 자리는 일할 기회를 보장하는 것이고, 일자리를 보장하는 헌법상 권리로는 직업의 자유와 근로의 권리가 있다. 헌법상 직업의 자유의 주체는 국민으로, 근로의 권리의 주체는 근로자로 규정하고 있다.

그렇다면 근로기준법에서 규정하고 있는 근로자 개념은 헌법 제32조에서 규정하고 있는 근로자의 의미와 어떤 관계에 있는 것인가? 즉 헌법상 근로자 개념과 하위 실정법상 근로자 개념이 동일한 의미로 파악(헌법 제32조 제1항의 근로권의 주체는 국민이라는 입장[21])되어야 할 것인지, 아니면 헌법의 규정을 근거로 하

20) 허영, 『한국헌법론』, 박영사, 2015, 531~535면.

21) 첫째, 일자리를 가지기 전에는 실상 국민과 근로자를 명백하게 구분할 수 없고, 둘째, 구체적인 일자리의 모습에 따라 보호받는 권리가 다르고, 셋째, 국민과 근로자는 구분된다고 하더라도 어떤 사람에 대해서 고정된 것이 아니고 상호 순환할 수 있기 때문에 그리고 이와 관련하여 사회주의를 인정하지 않기 때문에 근로권의 주체도 국민이라는 견해가 있다. 즉 헌법 제32조 제1항에서 근로자의 고용증진을 규정하고 있지만 근로권의 주체는 국민이라는 것이다. 따라서 근로권에서 사용하는 근로자란 표현은 국민의 오기라고 본다[이달휴, "헌법상 근로권에 있어서 근로자개

위 실정법률의 목적에 따라 상이하게 개념정의 될 수 있는지에 관한 문제와 연결된다. 전자는 헌법에서 근로자 개념에 대한 본질적인 핵심내용을 설정하는 것으로 보고 하위 실정법률에서는 이러한 핵심내용을 근간으로 동일한 범주에서 근로자 개념이 구체화되어야 하는 것으로 해석한다. 그러나 후자는 헌법에서는 하위 실정법률에서 규정하는 다양한 근로자 개념의 핵심을 구체화함이 없이 하위 실정법률에서 사용되는 모든 근로자 개념의 외연을 포함하는 추상적이며 광의의 의미로 규정된 것으로 보고, 하위 실정법률에서 입법자가 헌법의 가치판단을 존중하여 개별법적인 관점에서 별도의 근로자 개념을 구체화하는 재량행위가 가능한 것으로 보는 입장이다. 후자의 입장에 찬동하며, 하위 실정법률에서 사용되는 모든 근로자 개념의 외연을 포함하는 헌법상 근로자 개념의 추상적이며 광의의 의미는 무엇인지를 먼저 하나씩 살펴본 후, 그 이유를 설명하기로 한다.

3) '일할 환경'에 관한 권리에서의 근로자 개념

(1) 일할 환경에 관한 권리의 내용

현행헌법은 모든 근로자에게 합리적인 근로조건과 적정한 임금의 보장과 최저임금을 보장해주기 위하여, ① 인간의 존엄성을 존중하는 근로조건(제32조 제3항), ② 여자근로자를 특별히 보호하며 부당하게 차별하지 않는 근로조건(제32조 제4항), ③ 연소근로자를 특별히 보호할 수 있는 근로조건(제32조 제5항), ④ 민주주의원칙에 어긋나지 않는 근로조건(제32조 제2항 후문), ⑤ 모든 근로자는 국가에게 적정한 임금 내지 최저임금을 보장해 주도록 요구할 수 있는 권리(제32조 제1항 제2문 제2절)를 보장하고 있다.[22] 따라서 건강한 작업환경, 일에 대한 정당한 보수, 합리적인 근로조건을 보장 등을 요구할 수 있는 권리가 모두 일할 권리 중 일할 환경에 권리에서 나온다.

념", 「공법학연구」(제12권 제2호), 한국비교공법학회, 2011, 9면].

22) 허영, 『한국헌법론』, 박영사, 2015, 533~534면.

(2) 일할 환경에 관한 권리의 본질과 근로자 개념

일할 환경에 관한 권리의 주체인 근로자는 "종속노동"을 하는 자로 규정되어야 할 것이다.[23] 왜냐하면 근로권이 노동을 통한 인간존엄성의 실현, 또는 노동이 내재하는 가치인 인격의 실현을 위하여 일할 환경에 관한 권리가 존재한다면 노동하는 과정에서 자기결정이 전제되어야 한다. 즉 노동하는 과정에서 노동하는 자의 자기결정이 없으면 자신이 제공한 노동을 수행하는 과정에서 또는 수행을 하고 난 후에 노동에 대한 보람을 느끼지 못하거나 노동에 대한 향유를 하지 못하기 때문에 인간의 존엄과 가치를 실현할 수 없다. 요컨대 일할 환경에 관한 권리는 일자리를 구하고 난 이후 일하는 과정에서 근로자의 인간존엄성이나 노동인격을 실현하기 위하여 나타난 권리라고 할 수 있고, 이의 실현을 위해 헌법 제32조 제3항에서 "근로조건의 기준은 인간의 존엄성을 보장하도록 법률로 정한다."라고 규정하고 있다고 할 수 있다.

이와 같이 일할 환경에 관한 권리의 본질을 노동을 통한 인격실현을 위한 환경조성이라고 한다면 먼저 현재에 노동을 하지 않는 실업자는 현재 노동이 없기 때문에 일할 환경에 관한 권리를 향유하지 못한다. 그리고 취업자인 경우에는 단순히 노동3권에서 주된 목적으로 하는 노동력 거래가 목적이 아니라 노동하는 과정에서 노동 그 자체를 통하여 인격을 실현할 수 있도록 필요한 환경조성을 할 필요가 있다는 것이다. 그러한 조건으로서 노동하는 자 자신이 노동하는 과정에서 자신의 노동 관련에 대한 자기결정이 필요하다. 그런데 현실에서는 이러한 자기결정을 스스로 할 수 있는 자와 자신이 관련된 노동에 대하여 자기결정을 할 수 없는, 즉 인격적으로 종속된 상태에서 노동하는 자가 있다. 그러므로 우선 자신의 노동 관련에 대하여 스스로 자기 결정할 수 있는 자와 할 수 없는 자를 구분하여야 하고, 이를 구분하는 요소가 '노동하는 과정에서 지시 · 명령(종속상태)'을 받느냐이다(인격적 종속성의 판단기준). 결론적으로 노동하는 과정에서 종속상태에 있는 자는 자신이 관련된 노동에 대하여 자기결정을 하지 못하기 때문에 이러한 자를 보호하기 위하여 일할 환경에 관한 권리가 존재한다. 그러므로 근로자의 개

23) 종속성의 본질에 대해서는 제1장 제2절 Ⅲ.에서 서술한다.

념에는 종속성이 필연적으로 나타나며 그 종속성은 노동과정을 타인이 결정하는 관계성 속에서 나타나고, 그에 따라 근로자는 현실적으로 타인에게 전 인격을 함께 예속시킨다는 점에서 인격적 종속성으로 나타난다.[24] 물론 경제적 종속성은 노동법 나아가 근로권이 형성되는 역사성을 잘 설명할 수 있다. 현대 자본주의 하에서의 노동관계는 두 가지 측면 즉, 상품인 노동력을 사용자에게 양도하는 상품교환의 과정과 사용자가 자기가 취득한 노동력을 현실에 사용 · 처분하는 노동과정으로 나누어 볼 수 있고, 이 중 민법은 오로지 전자에 대해서만 법적 구성을 도모하고 있어, 만약 이러한 민법적 관점에 중점을 두어 종속성의 본질을 이해하면 경제적 종속성과 연결된다.[25] 그러나 이러한 경제적 종속성은 상대적으로 교환의 결과에만 관심을 두고 있기 때문에 노동하는 과정, 즉 고용되고 난 후의 노동과정에 대해서는 근로권이 개입하지 못하는 한계를 가지고 있다. 그러므로 근로권 중 일할 환경에 대한 권리의 본질과 상관하여 종속성의 본질을 이해하면 결국 일할 환경에 대한 권리는 노동하는 과정에서 노동의 가치 또는 노동이 목적으로 하는 가치를 보장하기 위해서 존재하기 때문에 인격적 종속성을 주된 개념으로 하고 경제적 종속성은 예외적으로 수용하여 이해하는 견해[26]가 합리적이라고 생각한다.

3. 근로권에서 근로자 개념의 한계

근로권 중 일할 환경에 대한 권리의 주체는 근로자이며 이러한 근로자가 되기 위해서는 노동하는 과정에서 종속성이 나타나야 한다. 그러므로 근로자성을 판단함에 있어서 도급이냐 위임이냐의 형식에 관계없이 실질적으로 노동하는 과정에서 종속성 여부로 판단하여야 한다. 즉 인적 종속성에 따라 판단하여야 한다. 따

---

24) 이달휴, “노동3권상 근로자개념”, 「노동법학」(제53호), 한국노동법학회, 2015, 214~215면 참조.

25) 片岡昇, 團結と勞働契約の研究, 1959, 209面[이달휴, “헌법상 근로권에 있어서 근로자개념”, 「공법학연구」(제12권 제2호), 한국비교공법학회, 2011, 18면에서 재인용].

26) 이달휴, “헌법상 근로권에 있어서 근로자개념”, 「공법학연구」(제12권 제2호), 한국비교공법학회, 2011, 17~18면.

라서 자신의 재산으로 생업을 위하는 자(자영농, 소작인, 어민, 소상공업자, 개인택시운전사 등) 및 자유직업종사자 내지 자영인[27]은 원칙적으로 근로자가 아니다.

그러나 한편으로는 쌍방계약 당사자 중 한 쪽이 기업주에게 경제적으로 종속된 지위에 있게 되어 경제적 종속성이 나타나 근로자와 유사한 입장에 있는 자들이 있다. 예컨대 경제적으로 사용자에게 종속되어 있다고 하여도 법적 형식이나 실제 활동에 있어서 독립된 자영업자로 활동하는 자, 특히 근로자에 준하는 자(이른바 독일에서의 유사근로자, 이하 "준근로자" 내지 "유사근로자"로 표현함)가 있다.[28] 따라서 일정한 범위 내에서 이러한 자를 근로자와 마찬가지로 보호해 줄 필요성이 있지만 이러한 보호 필요성이 있다는 것만으로 바로 근로자로 판단할 수 없다. 왜냐하면 자본주의는 기업의 존속이나 유지의 문제는 기업의 책임영역이기 때문에 '보호해야 할 필요성'의 관점에서 근로자로 규정할 필요가 있다고 하더라도 모두 근로자로 판단할 수는 없는 한계가 존재한다. 근로권은 역사적 배경이라는 사회현상을 수용한 최고규범인 헌법의 질서와 기본권 전체를 전제로 하여 실정법상 노동법을 근거로 하여 체계적으로 해석하여야 한다. 특히 헌법이 근로3권을 포함하여 헌법의 노동기본권에 기초하여 사회적 보호가 필요한 자를 근로자로 보게 되면 기업은 과중한 경쟁압력이나 독점의 위협으로부터, 자영업자는 지나친 세금압력이나 경쟁자 또는 도급인으로부터, 임차인은 임대인으로부터, 소비자는 약관을 이용하는 자로부터 보호가 필요한데, 이 문제는 노동법이 아니라 각각 독점규제 및 공정거래에 관한 법률과 중소기업기본법을 비롯한 경제법령, 민법, 주택임대차보호법, 약관의 규제에 관한 법률 등에 의해서 보호될 수 있어야 할 것이다. 각각의 해당법률이 사회적 약자에 대해 일정한 배려를 하고 있는데도 불구하고 헌법에 기초하여 노동법이 근로자 보호를 더욱 강화해야 한다고 하면 경제적 약

27) '자유직업종사자' 내지 '자영인' 외에 '자영업 종사자', '자영업자'라는 표현도 일반적으로 많이 사용한다. 본고에서는 문맥에 따라 이들을 자연스럽게 혼용하여 쓰기로 한다.

28) 김형배 · 박지순, 「근로자개념의 변천과 관련법의 적용 –유사근로자에 관한 비교법적 고찰–」, 한국노동연구원, 2004, 93면에서는 유사근로자의 개념을 해당 사업주와 '특정 노무'의 제공을 약정하고 그 업무수행과 관련하여 사업주의 특정한 지시 내지 지휘감독에 구속되지 않는다는 의미에서 근로계약이 아닌 그 밖의 노무공급계약, 즉 자유로운 고용계약 또는 도급이나 위임에 의거하여 노무제공의무를 부담하는 자연인이라고 설명한다.

자에 대한 보호 이외에 노동법적 영역에서 보호가 필요한 설득력 있는 논거를 제시해야 할 것이다.[29)]

Ⅲ. 헌법상 노동3권에서의 근로자 개념

1. 노동3권에서의 근로자 규정

헌법 제33조 제1항에 "근로자는 근로 조건의 향상을 위하여 자주적인 단결권·단체교섭권 및 단체행동권을 가진다."라고 하여 '근로자'라는 용어가 나온다. 그리고 제2항과 제3항에도 근로자라는 표현이 나타난다. 노동3권은 근로자가 사용자와 대등한 지위를 갖추도록 하여, 양 당사자 간의 집단적 자치를 가능하게 함으로써 집단적 사적 자치의 원칙이 구현되는 것을 목적으로 한다.[30)] 그런데 이때 집단적 자치 보장을 통해 직접적으로 이루고자 하는 바는, 헌법 제33조 제1항의 명시적인 표현과 같이 '근로조건의 향상'으로 한정될 것이다. 결국 노동3권의 보장목적은 '근로조건의 결정과 그에 관한 분쟁해결과정에 생길 수 있는 갈등을 자율적으로 조정할 수 있도록 하는 집단적 자치의 구현'으로 이해할 수 있다. 그 노동3권을 '근로자'가 가진다고 하는데, 여기서 말하는 헌법상의 근로자와 노조법상의 근로자가 동일한 개념인지, 그리고 노조법상의 근로자가 근로기준법상의 근로자와 동일한 개념인지 아니면 다른 것인지가 문제된다. 여기서는 먼저 헌법상의

29) 강희원·김영문, 「근로자개념과 계약의 자유」, 중앙경제, 2001, 83면 참조.

30) 헌법이 근로자의 근로3권을 보장하는 취지는 원칙적으로 개인과 기업의 경제상의 자유와 창의를 존중함을 기본으로 하는 시장경제의 원리를 경제의 기본질서로 채택하면서 노동관계당사자가 상반된 이해관계로 말미암아 계급적 대립·적대의 관계로 나아가지 않고 활동과정에서 서로 기능을 나누어 가진 대등한 교섭주체의 관계로 발전하게 하여 그들로 하여금 때로는 대립·항쟁하고 때로는 교섭·타협의 조정과정을 거쳐 분쟁을 평화적으로 해결하게 함으로써, 근로자의 이익과 지위의 향상을 도모하는 사회복지국가 건설의 과제를 달성하고자 함에 있다(헌법재판소 1998. 7. 16. 97헌바23; 헌법재판소 1993. 3. 11. 92헌바33; 헌법재판소 1990. 1. 15. 89헌가103).

근로자와 노조법상의 근로자가 동일한 개념인지를 검토하고, 노조법상의 근로자가 근로기준법상의 근로자와 동일한 개념인지는 노조법상 근로자 개념 부분에서 살펴보기로 한다.

2. 헌법상 근로자 개념과 노조법상 근로자 개념에 관한 논의

1) 문제의 소재

노조법의 근로자 개념은 헌법상의 광의의 근로자 개념을 입법자의 형성재량권이나 위임에 의해 구체화한 것이라고 본다면, 헌법상의 근로자에 속하면서 노조법상의 근로자에는 포함되지 않는 자도 있을 수 있게 된다. 왜냐하면 헌법이 근로자라는 용어를 사용하면서도 그 구체적 정의를 내리지 않았고, 입법자가 노조법상 근로자 개념을 정의하면서 이 간극에 속하는 준근로자나 유사근로자의 헌법적 지위를 당연히 배제할 수 있는 권한은 없기 때문이다. 예를 들면 독립된 자영업자로서 민법상의 고용, 도급, 위임계약 등에 의해 노무를 제공하고, 급료 및 이에 준하는 수입에 의해 생활하는 자 중 인격적으로 계약 상대방에 종속되지 않으면서도 경제적 종속성 등을 갖고 있는 자는 헌법상의 근로자이면서도 노조법상의 근로자성이 부인될 수도 있다. 즉 헌법이 근로자라는 개념을 사용하면서도 이를 정의하지 않고 있기 때문에, 개인들의 집단적인 이익대변을 할 수 있는 단체들이 헌법 제33조에 포섭될 여지가 존재하게 되는 것이고,[31] 또한 현재 법원 판례에 의해 노동법상의 근로자성이 부인되는 자도 헌법상의 근로자가 될 여지가 발생하는 것이다. 현존하는 방송연예인 노조, 재능학습지교사 노조, 실업자만의 노조, 독립자영업자이면서도 근로자성이 논란되는 특수형태고용종사자[32]들의 예상되는 노조

31) 노동조합은 헌법상의 단결체의 한 유형으로, 노동조합은 사단이면서도 헌법상 단결체이자 노조법상 단결체이다. 반면, 사단으로서 헌법상의 단결체이나 노조법상의 단결체가 아닌 단체도 존재할 수 있다.

32) 흔히 '특고'로 약칭하기도 하며, 그 용어는 '특수업무종사자', '특수고용직 종사자', '특수고용직 근로자', '특수형태 근로종사자', '특수형태근로자', '근로자유사종사자' 등으로 칭하기도 한다. 전형적인 예로 보험설계사, 학습지교사, 레미콘기사 및 골프장 캐디를 일컫는다. 산업재해

가 바로 이러한 지위에 있는 자들이 아닌가 하는 문제가 제기된다. 그런데 현재는 노조법상 근로자성이 인정되어 헌법상의 노동3권과 노조법상의 주체가 되거나, 아니면 결사의 주체로서 민법상의 사단에 지나지 않거나 하는 2분법이 지배하고 있는 것으로 보아, 헌법과 노조법상의 근로자성을 완전히 구비하는 근로자와 양자가 모두 부인되는 전형적인 자영업자 사이의 제3의 영역에 속하는 자로서 노조법상의 근로자성은 부인되면서도 헌법상의 단결체를 구성할 수 있는 자들이 있을 수 있다는 주장까지도 검토할 필요가 있다.

2) 학 설

(1) 헌법상의 근로자 개념과 노조법상의 근로자 개념을 동일하게 보는 다수의견

헌법상 노동3권의 주체로서의 근로자와 노조법상 근로자가 동일한 개념인가에 대하여, 헌법학자들 대부분은[33] 이 점에 대하여 특별히 주목하고 있지 않으며 헌법상의 근로자를 노조법상의 정의조항을 원용하여 풀이하고 있는 것으로 보아 헌법상의 근로자 개념은 노조법상의 근로자 개념과 동일하다고 보는 것으로 파악된다. 노동법학계의 다수도[34] 헌법 제33조의 근로자는 단결권의 주체라고 하거나, 노조법은 헌법 제33조상의 노동3권의 보장을 구체화하고 실효화하기 위한 법률임과 동시에 노조법 제2조 제1호의 정의가 광범위한 것이어서 헌법 제33조상의

보상보험법에서는 '특수형태근로종사자' 로 표현한다(법 제125조 참조). 본고에서는 법률에서나 학설의 표현을 그대로 인용하는 경우 외에는 원칙적으로 '특수형태고용종사자' 라는 표현을 사용하기로 한다.

33) 김철수, 『헌법학개론』, 박영사, 2003, 786면; 권영성, 『헌법학원론』, 법문사, 2004, 670면; 성낙인, 『헌법학』, 법문사, 2003, 515면 등. 특히, 허영 교수는 헌법상 노동3권을 향유하는 근로자를 노조법상 근로자 개념과 동일하게 보면서 노동3권을 향유하기 위한 세가지 요건이 필요하다고 한다. 헌법상 노동3권을 향유하는 근로자는, 첫째 노동력제공의 대가를 받아 생활하는 사람이어야 하고, 둘째 노동력을 제공하는 사람과 그 대가를 지급하는 사람이 동일인이 아니어야 하고, 셋째 현실적으로 노동력을 제공하거나 적어도 노동력을 제공할 의사와 능력이 있는 자로 한정해야 한다고 본다(허영, 『한국헌법론』, 박영사, 2015, 538~539면).

34) 김형배, 『노동법』(제23판), 박영사, 2014, 793면; 임종률, 『노동법』(제14판), 박영사, 2016, 24면 등. 다만 이 경우에도 근로기준법과 노조법의 정의조항이 다른 점을 주된 근거로 하여 노조법상의 근로자를 근로기준법의 근로자보다 넓게 보고자 하는 것이 일반적이다.

근로자에게 특별한 제한을 부여하고 있지 않으며 또한 양자를 구별해야 할 특별한 요소도 없다고 본다.[35)]

(2) 다수의견에 따를 경우 위헌 가능성을 제기하는 소수의견

노조법은 헌법 제33조의 노동3권의 보장을 구체화하고 실효화하기 위한 법률이고, 노조법상의 근로자 개념이 근로기준법상의 근로자 개념보다 광의의 것으로서 헌법 제33조상의 근로자에게 특별한 제한을 부여하고 있지 않으며 또한 양자를 구별해야 할 특별한 요소도 없는 것으로 보이기 때문에, 헌법과 노동법 학계의 다수 입장과 같이 헌법상의 근로자와 노조법상의 근로자를 동일하게 파악하는 한, 근로자 개념에 관한 헌법적 문제는 일어나지 않는다는 주장이 있다.[36)] 이에 따라 헌법상의 근로자에 속하면서 노조법상의 근로자에는 포함되지 않는 양자의 간극에 있는 준근로자나 유사근로자와 관련하여 헌법상 문제를 제기하기도 한다. 즉, 우리 헌법이 명시적으로 근로자에 대하여 노동3권을 보장하고 있기 때문에 하위 법률이나 법형성적 판례에 의하여 근로자가 아닌 자에게 노동3권을 보장하게 되면 헌법에 위반될 소지가 발생할 수도 있다는 소수의견이다.[37)] 노동3권을 근로자 이외의 유사근로자나 준근로자에게 확장할 것인지는 입법자의 형성재량권이나 입법에 대한 위임에 속하기 때문이라고 한다.

---

35) 강성태, 「근로자의 개념」, 서울대박사학위논문, 1994, 163면; 강희원 · 김영문, 『근로자개념과 계약의 자유』, 중앙경제, 2001, 77~79면.

36) 강희원 · 김영문, 「근로자개념과 계약의 자유」, 중앙경제, 2001, 79~83면 참조.

37) 우리 헌법 제33조는 노동시장에 관한 기본권으로서 근로자 개념과 관련하여 두 가지 가능성을 줄 수 있다. 첫 번째 가능성은 노동3권은 역사적으로 보면 전형적인 공장노동자를 전제로 한 것으로서 이와 같은 진정한 근로자에게만 노동3권이 보장된 것으로 볼 수 있을 것이다. 이렇게 되면 입법자가 노조법을 개정하여 유사근로자나 준근로자에게 단결활동을 할 수 있는 지위를 부여한다고 하여도 이는 입법자의 한계를 일탈한 것으로 평가될 수 있다. 다른 하나의 가능성은 헌법 제33조의 근로자를 광범위하게 해석하여 종속노동을 제공하는 자라고 하고, 종속노동을 인격적이든 경제적이든 계약상대방에 종속되어 단체협약이나 단체행동을 하지 않을 수밖에 없는 자에 의한 노동력제공이라고 이해하면 준근로자나 유사근로자도 노동3권을 향유할 가능성이 있게 된다. 따라서 개별법이 준근로자나 유사근로자의 노동3권을 박탈하게 되면 위헌이 될 소지가 있게 된다(강희원 · 이상윤 · 조준모 · 김영문, 『특수고용직 종사자의 법적 지위』, 중앙경제, 2002, 25면 인용).

(3) 위헌 가능성을 제기하는 소수의견을 비판하는 입장

이러한 위헌 소지의 가능성을 제기하는 소수의견에 대해, 헌법상의 근로자 개념과 노조법상의 근로자 개념을 동일하게 보는 다수의견에 따르면서도 전형적인 근로자가 아닌 유사근로자에게 노동3권을 인정하더라도 위헌 문제는 발생하지 않는다는 해석이 가능하다. 즉 헌법상의 근로자 개념과 노조법상의 근로자 개념을 동일하게 보면서도 노조법 제2조 제1호의 정의조항이 가지는 신축성을 근거로 노동법상의 일반법 개념으로서 유사근로자 개념의 독자성을 인정하여야 한다는 주장[38]을 인용하면서 헌법상의 근로자 개념에 유사근로자를 포함시킬 수 있다는 견해가 그것이다.[39] 오히려 입법상의 형성재량을 부인하는 것은 아니지만, 헌법에서 근로자의 개념 정의가 명확하게 아니 된 것을 노조법에서 규정한 것으로 해석해 볼 수도 있다. 그렇게 되면 노조법은 헌법상 노동3권을 그대로 실현하는 것에 불과하기 때문에 헌법과 노조법상의 근로자 개념을 동일한 것으로 해석하게 되어 간극도 발생하지 않고, 특수형태고용종사자도 사실관계의 인정여하에 따라 노조법상의 근로자 개념에 포함시킬 수 있다고 본다.[40]

헌법 제33조 소정의 근로자가 인적 종속성과 경제적 종속성을 모두 갖춘 엄격한 의미의 근로자 개념을 전제로 한 개념이라고 제한적으로 해석할 필요는 없다고 하면서 목적론적 해석, 역사적 해석, 체계적 관점에서 특수형태고용종사자에게 노동3권을 부여하더라도 위헌의 문제는 발생하지 않는다는 견해가 있다.[41] 이

---

38) 김형배, 『노동법』(제23판), 박영사, 2014, 51면.

39) 조경배, "노동3권의 주체로서 근로자개념과 특수고용노동자", 「노동법학」(제22호), 한국노동법학회, 2006, 424면.

40) 박수근, "특수고용형태의 근로자성 -레미콘운송기사와 경기보조원의 근로자성에 관한 최근의 판례를 중심으로-", 동계학술발표 자료집, 한국노동법학회, 2001, 24면.

41) 즉, 목적론적 해석의 관점에서는 헌법 제33조는 교섭력의 불평등으로 인한 경제적 불공정성을 시정하는 것을 지향하고 있고, 역사적 해석의 관점에서는 노동삼권에 대한 기원이 되었던 제헌헌법 제18조에 대한 제1독회에서 제18조의 근로자에 농민까지 포함되는가 하는 질문에 대해 전문위원인 유진오는 "이 18조에 「근로」라는 말은 도회의 노동자를 상대로 쓴 말입니다만 그러나 농민이라고 하더라도 농민조합을 만든다든지 하는 권리는 역시 18조에 의해서 보장된다"고 답하고 있는 점에서 알 수 있듯이 경제적 약자를 전제로 한 개념이었다는 점을 제헌헌법 의사록에서 확인할 수 있으며, 체계적 관점에서는 하위법인 근로기준법과 노조법상의 근로자 개념이 각

입장에서는 헌법적 근로자 개념은 법률을 포괄하는 상위개념으로 파악하는 것이 타당한 헌법해석이고, 헌법상 결사의 자유와의 관계에서 구별징표는 경제적 종속성에서 찾을 수 있으며, 근로계약을 결여하고 있는 특수형태고용종사자의 법률관계에 대해서도 단체협약을 적용할 수 있는지 여부는 입법정책의 문제에 불과하며 이를 부정할 이유도 없다는 점 등을 고려할 필요가 있다고 한다.

더 나아가 노동3권은 헌법에 규정되어 있지 않더라도 현대 자본주의 사회에서 보편적으로 승인된 사회적 인권이므로, 근로자가 아닌 자에게는 일체 노동3권이 인정되지 않는다는 사고나 근로자가 아닌 자에게 노동3권을 인정하는 것이 위헌의 소지가 있다는 발상 자체를 비판하는 견해도 있다. 즉 노동3권은 자본주의 사회에서 전형적인 약자인 근로자가 인간으로서의 존엄성을 자본이라고 하는 사회적 권력과 그 남용으로부터 방어하기 위하여 자연적으로 형성된 것으로, 전형적인 근로자가 아니더라도 사회 약자들이 스스로를 방어하기 하여 단결된 힘을 필요로 할 수 있고 이를 인정하더라도 위헌 문제는 발생하지 않는다는 것이다. 이러한 헌법상의 근로자 개념을 근로계약이 아닌 다른 계약에 기하여 노무를 제공하는 자에게도 적용해야 한다는 이러한 주장들은 그 근거로서 '교섭력의 대등성의 결여'는 '교섭력의 불평등'을 기본 논거로 하고 있다.[42)]

3) 헌법재판소의 입장

헌법재판소가 헌법 제33조의 근로자를 어떻게 파악하고 있는지에 대해 명시적으로 결정을 통해 이를 밝힌 적은 없다. 다만 사립학교 교원들에 대한 노동3권 제한의 위헌성 판단[43)]에 있어서 헌법재판소는 "각 학교의 교원은 학생들에 대한 지도교육이라는 노무에 종사하고, 그 노무제공에 대한 대가로 받는 임금 · 급료 기타 이에 준하는 수입에 의하여 생활하는 사람이므로 교원 역시 근로관계법에서

각 법률의 목적에 따라 상이하게 파악되고 있는 점을 든다[이승욱, "특수형태근로종사자의 법적 규율을 위한 입법적 모색", 「노동법연구」(제19호), 서울대 노동법연구회, 2005, 259면].

42) 조경배, "노동3권의 주체로서 근로자개념과 특수고용노동자", 「노동법학」(제22호), 한국노동법학회, 2006.6, 422~424면; 김형배, 『노동법』(제23판), 박영사, 2014, 39면.

43) 사립학교법 제55조 등에 관한 위헌심판의 결정(헌법재판소 1991. 7. 22. 89헌가106).

정의하고 있는 통상적인 의미의 근로자인 성격을 가지고 있음에는 틀림이 없다(舊 근로기준법 제14조, 舊노동조합법 제4조)"고 하여 교원의 근로자성을 인정하면서도, 다만 교원이라는 신분의 특수성에 따른 노동3권의 제한을 인정할 것인가의 여부에 관하여 견해가 대립하였다.

이때 제시된 소수견해 중 한 입장[44]은 "우리 헌법은 근로3권의 향유주체를 '근로자'로 명시하고 있는데 다른 기본권이 대부분 '모든 국민'을 그 향유주체로 하고 있는 점과 대비해 볼 때 적어도 그 범위가 '모든 국민'보다 좁은 것이 명백하지만 적극적으로 그 개념정의를 하고 있지는 않기 때문에 헌법의 위임을 받은 하위법률에 의거하여 그 개념을 파악할 수밖에 없는 것"으로 보아야 한다고 하면서 근로기준법 등을 함께 고려하여 근로자에 해당하기 위해서는 적어도 '근로를 제공'할 것을 본질적인 요소로 제시하고 있다.[45]

이에 반하여 다른 견해[46]는 "헌법 제33조 제1항이 규정한 노동3권의 향유주체로서 근로자란 노조법이 규정하고 있듯이 직업의 종류를 불문하고 임금, 급료, 기타 이에 준하는 수입에 의하여 생활하는 자를 말한다"고 함으로써, 근로의 제공을 표지로 삼고 있지 않다는 점에서 전자의 견해와 중요한 차이를 보이고 있다.[47] 예컨대 실업 중에 있는 자, 해고된 자, 그리고 더 나아가서 '근로' 이외의 노동력을 제공하는 자는 노동3권을 향유하지 않는 자로 인정될 수 없고, 만일에 입법자가

44) 김양균 재판관 의견("사립학교 교원은 근로자의 지위에서 영위하는 생활영역에서 일반근로자와 원칙적으로 똑같은 근로3권이 보장되어야 하며").

45) 따라서 근로기준법("직업의 종류를 불문하고 사업 또는 사업장에 임금을 목적으로 근로를 제공하는 자"), (舊)직업훈련기본법(현행 근로자직업훈련촉진법, "사업주에 고용된 자와 취업할 의사를 가진 자"), 노조법("직업의 종류를 불문하고 임금, 급료 기타 이에 준하는 수입에 의하여 생활하는 자")를 종합하여 근로자는 첫째, 직업의 종류를 불문하고, 둘째, 근로를 제공하고, 셋째, 그 대가로 받는 임금, 급료, 기타 이에 준하는 수입으로 생활하는 자를 의미하는 것으로 파악한다.

46) 변정수 재판관 반대의견("헌법 제31조 제6항을 내세워 헌법 제33조 제1항에 의하여 사립학교 교원에게도 당연히 그 향유자격이 부여된 단결권, 단체교섭권, 단체행동권을 제한하거나 박탈해도 된다는 논리는 근로3권을 향유할 수 없는 근로자를 공무원에 한정한 헌법 제33조 제2항의 규정에 명백히 저촉되며").

47) 박종희, "노동조합 및 노동관계조정법상 근로자의 개념-특히 실업자의 조합원자격과 관련하여-", 「노사관계 선진화방안 주요쟁점 분석 및 입법대안 모색(Ⅴ)」, 한국노동연구원, 2005.9.22., 6~7면.

이들에 대해서도 노동조합이나 단체교섭상의 지위를 인정하게 되면 입법자가 부여하는 의외의 혜택으로 본다.

따라서 전자의 견해는 헌법상의 근로자의 개념을 거의 근로기준법에 상응하여 좁게 파악하는 것이고, 이에 비하여 후자는 헌법상의 근로자를 노조법상의 근로자 개념과 일치시키는 것으로서 실업자, 해고된 자, 건설일용근로자 등 근로를 제공하는 지의 여부를 문제 삼지 삼고 폭넓게 근로자성을 인정하고자 하는 견해이다.[48)]

3. 노동3권에서 근로자 개념의 한계

1) 헌법상 '직업선택의 자유'와 관계

헌법의 근로자는 이미 경제활동의 주체로서 의미가 전제되어 있다. 이때 경제활동이란 자신의 자본과 노동을 통한 직업 활동을 의미하며 이는 현행 헌법 제15조 직업선택의 자유에서 보장되는 내용이기도 하다. 여기서 직업이란 "생활의 기본적 수요를 충족시키기 위한 계속적 활동, 즉 총체적이며 경제적 성질을 가지는 모든 소득활동"[49)]을 의미하는 것으로, 이러한 직업의 개념표지 구성에는 '허용된', '독자적이든 종속적이든 관계없이', '경제적으로 의미 있는', '사회적으로 해롭지 않은' 또는 '사회적으로 가치 있는' 것이어야 한다는 의미가 포함되어 있다.[50)] 이렇게 본다면 직업선택의 자유와 노동3권의 의미는 하나의 체계적인 관계를 형성하는 것이며, 헌법 제33조의 근로자 의미는 경제활동 주체로서 종속적인 지위에서 타인을 위하여 노무를 제공하는 직업 활동을 하는 자를 일컫는 것으로 볼 수 있다.[51)] 이런 의미에서 본다면 종속적인 지위에서 자신의 노동력을 직업 활동의

---

48) 강희원 · 이상윤 · 조준모 · 김영문, 『특수고용직 종사자의 법적 지위』, 중앙경제, 2002, 25~27면.

49) 헌법재판소 1993. 5. 13. 92헌마80.

50) 이러한 표지들에 대해서는 견해의 차이가 있을 수 있으나, 적어도 '허용성'의 표지와 '독자적이든 종속적이든 상관없다'는 표지는 직업의 개념에 필요하다고 보는 입장으로는 계희열, 『헌법학(중)』(신정2판), 박영사, 2007, 522면.

51) 이에 따라 근로자에 반대되는 사용자(使)란 비종속적인 지위에서 경제활동을 하는 자를 지칭하

원천으로 삼고 있는 자 중에서 경제적 · 사회적 약자의 지위에 있는 자가 헌법 제33조의 근로자 외연을 설정하는 하나의 기준요소를 이루는 것으로 볼 수 있다.[52]

2) 노동3권의 대상으로서 '종속노동'

일반적으로 노동법에서 근로자인정 여부를 판단하기 위하여 종속성개념을 사용하고 그 종속성은 크게 경제적 종속성과 인적 종속성으로 나누고 있다.[53] 현행 노동법은 종속노동을 보호해야 한다는 헌법적 명령을 전제로 하여 종속노동영역에서 노동법에 의한 사회적 보호의무를 확장하자는 주장이 지금까지의 지배적인 경향이었다. 따라서 이러한 경향은 사회적 보호필요성이나 보호의무가 노동법적 보호의 범위와 근로자성 개념까지 지배하여 "종속노동하는 자는 사회적으로 보호가 필요하므로 근로자성을 인정하여 노동법을 적용해야 한다"는 요청으로 이어져, 결국 사회적 보호필요성이 있으면 근로자성을 인정해야 한다는 주장으로 귀착하게 된다.

그러나 헌법은 근로자 개념에 대해 가치중립적이므로, 경제적으로 종속된 자가 근로자가 되어 그에 대한 보상으로서 노동법이 전면적으로 적용되어야 한다는 가치기준을 줄 수 없다.[54] 따라서 노동3권의 대상으로서 종속노동은 반드시 노조법이나 근로기준법 등의 법률의 근로자 개념에 구속될 필요는 없다. 왜냐하면 헌법상 노동3권의 보호영역은 개별 법률의 근로자 개념으로 제한할 수 없기 때문이다. 또한 다른 한편에서 노동3권은 보호목적과 관련하여 근로자와 같이 개별법상에서 종속성을 갖는 자의 근로조건의 유지 · 향상 등을 위하여 집단적인 형태인

는 것으로 볼 수 있다. 박종희, "노동조합 및 노동관계조정법상 근로자의 개념-특히 실업자의 조합원자격과 관련하여-", 『노사관계 선진화방안 주요쟁점 분석 및 입법대안 모색(Ⅴ)』, 한국노동연구원, 2005, 7면.

52) 그러므로 자영업자이거나 아직 직업 활동의 주체로서 평가될 수 없는 학생과는 달리, 종속적인 지위의 직업 활동을 의욕하고 있으나 다른 외부요인으로 말미암아 실업 상태에 있는 비자발적인 실업자의 경우 당연히 노동3권 보장 질서의 주체에 해당한다.

53) 종속성의 본질에 대해서는 제2장 제2절 Ⅲ.에서 서술한다.

54) 강희원 · 김영문, 『근로자개념과 계약의 자유』, 중앙경제, 2001, 83면.

노동조합을 통한 자력구제를 인정하자는 것이므로 종속노동을 제공하는 자에게 보장된다. 따라서 헌법 제33조에서 문제가 되는 것은 종속노동이지, 엄격한 하위 법률의 근로자가 아니다.

3) 노동3권의 보호범위와 유사근로자 등에 대한 적용 여부

유사근로자 내지 준근로자, 가내근로자, 종속노동을 제공하는 자영업자도 집단적인 이익단체를 통한 이익보호가 필요하므로 헌법상 노동3권의 보호영역에 들어올 수 있다. 그러나 이들이 노동3권의 보호영역에 들어온다고 하여도 이들에게 근로자들의 단결체(노동조합)와 같은 권한이 바로 주어진다고는 할 수 없다. 특히 법률적으로는 독립된 자영업자면서도 경제적으로 종속된 자들은 노동시장과 재화시장의 중첩된 영역에 위치하고 있는데, 입법자는 이들 종속노동의 가장자리에 있는 자들에게 자유시장의 경쟁 질서를 고려하여 협약자율과 쟁의행위권을 보장하지 않을 수도 있다. 따라서 입법자는 이들에 대해서 근로기준법과 근로자참여 및 협력증진에 관한 법률을 배제하거나 또는 유사근로자 중 특정그룹의 인적범위를 배제하고 나머지 자들에게 협약자율을 보장할 수 있다. 이렇게 하여도 입법자는 노동법 이외의 다른 법률, 예를 들면 민법, 상법, 소비자보호법, 약관규제법, 공정거래법 등에 의해 이들을 보호할 수 있기 때문에 노동3권 침해로서 비례성을 상실하는 것이 아니다. 따라서 유사근로자를 설정하거나 이들을 근로자로 포섭하여 노동법을 전면적으로 적용해야 한다는 점은 최소한 헌법으로부터 바로 도출될 수는 없다.[55] 이에 따라 자영업자면서 경제적으로 근로자에 준하는 유사근로자 등에게는 개별보호규정들의 보호목적을 고려하여 유사근로자의 각 유형에 따라 판단해야 한다는 주장이 있다.[56] 예를 들면, 우리의 산업재해보상보험법은 특수형태근로종사자에 대하여 특례를 두어 산재보험의 적용을 인정하고 있고[57] 독일의 단체협약법 제12조의a는 유사근로자에 대하여 협약자율을 인정하여 단체교섭의 당사

---

55) 강희원 · 김영문, 『근로자개념과 계약의 자유』, 중앙경제, 2001, 83면 참조.
56) 김형배, 『노동법』(제23판), 박영사, 2014, 52면.
57) 산업재해보상보험법 제125조.

자가 유사근로자를 적용대상으로 하는 협약의 체결을 위하여 교섭하고 쟁의행위를 행사할 수 있다고 한다.[58)]

Ⅳ. 소 결

앞에서 헌법상의 근로자 개념을 파악하기 위해 헌법 제32조와 제33조에 규정된 근로권과 노동3권의 근로자 개념을 어떻게 보는지와 그 한계 등을 차례로 살펴보았다. 헌법 제32조와 제33조는 노동법의 헌법상 근거조항이다. 전자는 개별적 근로조건보호입법의, 후자는 집단적 노사관계법의 토대를 이룬다. 그런데 노동기본권 주체로서 근로자의 의미는 단지 헌법 제32조와 제33조만을 가지고 밝혀 낼 수는 없다. 헌법상 개별 기본권은 다른 기본권과의 상호관계 속에서 의미와 기능 및 보호영역이 정해지므로 노동기본권이 보장하는 내용은 곧 근로자의 의미 내지 범주와 직결되는 것으로 보지 않을 수 없기 때문이다. 즉 노동기본권은 역사적 배경이라는 사회현상을 input으로 하여 헌법에 수용 · 형성되었기 때문에 최고 규범성을 가진 헌법의 노동기본권은 구체적으로 일어나는 사회현상을 외면하고 규범적으로만 해석할 수 없다는 한계를 가지지만, 역사적 배경 하에서 발생한 형태로만 노동기본권을 해석하면 단편적으로 해석될 수밖에 없다. 이에 근로권과 노동3권이 헌법에 규정되어 있고 실정법상의 노동법의 존재를 근거로 하여 근로권과 노동3권을 체계적으로 해석할 필요성이 대두된다. 따라서 헌법의 질서와 기본권 전

---

58) MünchArbR/Otto, §285, Rn. 57. 이에 대한 반대의 견해로는 Stolterfoht, DB 1973, S. 1068, 1073. Lieb 교수는 유사근로자의 쟁의행위수단은 사실상 사업주로부터 제시되는 새로운 업무를 거부하는 것이라고 보고 있다. 왜냐하면 현재 존속중인 고용 또는 도급계약의 범위 내에서 그 이행을 거부하는 것은 허용될 수 없는 계약침해로 보기 때문이다(RdA 1974, S. 257, 268). 그러나 파업권은 협약자율을 실현하기 위해서 헌법상 보장되는 보완적 수단이고 이 점을 승인한다면 그와 같은 제한은 근거가 없다고 보는 것이 일반적인 견해이다(특히 Wiedemann/Wank, § 12 a Rn. 91). 김형배 · 박지순, 『근로자개념의 변천과 관련법의 적용－유사근로자에 관한 비교법적 고찰－』, 한국노동연구원, 2004, 103면에서 재인용.

체를 전제로 하여 노동기본권을 체계적이고 종합적으로, 전체와 개별이 조화되도록 해석하여야 한다.[59] 이러한 점에서 헌법상 근로자의 의미는 하위 실정법률의 의미를 구속하며 그 최대한의 외연을 설정해 주는 것이므로 '헌법상 독자적인 근로자 개념을 설정하려는 시도'는 의미가 있다.[60]

헌법 제32조 제3항은 "근로조건의 기준은 인간의 존엄성을 보장하도록 법률로 정한다."라고 규정하고, 근로기준법 제1조는 "이 법은 헌법에 따라 근로조건의 기준을 정함으로써 근로자의 기본적 생활을 보장, 향상시키며 균형 있는 국민경제의 발전을 꾀하는 것을 목적으로 한다."라고 규정하고 있다. 근로권에서 근로자성 판단은 근로조건의 기준을 정한 법률의 적용 대상이 되느냐 여부를 판단하는 기준이므로 인간의 존엄성을 보장하는 방향으로 해석되어야 한다. 따라서 법률의 판단기준이 모호할 때에는 근로자를 보호할 수 있는 방향으로 해석하는 것이 헌법의 취지에 부합한다. 다만, 헌법 제33조의 근로자 개념은 노동3권의 주체로서의 근로자를 의미하는 것이라는 점에서[61] 이를 근로기준법이나 고용보험법 등 제 법률의 근로자와 동일시되어야 한다는 의미는 아니다. 그렇다면 헌법 제33조의 근로자를 근로기준법상의 근로자 개념과 동일시해야 된다거나 집단적 노사관계에서의 보호필요성이 근로기준법상의 근로자 보호필요성과 동일시해야 된다고 볼 수는 없는 것이다. 즉, 우리의 현행 실정법에 규정된 근로자 개념은 당해 법률의

---

59) 이달휴, "헌법상 근로권에 있어서 근로자개념", 「공법학연구」(제12권 제2호), 한국비교공법학회, 2011, 21~22면.

60) 헌법상의 근로자는 노조법상 근로자 개념의 정의규정에 따르면 족하다고 하는 다수견해와 달리, 헌법상의 독자적인 근로자 개념을 설정할 것을 시도하는 입장으로, 헌법은 실정법률의 상위에 존재하면서 실정법률의 정당성의 기초를 제공하는 관계에 서는 것이므로 입법자는 헌법 제32조와 제33조에 기초하여 하위 실정법률을 제정하는 것이고 헌법상 근로자의 의미가 하위 실정법률의 의미를 구속하며 그 최대한의 외연을 설정해 주는 것으로 볼 것이지, 역으로 하위 실정법률상의 근로자 개념이 헌법상 근로자 의미의 외연을 확정할 수는 없기 때문이다(박종희, "근로3권의 보장의의와 내용", 「고려법학」제48호, 고려대학교 법학연구원, 2007, 121면). 이어서 헌법상의 근로자 개념의 외연을 획정하기 위해서는 과연 어떠한 기준이 고려될 수 있는가에 대한 구체적 내용으로는 박종희, "근로3권의 주체에 관한 연구 -실업자와 특수취업관계종사자를 중심으로-", 한국노사관계학회 하계학술대회발표논문, 2001, 81~82면 참조.

61) 앞서 본 바와 같이 일반적으로 학설과 판례는 헌법 제33조의 근로자 개념을 노조법상의 근로자 개념과 동일한 것으로 보고 있다.

목적에 따라 각각 상이한 형태로 규정되어 있어 통일적인 관점에서의 파악이 불가능하다. 왜냐하면 실정법상 근로자 개념은 헌법적 가치판단을 기초로 입법자가 개별 법률의 목적에 따라 독자적인 개념정의를 통해 개별적으로 규정한 것이기 때문이다.[62] 이런 의미에서 하위 실정법률에서의 근로자 개념은 입법자의 재량행위를 통해 헌법상 근로자 개념범주 내에 포함되는 일부분을 각개 근로자 개념으로 설정한 것으로 볼 수 있으며, 이런 관점에서 전체 법체계 내에서의 근로자 개념이 반드시 통일적으로 파악되어야 하는 것은 아니다.[63] 그러므로 근로기준법상 근로자는 헌법이 정한 근로자의 범주에 포함되는 자들 중에서도 현재 근로계약관계를 형성하고 있는 자에 한정된다. 이에 반해 노조법상의 근로자는 노동조합을 조직하거나 가입할 수 있는 자를 말하며, 실제 노동조합이 체결한 단체협약의 적용을 받는 자를 의미하는 것은 아니기 때문에 근로자의 범주를 현재 근로관계를 구체적으로 형성하고 있는 자 뿐만 아니라 실업 중에 있으나 근로의 의사를 가진 자 모두를 지칭하는 것으로 볼 수 있다.[64]

다른 한편으로 법과 규범의 근거규범으로 작용하는 헌법이 아무런 기준을 설시하지 않는 것은 오히려 근로자 개념을 일률적으로 설시할 수 없는 한계적 상황이 현실적으로 존재한다는 점과 모든 법률관계에 적용될 수 있는 법적 개념을 찾는다는 것이 불가능하다는 점을 역설적으로 반영한 것으로 볼 수 있다.[65] 그렇기 때문에 헌법상 근로자 개념을 일의적으로 도출하는 것은 근로자의 범위를 사전적으로 한정하는 것으로, 근로자 형태가 다양하게 나타나고 사회적 · 경제적 상황이

62) 즉 노동보호입법에서의 근로자 개념(이는 주로 근로기준법상 근로자 개념을 중심으로 규정되어 있음)과 집단적 노사관계법상 근로자 개념은 각각 다른 목적적 관점에서 규정되어 있으며, 고용관련법률에서는 실업자를 포함하는 광의의 근로계층을 대상으로 규정하기도 하며, 사회보험 관련법률에서는 사회보장의 합리적인 적용을 목적으로 근로자 개념을 독자적인 관점에서 규정(예컨대 기업의 임원도 근로자로 포함하여 사회보험 적용대상자로 규정하고 있음)하기도 한다.

63) 박종희, "근로기준법상 근로자개념-근로기준법의 적용확대와 선별적용과 관련하여-", 「노동법학」(제16호), 한국노동법학회, 2003, 124~125면.

64) 박종희, "근로기준법상 근로자개념-근로기준법의 적용확대와 선별적용과 관련하여-", 「노동법학」(제16호), 한국노동법학회, 2003, 124면.

65) 김희성 · 한광수, "한전 단전원의 근로기준법상 근로자성에 대한 연구", 「노동법논총」(제33집), 한국비교노동법학회, 2015, 117면.

급변하는 오늘날 근로자성이 불분명하고 모호한 모습으로 출현하는 현실을 도외시하는 것이다. 따라서 헌법상 근로자 개념을 일의적으로 도출하기 보다는 각각의 노동법(근로기준법, 노조법, 고용보험법 등)을 기준으로 그 입법목적과 보호범위 등에 맞게 설정되는 것이 바람직하고, 그것이 오히려 헌법에서 근로자 개념에 대한 구체적 정의나 기준을 설정하지 않은 취지에 부합한다고 생각한다. 이에 따라 근로기준법과 노조법상의 근로자 개념을 각각 이어서 살펴보기로 한다.

제2절 근로기준법상 근로자 개념

Ⅰ. 현행 노동법상 근로자 개념의 개요

아무런 정의규정을 두고 있지 않은 헌법과 달리 노동관련 실정법률은 각각 상이한 내용으로 근로자에 대한 정의 규정을 두고 있다. 즉 근로기준법상 근로자 개념을 중심으로 규정된 개별적 근로조건보호입법에서의 근로자 개념과 집단적 노사관계법상 근로자 개념은 각각 다른 목적적 관점에서 규정되어 있으며, 사회보험이나 사회보장과 관련한 법률에서는 사회보험 혹은 사회보장의 합리적인 적용을 목적으로 근로자 개념을 독자적인 관점에서 규정하기도 하며, 고용관련 법률에서는 실업자를 포함하는 광의의 근로계층을 대상으로 규정하기도 하는 등 현행 실정법에 규정된 근로자 개념은 당해 법률의 목적에 따라 각각 상이한 형태로 규정되어 있다.

1. 근로기준법상 '근로자' 유형

1) 근로기준법 유형

현행 「근로기준법」 제2조 제1항 제1호는 근로자를 "직업의 종류를 불문하고 사업 또는 사업장에 임금을 목적으로 근로를 제공하는 자"라고 정의하고 있다. 근로기준법상 근로자의 개념 정의는 개별적 근로관계에 관한 노동보호 법률들에서만 아니라 기업 단위로 형성되는 경영참가제도에 관련한 「근로자참여 및 협력증진에 관한 법률」에서도 동일한 내용으로 규정되고 있다. 이러한 근로기준법의 근로자 개념 정의를 그대로 '원용'하는 개별적 근로관계에 관한 노동보호 법률로는 「근로자퇴직급여보장법」(제2조 제1호), 「최저임금법」(제2조), 「임금채권보장법」(제2조 제1호), 「산업재해보상보험법」(제5조 제2호), 「산업안전보건법」(제2조 제2호),

「고용보험 및 산업재해보상보험의 보험료징수 등에 관한 법률」(제2조 제2호), 「고용보험법」(제2조 제1호 가.), 「진폐의 예방과 진폐근로자의 보호 등에 관한 법률」(제2조 제4호) 등이 있다. 또한 근로기준법상 근로자 개념을 '전제'로 하는 노동보호입법은 「근로복지기본법」(제2조 제1항 제1호), 「장애인 고용촉진 및 직업재활법」(제2조 제5호), 「기간제 및 단시간근로자 보호 등에 관한 법률」(제2조 제1호와 제2호), 「선원법」(제5조 제1항), 「건설근로자의 고용개선 등에 관한 법률」(제2조 제2호) 등이 있다. 그 밖에 사회보험 관련법률 영역에서 사회보장의 합리적인 적용을 목적으로 근로자 개념을 독자적인 관점에서 근로기준법상 근로자 개념에 '임원'을 포함하여 규정한 국민연금법[66]과 국민건강보험법[67] 등이 있다(예컨대 기업의 임원도 근로자로 포함하여 사회보험 적용대상자로 규정하고 있음).

근로기준법은 근로조건의 최저기준을 정하여 이를 강제하고 그 위반에 대해서는 처벌을 통해 근로자의 기본적 생활을 보장·향상하는 것을 목적으로 한다. 따라서 근로기준법상의 근로자 개념은 근로기준법뿐만 아니라 그 밖의 개별적 근로관계법의 적용대상이 되는 근로자의 범위를 결정하는 기준으로 기능하고 있다. 근로기준법상의 근로자에 해당되어야 임금, 근로시간, 해고제한 등 근로기준법의 적용에 따른 보호를 받을 수 있다. 만일 근로기준법상 근로자에 해당하지 않을 경우에는 근로기준법상 근로자 개념을 사용하고 있는 위 노동법의 적용이 배제되어 일반 사법관계로 보호를 받을 수밖에 없다.

2) 근로기준법상 근로자 개념의 개요

근로기준법 제2조 제1항 제1호에서는 근로자를 "직업의 종류와 관계없이 임금을 목적으로 사업이나 사업장에 근로를 제공하는 자"라고 정의하고 있고, 이러한

---

66) 제3조 제1항 제1호에서 "근로자란 직업의 종류가 무엇이든 사업장에서 노무를 제공하고 그 대가로 임금을 받아 생활하는 자(법인의 이사와 그 밖의 임원을 포함한다)를 말한다. 다만, 대통령령으로 정하는 자는 제외한다."라고 규정한다.

67) 제3조 제1호에서 "근로자란 직업의 종류와 관계없이 근로의 대가로 보수를 받아 생활하는 사람(법인의 이사와 그 밖의 임원을 포함한다)으로서 공무원 및 교직원을 제외한 사람을 말한다."라고 규정한다.

근로자의 개념에 대해서는 "근로자를 임금을 목적으로 타인의 지휘 · 명령 하에서 노무를 제공하는 자, 즉 사용자의 지휘 · 명령을 받으며 실질적 종속관계에서 노무를 제공하는 자"라고 정의하는 견해[68]가 일반적이다. 그리고 근로기준법은 현재 근로계약관계에 있는 근로자의 근로조건을 보호하기 위한 것이므로 근로계약관계에 있지 않은 실업 중인 근로자는 근로기준법상 근로자의 개념에 포함되지 않는 것으로 본다.[69]

대법원은 원칙적으로 "근로기준법상의 근로자에 해당하는지 여부를 판단하는 기준으로 계약의 형식이 민법상의 고용계약인지 또는 도급계약인지에 관계없이 그 실질에 있어 근로자가 사업 또는 사업장에 임금을 목적으로 종속적인 관계에서 사용자에게 근로를 제공하였는지 여부에 따라 판단하여야" 하고, 종속적인 관계가 있는지 여부를 판단함에 있어서는, "업무의 내용이 사용자에 의하여 정하여지고 취업규칙 또는 복무(인사)규정 등의 적용을 받으며 업무수행과정에 있어서도 사용자로부터 구체적, 개별적인 지휘 · 감독을 받는지 여부,[70] 사용자에 의하여 근무시간과 근무장소가 지정되고 이에 구속을 받는지 여부, 근로자 스스로가 제3자를 고용하여 업무를 대행케 하는 등 업무의 대체성 유무, 비품, 원자재나 작업도구 등의 소유관계, 보수의 성격이 근로 자체의 대상적 성격이 있는지 여부와 기본급이나 고정급이 정하여져 있는지 여부 및 근로소득세의 원천징수 여부 등 보수에 관한 사항, 근로제공관계의 계속성과 사용자에의 전속성의 유무와 정도, 사회보장제도에 관한 법령 등 다른 법령에 의하여 근로자로서의 지위를 인정받는지 여부, 양 당사자의 경제 · 사회적조건 등을 종합적으로 고려하여 판단하여야"[71] 한다는 판단기준을 제시한 바 있다. 이후 대법원은 앞서 제시한 기준에 "다만, 기

68) 김형배, 『노동법』(제23판), 박영사, 2014, 208면.

69) 김형배, 『노동법』(제23판), 박영사, 2014, 210면; 박종희, "근로기준법상 근로자 개념-근로기준법의 적용확대와 선별적용과 관련하여", 「노동법학」, 한국노동법학회, 2003, 124쪽 참조.

70) 대법원은 2000년 중반 이후에는 구체적, 개별적, 직접적 지휘 · 감독이 아닌 "업무 수행 과정에서 사용자가 상당한 지휘 · 감독을 하는지"라고 일관되게 판시하고 있는데(대법원 2006. 12. 7. 선고 2004다29736 판결), 이는 대법원이 근로기준법상 근로자성 인정에 있어 그 종속성 요건을 완화하고 있는 징표라고 이해할 수 있다.

71) 대법원 1994. 12. 9. 선고 94다22859 판결.

본급이나 고정급이 정하여졌는지, 근로소득세를 원천징수하였는지, 사회보장제도에 관하여 근로자로 인정받는지 등의 사정은 사용자가 경제적으로 우월한 지위를 이용하여 임의로 정할 여지가 크다는 점에서 그러한 점들이 인정되지 않는다는 것만으로 근로자성을 쉽게 부정하여서는 안 된다."[72]라고 추가하여, 근로자 개념요소 중 사용자에 의해 쉽게 인정되지 않을 수 있는 요소에 대해서는 단순 판단하여서는 안 된다고 강조하였다. 이후 이러한 대법원의 입장은 현재까지 근로기준법상 근로자 판단의 일반적인 기준이 되고 있다. 학설상 논의도 이러한 대법원의 판단기준을 두고 전개되고 있다.

2. 노조법상 '근로자' 유형

1) 노조법상 근로자 개념의 개요

근로기준법상 근로자 정의규정의 내용과 달리 근로자 개념에 "임금 · 급료 기타 이에 준하는 수입에 의하여 생활하는 자"를 포함하여 규정하는 법률로는 집단적 노사관계를 규율하는 노조법이 대표적이다.

근로기준법과 같이 개별적 근로조건을 정하는 것이 아닌 집단적 노사관계를 규율하는 노조법은 근로자를 "임금 · 급료 기타 이에 준하는 수입에 의하여 생활하는 자"라고 규정하고 있다. 노조법은 근로기준법과 달리 임금만을 목적으로 하지 않고 그에 준하는 수입에 의하여 생활하는 자까지도 근로자로 포함하고 있다. 노조법상의 근로자 개념에 대해서는 '노무공급자들 사이의 단결권 등을 보장해 줄 필요성이 있는가'라는 관점에서 집단적 노사관계를 규율할 목적으로 제정된 것으로 보아 근로기준법상의 근로자 개념과는 다른 것으로 이해하며 원래부터 일정한 사용자에의 종속관계를 필요로 하지 않으므로 특정한 사용자에게 고용되어 현실적으로 취업하고 있는 자뿐만 아니라, 일시적으로 실업 상태에 있는 자나 구직

72) 대법원 2006. 12. 7. 선고 2004다29736 판결(대학입시학원 종합반 강사가 근로기준법상 근로자에 해당한다고 한 사례).

중인 자도 노동3권을 보장할 필요성이 있는 한 근로자 범위에 포함된다고 본다.[73] 이에 따라 노조법상의 근로자 개념을 근로기준법상의 근로자 개념보다 넓은 개념으로 이해하는 것이 일반적이다.

3. 고용관련법률의 '근로자' 유형

근로자에 현실적 취업관계뿐만 아니라 명시적으로 "취업할 의사가 있는 사람"인 구직 중인 자까지 포함하는 법률로는 고용정책기본법,[74] 근로자직업능력개발법,[75] 남녀고용평등과 일 · 가정 양립 지원에 관한 법률,[76] 외국인근로자의 고용 등에 관한 법률[77] 등이 있다. 고용정책기본법을 비롯한 이들 법률들은 근로자를 사업주에

---

73) 대법원 2004. 2. 27. 선고 2001두8568 판결; 강성태, 「근로자의 개념」, 서울대박사학위논문, 1994, 173~176면; 임종률, 『노동법』(제14판), 박영사, 2016, 35면. 임종률 교수는 노동법상 근로자 개념을 협의와 광의로 나누어, 협의는 근로기준법상 근로자 개념으로 광의는 노조법상 근로자 개념으로 대입하여 구분한다. 이 때 광의의 근로자 개념으로 파악하는 노조법 제2조 제1호의 해석과 관련하여 '임금 · 급료 기타 이에 준하는 수입'이란 근로를 제공하여 그 대가로 지급받는 임금 및 임금과 유사한 수입을 말하는 것으로 이해하고 있다. 따라서 예컨대 고객으로부터 받는 팁을 얻어 생활하는 자는 노동관계의 실태에 따라 협의의 근로자에 해당하지 않을 수 있지만, 광의의 근로자에는 해당한다고 본다. 임금 수입에 '의하여 생활하는 자'란 임금 수입이 유일한 생활자금 또는 주된 생활자금이 되는지 여부는 불문하고 근로자 여부를 판단해야 하므로 재산 수입이 상당한 자라도 근로를 제공하여 임금 수입을 얻거나 얻으려 한다면 광의의 근로자가 되는 것으로 보고 있다. 나아가 불특정 다수인의 짐을 나르는 하역노무자나 건설현장을 다니면서 일하는 건설일용근로자도 비록 특정 사업체에 계속 근로관계를 맺고 있지 않기 때문에 단체교섭이 쉽지는 않지만 광의의 근로자에 해당하는 것으로 이해한다. 사업자로부터 도구 원료를 제공받고 그 작업지시에 따라 자기 집에서 임가공 작업을 하는 자(가내근로자)도 협의의 근로자는 아니지만, 광의의 근로자에 포함된다고 한다. 이렇듯 광의의 근로자는 현재 특정 사업과 근로계약을 맺고 있거나 근로 · 취업의사를 가진 자를 말하는 것으로 이해한다.

74) 제2조. 이 법에서 "근로자"란 사업주에게 고용된 사람과 취업할 의사를 가진 사람을 말한다.

75) 제2조 4호. "근로자"란 사업주에게 고용된 사람과 취업할 의사가 있는 사람을 말한다.

76) 제2조 4호. "근로자"란 사업주에게 고용된 자와 취업할 의사를 가진 자를 말한다.

77) 제2조. 이 법에서 "외국인근로자"란 대한민국의 국적을 가지지 아니한 사람으로서 국내에 소재하고 있는 사업 또는 사업장에서 임금을 목적으로 근로를 제공하고 있거나 제공하려는 사람을 말한다. 다만, 「출입국관리법」 제18조제1항에 따라 취업활동을 할 수 있는 체류자격을 받은 외국인 중 취업분야 또는 체류기간 등을 고려하여 대통령령으로 정하는 사람은 제외한다.

게 고용된 사람과 '취업할 의사를 가진 사람' 까지 포함하여 정의하고 있다.

근로자를 사업주에게 고용된 사람과 취업할 의사를 가진 사람으로 나누어 보고 있는데, 전자의 개념은 근로기준법상의 근로자와 같은 의미라고 할 수 있으며, 후자의 개념은 취업을 고용보험법상의 취업으로[78] 이해하여 영리를 목적으로 사업을 영위하는 경우도 포함하는 것으로 본다면 '취업할 의사를 가진 자' 에는 근로를 제공할 의사를 가진 자, 즉 임금으로 생활하려는 자는 물론, 자영업을 할 의사를 가진 자 등도 포함하는 것이다. 그렇다면 고용정책기본법에서의 근로자는 노조법상의 근로자까지 포함하는 '최광의' 의 근로자 개념으로 이해할 수 있다.[79]

아래에서는 개별적 근로조건을 정한 대표적인 법률인 근로기준법과 집단적 노사관계를 규율한 노조법을 중심으로 한 노동법상 근로자 개념에 대한 논의를 살펴보고자 한다.

Ⅱ. 근로기준법상 '근로자' 정의규정에 따른 요건

1. 문제의 제기

일반적으로 학설은 '사용자의 지휘 · 명령을 받으며 실질적 종속관계에서 노무를 제공하는 자' 를 근로자로 보고, 판례는 '실질에 있어 근로자가 사업 또는 사업장에 임금을 목적으로 종속적인 관계에서 사용자에게 근로를 제공하였는지 여부' 에 따라 근로자성을 판단한다. 이렇게 학설과 판례가 '(사용)종속관계' 를 근로기준법상 근로자의 개념 이해와 판단기준으로 하는 것에 대하여, ① 근로기준법상 근로자 정의규정에 요건으로 있지도 않는 종속관계를 근로자성의 판단근거로 삼는 법적 논거가 무엇인지, ② 근로기준법에서 규정하고 있는 근로계약은 왜 근로

78) 제40조 제1항 2호에서 취업에 "영리를 목적으로 사업을 영위하는 경우를 포함한다"고 명시하고 있다. 따라서 고용보험법상 취업은 취업할 의사가 있는 근로자로 취업하는 것과 자영업자로 취업하는 것을 포함한다.

79) 임종률, 『노동법』(제14판), 박영사, 2016, 36면.

자의 판단기준으로 고려되지 않는 것인지, ③ 근로기준법 제2조 제1항 제1호의 정의규정에 명시된 근로자의 개념 요소에 대한 검토가 부족한 것이 아닌지 등의 의문을 제시하며 반박하는 견해가 있다.[80] 이에 따르면, 근로기준법에서 근로계약에 대한 정의규정(근로기준법 제2조 제1항 제4호)을 따로 두고 있다는 점에서 근로자 개념은 근로계약 개념과 연계하여 이해하여야 하고, 따라서 근로기준법상 근로자는 근로계약 체결 당사자로서의 근로자 개념에서 출발하여야 한다고 주장한다.[81]

반면, 판례는 근로기준법 제2조 제1항 제1호의 '근로자' 정의규정에서 근로자의 핵심적 개념징표라고 할 수 있는 '임금을 목적으로 근로를 제공하는 자'의 의미를 '사용종속관계' 또는 '종속관계'에서 노무를 제공하는 자로 파악한다는 견해가 있다. 판례가 '(사용)종속관계'를 근로기준법상 근로자 개념의 판단기준으로 삼는 이유는 근로기준법 제2조 제1항 제1호의 근로자에 대한 정의규정에는 해석론상의 보충기준이 필요하기 때문이라고 한다. 즉 근로자는 ① '직업의 종류를 불문하고', ② '사업 또는 사업장에서', ③ '임금목적의 근로를 제공하는' 자라고 규정하고 있다. 여기서 '직업의 종류를 불문하고'는 근로기준법의 개방성을 밝힌 점에는 의의가 있지만 그것 자체로는 근로자성을 정하는 데 적극적인 의미를 가지지 못하고, '사업 또는 사업장에서'의 '사업' 역시 '사회생활상의 업으로서 계속적으로 행해지는 것'이면 족하기 때문에 근로자성의 결정에서는 중요한 의미를 가지지 못한다. 결국 남는 것은 '임금목적의 근로를 제공하는' 것이다. 그러나 여기서의 '임금'에 대하여 근로기준법은 근로자의 정의와 순환론으로 규정하고 있

80) 박종희, "근로기준법상 근로자 개념-근로기준법의 적용확대와 선별적용과 관련하여", 「노동법학」(16호), 한국노동법학회, 2003, 73~76면.

81) 근로기준법상의 근로계약과 민법상의 고용계약은 일반적으로 동일한 것으로 파악하며, 다만 근로계약 관계의 판단은 형식적인 것이 아니라 실제 당사자 사이에 형성되어 있는 관계가 근로계약 관계인지가 판단 기준이 되어야 한다고 한다. 그리고 근로자 개념 판단의 본질적 요소로 '계속적 근로의 제공'과 그에 따른 본질적 결과로서의 '지시권에의 구속', '사업 및 사업장', '임금의 대가성', '부수적 요소-근로관계의 일신 전속적 성질, 기업활동에 따른 위험부담관계 등'을 제시하면서 구체적인 판단방법을 설명한다. 자세한 내용은 박종희, "근로기준법상 근로자 개념-근로기준법의 적용확대와 선별적용과 관련하여", 「노동법학」(16호), 한국노동법학회, 2003, 95~109면 참조.

고(제2조 제1항 제5호), '근로'에 대해서는 정의규정으로서는 별다른 의미가 없게 규정하고 있어(제2조 제1항 제3호), 해석론상의 보충을 필요로 한다는 것이다.[82)]

결국 어느 견해에 의하더라도 근로자를 정의한 근로기준법 제2조 제1항 제1호의 규정을 먼저 검토하여야 할 것이다. 아래에서는 먼저 근로자 개념 요소로 근로기준법상 '근로자'에 대한 정의규정을 검토한 후, 일반적으로 근로자성의 판단근거로 들고 있는 종속성의 본질이 무엇인지와 종속관계에 대한 판례의 판단기준과 이를 비판적으로 이해하는 학설들을 살펴본다. 이어서 노조법상 근로자 개념에서도 노조법 제2조에서 규정하는 근로자 정의의 개념 요소를 검토한 후, 근로자 개념의 통일성과 상대성에서 노조법상 근로자 개념을 근로기준법과 동일하게 볼 것인지에 대한 논의를 살펴보도록 한다. 그 이후 장을 달리하여 판례의 판단기준과 유형별 분석을 통해 근로자 개념에 기존 논의의 한계와 새로운 모색방법을 찾아보도록 한다.

2. 근로기준법상 정의규정 검토

1) 개 요

근로기준법은 제2조 제1항에서 동법에서 사용하는 용의의 뜻에 대해 정의하고 있다. 그 중 제1호의 근로자 개념에 대한 정의 규정을 그대로 인용하여 분설한다면 "① 직업의 종류 불문하고, ② 사업 또는 사업장에, ③ 임금을 목적으로, ④ 근로를 제공하는 자"라는 4개의 요건으로 나눌 수 있고, 이 요건을 충족하면 근로기준법상의 근로자가 된다.

그런데 언어적으로 표현된 '사업', '사업장', '임금', '근로'의 개념을 판례와 학설에 의해서 구체화되기 이전에 근로기준법 제2조 제1항의 정의 규정에서 입법자가 설계한 프로그램[83)]을 보면 다음과 같다. '근로'는 "정신노동과 육체노동"

---

82) 강성태, "근로자개념의 재인식", 「노동법강의(-기업구조조정과 노동법의 중요과제-)」(제7권), 법문사, 2004, 545면.

83) 법률의 규정을 이와 같이 '입법자의 결정프로그램'으로 보고 법관이 이를 해석학적으로 재구성

(제3호)을 말하고, '사업 또는 사업장에' 라는 개념은 별도의 정의 규정이 없지만 '사업 또는 사업장에 근로를 제공' 한다는 것은 근로계약의 존재를 전제로 한다. '근로계약' 이란 "근로자가 사용자에게 근로를 제공하고 사용자는 이에 대하여 임금을 지급하는 것을 목적으로 체결된 계약"(제4호)으로, '임금' 은 "사용자가 근로의 대상으로 근로자에게 임금 등의 명목으로 지급되는 일체의 금품"(제5호)으로 정의한다.

2) 근로자 개념의 요건

(1) '직업의 종류를 불문하고'

이 '직업의 종류를 불문하고' 라는 표현은 신분, 계약형식, 근로형태, 상용근로자 · 일용근로자 여부를 불문하여 근로조건을 보호한다는 일반법으로서의 성격을 부각시킨다는 점에서의 의미 외에, 근로자성을 판단하는데 적극적인 의미는 없는 것으로 판단된다.[84] 그러므로 여기서는 이에 대한 분석을 생략하기로 한다.

(2) '사업 또는 사업장에'

'사업' 이란 하나의 활동주체가 유기적 관련 아래 업(사회적 활동)으로서 계속적으로(계속할 의도로) 행하는 모든 작업을 말한다. 흔히 그 작업을 통일적으로 수행하는 독립된 사업체(회사, 단체 등)와 같은 뜻으로 사용되기도 한다. '사업장' 이란 본사 · 공장 · 지점 등 그러한 작업이 행하여지는 단위 장소 또는 장소적으로 구획된 사업체의 일부분을 말한다.[85] 사업의 목적, 허가 유무, 업종 등을 불문한다.

하고 논증해야 할 대상으로 보는 것에 대해서는 강희원 · 이상윤 · 조준모 · 김영문, 『특수고용직 종사자의 법적 지위』, 중앙경제, 2002, 35면 참조.

84) 다만, 이는 외국법제와 구별하거나 근로기준법의 근로조건의 보호에 관한 일반법으로서의 성격을 부각시킨다는 점에서 의미는 있지만, 격동하는 생활관계에서 다양하게 존재하는 근로자의 형상을 사상한 것으로서 천차만별인 근로자들의 직업과 근로자상을 통일적으로 형상화할 수 없으므로 부정(Negation)의 방법으로 직업과 관련한 한계설정을 포기한 것으로 보인다(강희원 · 김영문, 『근로자개념과 계약의 자유』, 중앙경제, 2001, 85면).

85) 근로기준법 조문이 명확하게 '사업 또는 사업장에' 라고 규정한 것을, 학자들이 일반적으로 '사

(3) '임금'을 목적으로

근로기준법은 '임금'을 "사용자가 근로의 대상으로 근로자에게 임금 등의 명목으로 지급되는 일체의 금품"(제2조 제1항 제5호)으로 정의하고 있으므로, 무엇을 임금으로 볼 것이냐의 문제를 고찰해 볼 필요가 있다. 이는 임금의 법적성질에 관한 문제로서 학설과 판례는 다음과 같이 의견이 나뉘고 있다.[86)]

(가) 노동대가설(노동설)

임금을 근로자의 구체적 노동에 대하여 지급되는 대가라고 한다. 따라서 임금은 근로자가 사용자의 지휘·명령을 받으며 실제로 노동을 제공한 데 대한 보수라 본다.

(나) 노동관계설(임금이분설)

임금을 구체적 노동의 대가에 국한시키지 아니하고, 근로자가 사용자에게 전인격적인 노동력의 처분에 관한 권한을 맡긴 것에 대한 대가의 성격을 갖는다고 하면서, 가족수당이나 물가수당 등 생활보장적 임금도 포함하는 것으로 본다. 즉 임금은 노동의 대상이 아니라 노동관계에서 발생하는 대가라고 한다. 노동관계설은 임금이 근로자로서의 취득에 따라 발생하는 생활보장적 임금과 구체적인 근로의 제공에 따라 발생하는 교환적 부분이 있다고 보아 임금양분설이라고도 한다.[87)]

업 또는 사업장에서' 라고 설명하는 것은 장소적인 개념이 전제된 것으로 정확하지 않은 표현이라고 생각한다.

86) 김형배, 『노동법』(제23판), 박영사, 2014, 352~355면; 이병태, 『최신 노동법』(제6전정판), 중앙경제, 2005년, 781~783면.

87) 판례는 과거 임금이분설의 입장을 취하여 쟁의행위 중에도 생활보장적 임금은 지급되어야 한다는 입장이었으나, 현재는 입장을 바꾸어 임금일원설을 취하고 있다. 즉 대법원은 "근로기준법의 임금에 관한 정의규정 등에 비추어 볼 때 모든 임금은 근로의 대가이므로 현실적 근로제공을 전제로 하지 않고 단순히 근로자로서의 지위에 기하여 발생한다는 이른바 생활보장적 임금이란 있을 수 없다. 따라서 반대의 특약 또는 관행이 없는 이상, 쟁의참가기간에 대하여 모든 임금을 삭감할 수 있다. 또 쟁의행위는 집단적 투쟁행위로서 평상시의 결근 등과 같은 개별적 행위와는 전혀 다른 것이므로, 취업규칙 등에서 평상시의 결근자 등에게 정근수당을 삭감하지 않도록 규정하고 있다고 하여, 쟁의행위에 참가한 자에게도 이에 준하여 정근수당을 삭감하지 않는 규정이 있는 것으로 해석할 수 없다"고 판시하였다(대법원 1995. 12. 21. 선고 94다26721 전원합의체

(다) 노동력대가설(노동력설)

임금을 구체적인 근로에 대한 대가가 아니고, 근로자가 그 노동력의 처분을 일정한 시간 사용자에게 맡긴데 대한 대가로 본다. 임금은 구체적인 근로에 대한 대가가 아니므로 근로자가 지휘 · 감독 아래 있는 시간은 모두 근로시간으로 보기 때문에 현실적 근로와 직접 관계가 없이 지급되는 금품의 경우(예를 들어 체력단련비나 월동보조비 등)도 "소정근로 또는 종속근로에 대하여 지급되는 급부"로 보아 임금에 포함되는 것으로 본다. 현재 우리나라의 다수설 및 판례[88]의 입장이다.

(라) 검 토

이상의 학설을 살펴보면, 임금은 사용자의 지휘 · 명령 하에 제공한 노동의 대가일 뿐만 아니라 노동력을 사용자의 처분 하에 맡기는데 대한 대가라고 본다. 즉 사용자의 지휘 · 명령이 전제되느냐의 여부와 실제 노동의 대가뿐만 아니라 '노동력의 대가'를 임금으로 볼 수 있다는 점이고, 이는 근로자로 판단하는 중요한 기준이 될 수 있다. 또한 근로자는 '임금을 목적으로' 근로를 제공하여야 하므로, 무상으로 또는 임금 이외의 기술 습득과 같은 무형의 이익 등을 목적으로 근로를 제공하는 자는 근로자가 아니다. 그렇지만 교육, 훈련 등 임금 이외의 다른 이익을 목적으로 하였다 하더라도, 그것이 근로 제공 목적의 전부가 아니고 일부일 뿐이라면 그 노무제공자는 근로자라고 보아야 할 것이다.[89]

판결).

88) 대법원 1996. 2. 9. 선고 95다19501 판결; 대법원 1996. 5. 14. 선고 95다19256 판결; 대법원 1999. 5. 12. 선고 97다5015 전원합의체판결에서도 "사용자가 근로자에게 지급하는 금품이 평균임금 산정의 기초가 되는 임금 총액에 포함될 수 있는 임금에 해당하려면 먼저 그 금품이 근로의 대상(대상)으로 지급되는 것이어야 하므로, … 여기서 어떤 금품이 근로의 대상으로 지급된 것이냐를 판단함에 있어서는 그 금품 지급의무의 발생이 근로제공과 직접적으로 관련되거나 그것과 밀접하게 관련된 것으로 볼 수 있어야 할 것이다."라고 판시한 바 있다.

89) 예를 들어, 실업계 고등학교 졸업예정자 신분의 위탁실습생(대법원 1987. 6. 9. 선고 86다카2920 판결), 외국인 산업기술연수생(대법원 1995. 12. 22. 선고 95누2050 판결; 대법원 2005. 11. 10. 선고 2005다50034 판결), 전공의(대법원 1989. 7. 11. 선고 88다카21296 판결; 대법원 2001. 3. 23. 선고 2000다39513 판결), 수련의(대법원 1991. 11. 8. 선고 91다27730 판결) 등의 사례에서 근로자성을 인정할 수 있다.

반면, 임금을 받고 있지 아니하더라도 근로계약관계를 유지하고 있는 자(예, 무급으로 휴직 · 정직중인 자, 파업참가근로자, 무급의 노조전임자 등)는 근로자에 해당된다. 보수가 시간급을 기초로 계산되거나, 결근 또는 지각시 보수를 공제하거나, 연장근로의 경우 별도의 수당 등을 지급하거나, 기본급이나 고정급이 정하여져 있는 경우는 사용자의 지휘 · 감독 아래에서 임금이 지급되는 것으로 볼 수 있다. 단지 보수가 근로소득세의 부과대상이 아니라는 이유만으로 임금이 아니라고 단정할 수는 없다.

(4) '근로'를 제공하는 자

'근로' 는 정신노동과 육체노동을 모두 포함하나(근로기준법 제2조 제1항 제3호), 독립적 노동이 아니라 '종속적' 노동을 의미한다고 해석된다.[90] 근로기준법을 포함하여 노동법이 보호하는 대상은 사용종속관계에 놓여 있는 임금을 목적으로 하는 종사자인데, 근로자의 개념 요소 중 사용종속관계가 포함될 수 있는 요소는 '근로' 의 개념 외에 달리 있을 수 없다. 임금 노동자가 아니라, 생산수단을 소유하거나 소유할 가능성을 내포하면서 사업 내지 사업장에서 대가를 받기로 하고 노무(업무)에 종사하는 독립 자영업자를 근로기준법의 보호대상으로 할 수 없는 이상, 이러한 종속관계는 근로자 개념의 핵심적 요소이다.[91] 따라서 '근로를 제공하는' 근로자는 사업(장)에 고용 · 사용되어 종속적 근로를 제공하는 관계에 있는 자(판례[92]와 학설[93]은 흔히 '사용종속관계에 있는 자' 라고 표현함)라야 하는데, 이

90) 임종률, 『노동법』(제14판), 박영사, 2016, 3면; 이상윤, 『노동법』(제14판), 법문사, 2015, 26면.

91) 최은배, "근로기준법상 근로자의 개념", 「특별법연구」(10권, 전수안대법관 퇴임기념), 사법발전재단, 2012, 1225면.

92) 사용종속관계에 대하여 판례는 원칙적으로 "근로기준법상의 근로자에 해당하는지 여부를 판단할 때에는 그 계약의 형식이 민법상의 고용계약인지 또는 도급계약인지에 관계없이 그 실질에서 근로자가 사업 또는 사업장에 임금을 목적으로 종속적인 관계에서 사용자에게 근로를 제공하였는지 여부에 따라 판단하여야 한다"고 하고 세부적으로 그 판단 기준을 제시하고 있다(대법원 1994. 12. 9. 선고 94다22859 판결, 대법원 2006. 12. 7. 선고 2004다29736 판결 등).

93) 임종률, 『노동법』(제14판), 박영사, 2016, 33면; 이상윤, 『노동법』(제14판), 2014, 법문사, 95면; 이병태, 『최신 노동법』(제6전정판), 중앙경제, 2005년, 8~9면.

점에서 민법상의 다른 노무공급자와 다르다. 도급, 위임 계약에 따라 타인에게 독립적으로 노무를 제공하는 자는 근로자가 아니다. 반면 고도의 전문 지식 · 기술 보유자가 작업의 수행에 관하여는 타인에게서 구체적인 지휘 · 감독을 받지 않고 독립하여 근로를 제공하더라도 근무 체제에 편입되어 있고 근로시간 · 장소에 제약이 있으며 근로시간에 따른 임금을 지급받는 경우 그 사람은 근로자이다.

3) 근로계약과 고용계약

(1) 검토 이유

근로계약과 근로자는 노동법의 기초개념이자 서로 밀접한 관련을 가지는 개념이다. 근로자 개념은 근로기준법과 노조법의 광범위한 범위에 걸쳐 직 · 간접적으로 근로계약을 매개로 적용되므로, 근로기준법상의 근로자 개념은 근로계약의 측면에서도 확정될 수 있어야 한다. 실제 사안에서 판례는 다양한 형태의 근로자성을 판단할 때 도급계약이나 위임계약과의 관계에서 근로자 개념을 정의하는 경우가 많기 때문에 이러한 계약과의 차이점을 구별하기 위해서도 근로계약에 대한 검토가 필요하다. 이를 위하여 근로기준법에서 정의하는 '근로계약'을 분석하고 이를 통해 근로기준법상 '근로자 개념'을 체계적으로 재정립하여야 한다.[94)]

먼저 근로기준법상의 규율을 바탕으로 근로자성 판단기준을 정립할 필요가 있다. 즉 근로자 개념에 대한 규명은 이 근로기준법 제2조 정의규정에서 출발해야 하고, 이 때 근로자는 근로계약의 일방 당사자를 의미한다. 그렇다면 근로계약은 민법상 고용계약과 동일한 것으로 보아야 하는지를 검토할 필요가 있다.

(2) 근거 규정

민법상 전형계약의 일종으로 규율되는 고용계약은 당사자 일방이 상대방에 대하여 노무를 제공할 것을 약정하고 상대방이 이에 대하여 보수를 지급할 것을 약

---

94) 여기서는 일단 고용계약과의 구별을 살펴보고, 근로기준법상 '근로자 개념'의 재정립에 관한 내용은 제4장에서 구체적으로 서술하기로 한다.

정함으로써 그 효력이 발생하는 계약이다(민법 제655조). 고용계약은 '노무의 제공' 그 자체를 계약의 목적으로 하고 있다는 점에서 '일의 완성'을 목적으로 하는 도급계약이나 '사무의 처리'를 목적으로 하는 위임계약과는 그 성질을 달리한다.[95] 고용계약은 근로계약과 본질적으로 그 성질을 달리하는 별개의 노무공급계약에 해당하는가에 관해서 견해의 대립이 있다.

(3) 고용계약과 근로계약의 구별 실익

고용계약과 근로계약이 서로 동일한지 아닌지 여부는 구체적으로 근로기준법상에 규정이 없는 사항을 어떻게 해결할 것인가에 대해 양 학설이 차이를 가지기 때문이다. 동일설의 입장에서는 민법의 고용에 관한 규정과 근로기준법은 서로 일반법과 특별법의 관계를 가지게 된다. 그 결과 특별법인 근로기준법에 아무런 규정이 없는 경우에는 일반법인 민법의 규정을 받게 된다.[96] 반면 준별설의 입장에 따르게 되면 근로계약은 고용계약과는 그 본질을 달리하므로 비록 근로기준법에 규정이 없다 하더라고 근로계약의 독자적인 원리에 따라 해석으로서 보충하여야 하며, 시민법적 원리에 기초한 민법의 적용을 하여서는 아니 된다는 차이가 생긴다.[97]

(4) 견해의 대립

(가) 동일설

양 계약이 동일한 개념이라는 주장이다. 비록 근로계약은 그 이념이나 규제내

95) 민법상 전형계약의 일종인 고용계약은 소위 "노무공급계약"으로 분류가 된다. 학자들은 고용 이외에도 민법상 전형계약에서 도급 · 현상광고 · 위임 · 임치를 고용과 동일한 노무공급계약으로 이해한다.

96) 독일의 통설은 고용계약과 근로계약이 임금을 대가로 노무급부를 제공하는 사법상의 급부교환관계라는 점에서 공통적이지만, 고용계약이 독립적 고용과 종속적 고용으로 구분된다고 보아 고용계약의 지위는 근로계약의 상위개념으로 이해한다(Schaub, ArbRHB, 2014, § 8 Rn. 13.). 여기에서 근로계약과 독립적인 고용계약을 구별할 수 있는 기준이 필요하게 되며, 이 때 노무급부의 제공이 타인에게 사용되는 형태로 이루어지면 즉, 계약상대방에게 인격적으로 종속되는 경우 근로자성이 인정된다(강희원 · 김영문, 『근로자개념과 계약의 자유』, 중앙경제, 2001, 153면).

97) 이은영, 『채권각론』, 박영사, 2005년, 498~499면.

용이 민법상의 고용계약을 대폭 수정하고 있지만, 민법상의 고용계약도 종속성을 전제로 하는 것이므로 계약개념으로서 양자 사이에 본질적인 차이가 없고, 근로계약과 고용계약은 일치되는 것이라는 입장이다.[98]

(나) 준별설

준별설의 입장은 다음과 같은 세 입장으로 나뉜다. 첫 번째는 "근로계약은 민법상의 고용계약에 해당하는 경우가 대부분이지만 그것과 반드시 일치하는 것은 아니고, 도급 또는 위임의 형식을 취하는 노무공급계약일 수도 있고 또 민법상의 고용 · 도급 또는 위임의 계약 형식을 취하지 않는 비전형의 노무공급계약일 수도 있다"고 하여, 근로계약이 고용계약보다 넓은 범주를 가진다는 입장이다.[99] 두 번째는 고용계약은 사적 자치에 방임되는 자유계약의 하나이지만 노동법의 규율을 받는 근로계약은 양 당사자의 실질적 불평등을 전제로 많은 규제를 하고 있으므로, 양 계약은 규제방법과 그 이념에서 차이를 가진다는 입장이다.[100] 세 번째는 "모든 근로관계는 개념상 고용관계에 속하지만 모든 고용관계가 다 근로관계인 것은 아니다. 왜냐하면 고용관계(예컨대 의사에 의한 병의 치료나 변호사에 의한 소송사건에 의한 처리를 고용관계로 볼 경우) 중에는 근로관계가 아닌 것들도 있기 때문이다. 그러나 대부분의 고용관계가 근로관계의 성질을 갖고 있음은 이를 부인할 수 없다"고 한다.[101]

---

98) 이병태, 『최신 노동법』(제6전정판), 중앙경제, 2005년, 625~626면; 박종희, "근로기준법상 근로자 개념", 노동법학 제16호, 한국노동법학회, 2003, 87~94면(양자간의 본질적인 관계를 비교법적 관점에서 분석하였다), 131면; 곽윤직(편집대표), 「民法注解 제XV권」, 채권(8), 박영사, 1999, 304면에서는 "노무자에 의해 제공된 노무를 어떠한 목적으로 어떠한 방법으로 사용하여 어떠한 결과를 가져올 것인가라고 하는 것은 전적으로 사용자의 권한에 속한다고 하겠다. 따라서 사용자는 노무제공자를 지휘 · 감독하는 권한을 가지게 되고, 그 결과 노무자는 자주성과 독립성을 상실하여 사용자에 대하여 종속적인 지위를 가지게 된다."고 설명한다.

99) 임종률, 『노동법』(제14판), 박영사, 2016년, 346면에 의하면, "사업 또는 사업장이 아닌 곳에서의 계약, 동거의 친족만을 사용하는 사업 또는 사업장에서의 친족 또는 가사사용인 등에 관한 계약은 민법상 '고용' 계약임에는 틀림이 없지만 근로계약이라고 볼 수 없을 것이다."

100) 김유성, 『노동법 I』, 법문사, 2005년, 56면.

101) 김형배, 『노동법』(제23판), 박영사, 2014년, 221면.

(5) 검 토

근로계약의 독자성을 강조하는 견해(준별설)는 민법과 노동법은 그 존재의 이념과 규율방법에서 차이가 있다는 점, 고용계약과 근로계약을 동일한 것으로 파악한다면 굳이 근로기준법에서 근로계약에 관한 별도의 정의규정을 둔 입법취지가 무엇인지 설명하기 곤란하다는 점, 근로기준법상의 근로계약관계가 부정된다고 하더라도 집단적 노동법상의 보호 즉, 노동3권의 보장이 전적으로 배제되는 것은 아니기 때문에 '근로계약관계의 부정 = 민법상의 고용계약관계에 의한 규율'로 단정할 수는 없는 점 등에 비추어 볼 때 근로계약은 고용계약과 구별되는 노무공급계약으로 보아야 한다고 한다. 하지만 비록 노동법의 시작이 민법상 고용계약이 현실에서 나타나는 노사간의 실질적 불평등과 같은 불합리한 점들을 해결할 수 없다는 비판에서 시작하여, 고용계약의 내용을 대폭 수정하고 이를 극복하는 데서 노동법의 존재 의의를 찾고 노동법의 독자성을 구하는 근거로 종속성을 내세우고 있지만,[102] 결국 노동법의 출발은 근로자와 사용자의 계약에서 시작하므로 동일설이 타당하다고 생각한다. 그러므로 이하에서 고용, 고용계약, 근로계약은 서로 같은 것이라는 점을 전제로 한다.[103]

계약인 이상 민법상 계약 규정들의 기초위에서 고용계약의 수정원리가 노동법에 규정된 것으로 파악하는 것이 타당할 것이다. 즉 근로기준법이 근로제공의 법률관계 기초로 규정하고 있는 근로계약은 일반적으로 민법상 고용계약과 동일시되지만, 근로기준법은 '사업 또는 사업장에 임금을 목적으로 근로를 제공하는 자'인 근로자가 사용자와 체결한 계약이 근로계약이므로, 근로제공의 장소나 상대방이 사업 또는 사업장이 아닌 경우는 근로계약이 아니라 민법상 고용계약이 될 것이다. 따라서 '사업 또는 사업장'이라는 개념요소는 근로계약과 그 밖의 고용계약을 구분하는 기준으로서 의미를 갖는 것이다.[104]

---

102) 이병태, 『최신 노동법』(제6전정판), 중앙경제, 2005년, 9면.
103) 다만 각기 다른 표현을 사용하는 이유는 근로기준법에서의 표현과 민법상 사용하는 표현을 그대로 사용하기 때문이다.
104) 박지순, "근로자개념론-골프장캐디 사건 판결을 계기로-", 노동법실무연구회 발표문, 2015. 5. 12., 3면.

4) 근로자 개념과 근로계약의 본질

(1) 의 의

근로기준법상 근로자 개념의 기본요소는 앞서 본 "사업 또는 사업장에, 임금을 목적으로, 근로를 제공하는 자"이고, 근로계약은 "근로자가 사용자에게 근로를 제공하고 사용자는 이에 대하여 임금을 지급하는 것을 목적으로 체결된 계약"이다(제2조 제1항 제1호, 제4호). 이와 같은 정의 규정을 고려하면, 근로기준법상 근로자는 '근로계약을 묵시적[105]이나 명시적으로 체결' 하고, '사업 또는 사업장' 에, 사용자에게 '근로를 제공' 하고, 이에 대한 대가로 '임금' 을 지급받는 사람을 의미한다고 할 것이다.

(2) '근로의 제공'과 사용종속관계

근로계약의 목적은 '근로를 제공' 하는 것이고, 근로제공을 목적으로 하는 근로계약의 일방 당사자가 근로자가 된다. 결국 근로계약의 본질도 근로자가 사용자에게 '종속적인 지위' 에서 근로를 제공하는 것이고,[106] 이점이 바로 다른 계약유형과 구별되는 근로계약의 본질적 특성을 갖는다. 이는 바로 앞에서 검토한 근로자 개념의 정의 요건 중 하나인 '근로의 제공' 과 같고, 근로계약에서도 근로자 개념과 마찬가지로 '사용종속관계' 를 해석해야 할 필요성이 있다고 할 것이다.

(3) '사업 또는 사업장에' 근로를 제공

근로자 개념의 정의 요건에서 '사업 또는 사업장에 근로를 제공' 한다는 것은 단

105) 일용근로자 등 특수한 경우에는 경우 명시적으로 근로계약이 체결되지 않고 묵시적으로 체결되기도 한다.

106) 일반적으로 민법은 노무공급을 목적으로 하는 계약유형으로 고용, 도급 그리고 위임을 규정하고 있다. 고용과 도급은 노무제공 그 자체를 목적으로 하느냐 아니면 당사자가 약정한 일의 완성을 목적으로 하느냐에 따라 구별된다. 위임은 위임인이 요구한 법률행위와 사실행위를 포함한 사무의 처리를 목적으로 하는 계약이란 점에서 고용과 유사하나, 고용은 노무자가 사용자의 지휘명령을 받아 종속적인 지위에서 노무를 제공하는데 반하여 위임계약에서는 수임인 자신의 재량으로 노무급부를 행한다는 점에 차이가 있다.

순히 사업이나 사업장을 근로제공의 장소로 한다는 의미가 아니라(사업 또는 사업장 '에서' 근로를 제공하는 사람이 아님; 제2조 제1호), 사업이나 사업장의 사용자에 고용되어 그를 위하여 근로를 제공하는 것을 의미하고,[107] 이는 '근로계약'이 존재해야 함을 뜻한다. 따라서 현실적으로 고용되어 있는 취업자만이 근로자에 해당되며, 실업자를 포함하여 현재 근로를 제공하지 않는 자는 근로기준법상의 근로자 개념에 포섭되지 않게 된다.[108] 또한 사업(장)에 근로를 제공하기 위하여 체결한 고용 · 근로계약은 근로기준법 등 관련 법규에 위반되지 않을 것을 요건으로 하지 아니하고, 그 계약이 적법 · 유효할 것을 요구하지도 않는다. 사실상 사업 또는 사업장에 근로를 제공하는 이상 근로자이다.[109]

3. 소 결

근로자 개념에 대한 규명은 이 근로기준법 제2조 정의규정에서 출발해야 하고, 이 때 근로자는 근로계약의 일방 당사자를 의미하고 근로계약은 민법상 고용계약과 동일한 것으로 보아야 한다고 하고, 이러한 경우 근로자 판단기준으로 비교법적으로도 일본과 달리 '사용종속성'이란 요소가 도입될 여지가 없고 이를 핵심기준으로 하여 근로자 여부를 판단하는 판례의 입장을 수긍할 수 없다는 입장이 있다.[110]

한편 무엇보다도 근로기준법상의 근로자 개념에 관한 입법자결정프로그램이 갖

---

107) 임종률, 『노동법』(제14판), 박영사, 2014, 33면.

108) 이 점이 노조법상 근로자 개념과 다른 점이다.

109) 최은배, "근로기준법상 근로자의 개념", 「특별법연구」(10권, 전수안대법관 퇴임기념), 사법발전재단, 2012, 1226면.

110) 근로기준법상 근로자 개념을 고용(근로)계약관계 당사자의 의미로 이해할 경우에는 근로계약관계의 본질적 구성요소에 대한 분석이 이루어져야 하고, 이때의 판단기준은 "계속적인 근로의 제공", 그에 따른 본질적 결과로서의 "지휘 · 명령권에의 구속", '사업 또는 사업장에' 라는 "노동조직에의 편입", "임금의 대가성"을 들 수 있고, "일신전속성 여부"와 "독자적인 기업활동 주체 여부"는 부수적인 판단요소가 될 수 있다[박종희, "근로기준법상 근로자 개념", 노동법학(제16호), 한국노동법학회, 2003, 130~131면 참조].

는 의미는 근로와 임금이 쌍무적으로 교환되는 계약법적 정의를 담고 있다는 점을 강조하는 입장이 있다.[111] 이는 처음부터 근로자성의 판단이 문제가 되는 것이 아니라, 법률행위 주체로서 개인이 원하여 근로와 임금을 교환하는 법률관계(근로관계)를 형성했는지 등,[112] 사적 자치에 의한 당사자의 법률관계 형성과 강행법규의 적용 문제가 근로자성 판단의 출발문제라고 한다.[113] 따라서 근로자의 개념이 문제가 되는 것이 아니라 근로관계라는 법률관계를 다른 법률관계로부터 구별하여 어느 경우에 어떤 기준에 따라 그 자격을 인정하는가가 중요한 문제가 되는 것이다.[114]

그러나, 그렇다고 하더라도 근로와 임금을 교환으로 근로계약을 체결한 자가 근로자라는 점에서, '근로를 제공' 한다는 것은 근로계약에 따라 자신의 노동력을 임금과 교환한다는 것을 말하고(근로기준법 제2조 제1항 제4호, 제5호 참조), 임

111) 이에 따르면 입법자는 근로기준법 제2조 제1호 제1호 내에 전통적인 근로자성 판단의 기준이 되는 '종속노동' 이나 '사용종속관계' 를 담은 것이 아니라, 근로와 임금이 교환되는 계약을 체결한 자가 근로자라는 결정프로그램을 설정한 것이라고 한다. 따라서 입법자는 근로기준법 제2조 제1호 제1호를 통해 누가 근로자인가에 대해 처음부터 신분법적인 의미를 부여한 것이 아니라, 근로와 임금을 교환으로 근로계약을 체결한 자가 근로자라는, 근로자성 판단은 처음부터 채권법상의 법률행위 내지 법률관계로부터 출발해야 한다는 것을 염두에 둔 것이라고 한다(강희원 · 김영문, 「근로자개념과 계약의 자유」, 중앙경제, 2001, 86면).

112) 다른 종류의 법률관계를 원하면서도 실제로는 근로관계를 맺었는가, 근로관계를 원하면서도 착오 등에 의해 다른 종류의 법률관계를 맺었는가, 실제로는 근로관계를 맺었으면서도 근로기준법의 적용을 잠탈하기 위해서 계약서에 명목을 다른 법률관계로 기술하였는가 하는 등

113) 근로기준법상 근로자 개념을 사용종속성으로 보는데 대한 계약적 비판론 입장이다. 이에 의하면 판례와 학설이 근로자의 개념적 징표로 내세우는 '인격적 종속성' 이나 '노무의 타인결정성', '지시권 복종성' 은 근로기준법의 입법자결정프로그램 안에서 그 내용을 채우는 별도의 해석 작용이라고 하거나 판례의 법형성 작용이라고 할 수 있다(강희원 · 이상윤 · 조준모 · 김영문, 『특수고용직 종사자의 법적 지위』, 중앙경제, 2002, 37면).

114) 이 입장에서는 우리나라의 판례 · 학설 · 행정해석이 취하는 근로자성 판단기준은 법적 근로자 개념이 아니라 사실관계에 따라 근로자를 판단하는 사회학적 근로자 개념이므로, 사회적 보호필요성이나 경제적 종속성을 근로자성 판단의 기준으로 삼는 것에 반대하면서, 근로자성 판단은 "무엇보다 당사자의 의사를 확인할 수 있는 계약서로부터 출발해야 한다. … 근로관계의 인정과 근로자성의 인정은 근로계약으로부터 출발해야 하고, 그러한 근로관계의 내용은 주된 급부의무를 중심으로 판단되어야 하므로, 사실적 상황이나 노무급부제공자의 인적 요소는 가능한 한 배제되어야 한다."고 주장한다.

금과 교환되는 '근로'는 다른 상품과 달라서 노무제공자는 자신의 인격과 분리하여 노동력을 사용자에게 제공할 수 없고, 사용자는 근로자의 인격과 분리하여 근로자의 노동력을 사용하고 처분할 수 없다. 이와 같이 근로자의 인격과 필연적으로 결합된 근로, 즉 종속성이라는 노동력의 특성 때문에 근로자는 필연적으로 사용자의 지시 · 명령 아래 근로를 제공할 수밖에 없다. 결국 노동법이 적용되기 위해서는 노무제공자인 취업자가 근로자로서 자격, 종속적 노무 제공을 인정받아야 한다.[115] 이러한 점에서 종속성은 근로계약과 근로자 개념에서 말하는 '근로' 속에 포함된 본질적인 징표라고 할 것이다. 이어서 사용종속관계에서 그 종속성의 본질이 무엇인지에 대해 살펴본다.

Ⅲ. 근로자성 판단의 일반적 기준으로서 '사용종속관계'

1. 종속성의 본질

종속성을 가지는 자를 근로자라고 하였을 때, 무엇을 종속이라고 하느냐, 즉 어떠한 경우 종속성이 있다고 할 수 있느냐가 문제이다. 이 종속성은 특수형태고용종사자를 포함하여 도급이나 위임의 계약 형태로 노동력을 제공하고 이에 대한 보수를 받는 노무제공자의 근로자성을 판단하는 기준이 된다. 종속성의 본질이 무엇인가에 대해서는 다음과 같은 전통적인 논의가 있다.

---

115) 독일 노동법상 '종속성'은 근로자 개념형성을 위한 하나의 구성요건이지만 자유로운 노무제공계약과 근로계약을 구별하는 본질적인 요건이기도 하다. 그럼에도 불구하고 독일 실정법은 근로자 개념의 정의를 내리는 대신에 근로자의 범위를 설정하고 있으며, 그 개념에 관한 법적 이해는 학설과 판례의 입장으로 성립 및 발전되어 왔다. 따라서 독일에서도 근로자 개념은 노동법 적용을 위한 기초 개념이며 근로자로서 근로자성 판단여부에 따라 법적용여부가 달라지는 것이다(오상호, "독일의 근로자개념과 근로자성 판단", 강원법학 제44권, 강원대 비교법학연구소, 2015, 356면).

1) 학 설

(1) 인적 종속성

광의의 인적 종속성설은 노무급부과정에서의 노동의 종속성을 종속노동의 본질로 이해하는 견해로서 그러한 종속성이 왜 발생하는가에 따라 협의의 인적 종속성설과 조직적 종속성설로 나누어진다.[116] 협의의 인적 종속성설은 '노동력과 인격의 불가분성' 에서 종속의 원인을 찾는다. 즉 근로자가 계약에 의해 사용자의 처분에 맡기는 것은 오직 자신의 노동력이지만 그 노동력은 인격과 분리될 수 없기 때문에 근로자는 사용자에게 노동력뿐만 아니라 인적으로도 종속된다고 한다. 조직적 종속성설은 현대적 노동의 특징인 '사업에의 편입' 에 종속의 원인을 찾는다.[117] 즉 현대사회에서의 노동은 사업이라는 조직체에 편입함으로써 이루어지는데 근로자는 사업에 편입됨으로써 사업조직에서 요구하는 질서와 규율에 종속될 수밖에 없다고 한다. 이와 같은 '노무제공의 타인 결정성' (노무제공의 시간과 장소의 타인결정, 노무급부에 대한 지시의 준수, 타인의 노동조직에의 편입)을 일반적으로 '노무의 비독립성' 내지 '인적 종속성' 으로 이해한다.[118]

인적 종속성 내지 인격적 종속성의 전통적인 판단은 근로자가 근로관계 중에 사용자의 포괄적인 지휘 · 감독하에 자신의 전인격(노동력)을 맡기는 실제가 존재하는지 여부로 결정된다. 이와 같은 전통적 근로자 개념에 의하면, 근로자의 전인격

---

116) 광의의 인적 종속성설을 '법률적 종속설' (법적으로 근로자가 근로계약을 체결함으로써 근로자는 사용자에게 노동력의 처분을 양도하게 되고 사용자가 그 처분권을 행사하는 과정에서 근로자는 사용자의 지배 · 감독에 복종하게 됨으로 종속성이 나타남)이라 표현하고, 이에 인격적 종속설(노동력의 처분과정에서 인격의 지배를 받는다는 데서 종속성을 찾음)과 조직적 종속설(사용자의 경영조직에 편입됨으로써 사용자의 지배에 대한 복종을 받는데서 종속성을 찾음)이 있다고 설명하기도 한다[이병태, 『최신 노동법』(제6전정판), 중앙경제, 2005, 8면].

117) 대법원은 최근 근로자파견의 요건 중 하나인 사용사업주의 지휘 · 명령을 해석하면서 "제3자가 해당 근로자에 대하여 직 · 간접적으로 그 업무수행 자체에 관한 구속력 있는 지시를 하는 등 상당한 지휘 · 명령을 하는지, 해당 근로자가 제3자 소속 근로자와 하나의 작업집단으로 구성되어 직접 공동 작업을 하는 등 제3자의 사업에 실질적으로 편입되었다고 볼 수 있는지"라고 판시한 사례가 있다(대법원 2016. 1. 28. 선고 2012다17806 판결).

118) 김형배, 『노동법』(제23판), 박영사, 2014, 40~41면.

이 사용자의 의사에 종속된다는 점에 근로관계의 본질적 요소가 있고, 그로부터 발생하는 근로자와 사용자의 긴한 결속관계가 근로관계의 독자적인 판단표지로서 이해되었던 것이다.[119] 인적 종속성을 근로자에 대한 사용자의 지시구속성, 즉 '타인결정성(Fremdbestimmtheit)'으로 이해하고(인격적 종속성=지시 구속성), 원고의 노무제공이 근로자로서 혹은 자영업자로서 수행되었는지 여부를 판단하기 위해 유형학적 방법론에 따라 인적 종속성의 정도라는 기준을 제시하게 된다.

(2) 경제적 종속성

경제적 종속성설은 노무급부과정 이전, 즉 노동시장상의 종속을 종속노동의 본질로 본다. 즉 '근로계약체결 이전에 근로자의 경제적 · 사회적 지위에서 파생하는 종속성'을 종속노동의 본질로 이해한다. 따라서 노동하는 자의 경제적 지위와 노동력 상품의 특수성으로 인해 사용자에 대한 경제적 불평등, 즉 종속노동이 발생한다고 한다.[120]

노무의 타인결정성이 아닌 '노무의 타인유익성(Fremdnüzigkeit)'과 같은 경제적 요소에 따른 근로자성 판단기준을 근로관계의 내용을 결정하는 본질적인 지표로서 제시하기도 한다.[121] 이 개념은 근로관계에서 근로자가 자신의 노동력을 사업주와 같이 자기의 책임아래 시장에서 위험을 부담하면서 스스로 정해둔 목적에

---

119) 박지순, "근로자개념의 변천과 관련법의 적용", 한국노동연구원, 2004, 13~14면.

120) 김유성, 『노동법 I』, 법문사, 2005, 8~9면 참조. 이병태, 『최신 노동법』(제6전정판), 중앙경제, 2005, 8면에서는 근로자가 경제적으로 열악한 지위에 있으므로 근로계약을 체결할 때 사용자가 일방적으로 근로자에게 불리한 내용의 계약을 정하게 되어 근로자는 이에 복종하는 데서 종속관계가 나타난다고 보는 것이 '경제적 종속설'이라고 하고, '타인결정 종속설'도 이와 유사한 입장이라고 한다.

121) 근로자성 판단을 위한 지표로서 '노무의 타인유익성'을 앞서 제시한 판례는 BAG AP Nr. 20 zu § 611 Abhängigkeit. 하지만 독일 연방노동법원은 최근 판례에서 근로자성을 결정하는 요소로서 '타인유익성'을 재론하지 않고 있으므로(Wiedemann, Das Arbeitsverhältnis als Austausch- und Gemeinschaftsverhältnis, 1966, S. 14 ff.; Lieb, Schwerpunkte Arbeitsrecht, 1975, S. 4 ff.) 판례는 예나 지금이나 인적 종속성을 따른 '타인결정성'을 근로자성 판단의 본질적인 요소로 표현하고 있다고 한다(오상호, "독일의 근로자개념과 근로자성 판단", 강원법학 제44권, 강원대 비교법학연구소, 2015, 358면에서 재인용).

따라 투입하는 것이 아니라, 오히려 노무급부가 타인의 이익을 위하여 사용되는 점을 근로자성 판단의 새로운 요소로서 파악하였다. 즉, 경제적 종속성은 근로자가 자신의 노동력 전부를 타인(사용자)의 처분에 맡김으로써 그와 같은 취업관계가 계속되고 있는 동안은 다른 소득을 얻을 수 없다는 데 있다고 한다.[122)]

(3) 검 토

협의의 인적 종속성과 조직적 종속성은 측면을 달리할 뿐 동일하다고 생각한다. 즉, 협의의 인적 종속성은 구체적 노동과정에 있어서 종속되어 있는 형태를 설명하고, 조직적 종속성은 그러한 구체적 노동과정에서 지시 · 명령(종속)하는 주체에 대하여 설명하고 있다.[123)] 따라서 인적 종속성의 정도는 근로관계뿐만 아니라 다양한 형태의 법률관계에서도 노무제공의 종류 또는 내용에 따라 노무이용자의 지시권이나 경영편입의 사정이 발생할 수 있음을 전제로 한 가치기준이다.[124)] 종래 인적 종속성 개념만이 근로자 개념의 중심적 표지로서 인정되어 왔으나, 광의의 인적 종속성설(법률적 종속설)에 대해서는 근로자의 생활관계에서 종속관계가 없는 취업 전후나 실업의 상태를 배제하여 종속성을 좁게 인정하고, 실질적으로 노사간에 대등성이 전제되는 집단적 노사관계에서는 종속성이 없다는 비판이 제기되어 왔다.[125)] 따라서 근래에 와서는 경제적 종속성이 인적 종속성과 함께 근로자 개념 내지 근로자의 보호필요성의 근거로서 인정되고 있다.[126)]

---

122) 김형배, 『노동법』(제23판), 박영사, 2014, 41~42면.

123) 이에 대해서 모든 노동관계가 조직적인가라는 의문이 있고, 만약 노동관계를 하나의 조직으로 본다면 조직에 편입되어 있으나 사실상 대등한 입장에서 노무를 제공하는 사람도 근로자로 보아야 한다는 결론으로 연결된다. 이렇게 해석하면 경영담당자 대부분은 근로자가 되기 때문에 근로자의 범위가 너무 넓어진다는 문제가 생긴다(이달휴, "헌법상 근로권에 있어서 근로자개념", 「공법학연구」(제12권 제2호), 한국비교공법학회, 2011, 18면).

124) 오상호, "독일의 근로자 개념과 근로자성 판단", 「강원법학」(제44권), 강원대 비교법학연구소, 2015, 363면.

125) 이병태, 『최신 노동법』(제6전정판), 중앙경제, 2005, 9면. 물론 경제적 종속설에 대해서는 임차인, 소비자 및 중소기업인 등도 종속관계에 있으므로 종속관계가 노동법의 특유한 관계라고만 볼 수 없다는 비판이 있다.

126) 이에 관한 상세는 김형배, 『노동법』(제23판), 박영사, 2014, 42면, 46~52면.

2) 판 례

판례는 일찌감치 사용종속성 존부를 중심으로 근로자성 여부를 판단해오고 있다. 즉 근로기준법에 있어서 근로자라 함은 근로관계를 전제로 사용자의 지휘·명령을 받으며 '실질적 종속관계 하'[127]에서 노무를 제공하는 자를 의미하며, 현실적으로 타인에 의하여 결정되는 근로를 제공하는 자('노무제공의 타인 결정성'[128])가 아니라면 근로기준법의 적용대상이 되는 근로자라 할 수 없다는 점을 실무에서 반영하고 있는 것으로 볼 수 있다. 다만 판례는 사용종속성 존부의 구체적인 판단기준을 열거하고, 이를 인용하면서도 시간적 흐름에 따라 수정하는 모습을 보이고 있다.[129]

나아가 근로기준법 제2조 제1항 제1호에 근로자 개념이 정의되어 있지만 동 개념만으로는 근로자성을 구체화하기 어려운 한계가 있으므로, 우리 근로기준법상 근로자의 개념을 더욱 분명히 하기 위해 "고용계약을 체결하지 않은 자라 하더라도 특정 사용자의 사업에 편입되거나 상시적 업무를 위하여 노무를 제공하고 그 사용자 또는 노무수령자로부터 대가를 얻어 생활하는 자는 근로자로 본다"라는 규정을 추가하자는 입법론적 제안도 있다.[130]

우리 판례는 종속근로관계를 전제로 하여 근로자를 판단하고 있고, 종속성의 본질에 대해서는 '인적 종속성'의 개념을 원칙으로 하고 있다고 할 수 있다. 또한 사용종속관계의 존재여부는 계약의 유형이나 당사자 사이의 의사가 아니라 노무

---

127) 박종희, "근로기준법상 근로자개념", 「노동법학」(제16호), 한국노동법학회, 2003, 76~84면.

128) '노무제공의 타인결정성'은 노무제공의 시간과 장소의 타인결정, 노무급부에 대한 지시의 준수, 타인의 노동조직에의 편입을 의미하고, 일반적으로 이를 '노무의 비독립성' 내지 '인적 종속성'이라고 이해한다[김형배, 『노동법』(제23판), 박영사, 2014, 40~41면].

129) 대표적인 예로 대법원 1994. 12. 9. 선고 94다22859 판결('1994년 판결')에서 대법원 2006. 12. 7. 선고 2004다29736 판결('2006년 판결')로 종속성에 대한 판단기준이 진화되는 형태를 통해 이를 알 수 있다.

130) 윤애림, "특수고용근로자의 근로자성과 입법의 방향", 「서강법학」(제6권), 2004, 270면.

공급자와 노무이용자 사이에서 '실질적' 으로 나타나는 모습들에 의해서 결정된다고 보았다. 그러나 이러한 사용종속관계의 존재여부를 결정할 수 있는 구체적 요소들 속에서, 다시 말해 노무공급자와 노무이용자 사이에 존재하는 다양한 사실관계에서, 무엇을 사용종속성의 징표로서 포착할 것인가에 대해서는 '1994년 판결' 이 나오기 전까지 통일된 기준이 없었다.

3) 근로자 개념의 유형론적 고찰

근로자성을 판단하는 전통적인 판단지표인 인적 종속성의 존재론적 의의는 통일된 근로자 개념의 정립이라 할 수 있었다. 하지만 근로자 개념의 입법적 정의에도 불구하고 유형론적 방법론을 통한 근로자 개념의 통일화를 시도하였다. 개념의 본질을 형성하는 '요건' 의 경우 그 중 하나라도 결여되면 바로 그 개념의 범주에서 제외된다. 하지만 전통적인 노동의 모습이 산업구조의 변화로 인해 새로운 근로관계가 형성되면서 근로조건의 내용도 필연적으로 변경될 수밖에 없다. 따라서 근로자 개념요건에 대한 존재론적 고찰방법을 대신해 유형개념을 통한 종합적인 고찰방법이 불가피하였다.[131)]

근로자성을 인정하기 위하여 고려되는 모든 형태의 표지가 특정 사례에서 모두 갖추어질 필요는 없고, 규범적 판단의 포섭범위를 결정함에 있어서는 유형화된 표지 가운데 일부가 결여되었다고 하더라도 문제되는 사안이 그 포섭 범위에서 제외되는 것은 아니다. 오히려 결정적인 것은 결여된 요소가 차지하는 비중, 다른 요소와의 상관관계 및 다른 요소의 충족의 정도 등 구체적인 사정을 폭넓게 고려해 전체적인 상(像)에 부합되는 모습을 도출하는 것이며, 이를 위해 종합적인 고찰방식으로 다수의 개념표지들을 비교하여 근로자성을 판단하게 된다.[132)] 유형론

131) 신분개념에 의한 근로관계 성립은 새로운 근로형태에서 다양한 업무를 수행하는 노무제공자의 근로자성을 판단하고 그에 따른 문제해결을 위해 도움이 될 만한 규범적 기준이나 규범적 판단의 결정에 이론적인 한계로 작용하기 때문이다(오상호, "독일의 근로자 개념과 근로자성 판단", 「강원법학」(제44권), 강원대 비교법학연구소, 2015, 362면).

132) 박지순, 『독일의 유사근로자(특수형태고용종사자)의 유형과 노동법상의 지위에 관한 연구』, 한국노동연구원, 2005, 22면 이하.

적 방법론에 의해 인적 종속성의 정도를 판단하는 경우는 개별적 행위의 속성에 따라 이루어지게 된다.[133] 왜냐하면 어떠한 종류의 근로자에게도 추상적이고 통일적으로 적용할 수 있는 보편타당한 경계 기준은 존재할 수 없기 때문이다.

2. 종속관계의 판단 기준

1) 실질적 사용종속관계

근로자 개념의 판단과 관련하여 대법원 1994. 12. 9. 선고 94다22859 판결(이하 '1994년 판결'이라 함[134])은 그 이전의 판례와 학설에서 주장된 근로자성 판단의 제반요소들을 종합하여 정리했다. 이후 판례와 학설의 다수설도 '1994년 판결'과 동일한 입장을 유지하고 하고 있다. 판례 및 일반적인 학설의 입장은 근로기준법상의 근로자 개념을 파악하면서 '실질적 사용종속관계'를 중심으로 판단하고 있다. 이는 독일의 종속노동론[135]과 특히 이를 수용한 일본의 학설과 판례에서의 이른바 사용종속관계론의 영향이라고 보고 있다.[136] 우리 대법원은 '1994년 판결' 이후 유지된 근로자성 판단의 기본구도를 직접 인용하면서도 대법원 2006.

133) "2006. 12. 7. 선고 2004다29736 판결에서 나타난 유형적 방법론의 의미"를 설명하면서 근로자의 규범적 유형화를 위한 핵심개념을 '인적 종속성, 즉 종속적 지휘명령관계'라고 하는 주장은 박지순, "근로자개념론-골프장캐디 사건 판결을 계기로-", 노동법실무연구회 발표문(2015.5.12.), 4~11면 참조.

134) 이 판결은 공사 하수급업자에 대하여 근로기준법상 근로자성을 부인한 사례이다.

135) 독일의 경우에는 실정법률에서 근로자라는 용어를 사용자, 노동조합, 사용자단체, 사업 등과 함께 일반적으로 사용하고 있음에도 불구하고 정의규정을 전혀 두지 않고 있다. 근로자에 관한 정의규정을 전혀 두지 아니한 상황에서 노동법을 다른 법영역과 구별되는 독자적인 법영역으로 만들기 위하여 노동법의 중심을 이루는 근로자 개념을 통일적으로 정립하는 데 주력하여 이러한 노력이 '종속노동'이라는 의미로 자리 잡았으며 근로관계의 본질을 규명하는 입장에서 특히 계약당사자 간의 인격적 관계인 인적 종속성론이 전개되어 왔다[박종희, "근로기준법상 근로자개념", 「노동법학」(제16호), 한국노동법학회, 2003, 77~81면].

136) 박종희, "근로기준법상 근로자 개념-근로기준법의 적용확대와 선별적용과 관련하여", 「노동법학」(16호), 한국노동법학회, 2003, 84면; 김유성, "노동조합을 결성할 수 있는 근로자", 법률신문(1993.8.16.).

12. 7. 선고 2004다29736 판결(이하 '2006년 판결' 이라 함[137])에서 판단방식을 좀 더 진화시켰다.

'2006년 판결' 의 판시내용과 '1994년 판결' 과의 차이점 및 판단방식이 진화된 배경과 필요성 등은 제3장에서 자세히 살펴보기로 하고, 여기서는 종속관계에 대한 판단의 기본구도를 밝힌 '1994년 판결' 에서의 판단기준을 보기로 한다.

2) 판단기준의 기본구도를 제시한 '1994년 판결'의 요지

근로기준법상의 근로자에 해당하는지 여부를 판단함에 있어서는 그 계약의 형식이 민법상의 고용계약인지 또는 도급계약인지에 관계없이 그 '실질' 에 있어 근로자가 사업 또는 사업장에 임금을 목적으로 종속적인 관계에서 사용자에게 근로를 제공하였는지 여부에 따라 판단하여야 할 것이고, 위에서 말하는 '종속적인 관계' 가 있는지 여부를 판단함에 있어서는 ① 업무의 내용이 사용자에 의하여 정하여지고, ② 취업규칙 또는 복무(인사)규정 등의 적용을 받으며, ③ 업무수행과정에 있어서도 사용자로부터 '구체적, 개별적인 지휘 · 감독' 을 받는지 여부, ④ 사용자에 의하여 근무시간과 근무장소가 지정되고 이에 구속을 받는지 여부, ⑤ 근로자 스스로가 제3자를 고용하여 업무를 대행케 하는 등 업무의 대체성 유무, ⑥ 비품, 원자재나 작업도구 등의 소유관계, ⑦ 보수의 성격이 근로 자체의 대상적 성격이 있는지 여부와 '기본급이나 고정급이 정하여져 있는지 여부' 및 '근로소득세의 원천징수 여부' 등 보수에 관한 사항, ⑧ 근로제공관계의 계속성과 사용자에의 전속성의 유무와 정도, ⑨ '사회보장제도에 관한 법령 등 다른 법령에 의하여 근로자로서의 지위를 인정받는지 여부' , ⑩ 양 당사자의 경제 · 사회적 조건 등을 종합적으로 고려하여 판단하여야 할 것이다.

3) '1994년 판결'의 특징

대법원은 동 판결에서 근로기준법상 근로자에 해당하는지 여부의 판단기준을

137) 이 판결은 대학입시학원 종합반 강사가 근로기준법상 근로자에 해당한다고 한 사례이다.

기본적으로 사용종속관계의 존재 여부로 전제하고(종속성에 의한 판단), 그 사용종속관계의 존재여부는 계약의 형식이나 명칭이 아니라 노무공급관계의 실질에 따라 정하며(실질적 판단), 또한 그 노무공급관계의 실질은 그것을 둘러싼 10개의 구체적인 제반요소[138) 등을 종합적으로 고려하여(종합적 고려) 판단하는 기본구도를 정립했다.

즉, 대법원은 계약의 형식에 관계없이 사용종속관계의 유무에 의해 근로자성 여부를 판단하고 있고, 사용종속관계의 구체적 판단요소로서 10개의 사항들을 채택하고 있다. 그런데 판례는 위에서 언급하고 있는 여러 가지 요소들을 종합적으로 고려하여 근로자 여부를 판단하여야 한다고 말하고 있지만, 어떠한 요소들이 핵심적이고 본질적인 사항들인가에 관해서는 언급하고 있지 않다. 그렇지만 근로자에 해당하는지 여부는 계약의 형식에 관계없이 그 실질에 있어 사용종속관계 유무를 판단하여야 한다는 점을 제시하고 있기 때문에 근로자 여부는 계약당사자들의 의사에 의해 좌우되는 것이 아니라 근로제공이 이루어지는 사실상의 조건에 의해 결정된다는 입장을 취하고 있는 것으로 해석할 수 있다. 따라서 사용자의 의사에 의해 좌우될 수 있는 요소(예컨대, 기본급 유무)는 사용종속관계의 유무를 판단하는 본질적 징표로 보기 어렵다. 또한 근로기준법상의 근로자성 인정 여부에 따라 기타 법령의 적용 여부가 좌우되는 요소(예컨대, 사회보장제도상의 근로자 지위 인정 여부), 근로기준법과는 입법의 취지를 달리하는 법률에서의 취급 실태에 관한 요소(예컨대, 근로소득세의 원천징수 여부)도 본질적 징표로 보기 어렵다. 결국 노무제공방식 및 사업조직에의 결합성에 속하는 요소들이 본질적 징표에 해당하는 것으로 해석할 수 있다.

이러한 '1994년 판결' 에 대한 비판 내지 지적 사항은 새로운 형태의 고용구조에 대응하기 위한 근로자성 판단 기준을 유연화하고, 판단기준 중에서 핵심적인 징표와 부차적인 징표를 구별하며, 경제적 종속성을 고려한 진화된 판단방식을

---

138) 실질을 둘러싼 제반요소를 몇 개로 보는지는 통일되지 않았다. 필자는 1994년 판결에서 설시한 문맥에 따라 10개로 구분하였다. 또한 판시 내용상의 원번호는 필자가 임의로 붙인 것으로 '2006년 판결' 과의 차이점을 구체적으로 분석하기 위함이다. 이에 관한 상세는 제3장에서 설명한다.

도입한 제3장에서 구체적으로 볼 '2006년 판결'을 통해 상당 부분 해소하였다.

3. 종속관계의 판단 기준에 관한 검토

1) 노무공급관계 계약에서 당사자의 대등성 여부와 경제·사회적 관점에서 노무공급의 실질을 검토하는 견해[139)]

근로기준법상 근로자성 판단 방식과 관련하여, 문제가 되는 노무제공자가 우리에게 익숙한 근로자의 모습을 가지고 있는가와 함께 자영인의 모습을 가지고 있는가도 동시에 물어야 하냐고 하면서, 노무공급관계의 양 당사자가 계약에서의 대등성을 가질 수 있는가를 살핀 후, 만약 경제적 · 사회적 관점에서 노무수령자의 우위성이 인정되는 사안이라면 당사자의 선택은 노무공급의 실질과 다를 수 있다고 보아야 한다. 이를 전제로 계약의 형식에서 노무지휘권의 존재 또는 지휘명령의 요소를 포함하는 경우에는 노무수령자가 당해 노무공급관계에서 사용자로서의 행위를 하려는 의사를 표명한 것으로 추정하되, 만약 계약의 형식에 이러한 요소를 배제하고 있다면 노무제공의 실질을 살펴야 하며, 노무제공의 실질 즉 계약의 실질이 계약의 형식과 같이 노무공급과정에서의 자율성과 독립성이 보장되고 자영인(또는 독립사업자)으로서의 요소도 실질적으로 구비되고 있는가에 따라 당해 계약의 노무제공자로서의 지위를 확정해야 할 것이라고 한다.

2) '1994년 판결'의 판단기준을 기본으로 하되 그 중요성의 정도를 고려하여 경제적 종속성의 의미를 복원시키려는 견해[140)]

근로기준법상 근로자 개념에 대한 대법원의 기본구도를 밝힌 '1994년 판결'이 판시한 판단기준을 기본으로 하되, 노무지휘의 방식이 직접적 · 구체적인 형

---

139) 강성태, "레미콘 운송차주 겸 운전자의 노조법상 근로자 지위: 근로자 개념 문제에 대한 올바른 접근", 판례실무연구 IX, 박영사, 2010, 131~132면.

140) 최영호, "계약근로형 노무공급자의 근로자성", 「노동법연구」(제13호), 서울대 노동법연구회, 141~144면.

태로부터 간접적 · 포괄적 형태로 변화하고 있는 점을 고려하여 그에 상응하는 사용종속성의 의미를 재구성하고, 노무공급자가 수행하는 업무가 기업의 목적 수행에 중요하거나 필요불가결한 경우 기업이 그 노무관리에 상당히 힘을 쏟는 것이 상례여서 노무제공과정에 사용종속관계가 형성될 개연성이 크다는 점을 고려하면 조직적 종속의 개념요소, 즉 공급되는 노무가 당해 사업에서 차지하는 중요성의 정도와 당해 사업 내의 다른 노무와의 관련성 내지 통합성의 정도를 도입하여, 경제적 종속성의 의미를 복원시키며, 사회보장제도에 관한 법령 등에서 근로자로서의 지위를 인정받는지 여부, 보수가 근로 자체의 대상적 성격을 갖는지 여부, 기본급이나 고정급이 정하여져 있는지 여부 및 근로소득세의 원천징수 여부는 그 의미를 약화시켜서 고려해야 한다고 한다.

3) 근로계약의 본질에서 근로자 여부를 판단하는 견해[141)]

근로계약의 시각에서 근로자를 판단해야 한다고 하면서, 근로계약의 체결을 통해 근로자는 사업의 자유를 포기함으로써 경제시장에서의 사업기회를 상실하고 그 대가로 경제적 위험으로부터의 안정을 얻는 데 반해, 사용자는 근로자의 노동을 이용하고 이윤과 손실에 따른 경제적 위험을 부담한다는 점에서 근로자 보호와 사용자 책임의 근거 및 정당성을 찾을 수 있다고 한다. 또 근로계약의 기준이 '타인을 위한 노동' 이고, 노무제공자와 노무이용자의 계약의 '목적' 을 검토하였을 때 당해 노무 제공이 '타인을 위한 것' 인지 '자신을 위한 것' 인지 검토하고, 계약의 '내용 및 이행 자체' 에서 추구하는 목적을 고려하였을 때, 손실위험을 부담하고 노무제공으로부터 실제적인 이윤을 얻을 기회를 전혀 가지지 않는 자는 '타인을 위해 노동하는 자' (즉 근로자)이고 반대로 이윤에 대한 기대 속에서 손실의 위험을 부담하는 자는 자기 자신의 계산을 위해 일하는 자(즉 독립사업자)라고 한다.

---

141) 조임영, "근로계약의 본질과 근로자개념", 「노동법연구」(제15호), 서울대 노동법연구회, 2003, 177면 이하.

4) 근로기준법 제2조의 정의규정에서 출발하여 근로계약의 일방 당사자로서 근로자 개념의 판단기준을 재구성하는 견해[142)]

근로기준법 제2조가 근로자 개념에 관한 정의규정을 두고 있으므로 이에 대한 규명은 이 정의규정에서 출발해야 하고, 이 때 근로자의 의미는 근로계약의 일방 당사자를 의미하고 근로계약은 민법상 고용계약과 동일한 것으로 보아야 하며, 이러한 경우 일본과 달리 근로자 판단기준으로 '사용종속성'이란 요소가 도입될 여지가 없고 이를 핵심기준으로 하여 근로자 여부를 판단하는 판례의 입장을 수긍할 수 없다고 한다. 근로기준법상 근로자 개념을 고용(근로)계약관계 당사자의 의미로 이해할 경우에는 근로계약관계의 본질적 구성요소에 대한 분석이 이루어져야 하며, 이때의 판단기준은 '계속적인 근로의 제공', 그에 따른 본질적 결과로서의 '지휘명령권에의 구속', '사업 또는 사업장에서'라는 '노동조직에의 편입', '임금의 대가성'을 들 수 있고, '일신전속성'과 '독자적인 기업활동 주체' 여부는 부수적인 판단요소가 될 수 있다고 한다.

4. 소 결

위의 종속관계의 판단기준과 관련한 여러 견해 외에도 다양한 논의가 복잡하게 전개되고 있다. 이들 논의는 판례의 판단기준에 대한 기본구도와 이후 판단방식에서 진화된 판례를 분석하고 여러 사례를 유형별로 분류하는 방법에서 학설상 내용으로 언급되고 활용된다. 따라서 여기서 이들 논의에 대한 검토와 결론을 도출하는 것보다, 이를 바탕으로 제3장의 판례 분석과 유형별 분류를 통해 제4장에서 근로자 개념의 새로운 판단기준을 모색하는 단초로써 활용하고자 한다. 근로자 개념의 정의규정은 일반규정 내지 개방규정의 성격을 가지고 있다고 할 수 있다. 그리고 근로자라는 노동법상의 개념은 노동법 이념에 따라 사회적 생활관계

---

142) 박종희, "근로기준법상 근로자개념-근로기준법의 적용확대와 선별적용과 관련하여-", 「노동법학」(제16호), 한국노동법학회, 2003, 130~131면.

를 토대로 합목적적으로 구상되어야 할 것이다. 이에 따라 근로자의 판단기준은 입법목적과 취지에 반하지 않는 범위 내에서 그 내용이 끊임없이 수정 · 발전되어야 한다. 즉 근로기준법에서 규정하고 있는 근로자의 정의를 해석함에 있어 최근의 고용 및 취업형태의 다양화 추세에 따라 기존의 전통적인 근로자성 판단기준을 재해석하여야 할 필요성이 있다.

다른 한편으로, 현재 노동시장에서는 산업구조 고도화와 노동력 구조의 변화에 따른 취업 및 고용 형태의 다양화뿐만 아니라 지식정보화산업으로 들어오면서 근대 산업사회의 단순 · 기계적 생산직 근로자와 달리 상대적으로 자율성을 가진 전문직종 등의 새로운 노무제공 형태가 확산되고 있다. 이러한 시점에서 근로자성의 판단기준인 사용종속성의 새로운 의미가 무엇인가에 관한 문제는 사회경제적 배경의 변화와 이에 대한 논의를 반영하여 계속 밝혀나가야 할 필요가 있다.

제3절 노조법상의 근로자 개념

Ⅰ. 노조법과 근로기준법상 근로자 개념의 관계

1. 노조법상 근로자의 정의

헌법 제33조가 근로자 개념에 대해서는 오픈되어 있거나 중립적이기 때문에, 누가 근로자가 되어 노동3권을 향유할 수 있는지에 대해 입법자는 형성재량권을 가지고 있거나 헌법적 위임을 받아 구체적으로 결정할 수 있을 것이다. 이에 따라 현행 노조법 제2조 제1호는 근로자를 "직업의 종류를 불문하고 임금 · 급료 기타 이에 준하는 수입에 의하여 생활하는 자"로 정의하고 있다. 이 정의 규정에는 다음과 같은 특징이 있다. 첫째, '직업의 종류를 불문하고' 의 요건은 노동3권의 주체가 될 수 있는 자격을 될 수 있는 한 넓게 인정하려는 취지로 규정된 것으로 해석될 수 있어서 근로자에 포함될 수 있는 외연을 개방하는데 의의가 있다고 할 것이다. 따라서 근로자성의 판단은 '임금, 급료 기타 이에 준하는 수입에 의하여 생활하는 자' 의 기준에 집중될 것으로 보인다. 둘째, 근로기준법상의 근로자 개념과는 달리 '사업 또는 사업장에' 의 요건을 요구하지 않는다. 즉 사업(사업장)에 종속된다는 관념보다는 임금 또는 기타 이에 준하는 수입을 받고 있다는 것에 중점을 두고 있는 것이다. 이와 같은 법문언으로 인하여 해고된 자, 근로의 의사 및 근로를 제공할 수 있는 능력을 가진 자를 포함하여 실업자도 이 법에서는 근로자가 될 수 있다고 해석할 여지가 있다. 셋째, 근로기준법의 근로자 정의 규정에서는 '임금을 목적으로' 를 요건으로 하고 있음에 반하여 이 노조법에서는 임금 이외에도 '급료 기타 이에 준하는 수입' 을 요건으로서 추가하고 있다. 그러나 이 규정에 구체적으로 누가 '급료 기타 이에 준하는 수입에 의하여 생활하는 자' 로서 노조법상의 근로자가 되는가를 정하지 않고 이에 대한 판단은 학설과 판례에 맡겨져 있다. 이하에서는 노조법 제2조와 근로기준법 제2조의 정의규정에도 불구하고 각각의 근로자 개념은 동일한 것인지, 다르다면 어떠한 차이가 있는지를 먼저 살펴본다.

2. 노조법과 근로기준법상 근로자 개념의 구별

1) 문제의 제기

서로 입법목적이 다르고 근로자 개념의 정의가 상이하게 규정된 점 등을 이유로 노조법상의 근로자와 근로기준법상의 근로자를 구분하여야 한다는 것이 일반적인 학설이다. 그러나 양자를 구분하는 이유와 노조법상의 근로자성을 판단하기 위한 기준에 대하여는 조금씩 의견의 차이가 있다. 이를 '근로기준법과 노조법상 근로자의 상호관계'의 측면에서 논의하기도 하고,[143] '근로자 개념의 통일성 여부'라는 측면에서 논의하기도 한다.[144] 각 학설의 동일한 내용을 서술하면서 논문마다 각 학설을 다르게 구별 · 분류 · 명명하는 것이 노조법상 근로자 개념에 대한 이해를 방해하는 이유 중 하나로 보인다. 여기서는 먼저 학설에서 노조법상 근로자를 근로기준법상 근로자와 구별하는 이유가 무엇인가를 중심으로 논의한다.[145]

---

143) 유성재, "실업자 노조가입 허용 판결의 문제점과 개선방향", 「중앙법학」(제6집 제1호), 중앙법학회, 2004, 288~291면.

144) '근로자 개념의 통일성과 상대성'은 노동법의 인적 적용대상의 범위로서 근로자 개념을 노동법 전체에 걸쳐 통일적으로 파악해야 할 것인가 아니면 개별 법령에 따라 상대적으로 파악해야 할 것인가에 대한 논의로, 우리나라에서는 주로 실업자가 노동3권의 주체가 될 수 있느냐 하는 문제를 둘러싸고 전개되었다. 조경배, "노동3권의 주체로서 근로자개념과 특수고용노동자", 「노동법학」(제22호), 한국노동법학회, 2006.6, 425~427면 참고.

145) 각 학설에는 노조법상 근로자와 근로기준법상 근로자를 '구별하는 이유'를 설명하면서 노조법상 근로자 개념의 '본질'과 '판단기준', 그리고 '범위'까지 함께 설명하고 있는 경우가 대부분이다.

2) 학설상 논의[146)]

(1) 입법목적에 의한 구별

현행 노조법은 근로기준법과 달리 제2조 제1호의 개념규정에서 '기타 이에 준하는 수입' 이라는 말을 사용하고 있어 고용형태의 다양화 및 비전형적 근로관계의 등장을 감안할 때 '기타 이에 준하는 수입' 을 보다 적극적으로 해석 · 활용함으로써 근로자성 판단에서 탄력성을 도모해야 하며, 노조법상 '기타 이에 준하는 수입' 은 임금이 아니면서 임금과 유사한 수입을 말하고, 따라서 노조법상 근로자에는 임금에 준하는 수입에 의하여 생활하는 자와 노동 의사를 가진 실업자도 포함한다고 보는 견해가 있다.[147)] 이 학설은 이러한 차이가 입법목적에서 기인한다고 보고 있다. 즉, 근로조건의 최저기준을 제시하고 이를 강제하는 것을 목적으로 하는 만큼 현실적으로 사용종속관계에 있는 자만을 대상으로 함에 비하여, 노조법은 노동3권의 보장을 목적으로 하기 때문에 그 대상을 현실적 취업자에 한정할

---

146) 노조법과 근로기준법상 근로자 개념의 구별에서의 학설상 논의와 동일한 내용을 '근로자 개념의 통일성과 상대성' 으로 논의하면서 다음과 같이 분류하면서 설명하는 견해가 있다(조경배, "노동3권의 주체로서 근로자개념과 특수고용노동자", 「노동법학」(제22호), 한국노동법학회, 2006, 424~427면 참조).
먼저 노동법의 본질을 종속노동으로 파악하는 다수설에 따라 종속노동에 종사하는 취업자인가 아닌가에 따라 노동법 적용유무를 일률적으로 결정해야 한다는 견해가 통일적 개념설[우리 판례의 전통적인 단계에서 일반적 경향과 동일한 내용, 일본 다수설의 입장으로서 柳屋孝安는 이를 상대적 개념설과 대비하여 통일적 개념설이라 부른다(柳屋孝安, 『現代勞働法と勞働者概念』, 2005, 382쪽 이하 참조).]이다. 반면에 상대적 개념설['입법목적' 에 의한 구별과 동일한 내용]은 제도의 구체적인 목적이나 취지를 고려하여 개별 제도마다 각각 판단해야 한다는 견해이다. 이 견해는 노조법상의 정의규정이 근로기준법과 다르다는 점을 주된 근거로 삼고 있다. 양설의 중간설['취업의사' 에 의한 구별과 동일한 내용]로서 인적 종속성에 기초한 통일적 개념설에 의하면서도 노동법의 이념이 생존권의 배려에 있는 만큼 인적 종속성은 없으나 경제적 종속성이 있는 취업자에게는 입법이나 해석론에 의하여 적용 또는 유추적용 해야 한다는 견해가 있다. 그밖에 노동법을 법 목적에 따라 고용관계법, 노사관계법, 노동시장법의 세 영역으로 나누고 각 영역 간에는 상대적일 수 있지만 각 영역 내에서는 통일적인 적용대상개념을 고려하는 견해(菅野和夫, 『勞働法』 제7판, 弘文堂, 2004, 450면)도 소개하고 있다.

147) 김유성, 『노동법Ⅱ』, 법문사, 2001, 55면; 이병태, 『최신 노동법』(제6판), 중앙경제, 2005, 61면.

이유가 없다는 것이다.

또는 노동법은 노무제공관계의 종속성에서 파생되는 문제점을 해결하는 것을 주된 목적, 즉 종속성의 완화 내지 극복을 목적으로 하는데, 근로기준법과 같은 개별법은 주로 노무급부과정 그 자체에서 발생하는 종속성에 주목하는 반면, 노조법과 같은 집단법은 노무급부과정 이전의 노무제공관계 형성 단계로서의 노동시장에서의 종속성에 주목하는 것이어서, 그 적용의 원인이 되는 종속성에 차이가 있어 근로자의 범위는 다를 수밖에 없다는 견해도 있다.[148] 따라서 노조법상 근로자에는 노동시장에서의 사용종속성을 가져 근로기준법상 근로자와 유사한 정도의 사회적 보호필요성이 있는 자도 포함된다는 것이다.[149]

(2) 취업의사에 의한 구별[150]

한편 근로자 개념을 입법내용에 따라 협의의 근로자와 광의의 근로자로 나누고 특히 노조법이 근로자를 광의로 정의한 취지를, 특정 사업주에 고용되어 있지 않거나 종속노동에 해당된다고 보기 어려워 근로기준법을 적용하기는 곤란하지만, 이들이 자력으로 단결하여 생활조건의 개선을 위하여 노력을 할 수 있는 길은 열어 줄 필요가 있는 경우가 있기 때문이라고 보는 견해가 있다. 따라서 노조법상의 근로자의 범위는 근로기준법상의 근로자의 범위보다 더 넓어야 한다고 보고 있다. 그리고 이 학설은 특정 사용자와 단체교섭을 하기 어렵다고 하여 이들의 노조

148) 강성태, “레미콘 운송차주 겸 운전자의 노조법상 근로자 지위: 근로자 개념 문제에 대한 올바른 접근”, 「판례실무연구」 IX, 2010, 134면.

149) 근로기준법에서의 근로자 개념은 ‘국가의 직접적 개입에 의한 보호의 필요성이 있는 자인가’를 중심으로 “현실적인 근로제공을 통해 특정 사용자에게 종속되어 있는지와 그 사용종속의 정도”에 따라 그 범위가 결정될 수 있지만, 노조법에서의 근로자 개념은 ‘현실적인 근로제공이나 특정 사용자에의 종속 여부’가 아니라 ‘노무공급자들 사이의 단결 등을 보장해 줄 필요성이 있는가’라는 관점에서 “단결권 등 노동3권을 보장할 필요성 유무”에 따라 그 범위가 결정된다(강성태, 「근로자의 개념」, 서울대박사학위논문, 1994, 173~176면). 결국 노조법 제2조 제1호에서 말하는 “임금 · 급료 기타 이에 준하는 수입에 의하여 생활하는 자”에는 특정한 사용자에게 고용되어 현실적으로 취업하고 있는 자뿐만 아니라, 일시적으로 실업 상태에 있는 자나 구직 중인 자도 노동3권을 보장할 필요성이 있는 한 그 범위에 포함된다.

150) 임종률, 『노동법』(제14판), 박영사, 2016, 35면.

법상의 근로자성을 부인할 일은 아니므로, 노조법상의 근로자에는 특정 사업주에 고용된 자는 물론 '취업할 의사를 가진 자', 즉 노동의사를 가진 실업자도 널리 포함되어야 한다고 한다. 그러나 이에 의하면 부랑자 · 학생 · 자영업자는 노동의 의사가 없으므로 노조법상의 근로자에 포함되지 않는다.

(3) 단체교섭 필요성에 의한 구별[151)]

노조법상의 근로자를 노동조합의 단체교섭기능을 중심으로 노조활동의 보장이 필요한 자로 이해하지만, 노동조합은 특정인과 근로계약을 체결하지 않은 자들을 위해서도 단체교섭권을 행사할 수도 있다고 보아 노동조합을 구성하고 이에 가입할 수 있는 자를 반드시 특정인과 근로계약을 체결한 자로 제한할 필요는 없다고 보는 견해가 있다. 다만, 노동조합이 단체교섭을 요구할 수 있는 상대방 당사자인 사용자는 근로자들의 노무제공에 대하여 지배 · 영향관계에 있으면서 근로조건을 결정할 수 있는 지위에 있어야 한다고 한다.[152)] 이 학설은 또한 우리나라의 대부분의 노동조합조직이 사실상 기업별 형태를 취하고 있으므로 그 기업의 종업원이 아닌 자 또는 실업중인 자가 노동조합에 가입할 경우에 이들에게는 단체협약이 적용될 가능성이 없으므로 노동조합에 가입함으로써 현실적으로 얻을 수 있는 혜택은 기대할 수 없다고 한다.

그러나 이에 대하여 노조법은 노동조합의 자주성을 확보 · 유지하고 어용화를 방지하는 한도 내에서만 노동조합의 조직에 관여할 수 있기 때문에 노동조합에의 가입범위에 관한 구체적인 내용은 노동조합에 일임해야 한다는 비판이 있다.[153)]

151) 김형배, 『노동법』(제23판), 박영사, 2014, 797~799면. 노동3권은 노동조합이 사용자와 단체교섭을 통하여 단체협약을 체결하는 이른바 협약자율을 주축으로 하여 실현되는 일체적 권리라는 전제에서, 노동조합에 가입할 수 있는 근로자 개념은 단체교섭제도를 중심으로 파악되어야 한다는 견해이다.

152) 이와 같은 논지는 실업자를 근로자에 포함시켜 이해하는 견해와는 궤를 달리한다. 개별적인 근로계약관계가 없더라도 노동3권의 보장이 필요한 "현실적인 취업자"가 노조법상 근로자로 인정되어야 한다는 것이다(박지순 · 하명호, 「실업자의 조합원 자격과 노조법상 근로자 개념」, 고용노동부학술용역보고서, 2011.6, 102면).

153) 조경배, "노동3권의 주체로서 근로자개념과 특수고용노동자", 「노동법학」(제22호), 한국노동

3) 반론 및 판례

노조법상 근로자를 근로기준법상 근로자와 구별하는 다수설과 달리, 두 법의 근로자는 근로자 보호를 위한 방법론적 차이에 불과하고 판단 기준에 차이가 없다는 소수견해가 있다.[154] 이는 근로기준법과 노조법이나 종속노동의 대가로 생활을 영위하는 자의 보호를 목적으로 하는 점에서 차이가 없고, 다만 근로기준법은 특정의 사용자와 근로자의 현실적인 근로관계를 그 규율대상으로 하는 반면, 노조법은 그와 같은 현실적인 근로관계에서 근로조건의 유지 · 개선 등을 효과적으로 달성할 수 있는 근로자의 자주적인 단결권 등의 보장을 그 입법 목적으로 하는 것이어서 단지 근로자 보호를 위한 방법론적인 차이에서 비롯된 것이기 때문에 노무공급자가 노무이용자에게 종속노동을 제공하고 있는지 아니면 그와 같은 종속노동의 대가로서 임금을 받고 있는지 여부를 판단하는 기준에 어떤 차이가 있다고 할 수 없다는 견해이다.

판례의 경우 구체적인 사건에 적용되는 개별 법률에 따라 별도로 판단기준을 제시하지 않고 통일적으로 판단하는 경향이다. 즉, 사용자와의 사이에 근로계약관계 내지 사용종속관계가 없다면 노조법상의 근로자에 해당하지 않는다는 것이 판례의 지배적 입장이다. 그러나 대법원은 2004년 '서울지역여성노동조합 사건' 에 대한 판결[155] 이후 적어도 산업별 · 직종별 · 지역별 노동조합과 관련해서는 노조법상의 근로자와 근로기준법상의 근로자를 구별하고 있다. '서울여성노조 사건' 판결의 취지는 최근 대법원이 판단한 2015년 청년유니온노조 사건[156]에도 계승되

법학회, 2006, 424면.

154) 노동법실무연구회, 『근로기준법주해 I』, 박영사, 2010. 9., 119~120면.

155) 흔히 '서울여성노조 사건' 이라고 하는 대법원 2004. 2. 27. 선고 2001두8568 판결(지역별 노동조합 조직에서 실업자에 대한 조합원 자격을 부여하고 있는 노동조합의 규약을 인정하여 노조법 제2조 제1호의 근로자에는 실업자도 포함됨을 처음으로 판시하였다)을 말한다. 동 판결의 의미에 대해서는 유성재, "실업자 노조가입 허용 판결의 문제점과 개선방향", 「중앙법학」(제6집 제1호), 중앙법학회, 2004; 김영문, "근로자가 아닌 자의 노조가입을 둘러싼 법적 쟁점 연구", 「노동법학」(제32호), 한국노동법학회, 2009.12; 박지순 · 하명호, 「실업자의 조합원 자격과 노조법상 근로자 개념」, 용역보고서, 고용노동부, 2011.6. 등 참조.

156) 대법원 2015. 1. 29. 선고 2012두28247 판결.

었다. 또한 대법원이 '2014년 골프장 캐디 사건'[157] 이전에 캐디에 대해 비록 노조법상의 근로자를 근로기준법보다 넓게 이해하여 판단한 사례가 있지만,[158] 노조법상 근로자 개념에 대하여 명확하게 근로기준법의 근로자 개념과 판단기준을 달리함으로써 개념상의 차이를 제시한 적은 없었다.

3. 검토 및 소결

학설은 구체적인 이유를 달리하나 노조법상 근로자 개념과 근로기준법상 근로자 개념의 차이를 인정한다는 점에서는 일치하고 있다. 그렇지만 다수의 학설에서는 실업자를 제외하고는 구체적으로 양자가 어떻게 차이가 있는지를 설명하지 않고 있다. 즉, 노조법과 근로기준법상의 근로자를 구분하는 다수설은 구체적으로 양자가 어떻게 차이가 있는지를 실업자를 제외하고는 설명하고 있지 않아, 오히려 현실적인 취업관계에 있는 자에 대해서는 사용종속관계의 판단기준을 동일하게 파악하고 있는 것처럼 보인다. 한편 판례는 기존의 근로기준법상 근로자성의 판단기준과 같은 '사용종속관계'를 일률적으로 노조법상 근로자성 판단기준으로 적용하는 단계에서 나아가, 실업자와 관련해서는 노동조합 형태별로 사용종속관계를 달리 보는 단계까지는 사회현실을 반영하여 진화한 것으로 보인다. 최근 '2014년 골프장 캐디 사건'에서 캐디의 법적 지위와 관련하여 '임금의 종속성'을 부정하여 근로기준법상 근로자성은 부정하면서, 노조법상 근로자를 판단할 경우에는 '업무의 종속성 및 독립사업자성(경제적 종속성)'의 평가요소에 더 중점을 두어야 한다고 하면서 이를 긍정(이전 '1993년 골프장 캐디 사건'[159]도 결론은 동일함)한 바 있다.[160] 이 사건은(기업별) 노동조합의 기존 단체교섭과 단체협

157) 대법원 2014. 2. 13. 선고 2011다78804 판결.
158) 대표적으로 1993년 골프장 캐디 사건(대법원 1993. 5. 25. 선고 90누1731 판결).
159) 대법원 1993. 5. 25. 선고 90누1731 판결.
160) "근로자성 판단에 있어서 인적 종속성 보다는 '업무의 종속성 및 독립종속성(경제적 종속성)'의 평가요소에 더 중점을 두었다고 하더라도, 원고들에 대하여 노조법상의 근로자성을 인정한 원심의 판단은 정당한 것"이라고 판시하였다(대법원 2014. 2. 13. 선고 2011다78804 판결).

약 체결 등의 관행도 업무종속성의 판단 요소로 고려하고 있어, 이에 대해 노조법 전반에 걸쳐 근로기준법상 근로자 개념과 다른 판단기준을 인정하는 새로운 판례로 해석할 수 있는지 논란이 있다. 즉, '2014년 골프장 캐디 사건'에서 대법원이 '업무의 종속성 및 독립종속성(경제적 종속성)'의 평가요소에 더 중점을 두어 노조법상 근로자를 판단한 판결이 노조법상 근로자성 판단기준을 근로기준법과 다른 기준을 적용한 상대적 개념설 내지 이원설의 입장[161]인지에 대해서는 아직 학설상의 논의가 명확하게 정리된 단계가 아니다. 이에 관하여는 제3장 이하에서 자세히 검토하기로 한다. 아래에서는 먼저 노조법상 근로자 개념의 판단기준으로 사용종속성에 관한 해석과 노조법상 사용종속성에 근로기준법의 종속성 판단기준을 그대로 적용할 수 있는지에 대해 검토하도록 한다.

Ⅱ. 근로자 개념의 본질인 '사용종속성'의 해석

1. 노조법상 사용종속성에 관한 학설

1) 문제의 제기

노조법상 근로자가 근로기준법의 근로자와 구별된다는 다수설에 의하더라도 노조법상 근로자성을 판단하는 기준으로 '사용종속성'이 필요한 것인지, 필요하다면 그것은 근로기준법상 근로자성 여부를 판단할 때 사용되는 '사용종속성'과 동일한 것인지 아니면 별도의 기준인지 등에 관하여 견해가 나뉘고 있다. 이러한 논의는 관점에 따라 서술하는 방식이 복잡하고 다양하여 일률적으로 분류하기는 어렵지만, 아래와 같이 정리할 수 있다.

161) 박지순, "근로자개념론-골프장캐디 사건 판결을 계기로-", 노동법실무연구회 발표문(2015.5.12.), 24~26면(근로자개념의 이원화 경향), 31~34면(비통일적 근로자개념) 참조.

2) 학설상 논의

(1) 근로기준법상의 사용종속성과 다르게 보는 입장

우리나라의 다수설은 근로기준법상의 사용종속관계를 기준으로 노조법상 근로자성 여부를 판단하는 것에 대하여 반대한다.[162] 즉 노조법상의 근로자를 사용종속성이라는 기준으로 파악하는 것에 대해 다수설은 다음과 같은 몇 가지 문제점을 지적한다. 첫째, 사용종속성이라는 기준은, 자본주의 사회에서 노동의 특질이 노동의 종속성에 있고 노동법은 종속근로자를 보호하기 위한 특별법이라고 하는 종속노동론 내지 이와 유사한 관념에 기초한 것이기 때문에 근로자 개념의 상대성에 대한 인식을 방해할 위험이 있다. 둘째, 노조법 제2조 제1호가 제시하는 기준이 충분한 역할을 하지 못하게 된다. 즉 사용종속성 여부가 근로자성 판단의 기준이 되어버리면 애초에 입법자가 노조법상의 근로자 정의를 근로기준법상의 그것과 다르게 규정한 취지를 몰각시킨다. 노조법 제2조 제1호는 노무의 반대급부로 '임금 · 급료 기타 이에 준하는 수입에 의하여 생활하는 자' 이외에 다른 요건을 과하지 아니하고 넓게 근로자성을 인정하도록 규정하고 있으므로, 법문언에 충실하게 해석하여 근로자성 여부를 판단하는 것이 입법취지에 부합한다.

이에 의하면 근로기준법상의 근로자와 노조법상의 근로자가 다르므로 사용종속성이 없어 근로기준법상에서는 근로자로 인정되지 않는다 하여도 노조법상으로는 이 사용종속성이 필요하지 않으므로 근로자로 인정될 수 있다고 본다.[163] 또한 다수설은 근로기준법상의 근로자는 '직업의 종류를 불문하고 사업 또는 사업장에서 임금을 목적으로 근로를 제공하는 자' 로 되어있으므로 근로관계가 형성된 상

162) 임종률, 『노동법』(제14판), 박영사, 2016, 35면; 이병태, 『최신 노동법』(제6판), 중앙경제, 2005, 115면.

163) 이러한 입장에서 대법원이 노조법상의 근로자성 인정여부를 판단함에 있어서 근로기준법상의 근로자성을 판단할 때와 똑같이 사용종속성이 있느냐 하는 것을 근거로 판단하는 것에 반대하면서, "집단적 노사관계법의 적용에 있어서는 단결권의 보호필요성이라는 관점에서 파악되어야 하므로 반드시 근로기준법상의 판단표지에 의하여 결정할 필요는 없고, 근로자개념에 대한 법상 정의 내용도 양자간 상이하다"라고 주장한다(김재훈, "레미콘운송차주의 근로자성", 「월간노동법률」, 중앙경제, 2003. 3, 24면).

태에서 현실적으로 타인에 의하여 결정되는 근로를 제공하는 자이어야 하고, 임금과 근로제공이 대가적 교환관계에 있을 것이 요구되는 반면 노조법상의 근로자는 '직업의 종류를 불문하고 임금 · 급료 · 기타 이에 준하는 수입에 의하여 생활하는 자'를 말한다는 점 그리고 근로기준법은 근로조건의 최저기준을 제시하고 이를 강제하는 것을 목적으로 하는데 반하여 노조법은 노동3권의 보장을 목적으로 하는 점을 근거로 노조법상의 근로자가 되기 위하여 사용자와의 근로계약관계가 반드시 전제되는 것은 아니라고 한다.[164] 따라서 노동조합을 조직할 수 있는 노조법의 근로자에는 특정한 사용자에게 고용되어 현실적으로 취업하고 있는 자뿐만 아니라 일시적으로 실업상태에 있는 자나 해고된 자도 노동3권을 보장할 필요성이 있는 한 그 범위에 포함한다고 본다. 또한 항운노조 조합원과 같이 구체적인 근로계약관계의 존재가 의심스러운 경우에도 현실적으로 노무를 제공하고 있는 자라면 노동조합활동 주체로 포함하는 근로자의 개념을 상정하고 있다.[165]

(2) 사용종속성 여부를 노조의 형태에 따라 달리 보는 입장

그러나 위와 같은 견해들에 대하여 노조의 형태에 따라서 사용종속성 여부를 달리 논해야 한다는 주장도 있다. 산업별 · 직종별 · 지역별 노조에 있어서는 노조법상 근로자 개념이 근로기준법상의 근로자 개념과 반드시 일치하는 것은 아니라고 하면서 다수설의 입장에 동조하나, 기업별 노조에 있어서는 두 법의 사용자가 일치한다는 점에서 근로자 개념도 실질적으로 동일하다고 보는 견해이다.[166] 즉 직종별노조나 산업별노조의 경우에는 근로계약을 필요로 하지 아니하고 따라서 사

164) 김형배, 『노동법』(제23판), 박영사, 2014, 799면; 이병태, 『최신 노동법』(제6판), 중앙경제, 2005, 115면; 김유성, 『노동법Ⅱ』, 법문사, 2001, 56면.

165) 대법원 2011. 3. 24. 선고 2007두4483 판결에서 대법원도 아직 현실적으로 취업하고 있지 아니한 자를 조합원으로 하는 영일만신항 항운노조의 설립을 인정하면서, 항만공사가 진행 중인 상태에서 준공예정일 이전에도 항운노조의 조합원에 의한 노무공급이 이루어질 가능성이 있고, 무엇보다 클로즈드숍으로 운영되는 항운노조의 특성을 고려할 때, 조합원들의 취업시기를 특정할 수 없을 뿐이지 취업 자체는 확실시되어 이 시간 항만에서 노조의 조합원에 의한 노무공급은 당연히 이루어질 수 있다는 점에서 이 사건 노조의 설립을 인정한 바 있다.

166) 김형배, 『노동법』(제23판), 박영사, 2014, 797~799면.

용종속성이 요구되지 않으나, 기업별 노조의 경우에는 근로계약을 필요로 하므로 사용종속성이 있어야 한다는 것이다.

(3) 근로기준법의 사용종속성과 동일하다는 입장

다수설에 반대하여, 노조법상 '사용종속관계 기준'은 근로기준법상의 '사용종속관계 기준'과 동일한 것이 원칙이라고 보는 견해가 있다.[167] 판례의 전통적인 입장과 같다. 근로기준법과 노조법은 모두 근로자의 보호를 목적으로 하고 있으며, 단지 근로기준법은 최저기준의 보장을 통하여, 노조법은 단결체 보장을 통하여 목적을 달성하고자 한다는 점에서 차이가 있기 때문이라고 한다.

(4) 사용종속관계와 인적 적용대상 범위를 구분하자는 입장

노동법의 인적 적용대상의 범위로서 근로자 개념을 노동법 전체에 걸쳐 통일적으로 파악해야 할 것인가 아니면 개별 법령에 따라 상대적으로 파악해야 할 것인가에 대한 '근로자 개념의 통일성과 상대성'에 관한 문제로, 아직 일치된 견해가 없다. 이러한 근로자 개념상의 통일성여부에 대한 논의의 혼란은 노동법을 통일적으로 파악하기 위한 중심적인 기초개념으로서 종속노동(또는 사용종속관계)이란 개념과 개별 노동법령의 인적 적용대상 범위의 확정문제를 구분하지 않고 '종속노동'이라는 개념 하에 이를 같이 취급해 왔기 때문이라고 하면서, 양자를 구분해야 한다는 입장이 있다.[168]

3) 검 토

사용종속관계와 인적 적용대상 범위를 구분하자는 견해에 찬동한다. 노동법을

---

167) 이상윤, 『노동법』(제14판), 법문사, 2015, 98면.

168) 근로자 개념상의 통일성여부에 대하여는 학설과 판례가 매우 복잡 다양한 양상을 띠고 있다고 보면서, 이 문제에 관하여 우선적으로 논의 차원상의 혼란을 정리해둘 필요가 있다는 주장으로 조경배, "노동3권의 주체로서 근로자개념과 특수고용노동자", 「노동법학」(제22호), 한국노동법학회, 2006, 424~427면 참조.

통일적으로 파악하기 위한 중심적인 기초개념으로서 종속노동(또는 사용종속관계)이란 개념의 사용과 개별 노동법령의 인적 적용대상 범위의 확정문제는 구분해야 한다는 것이다.[169] 이제까지는 '종속노동'이라는 개념 하에 이 문제를 똑같이 취급해 왔지만, 노동법적 보호가 필요한 독립노동의 증가로 인하여 새로운 고려가 필요한 시점에 와있다고 보인다. 노동관계 법령은 각각의 입법목적과 취지에 따라 인적 적용대상 범위를 달리해야 하는 상황이 생겨난 것이다. 이런 의미에서 인적 적용대상의 범위를 노동법 전체에 걸쳐 통일적으로 파악할 것이 아니라 개별 법령에 따라 상대적으로 결정해야 한다고 보인다. 이는 노동법의 본질을 다른 법 분야와 구별하는 통일적인 기초개념으로서 '종속노동론'이나 '사용종속관계'로 이해하는 사고와도 반드시 모순되는 것은 아니라고 본다. 고용형태의 다양화로 종속의 태양이 변화하고 있는 상황에서 인적 적용대상 범위를 단일한 판단기준에 따라 확정하는 것은 무리라고 생각한다. 또한 근로자 개념의 유연화도 필연적인 과정일 것이다. 이런 의미에서 근로자 개념을 근로계약관계의 당사자로 한정하고 고유한 의미의 노동법은 취업근로자를 그 대상으로 한다는 견해[170]는 더 이상 유지되기 어렵다고 생각된다.[171]

2. '임금 · 급료 기타 이에 준하는 수입'의 의미(근로기준법상 사용종속성 기준의 적용 여부)

1) 문제의 소재

노조법상의 근로자는 노조법이 보장하고자 하는 집단적 노사관계질서, 즉 단체

169) 조경배, "노동3권의 주체로서 근로자개념과 특수고용노동자", 「노동법학」(제22호), 노동법학회, 2006, 427면 이하.

170) 김형배, 『노동법』(제23판), 박영사, 2014, 39~40면. 특히 김형배, "골프장캐디의 노동법상 지위 –대판 2014. 2. 13, 2011다78804 및 이 판결의 원심 서울고등법원 2011. 8. 26, 2009나1121116에 대한 비판적 검토–", 「노동법포럼」(제13호), 노동법이론실무학회, 2014, 26~28면의 각주 26), 27) 참조.

171) 조경배, "독립노동과 유사근로자 그리고 위장자영인", 「민주법학」(제25호), 민주주의법학연구회, 2004, 427면.

교섭을 통한 근로조건의 집단적 규율이라는 목적에 부합하는 자이어야 한다. 그렇지만 노조법은 그와 같은 근로자성을 결정하는 표지로서 '임금 · 급료 기타 이에 준하는 수입에 의하여 생활하는 자' 라고만 규정하고 있어 해석론으로 그 판단기준을 구체화해야 한다. 이와 관련하여 '임금 등' 의 표현에서 근로기준법상 근로자성의 판단기준인 사용종속성의 기준이 일응 노조법의 근로자 개념에서도 기본적으로 적용되는지와 관련하여 논란이 있다. 이는 앞에서 본 노조법상 근로자 개념(사용종속성)의 해석에 관한 논의와 상당부분 중복되기도 하지만, 노조법상 근로자 개념의 정의에 사용된 '임금 · 급료 기타 이에 준하는 수입' 의 의미를 어떻게 이해해야 할 것인가에 초점을 둔 논의이다.

2) 학 설

앞서 본 바와 같이 다수설은 근로기준법상의 근로자가 근로계약관계를 반드시 전제로 하는 것과 달리 (노조법상의 근로자는) 근로계약의 당사자가 아닌 자라 하더라도 노동조합에 가입할 수 있는 근로자에 해당될 수 있다고 한다. 다수설은[172] 현행 노조법은 근로기준법과 달리 개념규정에서 '기타 이에 준하는 수입' 을 삽입시키고 있는데, 이 문언을 근로기준법상의 근로자 개념과 구별되는 중요한 문언으로 간주하면서 이를 '근로기준법상의 근로자만큼 노동3권을 보장하여야 할 필요성이 있는 자' 를 의미한다고 해석하고 있다. 노조법 제2조 제1호상의 '임금 · 급료' 는 근로계약에 기하여 근로자가 노무의 대가로 받는 것으로 해석하고, '기타 이에 준하는 수입에 의하여 생활하는 자' 에 대한 해석에 있어서는 이 문언이 노조법상의 근로자 개념을 근로기준법상의 근로자 개념과 구분되게 하려는 입법자의 의도가 있는 것으로 보면서 '근로관계에 있는 자와 마찬가지로 단체교섭 ·

172) 김형배, 『노동법』(제23판), 박영사, 2014, 799면; 이병태, 『최신 노동법』(제6판), 중앙경제, 2005, 115면; 김유성, 『노동법Ⅱ』, 법문사, 2001, 56면; 임종률, 『노동법』(제14판), 박영사, 2016, 35면. 노조법상의 근로자 개념은 근로기준법상의 근로자 개념과는 달리 노동3권의 보호필요성이 있는가라는 점에서 접근하여야하기 때문에 현재 구체적 근로계약관계를 맺으면서 현실적으로 취업하고 있는지 여부는 문제되지 않으며, 따라서 실업자나 해고된 근로자라 하더라도 노조법상의 근로자에 해당한다고 한다.

단체협약에 의하여 보호받을 필요성이 인정되는 동종의 노무공급관계에 있는 자'로 해석하는 견해가 있다.[173] 즉 노조법상의 근로자 개념은 동법의 목적과 근로자에 대한 정의규정에 근거하여 파악되어야 하는 것으로서, 단결권 등의 보호가 필요한가라는 관점에서 '임금 등의 수입에 의하여 생활하는 자'의 의미를 광범위하게 파악하는 방향으로 해석되어야 한다고 본다. 결국 노조법상의 근로자 개념은 근로기준법상의 근로자를 포함하면서 나아가 '기타 이에 준하는 수입'의 의미를 살려 근로기준법상의 근로자와 유사한 정도로 단결권 등의 보호가 필요한 노무공급자도 포함되는 것으로 해석해야 한다고 한다.[174]

반면에 근로자 개념을 확정함에 있어서 근로기준법상이든 노조법상이든 종합적인 판단 하에 사용종속관계가 실질적으로 존재하는지를 살펴야 한다면서 노조법상의 근로자성 여하를 판단함에 있어서도 사용종속관계가 있어야 한다고 주장하는 입장도 있다.[175] 특히 사업장 단위로 노동조합을 설립하고 있는 경우에는 당해 사업장에서 사용종속관계를 갖고 있지 않은 자도 노동조합에 가입할 수 있도록 해석하는 것은 문제가 있다고 주장한다. 즉 노조법 제1조가 단결권 보장의 목적을 근로조건의 유지·개선으로 하고 있고 노조법 제2조 제4호에서 노동조합의 정의에서도 근로조건의 유지·개선을 목적으로 하는 단체라고 규정하고 있으므로 노동조합의 상대방은 근로조건을 자기의 결정으로 유지·개선시켜줄 수 있어야 하므로 노동조합은 사용자와의 관계를 떠나서는 생각할 수 없으며, 노동조합을 구성하는 조합원인 근로자 역시 사용자와 일정한 관계를 가져야 한다는 것이다. 이 입장에서는 만일 실업자도 조합원이 될 수 있다고 하면 실업자들로 구성된 노동조합은 어느 사용자를 상대로 임금교섭과 근로조건 개선을 요구할 수 있으며, 어느 기업주가 자기와 무관한 사람들에게 임금지급 등 근로조건을 보장해 줄 의무

173) 김소영, "특수고용관계에 있는 근로자들의 노동법적 문제", 「사회변동과 사법질서」, 김형배교수정년퇴임기념논문집, 2000, 258면.

174) 근로기준법상의 근로자는 '임금으로 생활하는 자'에 포함되고, 임금에 '준하는 수입으로 생활하는 자'는 근로기준법상의 근로자는 아니지만, 노조법상의 근로자에는 포함된다. 임종률, 『노동법』(제14판), 박영사, 2016, 35면.

175) 김영문, "레미콘운송차주의 조합원 자격여부", 「레미콘운송차주에 관한 판례·평석」, 경총, 2001, 53면.

가 있는가라고 의문을 제기하고, 이들이 조직한 단체는 있을 수 있으나 법에 정한 목적을 위하여 활동하는 노동조합이라고는 볼 수 없다고 주장한다.

3) 판 례

대법원의 전통적인 입장은 근로기준법상의 근로자와 노조법상의 근로자를 사용종속관계의 존부라는 동일한 기준으로 판단하고 있다. 대법원은 근로기준법상의 근로자성을 판단함에 있어서 제시하는 기준, 즉 지휘·감독관계 및 근로시간·근로장소의 구속성 정도, 업무의 대체성 유무, 보수에 관한 사항, 근로제공관계의 계속성과 사용자에의 전속성의 유무와 정도, 양 당사자의 경제·사회적 조건 등을 노조법상의 근로자성 여부를 판단하는데 있어서도 그대로 적용하고 있다.[176] '영일만신항 항운노조 사건'에서 대법원 2011. 3. 24. 선고 2007두4483 판결이 건설 중인 항만에서 불원간 하역 등의 업무에 종사하려는 자도 노조법상 근로자에 해당한다고 한 사례는 클로즈드숍으로 운영되는 항운노조의 특성을 고려할 때, 단순한 실업자나 구직자와 달리 취업의 시기를 특정할 수 없을 뿐 취업 자체는 확실시 되는 특별한 사정을 고려하여 근로자성을 인정한 취지이다.[177] 다만 최근 2014년 '캐디 사건'과 2015년 '취업자격 없는 외국인근로자 사건' 등에서 대법원의 노조법상 근로자 개념 판단 기준은 종전의 근로기준법상 근로자 개념과 별반 다르지 않은 기준을 적용한 판시와 비교할 때 그 내용에서 분명한 차이가 있

---

176) 대법원 1993. 5. 25. 선고 90누1731 판결(1993년 골프장 캐디 사건). 대법원 1992. 5. 27. 선고 90누9438 판결(부두, 공항, 역, 시장 등에서 불특정 다수인의 짐을 나르는 하역노무자의 노조법상 근로자성 여하에 대한 판결)에서는 나아가 노조법상의 노동조합을 설립하기 위하여 명시적이든 묵시적이든 노동조합의 조합원인 근로자와 사용자간의 고용에 따른 종속관계가 있어야 한다고 전제하면서 노조법상의 근로자성을 인정받기 위해서는 사용종속관계가 있을 것을 요구하고 있다.

177) 이 판결은 두 가지 점을 시사한다. 그 하나는 노동조합은 기본적으로 현실적으로 취업중인 자를 위하여 단체교섭을 행하고 집단적 근로조건을 규율하는 주체이므로 실업자, 구직자를 조직대상으로 하는 단체와는 구별된다는 점과, 노동조합의 조직형태 및 그 조직대상에 따라서는 현재 노무를 제공하지 않더라도 사실상 취업중인 자와 동일시해야 할 자를 포함할 수 있다는 점이다. 다만, 후자의 경우는 일반적 실업자와 구직자와는 구별되는 개념이다(박지순·하명호, 「실업자의 조합원 자격과 노조법상 근로자 개념」, 용역보고서, 고용노동부, 2011.6, 105면).

다. 다만 이러한 최근 판결들이 노조법상 근로자 개념을 근로기준법과 달리 보는 것인지에 대해서는 학설상의 논의가 아직 진행 중이다. 판례의 구체적 내용과 분석은 제3장에서 본격적으로 다루기로 한다.

3. 검토 및 소결

노조법과 근로기준법의 근로자 개념은 기본적으로 그 출발점을 같이 한다고 보는 것이 판례의 전통적인 관점이며 법적 안정성에 기여하지만, 노조법은 근로자 개념으로 단체교섭(근로조건의 집단적 결정시스템)이 필요하다고 인정되는 자를 정의하고 있어 어느 정도의 독자적 판단요소를 내재하고 있다. 즉 단체교섭의 보호필요성은 근로기준법상의 근로자에게 가장 전형적으로 나타나지만 그에게 엄격히 한정되는 것은 아니다. 노동3권의 주체는 노동조합이 조합규약을 통하여 스스로 결정할 문제이고 국가법에 좌우될 수 없는 자유권의 핵심적 가치라고 하면서, 실업자를 조합원으로 가입시킨 노동조합이 체결한 단체협약의 규범적 부분이 실업자에게 적용될 수 없다는 것은 단지 해석상 문제이지 노동3권의 주체가 되지 못하도록 법으로 금지해야 된다는 논리는 성립할 수 없는 것이라는 견해[178)]가 타당하다고 생각한다. 다만, 노조법의 목적과 단체교섭에 의한 집단적 근로조건의 규율 필요성 등을 고려하여 노조법상 근로자 개념의 기본표지를 도출할 필요가 있다. 중심적 판단요소로는 ① 노동3권의 보호필요성과 집단적 근로조건의 형성 내지 규율이라는 관점에서 사업조직에 대한 편입이 전제될 것이며, ② 교섭력의 차이로 개별적 대등성이 없다는 점에서 사용자에 의한 일정한 지휘명령성이 있어야 하고, 특히 ③ 보수의 노무대가성은 노조법상 근로자의 정의에서 명시하고 있는 것이므로 필수적인 판단요소로 보아야 한다.[179)] 그러한 의미에서 근로자를 정의한 노조법 제2조는 노조법상의 사용종속성 개념이 내재된 정의라고 할 수 있다. 아래

178) 조경배, “노동3권의 주체로서 근로자개념과 특수고용노동자”, 「노동법학」(제22호), 노동법학회, 2006, 425면.

179) 박지순 · 하명호, 「실업자의 조합원 자격과 노조법상 근로자 개념」, 용역보고서, 고용노동부, 2011.6, 101~105면.

에서는 노조법상 근로자성의 판단기준을 노동3권의 유기적 관련성과 함께 살펴보도록 한다.

Ⅲ. 노조법상 근로자 개념의 판단기준

1. 문제의 제기

우리 판례와 학설은 일반적으로 '일시적으로 실업상태에 있는 자나 구직중인 자' 도 노동3권을 보장받을 필요성이 있는 한 노조법상의 근로자에 해당한다고 보고 있다.[180] 그러나 판례나 학설은 어떠한 경우에 '노동3권을 보장할 필요성' 이 인정되는 지에 대하여는 별다른 언급을 하고 있지 않다. 따라서 '일시적으로 실업 상태에 있는 자' 중에서 노조법상의 근로자로 인정될 수 있는 자와 인정될 수 없는 자가 있는 것인지, 아니면 '일시적 실업상태에 있는 자' 는 모두 노조법상의 근로자로 인정되는 것인지가 불분명하다. 나아가 만약 양자가 구별된다면 어떠한 기준에 따라 양자를 구별할 것인지도 불분명하다. 그러나 노동3권은 "사용자에 비하여 열세일 수밖에 없는 근로자에게 열세성을 배제하고 사용자와의 대등성 확보를 위한 법적 수단"이라는 점에 대하여는 이견이 없는 것으로 보인다.[181] 다만, 이러한 대등성 확보를 위한 법적 수단으로서의 단체교섭권과 단결권과 단체행동권의 상호관계에 대하여는 의견이 대립하고 있다. 따라서 다음에서는 먼저 (노동3권의 유기적 관련성과 관련하여) 단체교섭권의 필요성이 인정되는 경우에 한하여 단결권이 인정될 수 있는 것인지, 아니면 단결권은 단체교섭권의 필요성과 무관

---

180) 대표적으로 2004년 '서울여성노조 사건'(대법원 2004. 2. 27. 선고 2001두8568 판결) 과 2015년 '청년유니온노조 사건'(대법원 2015. 1. 29. 선고 2012두28247 판결) 등에서 실업자의 노조법상 근로자 여부를 판단한 판례를 들 수 있다.

181) 대법원 1990. 5. 15. 선고 90도357 판결; 대법원 1990. 11. 27. 선고 89조1579 판결. 김형배, 『노동법』(제23판), 박영사, 2014, 122면 이하; 임종률, 『노동법』(제14판), 박영사, 2016, 21면; 허영, 『한국헌법론』(전정11판), 박영사, 2015, 536면.

하게 인정될 수 있는 것인지에 대하여 살펴보기로 한다. 다음으로 이러한 노동3권의 유기적 관련성이 실업자의 노조가입 허용과 어떠한 연관이 있는 지에 대하여 살펴보기로 한다.

2. 노동3권의 유기적 관련성

1) 노조법 제2조 제4호 '노동조합'의 정의 규정

먼저 노조법은 제2조 제4호 본문에서 노동조합을 "근로자가 주체가 되어 자주적으로 단결하여 근로조건의 유지 · 개선 기타 근로자의 경제적 · 사회적 지위의 향상을 도모함을 목적으로 조직하는 단체 또는 그 연합단체"라고 정의하고, 동 조항 제4호 단서의 (라)목 본문은 "근로자가 아닌 자의 가입을 허용하는 경우 노동조합으로 보지 않는다"는 규정과 함께, (라)목 단서는 다시 "해고된 근로자가 부당노동행위 구제신청을 한 경우 중노위 재심판정이 있을 때까지 근로자가 아닌 자로 해석하여서는 아니 된다"고 규정하고 있다. 노조법 제2조 제1호가 노동조합을 조직할 수 있는 추상적 의미의 주체를 규정한 것이라면, 동법 제2조 제4호의 규정은 이들이 모여 만든 단체가 집단적 노사관계 질서를 형성할 수 있는 주체로서 실제 기능을 담보하기 위하여 설정된 최소 조건을 규정한 것이다. 노조법 제2조 제4호는 동조 제1호의 근로자들이 만든 '모든 단체'를 집단적 노사관계 질서의 주체인 노동조합으로 인정하지 않고, 적어도 입법자가 설정한 일정 조건을 충족한 단체에 대해서만 노동조합 자격을 인정하려는 것이다. 그러므로 동법 제2조 제4호 각 목의 규정은 노동조합의 기능이 담보되지 못한 경우를 예시하는 것으로 볼 수 있다. 그러므로 제2조 제4호 가목과 라목에서 규정하고 있는 바는 제2조 제1호에서 규정하고 있는 바와 반드시 동일한 범주를 대상으로 하고 있는 것으로는 볼 수 없다.[182] 결국 현행 노조법은 노동3권의 유기적 관련성을 전제로 하고 있다

182) 학설에서는 제2조 제1호의 근로자와 제4호 단서 라목 본문에서의 근로자를 동일한 의미로 해석하는 경우가 많다(김유성, 『노동법II』, 법문사, 2001, 57~58면). 그러나 이러한 해석은 제4호가 가지는 규범목적성을 충분히 고려하지 않은 결과에서 비롯한 오류라 할 수 있다는 견해

고 보인다. 또한 노조법 제37조 제2항은 조합원은 노동조합에 의하여 주도되지 아니한 쟁의행위를 할 수 없도록 하고 있다. 이는 단체협약을 체결한 권한이 있는 노동조합에 대해서만 단체행동권을 인정하겠다는 것으로 이 역시 노동3권의 유기적 관련성을 전제로 한 규정이라고 보인다.[183]

2) 판례의 입장

'서울지하철공사 사건'(대법원 1990. 5. 15. 선고 90도357 판결)은 구노조법 제3조 제4호 단서[184]가 쟁의행위에도 동일하게 적용할 수 있는 지에 관한 것이었다. 이 사건에서 대법원은 "노동3권은 사용자와 근로자간의 실질적인 대등성을 단체적 노사관계의 확립을 통하여 가능하도록 하기 위하여 시민법상의 자유주의적 법원칙을 수정하는 신시대적 시책으로서 등장된 생존권적 기본권들이므로 이 노동3권은 다같이 존중, 보호되어야 하고 그 사이에 비중의 차등을 둘 수 없는 권리들임에는 틀림없지만 근로조건의 향상을 위한다는 생존권의 존재목적에 비추어 볼 때 위 노동3권 가운데에서도 단체교섭권이 가장 중핵적 권리임은 부정할 수 없다. … 근로자에게 열세성을 배제하고 사용자와의 대등성 확보를 위한 법적 수단으로 단체교섭권을 인정하는 것이야 말로 근로조건의 향상을 위한 본질적 방편이라고 아니할 수 없으며 따라서 그것을 위하여 단체형성의 수단인 단결권이 있고 또한 교섭이 난항에 빠졌을 때 그것을 타결하기 위한 권리로서의 단체행동권이 있는 것으로 보아야 하기 때문이다. 이로써 본다면 근로자에게 단체교섭권이 정당하게 확보되어 있기만 하다면 그것을 보장하는 권리로서의 단체행동권이 제한

에 박종희, "노동조합 및 노동관계조정법상 근로자의 개념-특히 실업자의 조합원자격과 관련하여-", 「노사관계 선진화방안 주요쟁점 분석 및 입법대안 모색(V)」, 한국노동연구원, 2005, 17면.

183) 유성재, "실업자 노조가입 허용 판결의 문제점과 개선방향", 「중앙법학」(제6집 제1호), 중앙법학회, 2004, 297면.

184) 현행 노조법 제2조 제4호 라목 단서와 같이 "해고된 자가 노동위원회에 부당노동행위의 구제신청을 한 경우에는 중앙노동위원회의 재심판정이 있을 때까지는 근로자가 아닌 자로 해석하여서는 아니 된다"고 규정한다.

된다 해도 필요한 최소한도내에서, 어쩔 수 없는 것으로서 사회관념상 상당한 대상조치가 마련되어 있다고 보여질 때에는 위에서 본 권리의 본질적인 내용을 침해하는 것으로 볼 수 없다"고 판시하였다. 이를 노동3권을 일체적으로 파악하여 유기적 관련성을 인정하고, 특히 단결권과 단체행동권은 그 자체가 목적이 아니고 단체교섭권의 실현수단이라는, 단체교섭권 중심설의 입장을 취하는 것으로 일반적으로 평가한다.[185]

최근 이사회 의결을 거치지 않은 공공기관 단체협약의 효력(대법원 2016. 1. 14. 선고 2012다96885 판결[186])을 다툰 '한국노동교육원 사건'에서, 대법원은 "이 사건 협약에서 정한 임금피크제는 정년 전까지 일정 비율로 임금을 삭감하는 대신 정년 후 2년간 고용을 연장하는 것을 내용으로 한다. 이는 필연적으로 인사규정의 변경과 예산 및 신규고용 규모 등의 변동을 수반하기 때문에 그 내용 확정이나 이행을 위해 이사회의 의결이 필요한 중요사항이라고 평가할 수 있다. 이런 교육원의 설립 목적과 운영자금의 조달 및 집행 과정, 국가의 관리 · 감독 및 이사회의 구성과 이사회 의결에 관한 여러 규정 등을 종합적으로 고려하면, 교육원이 이사회 의결을 거치지 않고 기존 인사규정과 저촉되는 내용의 임금피크제를 시행하는 이 사건 협약을 체결했더라도 그런 단체협약의 내용은 교육원이나 교육원

185) 이와 달리 헌법재판소 1996. 12. 26. 90헌바19(다수의견)는 단체행동권이 노사관계의 실질적 대등성을 확보하는 필수적 전제이므로 근로3권 가운데 가장 중핵적인 권리는 '단체행동권'으로 보아야 한다고 하였다.

186) 구 한국노동교육원법(1990.8.1. 법률 제4253호)에 따라 설립된 한국노동교육원(이하 '교육원')과 전국공공연구전문노동조합 교육원 지부(이하 '교육원 지부')는 2006년 10월 9일 '임금피크제 및 공모제 시행 노사협약(이하 '이 사건 협약')'을 체결했다. 원고 근로자는 이 사건 협약에 따른 임금피크제 시행 당시 임금피크제 적용개시일이 이미 경과한 상태였다. 이에 교육원은 2006년 11월 24일 원고에게 2006년 11월 27일부터 임금피크제가 적용돼 정년퇴직일은 2008년 12월 31일이 되고, 1년차에는 연봉의 90%를, 2년차에는 연봉의 80%를 각 지급받게 된다고 통보했다. 이에 원고 근로자는 단체협약 내용인 임금피크제를 직원들에게 적용하기 위해서는 이사회의 의결절차 및 노동부장관의 승인을 받아 교육원의 취업규칙(보수규정, 복무규정)을 개정했어야 하므로, 교육원이 취업규칙을 개정하지 않은 채 바로 임금피크제를 원고에게 적용한 것은 무효이며, 따라서 교육원은 원고에게 임금피크제 적용으로 삭감된 2006년 12월 1일부터 2008년 12월 31일까지의 임금(1년차 10%, 2년차 20%)을 지급할 의무가 있다고 주장하며 당해 소송을 제기하였다.

직원에게는 효력을 미치지 않는다."고 판시하였다.[187] 이러한 판례의 기본적인 입장은 노동3권의 유기적 관련성을 긍정하는 것으로 볼 수 있다.

3) 학 설

(1) 유기적 관련성을 인정하는 입장

노동3권의 유기적 관련성 인정설이란 단결권 · 단체교섭권 및 단체행동권은 밀접한 상호관련을 가지면서 근로조건의 향상을 위한 수단으로 보장되어 있다는 견해로 현재의 통설[188]이다. 즉, 단결이 근로자집단의 근로조건의 향상을 추구하는 주체라고 한다면 단체교섭은 그 주체의 구체적인 목적활동이며 그 목적활동은 단체협약의 체결이라는 것으로 결실을 보게 되고, 단결체가 단체교섭에 의하여 소기의 목적을 달성할 수 없을 때에는 단체행동을 통하여 그의 주장을 관철하게 된다. 이와 같이 노동3권은 서로 유기적인 밀접한 관련성을 가지고 있다는 견해이다. 결국 단결이나 단체행동은 단체교섭을 유리하게 이끌기 위한 수단으로서의 의미를 갖는 것이므로 단결이나 단체행동은 그것 자체가 목적이 아니라는 것이다. 그러므로 사용자와의 단체교섭을 포기한 노동조합이라든가 쟁의행위를 위한 쟁의행위는 무의미하다고 본다. 단결의 궁극적이고 핵심적 목적은 사용자와의 단

---

187) 동일한 취지의 선행판결로는 농지개량조합(대법원 2002. 12. 10. 선고 2002다36136 판결), 대한석탄공사(대법원 2002. 1. 25. 선고 2001다60170, 60187(병합) 판결), 한국고속철도건설공단(대법원 2003. 4. 11. 선고 2002다69563 판결), 근로복지공단(대법원 2011. 4. 28. 선고 2010다86235 판결), 한국산업인력공단(대법원 2015. 1. 29. 선고 2012다32690 판결, 대법원 2015. 2. 12. 선고 110392 판결) 사건 등에서, 근로조건에 대한 결정권이 없는 자와 체결한 단체협약의 효력을 부정함으로써 노동3권의 유기적 관련성을 간접적으로 인정한 것으로 볼 수 있다.

188) 유기적 관련성 인정설에는 노동3권의 중심을 단체교섭권에 두는 단체교섭 중심설과 노동3권의 중심을 단결권에 두는 단결권 중심설이 있다. 유기적 관련성을 인정하는 경우에는 단체교섭 중심설을 취하는 것이 일반적이다. 그러나 일부에서는 유기적 관련성을 인정하면서 단결권 중심설을 주장하는 견해도 있다(이에 대하여는 고호성, "근로3권의 상호관계에 과한 소고", 동산 김두희박사 화갑기념, 1987, 501면 이하 참조). 유성재, "실업자 노조가입 허용 판결의 문제점과 개선방향", 「중앙법학」(제6집 제1호), 중앙법학회, 2004, 299면.

체교섭을 통한 단체협약의 체결에 있다. 이상과 같이 노동3권은 상호 유기적으로 밀접한 관계를 맺고 있는 통일적 권리[189] 내지 서로 밀접한 관계를 가지는 일련의 권리로서 그 관련성의 정도는 일체성에 준한다[190]고 보고 있다.

(2) 병렬적 · 독자적 규정이라는 입장

노동3권의 각각의 권리는 이미 헌법에 의하여 그 정당성이 인정되었기 때문에, 다른 어떤 권리에 의하여 다른 권리의 정당성이 규정될 수는 없다는 견해이다.[191] 이 학설은 특히 우리 헌법이 단결권 · 단체교섭권 · 단체행동권을 병렬적으로 규정하여 노동3권이 유기적으로 연결된다기보다 각각의 노동3권이 독자성을 강화하고 있는 점을 강조한다.[192] 즉, 노동3권을 구성하고 있는 각각의 권리들에 관하여 개별적으로 판단하는 입장을 취하여, 대법원이 '서울지하철공사 사건'(대법원 1990. 5. 15. 선고 90도357 판결)에서 '단체행동권'은 '단체교섭권을 보장하는 권리', 즉 일종의 수단으로서의 권리에 해당한다고 판단하고서 이를 전제로 단체행동권에 대하여는 단체교섭권보다 더욱 낮은 수준의 보호를 제공하더라도 정당화될 수 있다고 판시한 것으로 본다.

---

189) 김형배, 『노동법』(제23판), 박영사, 2014, 124면.

190) 임종률, 『노동법』(제14판), 박영사, 2016, 21면에서는 단결권 · 단체교섭권 · 단체행동권은 원칙적으로 상호불가분의 일체적 권리라는 점에서 '노동3권' 보다는 '단결활동권'이라고 부르는 것이 적절하다고 한다. '광의의 단결권'이라고 부르기도 하는데 이는 유럽 국가의 헌법에서 말하는 단결권은 이를 의미한다고 한다.

191) 이철수, 「단체교섭의 근로자측 주체에 관한 비교법적 연구」, 서울대박사학위논문, 1992, 206~209면 참조; 유성재, "실업자 노조가입 허용 판결의 문제점과 개선방향", 「중앙법학」(제6집 제1호), 중앙법학회, 2004, 299면.

192) 우리와 달리 독일은 기본법 제9조 제3항에서 단결권(Koalitionsfreiheit)만을 규정하고 있을 뿐 단체교섭권과 단체행동권에 대하여는 명시적 규정을 두고 있지 않다. 따라서 독일에서는 단결권으로부터 단체교섭권과 단체행동권을 도출하고 있다. 이러한 이유에서 독일에서는 노동3권의 유기적 관련성이 자연스럽게 받아들여지고 있다. 유성재, "실업자 노조가입 허용 판결의 문제점과 개선방향", 「중앙법학」(제6집 제1호), 중앙법학회, 2004, 299면.

4) 검 토

노동3권의 유기적 관련성을 인정하는 학설 중 단체교섭권 중심설에 찬성한다. 왜냐하면 노동3권이 기본권으로서 규정되어 있는 바는, 그것의 성질이 행동의 자유나 종교의 자유처럼 애당초 개인의 고유한 불가침적인 인격의 발현 그 자체에 있거나 혹은 다른 계층의 국민 또는 개인들에 비해 근로자에게 특별한 우월적 지위를 보장하려는 데에 있는 것이 아니라, '인간으로서의 근로자' 들의 존엄과 가치를 발현시키는 데에 필요한 수단으로 인정되었기 때문이다. 다시 말하면 근로자의 노동3권 보장 그 자체에 궁극적인 지향점이 있는 것이 아니라, 노동3권 보장을 통해 달성하려는 바를 주된 목적적 관점에서 보장한 것으로 이해해야 한다. 이러한 목적론적 견지에서 노동3권 보장이 추구하는 바는 노사 간에 발생하는 갈등의 자율적 조정, 즉 노사 간에 발생하는 이해관계 대립을 자율적 · 집단적으로 조정하고자 하는 '질서' (또는 시스템)를 보장(즉 집단적 자치의 보장)하는 데에 있는 것이다.[193] 따라서 헌법이 결사의 자유와 구별하여 단결권을 보장한 것은 노동조합은 결사 그 자체에 목적이 있는 것이 아니라, 단체교섭을 통한 근로조건의 향상을 목적으로 하고 있다는 것을 전제하고 있다고 본다.

노동3권의 유기적 관련성을 인정하는 학설을 취한다고 하더라도 그 노동3권이 다 같은 판단기준에 따라 판단되어야 한다는 의미는 아니라고 생각한다. 단체교섭권 중심설에 따르면서 노동3권에 관하여 서로 다른 개별적 판단기준에 따라 판단한다면, 그 중 단결권의 행사에 있어서는 가장 넓고 포괄적인 수준의 보호를 보장하는 것이 타당할 것이고, 단체교섭권의 행사에 있어서는 그보다 상대적으로 엄격한 판단기준을 적용하는 것이 타당하다고 생각한다. 근로계약 관계에 있어서 근로자와 사용자 간에 분쟁이 발생하였을 때, 그 근로자들이 '단결할 권리' 는 ① 그 사용자와 '단체로 교섭할 권리' 와 '교섭을 위하여 단체로 행동할 권리' 의 전제가 되는 것일 뿐만 아니라, ② 그 개념상 어떠한 구체적 사용자와의 사용종속관

193) 박종희, "노동조합 및 노동관계조정법상 근로자의 개념-특히 실업자의 조합원자격과 관련하여-", 「노사관계 선진화방안 주요쟁점 분석 및 입법대안 모색(Ⅴ)」, 한국노동연구원, 2005, 9면.

계를 필수적 요소로 한다고 볼 수 없고, ③ 단결권의 보장만으로는 사용자의 권리가 침해될 소지가 크지 않기 때문이다. 반면 '단체교섭권'은 근로자들이 서로 단결하여 노동조합이 설립된 상태에서 근로조건의 향상을 위하여 사용자와 구체적인 교섭을 진행할 권리로서, 필연적으로 구체적인 사용자와의 관계에서 고려될 필요가 있고, 그 인정 여부에 따라 사용자의 권리가 침해될 가능성이 상대적으로 높다. 따라서 단체교섭권에 대하여는 단결권에 비하여 더욱 엄격한 판단기준이 적용되어야 하는 것이다.

3. 노조법상 근로자성 판단기준의 적용

1) 문제제기

노동3권의 유기적 관련성을 인정한다는 것은 노동조합은 단체교섭을 통하여 계약조건을 유지 또는 향상시키는 것을 목적으로 한다는 것을 의미한다. 따라서 단체교섭을 통하여 계약조건을 유지 또는 향상시킬 필요성이 없거나, 그것이 불가능한 자는 노동조합의 조합원이 될 수 없다고 보아야 한다. 즉, 이러한 자는 결사의 자유의 주체가 될 수는 있어도, 단결권의 주체가 될 수는 없다. 하지만 주의하여야 할 것은 단체교섭을 통하여 계약조건을 유지 또는 향상시킬 필요성 또는 가능성이 있는 자가 근로기준법상의 근로자로 제한되지는 않는다는 점이다. 특히 노동3권 중 단체교섭권을 중심으로 보는 입장에서도 사용종속관계가 동일하다는 전제하에 근로기준법상 근로자 개념과 노조법상 근로자 개념을 동일하게 보면서 노조법상 근로자 정의규정이 상이한 점은 실업자나 구직자의 경우에 이를 향유할 실익이 없다는 입장[194]에는 동의하지 않는다. 현 시점에서 단체교섭권이 실익이 없다고 해서 단체교섭의 전제가 되는 단결권 자체를 부정하는 것은 노동3권이 태

194) 이 사건 캐디의 경우 골프장 사업자와 어떤 근로계약관계도 성립하지 않고 단체교섭의 대상 자체가 존재하지 않음에도 불구하고 노동조합법상 근로자에 해당하는 것은 모순이고, 캐디들이 해당 노동조합 소속 조합원으로서 노동조합활동을 한 사실적 상황을 법적 검토 없이 그대로 받아들인 것이라고 비판한다[박지순, "근로자개념론–골프장캐디 사건 판결을 계기로–", 노동법실무연구회 발표문(2015.5.12.), 31~34면].

동하고 발전해온 역사적 과정에 비추어 볼 때[195] 그 근본 취지에 맞지 않기 때문이다.[196] 노조법상 근로자 개념은 '단결권 등 노동3권을 보장할 필요성이 있는가'에 따라 결정하여야 한다고 해석하는 입장[197]에 따라 노조법상의 근로자를 근로기준법상의 근로자로 제한할 필요는 없다고 생각한다. 근로기준법상 근로자가 아닌 자가 노조법상 근로자의 범주에 포함되는지에 관한 논의는 후술하기로 하고, 아래에서는 '근로기준법상의 근로자가 아닌 자로서 노조법상의 근로자로 인정받을 수 있는 자와 그렇지 않은 자를 구별하는 기준'은 노동3권의 유기적 관련성, 즉 단체교섭을 통한 계약조건을 유지 또는 향상시킬 수 있는 필요성과 가능성, 그리고 노조법의 목적을 함께 고려하여 설정하여야 할 것이다. 이러한 관점에서 노조법상의 근로자성을 판단하기 위한 기준으로 '계약관계 또는 이에 준하는 관계'와 '힘(교섭력)의 불균형'이 필요하다고 본다.[198]

2) 계약관계 또는 이에 준하는 관계에 있는 자

(1) 계약관계에 있는 자

노동3권의 유기적 관련성과 노조법의 입법취지를 고려하여 노동3권의 보호대상을 판단한다면, '특정인과 아무런 계약관계를 형성하고 있지 않은 자'는 노동3권의 보호대상에서 배제되어야 한다. 왜냐하면 이들은 단체교섭을 통하여 계약조건을 유지 또는 향상시킬 필요성도 가능성도 없는 자들이기 때문이다. 반면 형식상

195) 노동3권은 초기에는 (노동력의) 거래의 자유에 대한 억압으로 이해되어 노동조합의 결성 자체를 범죄시하였다. 그러나 노동조합들의 투쟁, 단체법의 이론에 대한 정당화, 다원주의의 발달 등으로 인해 초기의 노동3권에 대한 부정적 인식과 적대적 경향은 점차 불식되었으며, 노동조합의 결성 및 노조를 중심으로 한 단체적 행동에 대해 국가는 「적대시→방임→적극적 보장」의 단계로 태도를 점차 변화시켜 왔다[장영수, 『헌법학』(제9판), 홍문사, 2015, 836면].

196) 예를 들어, 영국에서는 1871년 노동조합법이 제정되었고 1906년에는 단결권이 인정되었다. 1927년에는 총파업금지법이 제정되었으며, 1946년 노동당내각에 의해 동법이 폐지된 후 노동3권이 보장되고 있다.

197) 강성태, 「근로자의 개념」, 서울대박사학위논문, 1994, 167면 이하, 특히 176면.

198) 유성재, "실업자 노조가입 허용 판결의 문제점과 개선방향", 「중앙법학」(제6집 제1호), 중앙법학회, 2004, 300~302면 참조.

근로계약을 체결하고 있지 않지만 '특정인과 계약관계를 형성하고 있는 자, 즉 위임 또는 도급계약을 체결한 노무제공자' 들은 노동3권의 보호대상에의 포함여부가 검토되어야 할 것이다. 왜냐하면 이들은 근로기준법상의 근로자는 아니지만, 단체교섭을 통하여 계약조건의 유지 · 향상이 필요하고 가능한 자들일 수 있기 때문이다.

판례의 과거 전통적인 입장에 의하면 위임 또는 도급계약을 체결하고 특정인에게 노무를 제공하고 있는 자들은 근로계약을 체결하고 있지 않기 때문에 근로기준법상의 근로자성을 인정받을 수 없으며, 따라서 노조법상의 근로자성도 인정받을 수 없었다. 그러나 최근 2014년 '캐디 사건' 의 경우처럼 골프장 사업자와 어떠한 계약관계도 성립하지 않아 근로기준법상 근로자성을 부정함에도 불구하고 노조법상 근로자에 해당한다고 하거나,[199] 2004년 '서울여성노조 사건' 과 2015년 '청년유니온노조 사건' 에서와 같이 '특정인과 아무런 계약관계를 형성하고 있지 않은 자' 인 일시적 실업자나 구직중인 자에 대하여 산업별 · 직종별 · 지역별 노동조합을 결성하거나 이에 가입할 수 있는 자격을 인정하고 있다.[200]

(2) 계약관계에 준하는 관계에 있는 자

앞에서 살펴본 바와 같이 노무제공자와 노무수령자[201] 사이에 계약관계가 존재한다면, 이들 노무제공자에게 단체교섭에 의하여 계약조건을 유지 또는 향상시킬 필요성과 가능성을 인정할 수 있을 것이다. 그러나 단체교섭을 통한 계약조건의

199) 대법원 2014. 2. 13. 선고 2011다78804 판결은 1993년 '골프장 캐디 사건' (대법원 1993. 5. 25. 선고 90누1731 판결: 근로기준법상의 근로자는 부정하나 노조법상의 근로자로 인정한 결과는 동일하지만, 그 근거로서 캐디피를 노조법 소정의 '기타 이에 준하는 수입' 으로 보았다는 데 특징이 있음)과 비교해서, 해당 판결을 긍정적으로 보는 입장에서도 그 논리 전개상 비약이라는 비판이 있다. 이와 관련한 상세한 내용은 후술한다.

200) 노조법 제2조 제4호 (라)목 단서는 일정한 사용자와의 종속관계가 전제되지 않는 산업별 · 직종별 · 지역별 노동조합이 아니라 기업별 노동조합의 조합원이 해고되어 근로자성이 부인될 경우에만 한정적으로 적용된다고 보아야 한다(대법원 2004. 2. 27. 선고 2001두8568 판결; 대법원 2015. 1. 29. 선고 2012두28247 판결).

201) 노무(노동, 활동) 제공자 또는 노무공급자, 노무(노동, 활동) 수령자 또는 노무수요자나 노무이용자라도 칭하기도 한다. 본고에서는 대체로 '노무제공자' 와 '노무수령자' 로 표현한다.

유지 또는 향상의 필요성과 가능성을 계약관계에 있는 자로 제한할 경우 '일시적 실업자'가 노조법상의 근로자에서 제외되는 문제점이 생기게 된다.[202] 예를 들어 매일 출근하여 결원을 보충하는 스페어 운전사의 경우 특정 사용자와 지속적 거래관계에 있으나, 계약관계가 성립되지 않는 날도 있게 된다. 이들의 계약조건은 당연히 특정 사용자와의 계약에 의하여 결정되기 때문에 이들에게도 대등한 지위에서 교섭할 수 있는 단체와 이를 통한 단체교섭의 필요성이 인정된다. 그러나 문제는 일시적 실업의 경우에도 특정 사용자와 지속적 거래관계에 있지 않고 매일 거래 상대방이 변하는 일시적 실업자도 있을 수 있다. 이러한 실업자의 경우에는 교섭단체의 결성을 통하여 계약조건을 유지 또는 향상시킬 필요성과 가능성이 인정되지 않는다. 따라서 일시적 실업의 경우에서도 이들 양자를 구별하기 위하여 계약관계에 있지 않은 자라 할지라도 이에 준하는 관계에 있다고 판단되는 경우에는 노조법상의 근로자성을 인정하는 것이 바람직하다고 본다.[203] 일반적으로 특정인과 지속적 거래관계에 있는 자가 계약관계에 준하는 관계에 있는 자의 전형적인 경우가 될 수 있을 것이다.

3) 교섭력의 불균형

다음으로 노조법상의 근로자성이 인정되기 위해서는 노무제공자와 노무수령자 사이의 '교섭력의 불균형'[204]이 존재하여야 한다. 왜냐하면 노동3권 보장이 추구

---

202) '일시적 실업자와 구직중인 자'의 노조법상의 근로자성과 관련해서는 노조법 제2조 제1호의 '임금 · 급료 기타 이에 준하는 수입에 의하여 생활하는 자'를 특정 사용자에게 고용되어 현실적으로 취업하고 있는 자 뿐만 아니라 '일시적 실업자와 구직중인 자'와 같은 잠재적으로 그러한 자까지도 노조법상의 근로자에 포함시키기 위한 표현이라고 보는 견해(강성태, 「근로자의 개념」, 서울대박사학위논문, 1994, 176면; 김유성, "노동조합을 결성할 수 있는 근로자", 법률신문 1993.8.16, 15면)와 이에 반대하는 견해(백재봉, "근로자의 개념과 조합가입자격", 법정, 1977.8., 165면)가 있다.

203) 유성재, "실업자 노조가입 허용 판결의 문제점과 개선방향", 「중앙법학」(제6집 제1호), 중앙법학회, 2004, 301면.

204) 이를 '힘의 불균형'으로 표현하기도 한다. 유성재, "실업자 노조가입 허용 판결의 문제점과 개선방향", 「중앙법학」(제6집 제1호), 중앙법학회, 2004, 302면.

하는 바는 노사 간에 발생하는 이해관계 대립을 자율적 · 집단적으로 조정하고자 하는 질서 또는 시스템을 보장(즉 집단적 자치의 보장)하는데 있고,[205] 집단적 자치의 핵심은 (실질적)교섭대등의 원칙이다. 즉 노동3권은 "사용자와 근로자간의 실질적인 대등성을 단체적 노사관계의 확립을 통하여 가능하도록 하기 위하여 시민법상의 자유주의적 법원칙을 수정하는 신시대적 시책으로 등장"한 것이기 때문이다. 따라서 노무제공자와 노무수령자 사이에 계약관계가 존재하거나 이에 준하는 관계가 인정된다 하여도, 이들 사이에 교섭력의 불균형이 존재하지 않는다면 노동3권을 인정할 필요가 없을 것이다.

4. 검토 및 소결

노조법은 노동3권의 보장을 통한 근로조건의 유지개선 및 근로자의 사회경제적 지위향상을 목적으로 한다. 따라서 노조법상의 근로자 개념은 노동3권을 향유할 수 있는 자의 범위를 결정하기 위한 기준으로 기능한다. 학설의 대부분은 근로기준법상의 근로자 개념과 노조법상의 근로자 개념은 다른 것이며 후자에는 현실적으로 취업하고 있지 않는 자도 포함된다는 점을 인정하고 있다. 지금까지 살펴본 내용을 학설과 판례를 종합적으로 정리하면 다음과 같다.

첫째, 노조법이 추구하는 입법적 목적이 근로기준법의 그것과 다르기 때문에 양법에서 정하고 있는 근로자 개념도 다를 수밖에 없으며, 노조법상 근로자 개념은 노동조합을 결성하는 주체로서의 의미에 주안점이 있다는 것이다. 즉 노조법상 근로자 개념을 노동3권의 주체와 동일한 차원에서 이해하고 있다는 점이다. 이와 관련하여서는 앞서 본장 제1절 헌법상 근로자 개념의 'Ⅲ. 헌법상 노동3권에서의 근로자 개념'을 통해 살펴보았다.

둘째, 노조법상 근로자 개념은 집단적 자치라는 입법목적에서 노사관계 규율의

205) 박종희, "노동조합 및 노동관계조정법상 근로자의 개념-특히 실업자의 조합원자격과 관련하여-", 『노사관계 선진화방안 주요쟁점 분석 및 입법대안 모색(Ⅴ)』, 한국노동연구원, 2005, 9면.

기본목적에 따라 규정된 것이므로 근로기준법상 근로자 개념과 달리 판단되며, 근로기준법의 그것보다 넓은 의미로 이해된다는 것이다. 즉 근로기준법상 근로자가 노조법상 근로자에 해당함은 대체로 인정하고 있는 바이다.[206] 또한 '노조법상의 임금 · 급료 …에 의하여 생활하는 자' 라는 문언 해석을 통해 임금 · 급료에 의하여 생활하는 자에는 정규 근로자 이외에 노동의 대가로 임금을 취득하는 임시직 근로자 등도 포함하여 이해하는 데에는 의견이 일치한다. 문제는 근로자를 '임금 · 급료 기타 이에 준하는 수입에 의하여 생활하는 자' 로 정의한 노조법 제2조는 노조법상의 사용종속성 개념이 내재된 정의 규정이라고 할 수 있고, 노조법은 그와 같은 근로자성을 결정하는 표지로서 '임금 · 급료 기타 이에 준하는 수입에 의하여 생활하는 자' 라고만 규정하고 있어 해석론으로 그 의미를 밝혀야 한다. 이는 본 절의 'Ⅱ. 근로자 개념의 본질인 사용종속성의 해석' 에서 검토하였다.

셋째, 근로자의 범위를 취업중인 근로자 이외의 자로까지 범위를 확대하고 있는데, 확대되는 범위와 관련하여 실업자의 경우에는 이견이 없으나,[207] 다른 범주, 주로 특수형태고용종사자로 분류할 수 있는 자들에 대해서는 견해가 분명하게 일치되지 않고 있다. 결국 쟁점은 근로기준법상 근로자 개념에는 해당하지 않지만 노조법상 근로자로 인정되는 자에 관해서이다.[208] 즉 근로기준법상 근로자가 아닌 자로써 집단적 노사관계 주체로 추가 설정할 수 있는 자의 범주를 인정할 수 있을 것인가 여부이다. 이 절의 'Ⅲ. 노조법상 근로자 개념의 판단기준' 에서 노동3권의 유기적 관련성과 함께 살펴보았다. 근로기준법상의 근로자가 아닌 자를 노

206) 박종희, "노동조합 및 노동관계조정법상 근로자의 개념-특히 실업자의 조합원자격과 관련하여-", 『노사관계 선진화방안 주요쟁점 분석 및 입법대안 모색(Ⅴ)』, 한국노동연구원, 2005.9.22., 5면.

207) 실업자가 노조에 가입할 수 있는 현실적인 조건 등에 관한 부분에 있어서는 아직 충분한 의견이 제시되어 정리되고 있지는 않으나, 큰 틀에서 노조법상 근로자에 해당함은 학설과 판례 모두가 인정하고 있다[박종희, "노동조합 및 노동관계조정법상 근로자의 개념-특히 실업자의 조합원자격과 관련하여-", 『노사관계 선진화방안 주요쟁점 분석 및 입법대안 모색(Ⅴ)』, 한국노동연구원, 2005, 5면].

208) 김치선, 김유성, 임종률, 박홍규, 강성태 교수는 이를 긍정적으로 인정하고 있다[박종희, "노동조합 및 노동관계조정법상 근로자의 개념-특히 실업자의 조합원자격과 관련하여-", 『노사관계 선진화방안 주요쟁점 분석 및 입법대안 모색(Ⅴ)』, 한국노동연구원, 2005, 4면 참조].

조법상의 근로자가 될 수 있는 자와 그렇지 않은 자를 세분화하지 않은 것은 현실적으로 다음과 같은 불합리한 결과를 초래할 수 있다. 즉, 근로기준법상의 근로자가 아닌 자이면서 단체교섭에 의하여 계약조건을 유지 또는 향상시킬 수 없는 자들에게 무제한적으로 노동조합의 설립 및 가입을 허용하게 되면, 이는 결국 단체협약의 적용을 받지 않는 자에 대하여 조합원의 자격을 인정하는 것이 되고 이는 대등교섭(Verhandlungsparitat)의 원칙을 침해할 위험성이 있다. 왜냐하면 단체협약의 적용을 받지 않는 자에 대하여 조합원의 자격을 인정하는 것은, 단체협약과 관계없는 자들이 노동조합의 활동을 지원하는 것과 동일한 결과를 초래하기 때문이다. 따라서 이러한 문제점을 해결하기 위해서는 근로기준법상의 근로자가 아닌 자들 가운데 노조법상의 근로자성이 인정되는 자와 노조법상의 근로자성이 인정되지 않는 자를 구별할 수 있는 기준은 노동3권의 유기적 관련성(단체교섭을 통한 계약조건을 유지 또는 향상시킬 수 있는 필요성과 가능성)과 함께 노조법의 목적을 고려하여 정하여야 할 것이다. 이는 제3장 '제2절 노조법상 판단기준과 사례 유형별 분석' 에서 관련 판례의 검토를 통해 구체적으로 알아보기로 한다.

제4절 근로자 개념의 주요 입법례

Ⅰ. ILO에서의 논의

1. 개 관

근로자 개념은 각국마다 역사나 사회 배경, 국민들 인식에 따라 결정되는 것으로 그것을 전 세계적으로 통용되는 개념으로 통일적으로 설정하고 이를 위해 논의하는 것은 사실상 불가능하다. ILO에서도 포괄적으로 근로자 개념을 문제삼아 근로자성 판단을 위한 일반적 기준을 설정하고 이에 해당된 자에게 노동법을 포괄적으로 적용하도록 하는 총체적이고 일반적인 협약이나 권고안을 작성한 적은 없다. 그러나 구체적인 근로자 보호가 문제되는 각 부분별에서는 보호대상을 명확하게 하기 위한 활발한 논의가 전개되어 국제적인 차원에서 대처방안 및 발전방안을 모색하고 있다. 무엇보다 세계적으로 점증하고 있는 비정규직 노동(informal sector)의 보호 문제가 ILO전체 차원에서, 각 지역별로, 그리고 전문가 그룹 사이에서 활발하게 논의되고 있다. ILO 논의 차원에서도 비정규직 근로자에 대해서는 일단 근로자성을 인정하고 어떻게 실효성 있고 각국의 경제사정에 맞게 노동법상의 보호를 할 것인지가 주된 관심사가 되고 있지만, 근로자 개념과 관련하여서는 ILO는 민법상의 도급, 위임, 위탁 또는 비전형 계약 등에 의해 노무를 제공하는 자가 근로자인지 아닌지, 근로자라면 어떠한 노동법상의 보호가 보장되어야 하는지, 근로자가 아니라면 사법상의 어떠한 보호가 행해져야 하는지 하는 문제가 이른바 ‘계약노동’(contract labour)의 표제 아래에서 논의되어 왔다.[209)]

209) 강희원 · 김영문, 『근로자개념과 계약의 자유』, 중앙경제, 2001, 111~129면 참조.

2. 고용관계에 관한 권고(2006년)

전형적인 근로계약이 아닌 다른 계약의 형식으로 노무를 제공하는 노동자 계층의 증가로 인해, 각국의 노동법뿐만 아니라 ILO의 국제노동기준의 실효성마저 의문시되면서, ILO에서는 1993년부터 '계약노동(Contract Labour)'이라는 제목으로 논의를 진행하여 왔는데, 2006년 제95차 총회에서는『고용관계에 관한 권고(Recommendation concerning Employment Relationship)』(이하 '권고'라 한다)를 채택하였다.[210] ILO 사무국이 제출한 권고(안)은 고용관계의 판단이 문제가 되는 노동형태 중에서, 특히 위장된 고용관계, 모호한 고용관계, 삼각 고용관계를 그 적용대상으로 삼고 있다. 그 중 '위장된 고용관계'(disguised employment relationship)는 사용자가 노동자를 피고용인이 아닌 것처럼 대우함으로써 노동자의 진정한 법적 지위를 은폐하는 경우를 가리킨다. 그 대표적 사례로 민법 · 상법적 계약형식을 통한 위장 자영업자, 위장 하도급계약, 위장 구조조정 등을 활용하는 방식이 언급되었다.

권고는 전문에서 "계약형식으로 인해 노동자가 당연히 받아야 할 보호를 박탈당하는 상황이 존재한다는 점"을 지적하면서, 제9조에서 고용관계의 존재에 대한 판단은 주로 노동의 수행 및 노동자에 대한 보수의 지급과 관련된 사실에 따라 이루어져야 하고, 사실과 상반되는 계약형태 내지 당사자간 합의에 구속되는 것은 아니라고 밝혀 '사실 우선의 원칙(the principle of the primacy of fact)'을 명시하였다. 권고는 국제노동기준으로 고용관계의 판단 지표를 구체적으로 규정하지는 못하고, 다만 회원국의 국내정책 수립에 있어 참조할 수 있는 예시의 제시에 그치고 있는바, 그 구체적 내용은 다음과 같다(제13조 참조).

① 타인의 지시와 통제에 따라 노동이 수행된 사실, 노동자가 기업 조직에 통합된 사실, 오로지 또는 주로 타인의 이익을 위해 노동이 수행된 사실, 노동자 개인에 의해 수행된 사실, 특정한 노동시간 또는 특정된 장소나(계약) 상대방이 요구

---

210) 윤애림, "ILO 고용관계 권고와 한국의 특수고용 입법논의", 「노동법학」(제23호), 한국노동법학회, 2006. 12, 157면 이하. 보다 자세한 그 이전의 논의에 대해서는 강희원 · 김영문,『근로자개념과 계약의 자유』, 중앙경제, 2001, 112~129면 참조.

한 장소에서 노동이 수행된 사실, 특정한 기간 동안 또한 일정한 기간 동안 계속 노동이 수행된 사실, 노동자가 노무제공이 가능한 상태일 것이 요구된 사실, 노동을 요구하는 상대방이 도구 · 재료 · 기계 등 설비를 제공한 사실 등과 ② 노동자에 대한 보수의 정기적 지급, 그러한 보수가 노동자의 유일한 혹은 주된 수입의 원천을 이루는 사실, 식료품, 주거, 교통수단과 같은 비용의 지불, 주휴나 연휴와 같은 권리의 인정, 노동을 요구하는 상대방이 노동자가 일하기 위해 사용하는 교통수단에 대한 비용을 지불하는 사실, 노동자가 재정적 위험을 부담하지 않는 사실 등이다.

이상의 지표들은 규정적인 것이 아니라, 각국의 법제도에 대한 비교법적 검토를 거쳐 회원국의 국내정책 수립에 있어 참조할 만한 것들을 예시한 것이다. 우리 판례와 비교하여 주목할 점은 '기업 조직에의 통합',[211] '타인의 이익을 위한 노동' 등이 판단 지표로서 활용되고 있다는 것이다.

3. 소 결

ILO에서의 근로자 개념과 관련하여 계약노동에 대한 논의는 노동법 등의 강행법 적용을 회피하기 위하여 계약노동이 남용되는 경우에 대한 보호가 필요하며, 계약노동의 문제는 노동법의 적용영역이 아니라 상법상의 계약과 노동법 적용 사이의 중간 영역에 속하는 것이고, 이 영역에 속하는 계약노동자도 근로관계와 유사하게 노동력 이용자에 대한 종속성과 의존성이 있으므로 단체교섭과 산업안전, 산재보상 등의 영역에서 일정한 보호가 필요하며, 보호가 필요한 자의 범위는 계약노동 제공자와 이용자의 직접적인 관계에서뿐만 아니라, 사내하청기업이나 중간 매개자가 개입하는 경우도 포함되어야 한다는 범주를 설정하였다는데 의미가

211) 대법원은 최근 근로자파견의 요건 중 하나인 사용사업주의 지휘 · 명령을 해석하면서 "제3자가 해당 근로자에 대하여 직 · 간접적으로 그 업무수행 자체에 관한 구속력 있는 지시를 하는 등 상당한 지휘 · 명령을 하는지, 해당 근로자가 제3자 소속 근로자와 하나의 작업집단으로 구성되어 직접 공동 작업을 하는 등 제3자의 사업에 실질적으로 편입되었다고 볼 수 있는지"라고 판시하여 '기업 조직에의 통합'을 근로관계 판단의 지표로 활용하였다(대법원 2016. 1. 28. 선고 2012다17806 판결).

있다.

그러나 계약노동 문제의 출발점이라고 할 수 있는 계약노동의 개념이나 정의는 여전히 논의되어야 하는 부분이기 때문에, ILO 차원의 계약노동 논의는 이제 공통분모를 찾아나가기 시작하는 출발단계에 있다고 할 수 있다. 따라서 계약노동자를 성급하게 포괄적으로 근로자로 인정하여 보호하려는 것은 국제적 조류에 비추어 보아도 시기상조이며, 국제적 차원에서 노사정이 공통으로 인식하고 있는 바와 같이 어느 부분에서 보호가 필요하며, 보호필요성이 인정되어야 할 영역을 어떻게 획정할 것인가, 그리고 계약노동 영역에 들어오는 자에게 어떤 보호를 할 것인지를 정확하게 인식하여 어떤 입법적 조치를 취할 것인지는 신중하게 검토되어야 한다고 생각된다.[212]

Ⅱ. 독 일

1. 근로자 개념 논의의 특징 개관

독일에서는 일반적으로 노동법을 '근로자를 위한 특별법'[213]으로 파악하기 때문에 적용대상으로서 근로자(Arbeitnehmer)[214] 개념에 관한 논의는 노동법상 제반 논의의 출발점이자 기초개념으로 파악되고 있다. 독일의 근로자 개념 논의에 관한 접근에 있어서는 다음과 같은 특징들을 발견할 수 있다.

212) 같은 취지로 강희원 · 김영문, 『근로자개념과 계약의 자유』, 중앙경제, 2001, 129면 참조.

213) Alfred Hueck/ Hans Carl Nipperdey, Lehrbuch des Arbeitsrechts 7. Aufl., 1963, S. 3; A. Nikisch, Arbeitsrecht, Bd. I, 1961, S. 1 등. 노동법을 '근로자를 위한 특별법'으로 보는 것은 Hueck/ Nipperdey가 사용한 이래 독일 대학에서 널리 사용되고 있지만, 그와는 약간 다른 표현을 사용하는 경우도 있다. 가령 Däubler는 '비자주적으로 노동하는 근로자를 위한 특별법'(Wolfgang Däubler, Das Arbeitsrecht 1, 1985, S. 29)으로, Zöllner는 '근로관계를 규율하는 법'으로 표현하고 있다(Wolfgang Zöllner, Arbeitsrecht, 1983, S. 37).

214) 'Dienstvertrag'를 '피용자'로 번역하는 경우도 있지만 본고에서는 우리 현행법상의 용어인 '근로자'로 번역하여 사용한다.

1) 근로자나 사용자에 대한 실정법적 정의가 없음

독일법상 근로자 개념론의 출발점이 되는 고용계약(Dienstvertrag)에 관한 독일 민법 제611조 이하에서도 근로자 개념에 대한 단초가 될 만한 어떠한 정의도 하고 있지 않고, 단지 개별입법에서 '근로자의 범위' 만을 열거하고 있을 뿐이다.[215)] 이러한 규정에 대해서는 노동법상 근로자 개념에 유사근로자를 추가한 것으로 이해하기도 한다.[216)] 그럼에도 불구하고 우리나라와 같이 근로자에 관한 개념 규정이 없기 때문에 독일에서의 근로자 개념은 전적으로 학설과 판례에 맡겨져 있다.

2) 근로자 개념을 모든 노동법에서 '統一的'으로 파악함

우리나라에서 근기법상 근로자와 노조법상 근로자 개념을 구분하고 있는 것과 달리 독일은 '근로자' 를 모든 노동법에 있어서 통일적인 개념으로 파악하고 있다.[217)] 이러한 통일적 파악의 경향은 각 법률의 입법목적이나 정책 등에 따라 근로자 개념을 개별적, 구체적으로 파악하고 있는 미국의 접근방법과는 완전히 대조를 이루는 것이고, 독일법의 영향을 많이 받았다는 일본과도[218)] 다른 것이다.

---

215) 이를 살펴보면 경영조직법(Betriebsverfassungsgesetz) 제5조 제1항은 "근로자는 사무직근로자(Angestellte), 생산직근로자(Arbeiter) 및 직업훈련생을 말한다."라고 규정하고 있으며, 이러한 구분은 퇴직연금법, 민법, 연방휴가법, 노동법원법 등에서도 동일하게 규정하고 있다. 그리고 독일 사회법에서 근로자 대신 노무제공자(Beschäftigte)라는 개념을 사용하면서 그에 대해 독일사회법전 제4편 제7조 제1항은 "노무제공관계는 독립성이 없이 노무를 제공하는 관계로 특히 근로관계를 말한다. 노무제공관계의 성립여부는 지시권의 행사에 따른 노무제공 여부 및 노무제공자가 지시권자의 근로조직에의 편입을 고려하여 판단한다."라고 규정하고 있다.

216) Brammsen, "Der Arbeitnehmerbegriff", RdA 2010, S. 267(오상호, "독일의 근로자개념과 근로자성 판단", 「강원법학」 제44권, 강원대 비교법학연구소, 2015, 351면에서 재인용).

217) 독일이 근로자의 개념을 통일적으로 파악하는 경향에 대해서 Heuck·Nipperdey는 "노동법은 역사적으로 공장 근로자와 광산 근로자에 대한 특별법으로서 생성되었다. 그 후 점차 노동법적 규범들은 다른 근로하는 시민그룹에게로 확대되어 왔다. 그러나 그것은 매우 상이한 범주들에서 발생한 것이고 그 때문에 각각의 개별적인 노동법규에서 그 법률의 효력이 미치는 인적 범위에 대해서는 각기 특별한 기준들이 성립하였다. 학문에서는 이에 만족할 수 없어 통일적인 근로자의 개념을 확립하려고 하였다."라고 언급하고 있다[Alfred Hueck/Hans Carl Nipperdey, Lehrbuch des Arbeitsrechts 7. Aufl., 1963, S. 34].

218) 후술할 일본에서는 노동법상 근로자 개념에 대한 통일적 파악에 찬성하는 것이 학계의 통설이

3) '종속노동론' 내지 '노동의 종속성론'의 측면에서 접근함

우리나라의 근로자 개념 논의에도 영향을 준 '종속노동론' 내지 '노동의 종속성론' 의 측면에서 근로자 개념에 접근한다. 이에 대해서는 우선 독일의 노동관계 입법이 취하고 있는 독특한 입법태도에 주목할 필요가 있다. 즉 독일에서는 바이마르 공화국 이래 현재까지 공무원을 제외하고 학설상, 유상의 노무공급자는 일반적으로 근로자, 유사근로자(Arbeitnehmerähnliche Person),[219] 독립사업자[220] 중 하나의 범주로 유형화시켰고 각 노동입법은 이에 따라 근로자와 유사근로자에 해당하는 자들만을 보호대상으로 삼고 있다. 그리고 바로 이 삼자의 구별을 위해 학설과 판례에 의해 일관되게 채택된 도구개념이 바로 '종속노동론' 이다.

이를 간략하게 설명하면, '근로자' 는 경제적 종속성이 아니라 사용자에의 인적 종속성의 존재를 징표로 하는 자이고, '유사근로자' 는 인적 종속성의 정도가 낮거나 인적 종속성이 존재하지는 않지만 경제적 종속성의 존재를 징표로 하는 자를 의미한다. 이에 대하여 '독립사업자' 에 관해서는 인적 종속성이나 경제적 종속성 등의 종속성 정도가 낮거나 종속성이 존재하지 않는 자로서 파악하여 보호대상에서 제외하는 것이다. 요컨대 종속성의 내용과 그 유무나 정도가 노동법에 의한 보호의 필요를 결정짓는 요소로 취급되는 것이다. 그리고 종속성의 정도는 다시 노동법의 적용대상인 근로자와 유사근로자에 대한 노동법의 보호 정도를 결

기는 하지만, 통설조차 적어도 개별적 노동관계법과 집단적 노동관계법상의 근로자 개념에 대해서는 각기 상이하게 파악한다.

219) 근로자와 유사한 자(Arbeitnehmerähnliche Person)를 흔히 '유사근로자' 로 표현하지만, '근로자 유사한 자' 로 표현하기도 한다. 본고에서는 문맥에 따라 자연스러운 표현으로 혼용하여 사용한다.

220) 이 개념은 독일 상법 제84조상의 代理商에 대응하는 것인데, 동조의 규정은 "그의 작업을 조직하고 그의 작업시간을 정함에 있어서 기본적으로 자유로운 자" 라고 하고 있는 바, 이른바 이러한 인적 자유가 독립사업자의 주요 요소로서 간주되고 있다. 독일에서 근로자 개념론은 주로 이러한 독립사업자와의 구별점을 어디에서 찾을 것인가에 많이 집중이 되어 있었고, 따라서 근로자 개념의 중요한 징표는 독립사업자가 가진 인적 자유의 대립물 즉 인적 종속성에서 구해지게 되었다(M.Weise, "Federal Republic of Germany", 1987, S. 39 참조)고 한다.

정짓는 중요한 요소로 작동하기도 한다. 근로자가 인적 종속성의 존재를 근거로 노동법의 본래적인 보호대상으로 되어 모든 노동입법의 적용을 받는 것에 비하여, 유사근로자에게는 가내노동법과 같이 특별법에 의한 규정의 적용을 받는 것은 별론으로 하고 그 경제적 종속성에 대한 개별적인 노동입법의 판단 즉 그 보호의 필요성에 관한 입법정책상의 판단에 기하여 단체협약법 기타 일부 노동입법(노동법원법, 연방휴가법)의 적용이 인정되는 정도에 그치고 있다.[221]

4) 소 결

근로자 개념과 직접적으로 관련되는 것은 아니지만, 독일 노동법에서는 전통적으로 근로자를 '생산직근로자' (Arbeiter)와 '사무직근로자' (Angestellte)로 구분하여 취급하고 있다.[222] 이러한 구별에 대해서 비판이 있지만 여전히 각종 노동관계입법에서는 그들을 구별하여 취급하고 있다. 또한 근래에 와서는 사무직근로자 중에서 이른바 '임원' (leitende Angestellte)이라는 범주의 자들이 각종의 노동법규에서 그 범위가 정해져 특별한 취급을 받고 있기도 하다.

요컨대 독일법에서 '근로자' 란 노동법상의 모든 권리와 보호를 향유하는 주체가 되는 자라는 의미에서의 통일적 개념으로 파악되고 있고, 그 가장 중요한 징표를 '인적 종속성' 에서 찾고 있다. 그러나 노동법의 보호대상이 이 근로자에게만 한정된 것은 아니고 이른바 '유사근로자' 도 포함한다는 점에서 독일법의 접근방법상 가장 큰 특징이 있다. 그러므로 노동법의 인적 적용대상이라는 점에서는 노동법상의 통일적인 개념으로서 '근로자' 개념뿐만 아니라 독일법상의 특유한 개념인 '유사근로자' 에 대해서도 살펴볼 필요가 있다고 할 것이다.

---

221) 柳屋考案, "西ドイツ労働法における被傭者概念の変化ー放送事業の自由協働者をめぐる最近の動き"(上), 日本労働協会雑誌 137(1985.10), 43面.

222) H. Brox, Grundbegriff des Arbeitsrechts 6. Aufl., 1983, S. 9f; M. Weise, "Federal Republic of Germany", 1987, S. 43.

2. 근로자 개념의 통일적 이해

1) 근로자 개념의 의의

앞서 언급한 바와 같이 독일은 판례와 학설을 통해 근로자 개념을 도출하고 있는데, 도출되는 근로자 개념은 노동법 전 영역에서 통일적으로 이해되는 특징을 가지고 있다. 이러한 통일적 근로자 개념의 주장은 크게 Hueck의 계약설에 기반한 근로자 개념과 Nikisch의 편입설에 기반한 근로자 개념이 주로 논의된다.

Hueck은 근로자 개념을 "사법적 계약 또는 유사한 법률관계에 따라 타인에게 고용되어 노무제공의 의무를 지는 자"로 정의하고 있는 반면, Nikisch는 "타인의 사업조직에 편입되어 타인에게 고용되어 있는 자"라고 정의한다.[223] 근로자가 종속된, 타인이 결정한 노무(타인결정성)를 제공해야 한다는 점에서는 일치된 견해를 보이지만, Hueck은 '사법상 계약'을 전제로 종속적 노무제공의무가 발생한다(계약설)고 보는 반면에 Nikisch는 계약과는 무관하게 '근로관계에 편입'되어 있을 것(편입설)을 주요 개념요건으로 정하고 있는 점에서 명확한 차이를 보이고 있다. 판례는 Hueck의 근로자 개념을 따르고 있는 바 이에 따라 근로자 개념에 대한 3가지 요소를 살펴본다.

먼저 첫 번째 요소는 노동(Arbeit)으로 근로자는 근로계약에 따라 사용자에게 노동을 제공하여야할 의무를 부담한다. 이때의 노동은 단순한 노무급부 의무의 의미이면 족할 뿐, 노동에 따른 결과에 대한 책임은 근로자에게 부여되지 않는다. 그리고 이때의 노동은 근로관계에서 임금의 지급에 대한 대상으로서의 의미를 가지므로 육체적 노동인지 정신적 노동인지 여부도 중요하지 않다. 그렇다고 하여 인간의 모든 행위가 노동으로 평가될 수 있는 것은 아니다. 독일 연방노동법원[224]은 인간의 행위 중 노동을 타인의 욕구충족을 목표로 하는 행위로 제한하고 있으며, 이는 경제학적으로 판단하면 영리노동으로 그 범주를 축소할 수 있다.

---

223) Alfred Hueck/ Hans Carl Nipperdey, Lehrbuch des Arbeitsrechts, Bd. I, 6. Auflage, 1959, S. 34(오상호, "독일의 근로자개념과 근로자성 판단", 「강원법학」 제44권, 강원대 비교법학연구소, 2015, 352면에서 재인용).

224) BAG, NZA 2002, 1163; BAG, NZA 2001, 458.

두 번째 판단요소는 계약(Vertrag)으로 근로자성을 인정받기 위해서는 근로제공의무가 사법상 계약에 의한 것이어야 한다. 근로관계 형성의 기초는 계약 당사자 간의 사법상 합의라고 할 수 있고, 노동법은 이러한 합의에 기초하여 형성된 노무제공관계에 대해서만 유효하게 적용된다. 독일의 통설은 근로관계 형성을 위한 계약은 민법 제611조 이하의 고용계약에 따르는 것으로 이해하며 고용계약과 근로계약은 모두 임금을 대가로 노무급부를 제공하는 사법상의 급부교환관계라는 점에서 공통되지만 고용계약은 자유로운 고용과 종속적 고용을 모두 포섭한다는 점에서 근로계약의 상위개념으로 이해된다.[225] 따라서 독일에서의 근로자성 판단 문제는 고용관계를 자유로운 고용계약관계로 볼 것인지 아니면 종속적인 근로계약 관계로 볼 건인지의 문제라고 할 수 있다.[226]

마지막 판단요소는 인격적 종속성이라고 할 수 있다. 이는 두 번째 판단요소인 계약에서 본 것과 같이, 노무 제공을 목적으로 하는 계약에서 노무 제공의무자가 계약 상대방에게 인격적으로 종속되는 경우 근로자성이 인정된다.[227]

2) 종속성 판단기준

우리 판례가 근로기준법상 근로자 개념을 파악하면서 근로자 정의규정에도 없는 '실질적 종속관계'를 판단기준으로 삼고 있는 데에는 독일의 종속노동론이 그 시작이라고 할 수 있다. 실정법적 정의규정이 없어 근로자 개념에 관해서는 학설이나 판례에 맡겨져 있는 독일에서는 '종속노동론' 내지 '노동의 종속성 이론'에 의해 근로자 개념에 접근하고 있다. 독일에서 종속노동이 노동법의 적용대상인 근로자 개념을 판단하는데 본질적 기초(Grundtatbestand)를 이루게 된 데에는 역사적 배경이 있다. 독일에서 근로자 개념을 파악하기 시작한 연원은 노동법 생성기인 독일민법 제정 시기와 맞물려 있다. 노동법을 다른 법영역과 독립된 독자적인 영역으로 형성하기 위해 노동법의 중심을 이루는 근로자 개념의 통일적 정립에 주력하였으

225) 오상호, "독일의 근로자개념과 근로자성 판단", 「강원법학」 제44권, 강원대 비교법학연구소, 2015, 354면.
226) 박종희, "근로기준법상 근로자 개념", 「노동법학」(제16호), 한국노동법학회, 2003, 88면.
227) 강희원 · 김영문, 『근로자개념과 계약의 자유』, 중앙경제, 2001, 153~155면.

며 그 노력의 결과로 종속노동이라는 개념이 형성되었다. 독일민법 제정 당시 근로계약에 대한 고려가 전혀 없었지만 민법시행법 제95조에서는 근로자에 대한 특별법의 유효성을 그대로 인정하고 있었다. 이러한 이유로 민법 원리로만은 해결할 수 없는 종속적인 지위에서 노동하는 자들을 위한 법인 노동법의 생성은 불가피하였고 이러한 역사적 의의는 현재까지도 여전히 유지되고 있는 것이다.[228)]

독일에서의 종속노동 관념은 법적 관계가 아닌 실제 사회적 관계에 초점을 두어 파악되었는데, 이는 종속노동을 행하는 근로자 개념에는 이미 사회적 약자로서 보호필요성의 인정이 전제를 이루고 있었기 때문이었다. 따라서 종속노동 내지 근로자 개념에 관한 접근은 자연스럽게 경제적인 관점에서 이루어질 수밖에 없었고, 경제적 종속성이 핵심적인 요소로 판단되었다. 그러나 경제적 종속성은 근로자가 아닌 자들에게도 보편적으로 나타날 수 있는 종속노동의 형태이기 때문에 노동법의 적용범위가 지나치게 확장될 우려가 불거졌고 이로 인해 독일에서는 1920년대 이후부터 근로자성 판단기준으로 경제적 종속성이 배제되고 인적 종속성이 전면에 나타나게 되었다. 이때의 인적 종속성이란 타인을 위하여 노무를 제공함으로써 근로자 자신의 전인격을 상대방의 지시권에 복종시키는 관계를 의미하며, 이러한 특성은 물건을 대상으로 하는 다른 계약 관계와는 분명 구별되는 본질적인 차이점으로 기능한다. 근로관계의 본질 판단 기준으로서 인적 종속관계의 판단은 이후에도 계속 이어졌지만, 그 의미와 내용에 있어서는 종전과는 다소 다른 이해로 변화하였다. 인적 종속성은 경제적 종속성에 대비되는 개념으로 현재 판례법상 유용한 기준이지만, 그 내용이 무엇인지에 관해서는 일의적으로 이를 설명할 수 없기 때문에 그 해석을 둘러싼 다툼이 발생하곤 하였다. 그 중 1960년 초반 병원 원장의 근로자성 여부, 1970년 중반 방송업에서의 자유공동작업자(저널리스트, 음악가 등)의 근로자성 여부에 관한 다툼이 대표적인 사례이다. 연방노동법원은 위 두 사건에서 모두 근로자성을 인정하였고, 이는 법원의 태도가 보호필요성의 관점에 입각해 인적 종속성의 결정적 징표라 할 수 있는 타인결정성의 의미를 완화하여 근로자의 인정범위를 넓혀가고 있는 것이라고 평가할 수 있

228) 박종희, “근로기준법상 근로자 개념”, 「노동법학」(제16호), 한국노동법학회, 2003, 78면.

다.[229] 이와 같이 1970년대 이후 연방노동법원은 근로자 개념 판단에서 그 중심 표지를 인적 종속성이 아니라 '인적 종속성의 정도'라는 완화된 표현을 사용함으로써 종래부터 이어오던 인격적 종속에 대한 선언적 의미만을 부여하였다. 이에 따라 인적 종속성 판단에 있어 본질적이고 결정적인 기준이란 존재하지 않는 것이 되었고, 단지 개별징표들의 종합적인 판단을 통해 결정될 뿐이라는 유형론적 방법이 등장하게 되었다.

3. 유사근로자

1) 의 의

근로자와 독립영업자의 중간영역에 있는 '유사근로자' 개념이 입법적으로 도입되어 있다. 유사근로자란 인적 종속성의 정도가 낮거나 인적 종속성이 존재하지 않아 근로자로 볼 수 없고, 다른 한편 경제적으로 종속되어 있어 독립영업자로도 보기 어려운 자를 말한다. 유사근로자의 관념은 집단적 노사관계를 중심으로 판례를 통해 형성되다가 1974년 단체협약법상 신설된 제12a조에서 이를 보다 구체화시켰다.

2) 판단기준

(1) 단체협약법 제12a조

단체협약법 제12a조에 따르면 유사근로자란 경제적으로 종속되어 근로자와 비교해 볼 때 사회적 보호를 할 필요가 있는 자로서 다음의 요건을 충족하는 자를 말한다. 첫째, 고용계약 또는 도급계약에 기하여 타인을 위하여 활동하며 채무적 급부를 원칙적으로 스스로, 근로자의 협력없이 제공하여야 할 것과 둘째, 자신의 노무가 주로 1인 또는 하나의 그룹을 위하여 제공되고, 그로 인한 보수가 자신의 총수입의 평균 50%[230] 이상을 차지할 것을 요건으로 한다.

---

229) M.Weise, "Federal Republic of Germany", 1987, S. 40.

230) 예술적, 문화적, 언론직에 종사하는 자는 1인으로부터 받은 보수가 자신의 총수입의 3분의 1

유사근로자들에게는 원칙적으로 노동법이 적용되지 않지만 이들에 대하여는 독립영업자에 비하여 몇몇 노동법상의 보호가 행해진다. 예를 들면 유사근로자와 계약상대방과의 분쟁은 노동법원의 관할에 속하고(노동법원법 제5조) 근로자와 동일하게 연차유급휴가청구권이 인정되며(연방연차휴가법 제2조2호), 그들의 근로조건에 관하여 단체협약을 체결할 수 있다(단체협약법 제12a조).[231]

(2) 가내근로자

유사근로자의 특별유형으로 가내근로자를 들 수 있는데 이들에 대해서는 가내노동법(Heimarbeitsgesetz)이 적용된다. 동법에 의하면, 가내근로자란 혼자서 또는 가족 구성원의 도움을 받아 자신이 스스로 선택한 장소에서 – 그것이 아파트이든 단독주택이든 기타 일정한 장소이든 문제가 되지 않는다 – 타인을 위해서 노동하고, 노동결과의 사용을 당해 타인에게 맡기는 자를 말한다.

동법은 2인 이내의 자(가족 구성원이 아닌 자)의 도움을 받아 자신이 스스로 선택한 장소에서 타인을 위해서 노동하고, 그 노동결과의 사용을 당해 타인에게 맡기는 자에게 적용된다. 원료를 제공받았는지의 여부는 동법 적용상 차이가 없다. 이러한 가내근로자들은 항시 유사근로자로 취급된다.

이에 반해서, 가내근로자가 비가족 구성원인 3인 이상의 도움에 의존하거나 자신의 업무를 제3자에게 위임하는 경우에는, 경제적 종속의 정도와 사회적인 보호의 필요성을 개별적으로 심사하여 유사근로자 여부를 판단한다.[232]

가내근로자는 여타의 유사근로자에 비해 가장 근로자에 가까운 보호를 받고 있는데 해고제한법, 근로시간법이 이들에게는 적용된다.

이상을 차지할 때에는 유사근로자로 본다(단체협약법 제12a조 3항). 상사대리인의 경우에는 계약상 1인을 위하여 노무를 제공하거나 사실상 1인을 위하여 노무를 제공하고 6개월의 보수 총액이 1000유로 미치지 못한 경우에 유사근로자로 인정된다(노동법원법 제5조 3항).

231) 다만 위의 상사대리인에 대해서는 단체협약의 체결을 인정하고 있지 않다(단체협약법 제12a조 4항).

232) 심사는 가내노동법에 의해 설치된 가내노동위원회에서 행해지는데 경제적 종속성의 지표로 거래총액, 보조자의 숫자, 투자자본의 양과 종류 등이 사용된다. Weiss, 1987, 42면 참조.

Ⅲ. 일 본

1. 근로자 개념 논의의 특징 개관

일본의 노동관계법은 그 보호대상자로서 '근로자'[233]에 관해 실정법적인 정의를 하고 있는 경우가 많고, 또한 실무상으로서도 근로자성에 대한 문제가 많이 제기되었기 때문에 오래전부터 근로자 개념에 대해 활발한 논의가 있어 왔다. 이러한 논의에서 나타나는 특징은 다음과 같이 간단하게 정리할 수 있다.[234]

첫째, 근로자 개념에 관한 논의는 크게 두 가지 측면에서 진행되었다. 그 하나는 이러한 제반 노동관계법상의 근로자 모두를 포괄하는 의미에서의 노동법상의 근로자 개념 즉 노동법의 기초개념으로서 근로자 개념에 대한 논의였고, 다른 하나는 개별 법률에서 특히 노동기준법과 노동조합법에서 적용대상으로 정하고 있는 '근로자'를 다른 여타의 노무공급자와 어떻게 구별할 것인가에 관한 논의가 그것이다.[235] 이는 독일법상의 접근 즉 노동법상의 통일적인 개념으로서 근로자 개념론이나 미국법상의 접근 즉 개별 노동법규의 대상확정을 위한 논의로서의 근로자 개념론 양자 모두를 포함한다는 점에 특징이 있다. 이 점은 일본이 독일과는 달리 근로자에 관해 실정법상 정의규정을 두고 있고 또한 그 정의규정이 각 법률

---

233) 우리나라 노동관계법상의 '근로자'에 해당하는 일본 실정법상의 용어를 보면 노동3권을 정하고 있는 헌법 제28조에서만 '근로자'라는 용어가 사용되고 있을 뿐, 나머지 노동관계법률 등에서는 모두 '노동자'라는 용어가 사용되고 있다. 일본 헌법상 노동자라는 용어 대신에 근로자란 용어를 사용한 이유에 대해서는 사상적인 이유와 함께 일본왕제도의 존재를 들고 있다[沼田 등 編(이철수 편역), 勞働者事典, 법문출판사, 1990, 116~117면 참조]. 본고에서는 일본 노동관계법상의 '勤勞者'나 '勞働者'는 우리 실정법상의 '근로자'와 동일한 용어라는 점에서 이하 모두 '근로자'로 번역하였다.

234) 강성태, 『누가 근로자인가』, 대구대학교 출판부, 2000, 58~60면.

235) 근로자 개념론은 제2차 세계대전 이후 일본 노동법학계의 이론적 지향의 한 면을 보여주는 것이기도 하다. 전후 일본의 노동법학계에서 나타나고 있는 노동법이론의 특징 중의 하나가 '노동법의 독자성의 강조'라고 할 수 있는데, 노동법의 법 주체라고 할 수 있는 근로자의 개념을 '노동의 종속성' 내지 '종속노동론'이라든가 '사용종속성' 등에서 추구한 것은 그 대표적인 예이다(片岡昇, "勞働法の特質", 法學論叢 110卷 4 · 5 · 6號, 1981, 5~8面 참조).

에서 약간씩 다르다는 점에 의해서 개별적인 접근을 필요로 하면서도 동시에 근로자 개념에 관한 논의가 전통적으로 독일법상의 논의 특히 종속노동론의 영향을 강하게 받아서 진행되어 왔다는 점[236]과 관련이 있다.

둘째, 첫째의 특징으로 인해 개별 노동법 특히 노동기준법과 노동조합법에서의 근로자 개념에 대한 접근에 있어서도 각 정의규정과 입법목적이 다르기 때문에 이를 파악해야 함(個別的 接近)에 동의하면서도 그 기본적인 방법은 종속성의 유무에 의한다(統一的 接近)고 하는 일본법 나름의 접근방법을 형성하였다고 볼 수 있다.[237] 그러나 이러한 다수설적인 접근방법에 대해서는 1970년대 이후 강한 비판이 제기되었고 특히 1980년대에 들어오면 일본의 학설 중에는 미국법의 접근방법을 많이 흡수한 견해가 상당히 유력하게 제기되고 있다. 이는 특히 새로운 고용·취업 형태의 등장 등에 대응하기 위한 노력으로서 시도되고 있다.

셋째, 제2차 세계대전 전의 노동관계입법에서 직업의 종류에 의한 적용이 있었던 점을 고려하여 노동기준법과 노동조합법에서는 근로자성의 판단에 있어 직업의 종류를 불문한다는 명문의 기준을 삽입하여 근로자성의 판단문제를 상당히 순화시켰다고 할 수 있다.

2. 노동기준법상 근로자 개념

1) 의 의

일본 勞働契約法(이하 '노계법')에서는 그 적용대상인 근로자를 "사용자에게 사용되어 근로하고 임금을 지불받는 자"로 정의하고 있으며(제2조 제1항) 일본 노동

---

236) 그러나 '종속노동론' 그 자체에 대해서는 견해가 갈리고 있고(이에 대한 자세한 내용은 蓼沼謙一, "勞働法の對象 - 從屬勞働論の檢討 -" 現代勞働法講座1, 1981, 76面 이하 참조), 또한 종속노동론 자제에 대해 반대하는 견해도 있다(吾妻光俊, 勞働法の基本間題, 1948, 222面 이하; 石井照久, 勞働法總論, 1979, 117面 이하 등).

237) 片岡曻, "映畵排優は『勞働者』か", 季刊勞働法57號, 1966, 157面; 山本吉人, "勞働者·勞働組合", 季刊勞働法57號, 1966, 210面; 吉田美喜夫, "雇用·就業形態の多様化と勞働者概念", 日本勞働法學會誌68号, 1986, 31面 등.

기준법(勞働基準法, 이하 '노기법')은 "이 법률에서 근로자라 함은 직업의 종류를 묻지 않고 사업 또는 사무소에 사용되는 자로서, 임금이 지급되는 자를 말한다."라고 규정하고 있다(제9조). 노기법상의 근로자는 동법이 정하는 법적 보호가 미쳐야 할 자는 어떠한 자인가라는 관점에서부터 정의된 독자적인 개념이고, 특히 노동조합법(勞働組合法)상의 '근로자'(제3조)와는 다르다. 또한 이것은 最低賃金法, 勞働安全衛生法, 勞働者災害補償保險法 등 노기법 관련 법률의 적용대상을 정하는 '근로자' 개념이기도 하다.[238]

노계법과 노기법상의 적용대상으로서 '근로자'의 판단기준은 '사용되어 근로하고 임금을 지불받는' 자인지 여부가 된다. 즉, 노기법에서 보호되는 근로자에 해당되는지 여부라고 하는 노기법상 근로자 개념에 대해서 기본적으로는 '노무제공의 형태가 지휘감독하에서 행해지는 근로인지 여부' 및 '보수가 노무에 대한 대상성을 지니고 있는지 여부'라고 하는 2개의 요소를 통해 판단하도록 하는데, 한계적인 사례에 있어서는 사업자성의 유무, 전속성의 유무 등 이것들에 관련되는 제요소를 감안하여 종합적으로 판단할 것이 요청된다고 볼 수 있다.[239] 일본이 근로자에 관한 정의규정을 두고 있음에도 불구하고 우리나라와는 달리 종속노동론의 도입이 자연스러웠던 이유는 근로자 개념정의에 사용관계를 포함하고 있기 때문이다.[240] 정의규정에서 "사용되는"이라는 표현을 사용하여 사용종속관계를 중심으로 한 근로자 판단 구조 설정에 법적 근거를 두고 있다. 이에 따라 일본에서는 사용종속성을 가지고 근로자성에 대한 논의가 전개되고 있다.

일본에서도 우리나라와 마찬가지로 근로계약과 유사한 형태의 도급 · 위임계약 등을 맺고 노무를 공급하는 자에 대해 근로자로 판단하여야 할 것인지가 문제되

238) 임금의 지불의 확보 등에 관한 법률 제2조, 최저임금법 제2조 및 노동안전위생법 제2조 제2호는 同法등의 적용을 받는 근로자를 노기법상의 근로자와 동일한 것으로 규정하고 있다. 노동자재해보상보험법 및 육아휴업법(육아휴업, 개호휴업 등 육아 또는 가족개호를 행하는 근로자의 복지에 관한 법률)에는 근로자의 정의규정이 마련되어 있지 않지만, 동법 등의 취지에 비추어 노기법상의 근로자와 同義語로 해석되고 있다. 青木宗也 · 片岡昇, 「勞働基準法 Ⅰ」, 1994, 112面 참조.

239) 勞働省勞働基準局編著, 「解釋通覽 勞働基準法」, 1999, 46面 참조.

240) 박종희, "근로기준법상 근로자 개념", 「노동법학」(제16호), 한국노동법학회, 2003, 81~82면.

고 있는데, 이에 대해서는 마찬가지로 계약의 형식에 의해 정해지는 것이 아니라, 근로관계의 실제에서 노무공급자가 사업에 사용되어 동시에 임금을 지불받고 있는 근로관계가 인정되면 근로자로 판단하여야 한다고 본다.[241] 사용종속성을 판단하기 위한 통일적인 기준 마련을 위해 구성된 노동기준법연구회(勞働基準法研究會)는 1985년 제1부회 보고서에서 근로자성 판단에 관한 기준을 제시한 바 있다.[242][243] 이와 같은 판단기준은 실무상 존중되고 있는데, 예컨대 노동성(勞働省)에서 종래 판례 등에 나타난 노기법상 '근로자성'에 대한 판단기준을 정리한 바도 위 기준에 따르고 있다.[244]

2) 노기법상 근로자 개념에 대한 판례[245]

일정한 노무를 제공한 자가 노기법상 근로자에 해당되는지 여부에 관해서 판례는 계약형식 내지 문언이 청부,[246] 위임 혹은 기타의 계약유형이라는 점에 구애받지 아니하고 당해 근로의 실체를 중시하여 당해 노무제공이 타인의 지휘감독 하

---

241) 이정 譯, 『일본노동법』, 법문사, 2015, 128면.

242) 김재훈, "특수형태근로종사자에 대한 일본에서의 취급 및 시사점", 「특수형태근로종사자 관련 논의자료집」, 노사정위원회, 2003.9.3., 130~135면 참조.

243) 勞働基準法研究會는 1985. 12. 19 「노동기준법의 '노동자'의 판단기준에 관하여」라는 제목의 연구결과에 대한 보고를 행하였다. 이 보고에 따른 근로자성 판단기준에 대하여는 小嶋典明, "'勞働者'の判斷基準", 「季刊勞働法」, 第139號, 1986, 19面 이하; 강성태, 「근로자의 개념」, 서울대박사학위논문, 1994, 82~85면 참조.

244) 勞働省勞働基準局編著, 「解釋通覽 勞働基準法」, 1999, 46~47面 참조.

245) 노기법상 근로자성을 판단하는 방법에 대한 학설은 크게 보아 두 가지로 나눌 수 있는데, 그 하나는 사용종속성이라고 하는 기준에 의해서 통일적으로 파악하려는 입장이고, 다른 하나는 사용종속성보다는 개별법규나 제도의 목적이나 취지 등에 따라서 개별적으로 파악하려는 입장인 바, 이러한 견해의 대립은 판례에도 그대로 반영되어 전자에 따르는 것과 후자에 따르는 것이 있다(伊藤博義, "勞基法上の勞働者·使用者", 「現代勞働法講座」 第9卷, 1982, 116~121面; 有泉亨·青木宗也·金子征史編, 「基本法コンメンタールー 勞働基準法(第3版)」, 1990, 24面 등 참조).

246) 청부(請負)라는 계약의 내용에 대해 일본 민법은 제632조에서 "청부는 당사자 일방이 어느 일을 완성함을 약속하고 상대방이 그 일의 결과에 대하여 보수를 지급할 것을 약속함으로 인하여 그 효력이 생긴다."라고 정하고 있다. 우리 민법상 도급(都給)에 해당하는 계약 유형이다.

에서 행하여지고 그에 대한 대가로서 보수의 지급이 행해지고 있는지 여부, 즉 使用從屬關係의 存否라는 관점에서 판단을 내리고 있고, 이 점이 오늘날 판례에 있어서 확립된 법원칙이 되고 있다.[247)]

'근로자' 성을 다투는 사례 중에서 노기법 기타의 근로자 보호법규의 적용이 직접 문제된 것도 적지 않다. 특히 노기법 제9조의 근로자 정의(사업 또는 사무소에 사용되는 자로서, 임금이 지불되는 자)와 관련해서, '사용되는 자' 의 의미를 둘러싸고 많은 판례가 축적되고 있다. 그리고 이러한 판례의 다수는 '사용되는 자' 의 의의를 근로계약상의 근로자 개념과 동일한 것으로 해석하고 있다. 즉, 여기에서는 사용종속관계가 인정된다면 당해 근로관계는 근로계약관계에 해당되며 따라서 노기법상의 근로자에 해당하는 것으로서 노기법의 적용이 긍정되고 있는 것이다. 그런데 판례 중에는 근로계약인지 여부는 직접 문제로 삼지 아니하고, 오로지 개별법규 내지 개개의 조문과의 관계에서 근로자성을 판단하는 사례들도 존재한다. 그러나 이 경우에도 사용종속관계의 존부를 판단기준으로 하고 있다는 점에서는 전자의 경우와 다를 바가 없다.

판례가 어떠한 요소를 가지고 사용종속관계의 지표로 보고 있는가에 대해서는 개개 사안마다 직종 · 직무내용 · 계약내용 등이 다른 관계로 그 통일적 파악은 곤란하지만, 이러한 일반적 경향 중에 大塚印刷所事件 판례[248)]는 사용종속관계의 지표를 구체적이고 통일적으로 제시하여 leading case로 꼽히는 판례이다. 즉 "일반적으로 어떤 노무공급에 관한 계약이 고용계약인가 혹은 도급계약 내지 준위임계약인가는 계약의 형식에 관계없이 당해 계약당사자간에 노동제공에 대해서 실질상 사용종속관계가 있는지 여부, 환언하면 사용자의 지휘감독하에서 노무제공이 행해지고 일반적인 지휘감독하에 편입되고 있는 것으로 평가되는지 여부에 의하여 판단되고 결정되어야 한다. 구체적으로는 사용종속관계의 징표라고 고찰되고 있는 다음의 여러 사항, ① 업무의 의뢰, 업무종사에 대한 諾否의 자유의 유무, ② 시간적 장소적 구속성의 유무- 근무시간(시업 및 종업시각의 정함) 및 근로장

247) 勞働旬報社, 「勞働判例大系 1; 勞働契約」, 1993, 3~4面 참조.

248) 東京地裁 1973 . 2. 6 判決, 勞働判例 179號.

소의 지정, ③ 업무내용이 사용자에 의하여 정해지고, 업무수행과정에 있어서 사용자의 일반적인 지휘감독관계 · 복무규율의 적용, ④ 노무제공의 대체성, ⑤ 업무용 기구의 부담관계, ⑥ 보수가 근로 자체의 대상적 성격- 생활보장급적 요소, 결근 공제, 초과수당 등의 유무, 부수적으로 급여소득세 등의 원천징수의 유무, 퇴직금제도의 존부- 등을 고려해서 결정해야 한다."고 판시하였다.[249)]

3. 노동조합법상 근로자 개념

1) 의 의

일본 勞働組合法(이하 '노조법'이라고만 함) 제3조에서는, "이 법률에서 노동자라 함은 직업의 종류를 묻지 않고 임금, 급료 기타 이에 준하는 수입에 의하여 생활하는 자를 말한다."라고 규정하고 있다. 제3조에 따른 근로자는 노조법의 적용(보호)을 받는 노동조합을 결성할 수 있고 부당노동행위제도의 보호를 받으며, 형사면책 · 민사면책을 받을 수 있는 근로자에 해당하게 된다. 노조법에서 정하고 있는 근로자 정의는 노동조합에 의한 단체교섭을 조성하기 위한 동법의 보호가 미쳐야 하는 자는 어떠한 자인가라는 관점에서 정해진 것이다. 따라서 앞서 언급한 바와 같이 노계법, 노기법상 근로자의 개념과는 명확하게 목적을 달리한다. 정의규정의 상이함에도 불구하고 한동안은 독일 종속노동론의 영향을 받아 노조법과 노기법의 근로자 개념을 종속근로의 개념을 축으로 하여 통일적으로 파악하려는 시도가 있었지만, 각 법상의 개념의 독자성을 인정하고 각 법의 입법 목적에 상응하는 근로자 개념을 더욱 명확히 하는 견해가 지배적이게 되었다.

본조는 이와 같이 근로자를 가능한 한 넓게 인정하려는 취지에서 규정되었기 때문에,[250)] "임금, 급료 기타 이에 준하는 수입에 의하여 생활하는 자"라고 하는 하

---

249) 판례의 구체적인 유형별 소개에 대해서는 김재훈, "특수형태근로종사자에 대한 일본에서의 취급 및 시사점", 「특수형태근로종사자 관련 논의자료집」, 노사정위원회, 2003.9.3., 136~142면 참조.

250) 본조는 1949. 6. 1. 제정된 舊 노조법 제3조 규정을 그대로 승계한 것인데, 그 제정 당시 勞務法制審議委員會에 제출된 整理委員會起草法案에서는 노동조합에 대한 정의규정내에 근로자의

나의 요건만을 규정하는 광범위한 정의규정으로 되어 있다. '임금 · 급료'는 노조법의 독자적인 용어[251]로, 이는 사회적인 용어인 고용계약 하에서의 블루칼라 근로자의 보수인 임금과 화이트칼라 근로자의 보수인 급료를 상정한 것으로 본다.[252] 근로관계는 아니지만 이와 유사한 법률관계 하에서 임금 및 급료에 준하는 보수를 얻는 자이면서 단체교섭의 보호 필요성과 적절성이 인정되면 노조법상 근로자의 범위에 포함시키는 것으로 이해된다.

2) 노조법상 근로자의 일반적 기준

노조법의 적용을 받는 근로자인지 여부에 대하여 노조법 제3조가 부여하는 기준은, '직업의 종류를 묻지 않고'와, '임금, 급료 기타 이에 준하는 수입에 의하여 생활하는 자'이다. 첫 번째 기준은 제3조의 근로자성 판단기준을 넓히는 의미를 지니지만, 그 속성을 정하는 것은 아니라고 할 수 있다. 두 번째 기준에 있어서 '…에 의하여 생활하는 자'란 가계 보조비를 벌기 위한 주부의 파트타임 근로와 생활비 일부만을 벌기 위한 학생의 아르바이트 등도 포함할 수 있다는 점에서 이론이 없지만, 그 이상으로 적극적인 의미를 지니는 것은 아니다. 즉, 이 문언은 임금, 급여 기타 이에 준하는 수입 '만에 의하여' 생활하는 자라든지 그와 같은 수입 '에 의존하여' 생활하는 자(그와 같은 수입을 '중심적인 수입으로' 하는 자')라고 하는 의미까지 지니는 것은 아니고, 그와 같은 수입을 얻는 자, 또는 일시적으로 얻고 있지 않더라도 얻으려고 하고 있는 자라고 하는 정도의 의미라고 해석할 수 있다. 이와 같이 해석하는 한 제3조의 문언 중 '근로자'의 표지로서 가장 의미가

정의에 대해 현행규정과 유사한 규정을 두었고, 이 단계에서 근로자의 정의는 오로지 노동조합의 조합원자격의 문제로서 취급되고 있던 것으로, 이러한 정의의 의도에는 이 구성원자격을 급료생활자인 한 넓게 인정하려고 하는 것을 특징으로 들 수 있었다. 勞務法制審議委員會의 답신에 근거하여 작성되어 第89帝國議會에 제출된 정부의 勞働組合法案에는 노동조합의 정의규정과 근로자의 정의규정을 분리하여 규정하였는데, 근로자에 대한 정의규정은 현재와 거의 동일한 내용이었다. 東京大學勞働法硏究會, 「注釋勞働組合法 上卷」, 1980. 12, 221~223面 참조.

251) 노조법상의 임금 규정은 노기법의 임금 정의 이전에 제정된 것이다.

252) 이정 譯, 『일본노동법』, 법문사, 2015, 613면.

있는 것은 '임금, 급료 기타 이에 준하는 수입'이라고 하는 점이 될 것이다. 즉 이러한 수입을 얻고 있는지 여부가 노조법상 근로자의 거의 유일한 기준으로 된다. 그리고 이와 같은 제3조의 입장은 노동조합의 구성원으로서는 급료 생활자일 것만을 요구하고, 그 종류 등 기타의 요건을 요구하지 않는다는 입법취지에 근거하고 있다고 이해할 수 있을 것이다.[253]

일반적으로 노조법상 근로자는 노기법상의 근로자를 포섭하면서 단체교섭의 보호 필요성을 기준으로 다른 유형의 노무공급자에게도 그 외연을 확장한 개념으로 이해한다. 실무적으로도 근로자 판단에 있어 노기법상의 근로자성 판단 기준을 검토한 뒤, 이를 종합하여 노기법상의 근로자와 얼마나 유사한지를 통해 노조법상의 근로자성을 판정하는 방법이 노동위원회를 중심으로 이루어지게 되었다. 하지만 이 방법은 노기법상의 근로자라고 할 수 없지만 노조법상 근로자에 해당되는 자가 존재한다는 노조법상 근로자의 독자성과 확장성에서 명확하지 않다는 문제가 있다.

3) 사용종속관계

그런데 '임금, 급료 기타 이에 준하는 수입'이라고 하는 제3조의 주요한 기준도, 그 문언만으로는 구체적인 문제 해결에 적절한 것은 아니다. 무엇보다도 핵심적인 '임금'이 정의되어 있지 않기 때문이다. 이에 학설과 판례는 구체적인 문제 해결을 위해 제3조의 문언을 보완하는 기준의 정립을 시도하는데, 이를 '사용종속관계'라고 표현하고 있다.

우선 학설은 앞에서와 같은 종속노동론에서 출발하여, 노동법상 근로자의 본질적 요소를 '노동의 종속성'에 있다고 하는 경우가 많다.[254] 이와 같은 학설에서는 '노동의 종속성'의 내용을 어떻게 표현하는가 하는 점이 문제되는데, 이에 대

253) 김재훈, "특수형태근로종사자에 대한 일본에서의 취급 및 시사점", 「특수형태근로종사자 관련 논의자료집」, 노사정위원회, 2003.9, 154면 이하 참조.

254) 片岡昇, "特殊勤務者の法律問題- 外務員", 「季刊勞働法」 60號, 14면; 山本吉人, 「雇用形態と勞働法」, 1970, 87面 이하 등.

하여 대표적 학설은 '노동의 종속성' 이란 '경제적 종속성' 과 '인적 종속성' 의 양자에 의해 성립되는 기준이라고 하고 있다.[255] 한편 노동위원회의 결정례와 판례의 대부분도 제3조의 근로자인지 여부를 결정함에 있어서 '사용종속관계' 를 중심적인 또는 보충적인 기준으로 사용하고 있다.[256] 노조법상 근로자성의 일반적 기준에 대해 위의 어느 입장을 취하든, 즉 다수의 학설과 판례와 같이 '노동의 종속성' 내지 '사용종속관계' 를 중심적인 기준으로 하든, 또한 最高裁와 같이 일반적 기준을 세우지 않고 개별적 판정의 방법을 관철하든, 제3조의 근로자이기 위해서는 당해 계약관계가 민법상의 '고용' 에 해당할 필요는 없다는 점은 일치하고 있다. 즉 도급 또는 위임계약, 기타 비전형계약 하에 있는 자도 본조의 근로자일 수 있는 것이고, 결국은 그 계약관계의 실태에 따라 '임금, 급료 기타 이에 준하는 수입에 의하여 생활하는 자' 라고 할 수 있는 것인가, 혹은 '사용종속관계' 에 있는 자라고 할 수 있는 것인가라는 점에서 판단되어야 할 것이다.

4) 노조법상 근로자 개념에 대한 최근 판례

최근 세 사건의 최고법원판결(新國立劇場運營財團事件,[257] INAXメンテナンス事

255) '경제적 종속성' 은 ① 타인에게 노동력을 매도하고, 그 대가로 얻는 임금만으로 생활하지 않을 수 없다고 하는 입장에 있는 것, 및 ② 사용자에 의한 근로조건의 일방적 결정을 감수하지 않을 수 없다는 입장에 있는 것을 내용으로 하고, '인적 종속성' 은 ① 업무의 의뢰와 업무종사에 대한 諾否의 자유가 없는 점, ② 근무시간이 구속되고 근무장소가 지정된다는 점, ③ 근로자가 담당하는 업무의 수행방법 · 내용에 대하여 사용자의 지휘명령권이 사실상 존재하는 점으로부터 성립되는 것으로 한다. 이와 달리 노동법은 종속노동을 대상으로 하는 법이라고 하면서, 노조법상의 근로자는 경제적 종속성에 중점을 둔 개념이고, 노기법상의 근로자는 인적 종속성을 중시하는 개념이라고 하여, 양 근로자 개념을 별개로 파악하는 입장도 있다(久保敬治, 「三版 勞働法」, 1976, 8面 이하).

256) 東京電力常傭職員勞組事件 中勞委 1960. 3. 23; NHK 廣島中央放送局事件 廣島地勞委 1961. 6. 30; 同事件 廣島地判 1966. 8. 8; Radio 中國事件 廣島地判 1966. 2. 21; NHK 大阪放送局事件 大阪地勞委 1968. 12. 12; 中部日本放送事件 愛知地勞委 1966. 2. 19; 同事件 名古屋地判 1971. 12. 17; 同事件 名古屋高判 1974. 9. 18; 高石市水道事業事件 大阪地勞委 1975. 7. 10.

257) 신국립극장운영재단은 오페라공연 합창단원 가운데, 원칙적으로 연간 모든 공연에 출연이 가능한 계약멤버에 대하여는 매년 기본계약을 체결하고 나아가 각 공연별로 출연계약을 체결하고 있었다. 오페라가수인 갑은 계약멤버로서 있었는데 2003년에 다음의 시즌에 계약멤버에 불합격이

件,[258] ビクター事件[259])에서 법원은 노조법상 근로자성 판단요소로 ① 노무공급

라는 통보를 받고, 자신이 가입한 노동조합이 이와 관련하여 단체교섭을 요구하였지만, 동 재단은 갑과의 사이에 고용관계가 없다는 것을 이유로 위 단체교섭을 거부하였다. 이에 노동조합이 동 재단을 상대로 노동위원회에 부당노동행위의 구제신청을 하였고, 이에 지방노동위원회 및 중앙노동위원회는 동 재단에 대하여 단체교섭에 응할 것을 내용으로 하는 구제명령을 내렸다. 뒤이어 동 재단이 중앙노동위원회를 상대로 동 구제명령을 취소를 구하는 소를 제기하였다. 이에 대해 법원이 연간 다수의 오페라 공연을 주최하는 재단법인과 사이에 기간을 1년으로 하는 출연기본계약을 체결하고, 각 공연시마다 개별공연출연계약을 체결하는 합창단원에 대한 노조법상 근로자성을 인정한 사례이다[最三小判平成23(2011)・4・12民集65巻3号943頁].

258) INAX메인트넌스회사는 일본의 유명한 위생생활도기산업을 영위하는 회사로서 애프터서비스를 위하여 INAX가 100%출자한 자회사이며, 동 자회사가 취급하는 업무는 모회사제품인 변기, 세면기 등의 위생기, 욕조, 세면화장대, 온수세정변좌기, 가스・석유급탕기, 타일 등의 수리 및 유지관리로서 취급하는 부품의 종류는 방대한 것으로 알려지고 있다. 자회사의 업무에 종사하는 사원의 대부분이 전국에 약 500인 이상인 고객기술직(customer engineer. CE)으로 구성되어 있다. CE는 개인사업자로 위 자회사와 업무위탁계약을 체결하고 있으나, 업무수행에 있어서 수리・보수 등의 의뢰에 대하여 거의 쉬는 시간도 없이 대응하여 왔고, 수리를 의뢰한 고객과의 관계에서는 위 자회사의 사원으로서 접하여 왔으며, 위 자회사로부터 배급받은 제복과 명찰을 달고 업무를 수행하여 왔다. 때로는 개인고객으로부터 이치에 맞지 않는 불평이나 수리요청에 대응하는 경우도 있었다. CE는 자회사로부터 독립하여 업무를 수행할 의사도 없었고 능력도 없었는데, 예를 들면 CE가 직접고객과 거래하여 위 자회사제품을 개인적으로 판매하기라도 하면 위 자회사로부터 계약해제를 당하기도 하였다. 또한 CE는 위 자회사가 지불율의 인하나 휴일출근 등 무리하면서도 어려운 문제를 부탁하여도 이를 거절할 수 없는 상황이었다. 이러한 상황 하에서 CE가 특히 직접고객과 거래하여 위 자회사제품을 개인적으로 판매하기라도 하면 위 자회사로부터 계약해제를 당하는 것에 불안을 느껴 이에 노동조합을 결성하였고, 단체교섭사항으로 부당노동행위를 하지 않을 것, 조합원의 근로조건 변경 및 계약내용변경은 노동조합과 사전협의하고 합의에 의하여 할 것, 조합원의 수당, 할증임금, 출장비용 등을 지불할 것, 조합원의 연수입보장, 대여하는 기자재손상을 회사가 부담할 것, 산업재해보상보험에 가입시켜줄 것 등을 주장하여, 위 자회사에 단체교섭을 요구하였으나, 위 자회사는 CE들은 노조법상 근로자가 아니라는 것을 이유로 이를 거절하였고, 노동조합은 노동위원회에 부당노동행위구제신청을 하였다. 이에 대해 법원은 주택설비기기의 수리보수 등을 업으로 하는 회사와 업무위탁계약을 체결하고 위 업무에 종사한 수탁자(customer engineer)의 노조법상 근로자성을 인정한 사례이다[最三小判平成23(2011)・4・12労判1026号27頁].

259) 빅터서비스엔지니어링(ビクターサービスエンジニアリング)사건은 수리업무위탁계약을 체결한 경우의 사례인데, 개인대행점을 운영하면서 수리업무위탁계약을 체결한 자들이 노동조합을 결성하여 수리업무위탁계약서상의 위탁자에게 처우개선을 위한 단체교섭을 요구하였는데, 위 위탁자가 고용관계의 존재를 부정하면서 단체교섭을 거절한 사건이다. 이에 대해 법원은 음향제품 등의 설치, 수리 등을 업으로 하는 회사와 업무위탁계약을 체결하고 고객의 집 등에서 출

자가 사업수행에 불가결한 노동력으로서 회사의 사업조직에 대한 편입, ② 회사가 계약내용을 일방적 결정, ③ 보수가 노무제공에 대한 대가로서의 성격, ④ 각 당사자의 인식과 계약의 실제 운용에 있어서 노무제공자가 회사의 업무의뢰에 응해야 할 관계인지 여부, ⑤ 업무수행에 대한 지휘감독 · 시간적 장소적 구속의 제 요소를 종합하여 근로자성을 긍정할 수 있는가를 판정하고, 긍정할 수 있는 것 같은 경우에도 ⑥ 사업자성 실태의 유무나 정도를 '특단의 사정' 으로 검토한다는 판단구조를 취하고 있다.

Ⅳ. 미 국

1. 근로자 개념 접근방식의 특징 개관

미국 노동법상의 '근로자' (employee)개념에 대한 접근방식에는 다음과 같은 몇 가지 특징이 있다.[260] 첫째로는 근로자 개념의 문제는 특정한 법률의 적용대상 확정기준의 문제로서 접근하고 있다는 점이다. 따라서 노동법 전반에 걸친 통일적인 개념으로서의 근로자 개념론의 확립이라는 방식은 미국법과는 익숙하지 않다. 이러한 개별법적 접근태도는 근로자 개념에 대한 논의가 시작되었던 보통법(common law)에서부터 그 후의 각종의 사회보장입법이나 연방노동관계법 및 공정근로기준법에 이르기까지 일관된 것이었다.

둘째로는 근로자에 대한 제정법상의 정의가 각 법률의 적용범위를 한정하기 위한 방식으로 규정되어 있다는 점이다. 예를 들어 공정근로기준법(FLSA)상의 '근로자' 라는 용어는 동법의 보호대상에서 정부관련 근로자, 농업 근로자 및 州 정부관

장수리업무에 종사하는 수탁자(개인대행점)는, 그 업무실태를 고려할 때 독립한 사업자로서의 실태를 구비하고 있다고 인정할 만한 특단의 사정이 있다고는 할 수 없어 노조법상의 근로자에 해당한다고 한 사례이다[最三小判平成24(2012) · 2 · 21民集66巻3号955頁; 破棄還送審 東京高判平成25(2013) · 1 · 23労判1070号87頁].

260) 강성태, 「근로자의 개념」, 서울대박사학위논문, 1994, 12~15면 참조.

련 자원봉사자 등을 제외하기 위한 방식으로, 그리고 연방노동관계법(NLRA) 제2조(3)[261]에서의 '근로자'라는 용어는 동법의 보호대상에서 정부관련 근로자, 농업근로자, 감독직 근로자 등을 제외하기 위한 방식으로 정의되어 있다. 대체로 미국노동법상 특별한 취급을 받는 근로자의 범주로서는 정부관련 근로자, 농업 근로자, 선원 근로자, 장애인 근로자, 학생, 임시고용 근로자, 계절적 근로자 등이다.

셋째로 각 법률상의 근로자 개념을 정함에 있어 가장 우선적으로 고려하는 것은 근로자 개념에 관한 기준의 타 법률에서 정립된 기준이 아니라 오히려 당해 특정 법률의 정책목표 내지 입법목적이라는 점이다. 그러므로 각 법률에 있어서 근로자 개념은 당해 법률의 목적과의 관련성에 의해서만 정확하게 이해되는 것이다.[262]

이러한 특징을 가지는 미국법에 있어서 근로자성의 존재는 사용자 · 근로자 관계의 그것과 동의어로서 사용되고 있고, 사용자 · 근로자 관계와 대비되어 자주 논란이 되는 것이 사용자와 독립계약자(independent contractor)의 관계이다. 독립계약자들은 고용계약이나 단체교섭관계를 규율하는 많은 제정법규의 적용대상에서 제외되고 있기 때문에 이 구별은 미국 노동법에서는 매우 중요하다. 그러나 양자 사이의 구별이 명확한 것도 아니며 더구나 모든 법에 있어서 반드시 일치하는 것도 아니어서, 근로자와 독립계약자 사이의 실정법적 구별은 그 입법의 정책목표를 어떻게 인식하느냐에 따라 달라진다. 즉 미국법에서 근로자성의 결정문제는 전통적으로 근로자와 독립계약자 사이의 구별에서 출발하였는데, 공정근로기준법상 근로자 개념을 해석함에 있어서 법원은 동법상의 근로자성을 존재하는 다수

261) 29 U.S.C §152 (3) 일명 National Labor Relations Act라고 한다.

262) "이 법(연방노동관계법)이 목표로 하는 해악과 이 법이 제공하는 구제들은 전통적인 법적 구별방법상의 독립계약자들로부터 구별되는 근로자에게만 배타적으로 한정되어 있는 것은 아니다. 다양한 고용조건하에서 다양한 차이를 가진 수많은 형태의 노무공급관계가 우리나라의 경제를 담당하고 있다. 그 중 일부는 이 법의 적용대상이 될 것이고 나머지 일부는 적용대상에서 제외될 것이다. 많은 경우에는 일정한 기준을 적용함으로써 이 중에서 어느 쪽에 속하는지가 분명하게 판명될 수 있을 것이다. 그러나 양쪽의 중간영역에 속하는 것도 많을 것이며 그러한 경우는 그 관계가 가지는 일부 요소는 일정한 그룹에 속하는 것인 반면, 다른 일부의 요소들은 다른 그룹에 속하는 것일 것이다. 결과적으로 법적 추(錘)는 적용될 법규의 목적에 따라서 이쪽저쪽으로 흔들릴 수밖에 없다"(322 U.S. 126~127).

의 실제적 사실들로부터 판단하는 '경제적 실체기준(economic reality test)'을 정립하였다. 그런데 집단적 노동관계법상 근로자 개념에 대해서는, Taft-Hartley법 시행 이후에 근로자와 독립계약자간 구별은 종전의 경제적 실체기준에서 보통법상의 지휘감독기준이 적용되게 되었다. 이러한 보통법상의 지휘감독기준은 상당히 탄력적인 사실들을 내용으로 하는 기준이어서, 결국 근로자와 독립계약자 사이의 구별은 노무공급자와 노무이용자 사이에 존재하였던 구체적인 상황의 전체상과 제정법의 목적이라는 두 축에 의해 결정되고 있다.[263)]

한편 미국에서 우리가 노동법이라고 부를 수 있는 법률의 범주에 속하는 것들이 본격적으로 제정되기 시작한 것은 1930년대 중반 이후인데,[264)] 그 대표적인 연방입법이 공정근로기준법과 연방노동관계법이다. 그런데 미국의 법원은 이 두 법률에서의 근로자 개념을 해석함에 있어 기본적으로는 이 두 법률의 목적과 취지를 기초로 하여 출발하지만, 이전에 보통법에서 정립된 근로자 개념론을 상당히 참조하여 문제를 해결하려는 태도를 보여주고 있고 법원에 따라서는 그것을 그대로 원용하는 경우도 있다. 다른 한편 실업보상입법에서의 근로자에 관한 제정법적 정의규정들은 공정근로기준법이나 연방노동관계법에서 그대로 사용된 것은 아니지만 근로자 개념에 대한 상당한 시사성이 있는 접근법을 보여주고 있다. 이하에서는 미국법상 근로자 개념에 관한 가장 전통적인 접근법이라고 할 수 있는 보통법상의 피용자 개념과 매우 특이한 제정법적 접근법인 실업보상입법에서의 고용의 개념에 대해 알아본 후, 연방노동관계입법의 중심이라고 할 수 있는 공정근로기준법과 연방노동관계법에서의 근로자 개념과 세법에서의 근로자 개념을 알아보기로 한다.

263) 강성태, 『누가 근로자인가』, 대구대학교 출판부, 2000, 21~48면 참조.
264) 그 이전에 있었던 주요한 노동관계입법들로서는 Clayton Antitrust Act(1914), Railway Labor Act(1926), Davis-Bacon Act(1931), Norris-LaGuardia Act(1932) 등을 들 수 있다.

2. 보통법과 실업보상입법에서 피용자와 고용의 개념

1) 보통법상의 사용자 피용자관계론

보통법상 피용자 개념에 대한 논의는 불법행위법에 있어 사용자책임을 정하기 위해서 행해졌다. 이 논의에서 제3자에 대한 손해에 대해서 사용자가 책임을 지는 자라는 의미에서의 '피용자'의 개념이 후에 근로자 개념으로 원용되었다.[265)] 1826년 이전까지 법원은 일정한 사업을 위해서 행위하는 자가 제3자에 대해 가한 손해에 대해서는, 그 행위자가 '독립계약자' 인지 혹은 '피용자' 인지를 불문하고, 당해 사용자가 모든 책임을 지는 것으로 보았다.[266)] 그러다가 1826년에 이르러 법원은 이러한 사용자의 일반적인 책임으로부터 "사용자는 피용자가 아닌 독립계약자를 사용하여 일정한 노무공급을 받은 경우에는 면책된다"고 하는 이른바 '사용자책임(respondeat superior) 원칙'을 정립하였다.[267)] 그 후 판례법에서 발전한 이 원칙에서 사용자의 책임이 긍정되기 위해서는 행위자와 사용자 사이에 이른바 '사용자 · 피용자관계' 내지 '사용자 · 근로자관계'의 존재가 요구되었다. 사용자 · 피용자관계의 존재를 인정할 수 있는 기준에 대한 판례법상의 원칙은 'Restatement of the Law of Agency'에 정리되어 있다.[268)]

---

265) 특히 1947년 이후 연방노동관계법상의 근로자와 독립계약자를 구별하는데 중요한 기준으로 사용되고 있다.

266) Bush v. Steinman, 1 Bos & P. 404, 126 Eng. Rep. R. 978(C.P.1799); 이 사례에 대한 논의는 Harper, "The Basis of the Immunity of an Employer of an Indepedent Contractor", Vol. 10, Ind.L.J. 497(1935); Stevens, "The Test of the Employment Relation.", Vol. 38, Mich. L.Rev. 195(1939); Wolfe, "Determination of Employer-Employee Relationship in Social Legislation", Vol. 41, Col.L.Rev. 1021(1941) 참조.

267) Benjamin S. Asia, "Employment Relation: Common-Law Concept and Legislative Definition", Vol. 55, The Yale Law Journal 77(1945).

268) Restatement는 '法再錄'이라고도 번역하는 것으로 미국법의 주요 분야 중 판례를 중심으로 하여 발달된 모든 영역을 미국법률협회에서 조문의 형식으로 만든 것이다. 이 대리법은 1933년에 만들어졌다. 법원은 사용자 · 피용자의 관계가 존재하는가를 결정함에 있어서 상당히 탄력적인 입장을 취하였고, 심지어 지휘감독권이라는 기준을 언급한 Restatement조차도 그것에서 고려해야 하는 실제적 사실들과 관련하여 매우 탄력적으로 해석될 여지가 있는 여러 요소들을 열거하고 있었다. 바로 이러한 탄력성 때문에 사용자 · 피용자 관계에 관한 접근법들은 그 후에

2) 실업보상입법상의 '고용'의 정의

(1) 보통법상의 피용자 개념과의 의식적 구별

보통법상 사용자책임의 결정을 위한 피용자(근로자) 결정기준들이 실업보상입법상의 고용의 해석에 그대로 사용될 수 없음은 실업보상입법의 목적을 고려하면 당연하다. 즉 보통법상의 지휘감독 기준은 사용자에게 과실이 있었거나 사용자가 위험을 최소화할 수 있는 지위에 있었는가를 결정하기 위한 것이기 때문에 실업자의 임금상실을 보상하고 그 자를 실업의 위험으로부터 보호하려는 것이 주된 목표가 되는 프로그램의 목적과는 필연적인 관련성을 가지지 못한다.[269][270]

(2) 고용의 판단기준으로서 'ABC 定義'

'실업보상위원회 州間회의의 법률분과위원회' (the Committee on Legal Affairs of the Interstate Conference of Unemployment Compensation Agencies)에 의해서 추천된 '고용' 의 입법적 정의는 기존에 존재하던 위스콘신州법을 따른 것인데, 통상 'ABC 정의' 라고 불린다.[271] 이 'ABC 정의' 는 약간의 수정을 거쳐 많은 州에서 채용되었는데, 이 정의를 채택한 주이거나 그렇지 않은 주를 불문하고 모든 주에

도 계속 다른 법률들에서의 근로자 개념론에 영향을 줄 수 있었던 것이다.

269) Comment, 36 Ⅲ. L. Rev. 873(1942) 참조.

270) 대부분의 실업보상입법들이 제안되던 시기(1936. 10.)에 '실업보상위원회 州間회의의 법률분과위원회' (the Committee on Legal Affairs of the Interstate Conference of Unemployment Compensation Agencies)에서는 만장일치로 적용범위를 정하는 기준은 "사용자와 피용자의 기술적인 법적관계에 한정되지 않는다"는 점에 합의하였다(동 위원회 보고서, 2면).

271) 주요 부분은 다음과 같다. "고용이란 임금을 목적으로 하거나 또는 어떠한 채용계약 하에서 수행되는 노무공급을 말한다. 여기서 말하는 채용계약은 문서에 의한 것이든 구두에 의한 것이든 혹은 명문의 것이든 묵시의 것이든 상관없다. … 임금을 목적으로 한 자에 의해 수행되는 노무공급은 이 법 하의 고용으로 간주한다. 다만 위원회의 위원이 다음과 같은 사실이 존재한다고 인정한 경우에는 그러하지 아니하다. (a) 그 자가 계약상으로도 그리고 사실상으로도 그 노무의 수행과정에 있어서 지휘감독이나 통제로부터 자유로웠고 앞으로도 그러할 것이다. (b) 그 노무공급이 (그 노무수행의 목적이 된) 사업의 통상적인 과정의 외부에 있거나 (통상적인) 노무공급이 행해지는 그 기업의 사업장소 이외에서 행해진다. (c) 관행적으로 그 자가 독립적으로 형성된 거래, 업종, 직업 기타 사업에 종사하고 있다."

서 입법제안자들은 법원이 입법의 목적을 고려하여 그것에 합치되도록 '고용' 규정들을 해석할 것을 희망하였다.[272)]

실업보상입법에서의 고용에 관한 제정법상 정의규정들은 입법목적의 상이(相異) 등으로 다른 노동입법에서의 근로자 개념의 해석에 단초를 제공하거나 직접적인 도움이 되지는 않는다. 그러나 근로자 개념에 대한 접근에 있어 적극적인 정의방식이 아닌 모든 노무공급관계에서 고용의 범주에 속하지 않는 관계를 외부에서 깎아 나가는 소극적인 제거방식을 취한다는 점에서 상당히 독특한 접근방식을 보여주고 있다.[273)]

3. 공정근로기준법상 근로자 개념

1) 정의규정

공정근로기준법(Fair Labor Standards Act, FLSA)은 근로시간의 최장한도와 최저임금 및 시간외 근로수당 등의 보호를 규정하고 있는 연방법률[274)]로서 1938년에 제정되어 그 후 많은 개정[275)] 을 거쳐 현재에 이르고 있다. 공정근로기준법(FLSA)

---

272) Landis, "Statutes and the Sources of Law", Harvard Legal Essays 213(1934) 참조(강성태, 「근로자의 개념」, 서울대박사학위논문, 1994, 19면에서 재인용).

273) 실업보상법의 적용범위에 들어오기 위한 요건으로 고용에 대해 첫째, 고용은 임금을 목적으로 또는 여타의 채용계약 하에서 수행되는 노무공급을 말하여, 둘째, 위의 임금을 목적으로 하는 노무공급은 법률의 적용 하에 들어오는 고용을 말하며, 셋째, 다만 계약상 그리고 사실상 지휘감독으로부터 자유로운 경우, 노무공급이 사업의 통상적인 과정의 외부에 있거나 사업장 이외의 장소에서 노무공급이 행해지는 경우, 노무제공자가 관행적으로 독자적인 거래, 업종, 직업 기타 사업에 종사는 경우는 예외로 하였다. 특히 마지막의 소극적 요건은 고용관계 조작을 방지하기 위한 것이라고 한다(강희원 · 김영문, 『근로자개념과 계약의 자유』, 중앙경제, 2001, 254면; 강성태, 「근로자의 개념」, 서울대박사학위논문, 1994, 21면).

274) 이 법률은 주로 州間通商에 관련된 산업에 종사하는 근로자의 근로시간과 임금 등을 규제하고 있기 때문에 '임금 및 근로시간법' (Wage and Hour Law)이라고도 불린다(48AAm Jur 2d 517).

275) 연방근로기준법은 제정 이듬해인 1939년의 개정을 시작으로, 1940, 1941, 1947, 1955, 1956, 1957, 1958, 1960, 1961, 1963, 1966, 1972, 1974, 1977, 1979, 1985년에 각각 개정되었다. 그리고 1947년의 Portal-to-Portal Act와 1963년의 the Equal Pay Act가 중요한 수

과 많은 주별 유사규정이 최저임금과 시간외수당 지급을 관장한다.[276]

이 법률은 사용자 · 근로자관계에 있는 자, 즉 근로자에게만 적용된다. 그리고 동 법률의 보호대상인 근로자에 대해서는 동법 제3조 (e)에서 규정하고 있다.[277] 한편 동 규정의 (2)와 (3) 및 (4)에서 언급한 공공기관이나 농업 근로자들을 제외한 근로자들은 이 법에서 정한 보호를 향유할 수 있지만, 그 자가 행하는 업무의 성질이나 내용 등에 따라서는 동법상의 특정한 보호 특히 시간외수당의 보호를 받을 수 없는 근로자들도 존재한다.[278]

2) 근로자성의 판단

(1) 정책목표

미국법상 어떤 법률에서 근로자 개념을 규명하는데 가장 중요하게 여기는 것은 당해 법률의 정책목표 내지 입법목적이다. 공정근로기준법 제2조는 동법에서 제거하고자 하는 대상 내지 해악에 관해서 확인하고,[279] 그것을 치유하거나 제거하

정법으로 간주되고 있는데, 전자는 공정근로기준법상의 임금과 근로시간규정의 범위를 한정함으로써 이른바 비생산적 활동에 소요된 시간에 대한 사용자의 임금지급의무를 면제한 것이고, 후자는 性에 기초한 임금차별을 금지한 것이다.

276) 29 U.S.C. § 201(2009), et. seq. 이 규정들은 원고측 변호사들이 FLSA를 근거로 거대집단소송을 제기하는 빈도가 증가되고 있는 만큼 사용자를 많은 위험에 노출시킨다. 2000년 이래 FLSA에 기한 집단소송청구는 매년 극적으로 증가하고 있다(www.courtlinks.com 참조).

277) 즉 제3조(e) (1)은 "이 법에서 근로자라 함은 아래의 (2)와 (3) 및 (4)에서 규정하고 있는 경우를 제외하고는 사용자에 의해 고용되어 있는 모든 자를 말한다."고 하고 있다. 동 규정의 (2)와 (3) 및 (4)에서는 각각 "공공기관과 농업에 종사하는 근로자 및 州정부와 관련된 공공기관에서 자원해서 노무를 제공하는 자"를 이 법의 적용 대상에서 제외한다는 취지의 규정을 두고 있다. (2)에서 말하는 공공기관이란 '연방정부, 州정부 및 기타 이에 관련된 기관' 을 말한다.

278) 동법 제13조 (a)(1)에서 말하는 '외근판매원의 능력' 을 가지고 고용되어 있는 근로자들은 동법상의 최저임금과 시간외 근로수당에 관한 규정의 적용대상에서 제외된다. 이들의 의미에 관해서는 26 ALR Fed 941 참조. 그리고 1966년에 추가된 제13조 (b)(10)는 시간외 근로수당규정들의 적용대상에서 일정한 차량 판매원 등을 제외시키고 있다. 그에 관해서는 26 ALR Fed 364 참조.

279) 제2조의 내용은 다음과 같다. "(a) 의회는 다음의 사실을 확인한다. 通商과 통상목적의 상품제조에 종사하는 산업에 있어서, 근로자의 건강과 편의 및 복지를 위해 필요불가결한 최소한의

는 것을 목적으로 하고 있다.[280)]

(2) 판단기준으로서 경제적 실체 기준

위의 목적에 상응되도록 동법 제3조(e)를 해석함에 있어서 문제의 중심은 역시 당해 노무공급자가 '근로자' 인가 아니면 '독립계약자' 인가에 있다. 법원은 이 문제에 접하여 동법상의 근로자성을 현실에 존재하는 다수의 실제적 사실들로부터 판단하였다. 이러한 실제적 사실을 총칭하는 기준을 흔히 '경제적 실체 기준' (economic reality test)이라고 한다. 이 기준의 구체적 내용에서 우선 법원들은 공정근로기준법상 근로자인가를 결정함에 있어서 계약당사자의 의도라든가 계약적인 표현 등의 표현된 의사와 같은 형식적인 요소들보다는 실제 존재하였던 사실관계에 더욱 주목하여야 한다는 점을 강조하였다. 이러한 입장은 "공정근로기준법의 구체적 목적을 달성하기 위해 근로자 지위를 결정하는 것은 계약상의 명칭이 아니라 경제적 실체"라고 한 Real v. Driscoll Strawberry Associates, Inc. 사건의 판결에서 압축적으로 나타난다.

생활기준의 유지에 유해한 근로조건의 존재는, (1) 통상 및 통상의 경로를 통해 몇 개의 州의 근로자들 속에 그러한 근로조건을 전파, 확산하고, (2) 통상 및 통상에 있어 자유로운 상품의 흐름에 부담을 주고, (3) 통상에 있어 불공정한 경쟁방법을 구성하는 것이고, (4) 통상 및 통상에 있어 자유로운 상품의 흐름에 부담을 주고 장애가 되는 노동쟁의를 야기하며, 그리고 (5) 통상에 있어 상품의 정상적이고 공정한 마케팅에 개입하는 것이다. 나아가 의회는 家計의 가내노동에 종사하는 자의 고용도 통상에 영향을 미친다는 사실을 확인한다. (b) 의회가 가지는 州間 통상규제권을 행사함으로써 그러한 산업에 있어서 고용이나 소득력의 본질적인 감소없이 위에서 언급한 장애들을 교정하고 그리고 가능한 빠른 시간 내에 실제적으로 그것을 제거하는 것이 이 법률의 정책임을 선언한다."

280) 제2조에서 선언된 정책목표와 법내용을 참조하여 일반적으로 이 법의 목적을 다음 네 가지로 보고 있다. (1) 주간 통상조건의 차별을 제거하고 근로자의 건강, 편의 및 복지를 위해 필수적인 최소한 생활기준을 유지하도록 함, (2) 임금의 최저한과 근로시간의 최고한을 정함, (3) 시간외 근로에 대한 재정적 압박을 통해 고용을 확대함, (4) 근로자의 교섭력을 강화시킴(48A Am Jur 2d, 519).

(3) 경제적 실체 기준의 고려요소와 적용사례

이렇게 계약상의 명칭이나 당사자의 표현된 의사와 같은 형식적 요소보다는 노무공급관계의 실질에서 근로자성을 구하는 이른바 '경제적 실체 기준'에서 법원들이 자주 고려하는 요소는 ① 문제가 된 노무공급이 사용자의 사업에 결합되어 있는가의 여부,[281] ② 시설과 장비면에서의 투자의 정도,[282] ③ 사용자가 보유하고 있거나 행사하고 있는 지휘감독의 성질과 정도,[283] ④ 이익과 손실에 대한 기회,[284] ⑤ 요구되는 기술이나 훈련,[285] ⑥ 노무공급관계의 계속성[286] 등이다. 이상과 같은 요소들을 내용으로 하는 경제적 실체기준에 의해서 사용자는 어떤 검증요건을 적용하는 경우라도, 법원이 총체적 상황을 볼 것이고 어떠한 한 가지 요건만으로 결정하지 않을 것이라는 것을 주지하여야 한다.[287] 궁극적인 의문은 근로자가 너무나도 해당 기업에 너무나도 의존적이여서 FLSA의 보호를 받을 것인지 아니면, 해당 범주밖에 있어도 될 만큼 독립적인가 여부에 대한 것이다.[288] 실제 사안에서 법원은 밴드리더, 소매상을 위한 구매자, 금속세공업자, 경호요원,[289]

281) 구체적으로 법원은 노무공급자가 제공한 노무가 그 사업의 활동에 결합된 것인지 아니면 노무공급자 자신의 개인적 노무수행 내지 독립적인 사업의 운영과 관련된 것이었는지(사업결합성)의 여부를 고려한다.

282) 시설과 장비 등에서 노무공급자가 어느 정도 투자하고 있었는지를 본다.

283) 사용자가 노무공급자에 대하여 행사하는 지휘감독의 정도는 그 노무공급자가 근로자인지 독립사업자인지를 정함에 있어 결정적인 요소가 아니라 여러 가지 판단요소들 중 하나로 본다.

284) 일부 판례는 노무공급자가 자신의 경영적 기술에 의존하는 이익과 손실에 대한 기회를 가지는지 여부를 공정근로기준법의 목적을 위한 근로자성 결정에 있어 본질적인 요소로 본다.

285) 예를 들어 노무공급자의 작업에서 고도로 개발된 기술이 필요로 하지 않고, 근면이나 효율성을 요구하는 일상적인 작업은 자주성과 비근로자성의 징표가 아니라고 본다.

286) 법원이 노무공급관계의 계속성을 근로자성 결정에 고려해야 할 하나의 요소로 본 사례(Usery v. Pilgram Co. 사건)에서는 작업자와 사용자 사이의 관계의 영속적인 성격은 종속을 나타내는 것이라고 하였다.

287) 예를 들어 Johnson v. Unified Gov't Wyandotte County/Kansas City, 371 F.3d at 729 (10th Cir. 2004) 참조

288) Usery v. Pilgrim Equipment Co., 527 F.2d 1308, 1311-1312 (5th Cir. 1976).

289) Schultz v. Capital International Secutiry Inc., 466 F. 3d 298(4th Cir 2006)사례에서 사우디왕자를 경호하기 위하여 사설경호업체를 통하여 채용된 경호요원은 근로자로 판결되었다. 법원은 경호요원은 다음의 근거로 경호업체와 왕자 모두의 근로자라고 하였다; ① 경호업체와 왕

생명보험 수금원, 광산임대업자, 사용자의 지휘감독을 받는 판매원, 상점판매원, 신문판매모집인,[290] 지방순회매니저, 신문계약 모집인, 차량 시운전기사 등은 특정 상황에서 동법상의 근로자로 판단하였다.[291] 반면 버스터미널 운영자, 계약 운전기사, 중기기사, 굴착기사, 독립부문에서의 판매원, 제조업자의 상품배포자, 식료품매점 운영자, 구역 배달책임자, 택시기사, 광갱 환기구 담당자 등은 특정한 상황에서 독립사업자로 판단하였다.[292]

자가 서면보안정책에 대한 거의 완전한 통제를 하였다; ② 근로자의 관리기술이 이익과 손실의 기회를 창출하지 않았다; ③ 회사와 왕자가 근로자들에 필요한 모든 기구를 제공하였다; ④ 오직 몇 가지 의무만이 특별한 기능을 요했다; 그리고 ⑤ 왕자가 근로자에 대하여 왕자만을 위한 배타적 업무수행과 장기근로를 선호하는 고용을 하였다.

290) Wirtz v. Silbertson사건, 217 F. Supp 148(1963).

291) 그 외 경제적 의존성이 있음으로 결정한 사례: Barfield v. New York City Health and Hospitals Corp., 537 F.3d 132 (2nd Cir. 2008) (여러 다른 파견회사로부터 한 곳의 병원을 지정하여 근무하도록 업무를 배당받았고, 파견사부소로부터 직접 입금을 수령하였다면 피고용인에 해당된다; 간호사가 병원시설에서 근무하였고, 병원기구를 사용하였으며, 병원이 고용과 해고결정권이 있었으며, 병원만을 위하여 배타적으로 근무하였다); Reyes v. Remingon Hybrid Seed Co. Inc,. 495 F.3d 403 (7th Cir. 2007) (개인에게 고용되어, 소위 독립계약자로 칭하여지는 옥수수 수분을 전문으로 하는 자는 기업과 고용대행사 두곳 모두의 근로자로 판시되었는데, 옥수수 수분은 전문적인 업무로 고용대행사는 자체적인 사업기구 없이 오로지 해당기업만을 위하여 인력군을 모았고, 근로자는 Remington의 규칙을 따랐으며, Remington이 도구와 농지를 제공하였다; Montoya v. S.C.C.P. Painting Contractors, Inc., No. CCB 07-455, 2008 WL 5265040 (D.Md. Dec. 16, 2008) (화가들은 그들이 문서상 등록되지 않은 근로자로 고용과 관련하여 약간의 성과만을 반영하였다고 하더라도 근로자이다; Reich v. Circle C. Inv., Inc., 988 F.2d 324 (5th Cir. 1993) (반라의 댄서들은, 그들이 그들의 의상을 구입하고 연기를 창작함에도, 클럽이 그들의 근무스케줄을 실시하도록하고, 임금, 의상의 기준과 음악을 정하고, 고객과 뒤섞이도록 요구하고, 탈의실에서 있는 시간을 제한한다는 점에서 피고용인이라 판시했다. 법원은 댄서들이, 비록 그들의 유인, 노력과 의상이 팁을 얻는데 기여할지는 모르나, 독립계약자지위에 필요한 기술은 아니라고 판시하였다.

292) 경제적 독립성 있음으로 판시한 다른 사례들: Perdomo v. Ask 4 Realty Mgmt., Inc., 298 Fed.Appx. 820 (11th Cir. oo8) (부동산 중개업자가 독립계약자임을 판시); Donovan v. DialAmerica Marketing, Inc., 757 F.2d 1376 (3d Cir. 1985) (홈마케팅회사의 유통업자는 그들의 유통업무에 대하여 극히 최소한의 감독과 감시만을 적용받았고, 그들 업무의 투자와 관리능력에 따라 이익과 손실의 실질적인 기회와 위험이 있었고, 그들의 유통업무가 사용자와의 통합적인 업무가 아니므로 반드시 사용자의 피고용인에 의하여 행하여질 필요가 없다는 사실로부터 독립계약자로 판시); Donovan v. Brandel, 736 F.2d 1114 (6th Cir. 1984) (절인농작물을

4. 연방노동관계법상 근로자 개념

1) 정의규정

미국에서 일반적으로 노동법이라고 하면 이 연방노동관계법(National Labor Relations Act, NLRA)을 지칭한다. 일반적으로 미국에서 '노동법'이란 연방노동위원회(National Labor Relations Board, NLRB)에 의한 규제가 이루어지는 영역과 단체협약의 시행에 관한 것이다.[293] 연방노동관계법은 미국의 집단적 노사관계에 관한 일반법이라고 할 수 있는데, 1935년 제정된 이래 수차례 개정되었다. 그리고 동법의 인적 적용대상과 범위에 관련된 근로자에 관한 정의규정은 제2조(3)이다.[294] 동 규정에서 "① 농업 근로자로 고용되어 있는 자, ② 어떤 가족이나 사람의 주거

재배하는 이민근로자는 다른 농작물을 재배하는 자와 달리, 생산성을 최대한 올릴 수 있는 지식을 갖추고 있으므로 독립계약자로 판시; 근로자들은 그들의 이윤을 증대시키고 손실을 줄일 확실한 방법이 있었고; 사용자는 재배의 상세내용에 대하여 지배력이 없었고; 근로자들은 사용자의 사업에 경제적 의존적이지 않았고; 사용자와의 관계는 비록 매년 40~50프로의 재배자가 다시 재배를 하곤 하였지만 임시적 관계였다.

293) 강학상 노동법이란 이런 의미에서 NLRA를 중심으로 하고 있으며, 우리가 개별적 근로관계법이라고 부르는 영역이 실정법으로 일부 존재함에도 불구하고 이러한 법률들은 거의 논해지지 않고 있다고 한다. 다만 변호사들은 노동법을 이것보다는 좀더 넓은 범위에서 파악함으로써 가령 노령연금, 재해보상, 최저임금, 고용기회평등, 조합내부업무 등에 관한 법률도 노동법으로서 다루고 있다고 한다[Goldman, L.Alvin, "United States of America", R.Blanpain, International Encyclopaedia for Labour Law and Industrial Relations, Kluwer(1983), 37면 참조; 강성태, 「근로자의 개념」, 서울대박사학위논문, 1994, 32면에서 재인용].

294) 동 규정은 근로자에 대해서, "모든 근로자를 포함하고 본법에서 특별히 정하고 있는 경우를 제외하고는 특정한 사용자에게 사용되는 근로자에 한정되지 아니한다."고 정하면서, "현재의 노동쟁의의 결과로서 혹은 그와 관련하여 또는 어떠한 부당노동행위를 원인으로 하여 그의 직무가 종료될 수 있거나, 통상적인 고용이나 실질적으로 동일한 다른 상용적 고용을 취득할 수 없는 자 모두를 포함한다."고 한다. 여기서 '통상적' 이란 용어는 이전에 부여받았던 근로시간과 본질적으로 동일한 양을 의미하고, '본질적으로 동일한' 이란 용어는 임금지급률, 근로시간, 근로조건, 근로장소, 근로의 종류 및 선임권 등을 포함한다고 한다(NLRB v. Carlisle Lumber Co., 99 F.2d 553). 그리고 새로운 고용의 동질성은 그에게 불법적인 차별이 없었더라면 그가 향유하였을 고용조건들과의 비교를 통하여 결정되는데, 만약 고용중단 이후에 그 사업장에서 고용조건들이 변경되었다면 그것도 고려하여야 한다고 한다(Mooresvill Cotton Mills v. NLRB, 140 F.2d 179).

에서 그 가사서비스를 위하여 고용되어 있는 자, ③ 부모나 배우자에 의해 고용된 자, ④ 독립계약자, ⑤ 감독자, ⑥ 철도노동법의 적용을 받는 사용자에게 고용되어 있는 자 및 ⑦ 본법에서 정의된 사용자에 해당하지 않는 자에 의해 고용되어 있는 자" 등은 이 법의 적용범위에서 제외된다고 한다.

연방노동관계법상의 근로자 개념과 관련해서는 결국 근로자와 그 적용제외자의 구별점이 어디에 있는가 하는 문제가 중요한 포인트가 될 것이고, 특히 그 중에서도 근로자와 독립계약자의 구별이 가장 중요한 문제가 된다.

2) 근로자와 독립계약자의 구별

(1) 와그너법 시대의 Hearst 판결

연방노동관계법상의 근로자 개념과 관련하여 매우 역사적인 의의를 가지는 판결이다.[295] 이 판결의 의의, 특히 실업보상입법과 관련한 의의와 관해서 Benjamin 교수는 Hearst 판결이 실업보상입법들의 적용범위 규정들을 해석하는데 다음과 같은 중요성을 지닌다고 한다. 첫째, 이 판결은 법원들이 실업보상입법의 적용범위를 발전시키려 하지 않고 쉽게 그 간단성과 확실성으로 인해 도피하고자 하였던 '보통법상의 기준들' 의 모호성을 지적한 것이다. 둘째, 연방대법원은 입법이 치유하고자 하는 해악에 대한 인식과 그리고 입법목적을 성취하기 위한 해석의 중요성을 강조하였다. 그러므로 비록 한 입법에서 사용된 용어가 상이한 목적을 달성하기 위해 다른 입법이나 보통법상 사용되고 있다고 하더라도 먼저 언급해야 할 것은 그러한 다른 입법 등에서 사용된 용어의 내용과 범위가 아니라 그 특정한 입법의 역사와 정책목표이다.[296]

이 판결에서 연방대법원은 와그너법 제2조(3)에서의 '근로자' 라는 용어를 해석함에 있어 다른 법의 적용을 위해 발전한 기준들을 배척하면서, 이른바 '경제적

---

295) NLRB v. Hearst Publishing, Inc., 322 U.S. 111(1944).
296) Benjamin S. Asia, "Employment Relation: Common-Law Concept and Legislative Definition", Vol. 55, The Yale Law Journal 77(1945), 115면.

실체' 기준과 '제정법상의 목적(구제적 목적)' 기준을 사용하였다.[297] 이 기준들은 와그너법시대의 NLRB의 기본입장이기도 하였다.

(2) Taft-Hartley법에서의 판단기준

와그너법 이후 미국의 노동관계정책에 있어 또 한 번의 분수령을 이룬 것이 1947년의 Taft-Hartley법의 성립이라고 할 수 있다. 그런데, 1947년법 성립 당시 의회는 근로자와 독립사업자에 대한 구별의 판단기준에 있어서도 커다란 변화를 모색하였다. 당시 의회는 Hearst 판결의 접근방식을 정면으로 거부하였다.[298]

미연방 하원의 House Committee Report에서는, '근로자' 라는 용어의 정의를 보통법상의 의미 이상으로 확대하려 했던 NLRB 및 Hearst 판결을 비판하였다. 결국

---

297) Hearst 사건에서의 핵심적인 문제는 와그너법상의 근로자의 정의에 신문판매인들이 포함되는가 하는 것이었다. NLRB는 신문판매인들의 근로자성을 인정하면서, 관련된 로스앤젤레스 일간신문의 출판인들은 '신문판매인' 들을 대표하는 노동조합과 단체교섭을 행할 것을 명하였다. 이에 대해 이 사건의 재심을 맡았던 제9순회항소법원은 NLRB의 결정을 취소하였는데 그 이유를, "만약 의회가 연방노동관계법상의 '근로자' 의 의미를 보통법상의 '피용자' 의 의미보다 확대하려는 의도를 가지고 있었다면 의회는 그에 관해 특별하게 언급하였을 것"이라고 하였다. 동 항소법원은 계속해서 가장 기초는 "지휘감독의 권한이 있었는가 하는 것인데 여기서 말하는 지휘감독권이란 노무수행의 방법과 태양에 대한 완전한 지휘감독을 말한다"고 하였다. 이러한 논거에서 동 항소법원은 신문판매인은 연방노동관계법하의 근로자가 아니라 'vendee' 따라서 독립계약자라고 하였다.

연방대법원은 항소법원의 판결을 파기하면서 와그너법의 적용에 있어서 '보통법상의 기준들' 을 적용하려는 시도는 적절하지 못하다고 보면서, 와그너법상의 '근로자' 라는 용어에 특정한 사람이 포함되는가의 여부는 우선 동 입법의 역사, 조건 및 목적에 따라서 결정해야 할 것이라고 하였다. 연방대법원은 "의회는 여러 가지 다양한 변수 속에서 형성되어 온 보통법상의 사용자 · 피용자라는 협소한 기술적이고 법적 관계보다는 넓고, 동시에 타인에 대한 노무공급의 모든 영역보다는 좁은 영역을 생각했다"고 하였다. 그리고 와그너법의 기초가 되는 목적들을 고려하여 "경제적인 사실의 문제로서 볼 때 이 사건의 노무공급자들은 동법이 제거하고자 하는 사회악들(통상에 있어서의 장애, 경제적 무자립성, 교섭력의 불균등 등)에 합당하며" 그리고 동법이 제공하는 구제들(노조조직화와 단체교섭)은 "이러한 특수한 사정하에서 그들로부터 그들의 불리한 조건을 제거하거나 치유해 주기에 적합하다"고 하여 신문판매인들의 근로자성을 인정하였다(322 U.S. 124.).

298) Archibald Cox/Derek C. Bok/Robert A. Gorman/Matthew W. Finkin, Cases and Materials on LABOR LAW(11th ed.), The Foundation Press, Inc(1991), 102면.

의회는 NLRB의 관할권과 동법의 적용범위를 축소하려는 의도를 분명히 밝혔고, 그것은 독립계약자를 동법의 적용대상에서 명문으로 배제하는 형식으로 표현되었다. 이러한 의회의 입장은 연방노동관계법의 실제 적용을 담당하였던 NLRB와 법원에도 큰 영향을 미쳤다. 결론적으로 Taft-Hartley법 시행 이후 근로자와 독립계약자의 구별문제에 관해서 발생한 가장 큰 변화는 '경제적 실체 기준'이 후퇴하고 '보통법상의 기준'이 적용되었다는 것이다.[299)]

요컨대 Taft-Hartley법 시행 이후에 근로자와 독립계약자의 구별은 이전의 경제적 실체 기준에서 후퇴하여 보통법상의 지휘감독 기준이 적용되었고, 그에 따라 동법상의 근로자의 범위는 이전보다는 축소되었다. 이것은 1947년 당시의 의회가 의도하였던 것이라고 할 수 있을 것이다. 그러나 보통법상의 지휘감독 기준은 이미 말한 대로 상당히 탄력적인 사실들을 내용으로 하는 기준이어서 결국 근로자와 독립계약자 사이의 구별은 노무공급자와 노무이용자 사이에 존재하였던 구체적인 상황의 전체상과 제정법의 목적이라는 두 축에 의해서 결정되었다. 이는 와그너법 시대와 다르지 않다. 결론적으로 이 문제에 접근하는 기본적인 방식은 유지되었지만, 구체적으로 문제가 된 사건에서의 전체적인 상황을 보는데 있어서 1947년법 시행 이후에는 와그너법시대의 '경제적 실체' 기준은 사라지고 전통적인 '지휘감독' 기준으로 회귀하였다는 점에서 두 시대의 차이가 있다.

299) 더 구체적으로 보면 법원과 NLRB는 보통법상의 대리원칙들을 근로자와 독립계약자의 구별에 적용하였고, 특히 연방노동관계법 제2조(3)의 의미 내에서 양자의 구별의 결정적 요소로 보통법상의 지휘감독권 기준을 계속 적용하였다. 물론 이 경우에도 지휘감독권의 존부는 사실적으로 존재하였던 전체적인 상황에 의해서 결정되었는데, 특히 ① 노무공급자를 채용하거나 해고할 수 있는 권한의 존재여부, ② 노무공급자의 보수를 결정하는 방식, ③ 노무공급자가 독립적인 사업이나 기업운영에 참여하고 있는지의 여부, ④ 노무공급자가 자신이 이용하는 노동으로부터 이익을 수취할 수 있는가의 여부, ⑤ 작업에 필요한 재료나 도구를 제공하는 당사자가 누구인가, ⑥ 작업이 수행되는 작업장에서 누가 통제권을 가지는가, ⑦ 노무공급관계의 성질이 계속적인가의 여부, ⑧ 특정한 직업에 있어서 요구되는 기술, ⑨ 작업수행장소의 지정을 누가 하는가 등이 중요한 고려요소가 되었다(SIDA of Hawaii INc. v. NLRB, 512 F.2d 354 등. 48 Am Jur 2d 459.).

5. 세법상 근로자와 독립자영인의 구별

우리나라와 마찬가지로 미국세법(The Internal Revenue Code)상 근로자의 근로소득세는 사용자가 이를 공제하여 관할 세무서에 납부해야 한다. 따라서 세법상에서도 근로자와 근로자가 아닌 독립자영인의 구별은 중요하다. 그리고 근로자의 정의도 각 세법의 목적에 따라 조금씩 상이하다. 그럼에도 불구하고 근로자 정의와 관련하여 모든 세법에 공통으로 적용되는 원칙적 요건이 있는데, 그것은 보통법(the common law test) 요건상의 근로자에 해당하여야 한다는 것이다. 보통법상 근로관계가 성립한다고 보는 경우는 해당업무를 관할하는 사람이 해당업무를 수행하는 자를 그 결과적인 산물만이 아니라 그 결과가 달성되는 세부사항 및 수단을 통제하고 지시할 수 있는 권한이 있는 경우 즉, 근로자가 무엇을 수행하는가만이 아니라 어떻게 수행하여야 하는지를 결정함에 사용자의 지배하에 있음을 의미한다. 이것은 사용자가 실제로 지시 또는 업무수행 방식을 제어하고 있어야 할 필요는 없고, 단지 그렇게 할 수 있는 권한만 있으면 충분하다.[300]

반면, 국세청(Internal Revenue Service, IRS)은 근로자인지 여부를 판단함에 있어 독립계약자로 분류될 수 있는 기준도 제시하였는데, 이에는 "지시가 없는 경우, 훈련의 부재, 업무의 통합 여부, 개인적으로 제공할 필요가 없는 업무, 보조인에 대한 통제여부, 계속적 관계 여부, 근무시간을 근로자가 정하는 경우, 다른 업무를 수행할 시간 유무, 근로자가 근로장소를 정할 수 있는지 여부, 업무수행 순서에 대한 요구가 없을 것, 보고의무가 없을 것, 결과에 대한 보수를 받는 경우, 근로자가 업무상 소요경비를 스스로 충당하는 경우, 근로자가 자기 작업도구를 사용하는 경우, 근로자가 시설에 투자하는 경우, 근로자가 업무성과에 따라 근로자의 이익이나 손실을 야기하는 경우, 근로자가 한 번에 한 곳 이상의 기업을 위하여 일하는 경우, 근로자가 공공에 업무공개를 하는 경우, 근로자를 해고할 권리가 제한적인 경우, 근로자가 미완업무에 대한 잠재적 책임을 야기하지 않고서는 관

300) 김희성, "위임직채권추심인의 노무제공관계 실태와 근로기준법상 근로자성 여부", 『위임직채권추심인의 근로기준법상 근로자성 여부』, 2015, 58면에서 인용.

계를 종료할 수 없는 경우" 등 20가지를 들고 있다. 이는 우리나라의 근로자 판단 지표에서 판례상 근로자성을 부정하는 요소와 일치하는 부분이 적지 않다.

V. 평가 및 시사점

1. 각국의 접근방법 비교

위에서 ILO 외에 독일법, 일본법, 미국법 등에서의 근로자 개념에 대한 접근방법을 살펴보았다. 이 가운데 각 국가의 접근방법을 비교해보면 몇 가지 공통점과 차이점이 나타난다.[301)]

먼저 공통점은 첫째, 근로자성 결정의 가장 큰 목적은 노무공급자들 중에서 근로자와 근로자가 아닌 노무공급자의 구별을 위한 것이라는 점이다. 둘째, 이러한 구별에 있어서 당사자간 계약의사나 합의 등의 형식적 요소가 아니라 노무공급이 이루어지는 실질(실태)로 근로자성 여부를 결정한다는 점이다. 셋째, 노무공급의 실질을 판단함에 있어서 전체적인 상황을 고려하여 결정하는 반면 지휘명령권 여부에 대한 비중은 줄었다는 점이다.

다음 근로자 개념에 관한 각국의 접근방법에서 나타나는 차이점은 다음과 같이 요약할 수 있다. 첫째, 노동법의 적용대상에 있어 독일은 '근로자' 이외에 '근로자 유사한 자'를 포함하고 있지만 일본과 미국은 '근로자'에 한정하고 있다는 점이다. 둘째, 독일은 근로자에 대하여는 정의규정을 두고 있지 않고, 다만 근로자 유사한 자에 대한 정의규정을 단체협약법에서 규정하고 있을 뿐이나, 일본과 미국은 실정법상(개별적 근로관계법과 집단적 노사관계법) 두고 있다. 셋째, 독일은 학설이나 판례에서 전체 노동법의 통일적 개념으로서 근로자 개념을 구성할 뿐 개별법규의 목적 등은 크게 고려되지 않지만, 일본과 미국에서 근로자 개념은 개별법규의 목적이나 입법정책 등이 그 결정요소의 하나로 기능한다. 다만 미국에

301) 강성태, 「근로자의 개념」, 서울대박사학위논문, 1994, 95~96면 참조.

서는 개별법 각각의 근로자 개념이 모두 상이한 방법으로 접근되고 있는 반면, 일본에서는 노기법과 노조법상의 근로자 개념은 각 법률의 목적과 근로자에 대한 정의규정 자체가 다르기 때문에 각각 달리 접근해야 한다고 하면서도 복합설(사용종속성의 판단기준에 대한 대표적 견해로 노동법상의 근로자 개념을 종속성에 의해 통일적으로 파악하되 종속성은 인적 종속성과 경제적 종속성의 복합개념으로 파악하는 것으로, 근로자성의 기준이 되는 사용종속성은 인적 종속성과 경제적 종속성의 요소들을 일반적 기준으로 하여 정하면 된다고 한다)에 의할 경우 실업자를 제외하고는 노기법과 노조법상 근로자의 개념에 대한 접근방법은 거의 동일하다. 넷째, 취업 · 고용형태의 다양화 등 변화에 대응하는 방법에서의 차이점으로, 독일법의 경우에는 근로자성의 가장 중요한 요소인 인적 종속성의 기준은 그대로 유지하면서도 종전의 인적 종속성의 핵심적 징표인 타인결정성의 요소를 후퇴시키고 그 외의 다양한 요소를 가미하여 인적 종속성의 내용을 재구성하는 방법으로 현실적 타당성을 확보하려고 한다. 그러나 미국법은 본래 개별 법규의 목적에 따른 탄력적인 기준들을 적용하고 있었기 때문에 이 문제에 관하여 커다란 변화는 보이지 않는다. 일본법에서는 두 가지 견해가 있는데 하나는 종래부터 근로자성의 판단기준이 독일법보다 넓고 탄력적이기 때문에 그것을 약간만 보완하면 된다는 견해이고, 다른 하나는 미국법과 같이 개별법규의 목적 등에 의해서 개별적으로 판단해야 한다는 견해이다.

2. 시사점

이러한 각국에서의 취업 및 고용형태의 다양화에 따른 접근방법은 현재 우리가 직면한 문제 해결방안에 대한 시사점을 준다. 이를 정리하면 아래의 비교표와 같다.

	독 일	미 국	일 본	우리나라
노동법의 보호 대상	근로자(모든 노동법률), 유사근로자(일부 노동법률)	근로자		

	독 일	미 국	일 본	우리나라
실정법상 정의 규정 유무	근로자: 없음, 유사근로자: 있음(단체협약법 제12조(a))	있 음		
근로자 개념에 대한 접근방법	통일적 접근(모든 노동법에 동일)	개별적 접근(각 법률마다 상이한 접근)	통일적 접근 + 개별적 접근	
근로자성 판단 기준	인적 종속성	입법목적에 따라 개별법마다 상이	인적 종속성 + 경제적 종속성(다수설)	인적 종속성 vs. 인적 종속성 + 경제적 종속성
취업 및 고용형태의 다양화 등의 변화에 대한 대응	인적 종속성의 내용을 변화시 킴(타인결정성 의 후퇴)	본래 탄력적인 기준이므로 큰 문제없음	통설적 견해 없으나 종전보다 경제적 종속성 중시 vs. 개별법규의 목적 등 중시	준근로자개념을 도입하는 방안 등 입법론상 해결방안이 논의 중에 있음

이상의 내용에서 볼 때 우리나라는 실정법의 내용이나 학설상 논의에서 볼 때 일본과 가장 유사하다. 다만 세부적으로 보면 일본에서는 취업 및 고용형태의 다양화 등 현실적인 변화 속에서 독일과 같이 종속노동론을 유지하되 종속성의 판단요소인 종속노동론의 내용을 수정하여 대처하자는 주장과 종속노동론의 여러 결점을 비판하면서 종속노동론을 도구개념으로 하지 않고 직접 실정법상의 정의 규정과 함께 개별법규의 목적 등을 고려하여 근로자성을 결정하는 방법을 택하여 대처하자는 주장이 대립하고 있는 상황이다.

제3장

판례상 근로자 개념의 사례 유형별 분석과 검토

제3장 판례상 근로자 개념의 사례 유형별 분석과 검토

제1절 근로기준법상 판단기준과 사례 유형별 분석

Ⅰ. 근로자 개념 판단기준의 기본구도와 판단방식의 진화

1. 개 요

근로기준법상 근로자 개념의 판단기준과 관련하여 현재 판례의 '기본구도'를 제시한 것은 이른바 '1994년 판결'(대법원 1994. 12. 9. 선고 94다22859 판결)이다. 대법원은 그 이전에 판례와 학설 등에서 주장되어 오던 근로자성 판단의 제반 요소들을 종합 정리하여 근로자성 판단의 기본방식이라 부를 수 있는 입장을 밝혔다. 그 이후 대법원은 거의 일관되게 위 입장을 유지하고 있고,[302] 학설의 다수설도 동일한 입장에서 동 판례의 근로자성 판단기준의 기본구도에 따라 사안

302) 대법원 1996. 7. 30. 선고 96도732 판결; 대법원 1997. 12. 26. 선고 97다17575 판결 등 다수. 이러한 판단구도는 산업재해보상보험법(이하 "산재보험법"이라 함)상의 근로자성 판단에도 그대로 통용되고 있다. 판례는 산재보험법은 "산재보험법상의 보험급여를 받을 수 있는 근로자에 대하여 '근로기준법상의 근로자'를 말한다고 규정하는 외에 다른 규정을 두고 있지 아니하므로 보험급여대상자인 근로자는 오로지 '근로기준법상의 근로자'에 해당하는지의 여부에 의하여 판가름 나는 것이고, 그 해당 여부는 그 실질에 있어 그가 사업 또는 사업장에 임금을 목적으로 종속적인 관계에서 사용자에게 근로를 제공하였는지 여부에 따라 판단하여야"(대법원 1999. 2. 24. 선고 98두2201 판결) 한다고 하여, "산재보험법의 독자적인 입법목적"을 고려하지 않고 산재보험법 제4조 제2호의 규정에 따라 근로기준법상 근로자 개념을 그대로 차용하고 있다.

을 판단하고 있다. 다만, 대법원은 2001년경부터 '1994년 판결' 이후 유지된 근로자성 판단의 기본구도에서 "근로자에 관한 여러 징표 중 근로조건에 관한 일부의 사정이 결여되었다고 하여 그러한 사유만으로 근로기준법상의 근로자가 아니라고 할 수 없다"라는 조금 변용된 내용의 판례들을 거쳐[303] '2006년 판결'(대법원 2006. 12. 7. 선고 2004다29736 판결)에서 좀 더 진화된 입장으로 발전한다. '2006년 판결'은 기본구도를 제시한 '1994년 판결'을 직접 인용하면서도 "기본급이나 고정급이 정하여졌는지, 근로소득세를 원천징수하였는지, 사회보장제도에 관하여 근로자로 인정받는지 등의 사정은 사용자가 경제적으로 우월한 지위를 이용하여 임의로 정할 여지가 크다"는 점을 고려하여 위와 같은 요소들을 사용종속 관계를 판단함에 있어 다른 판단 요소에 비하여 부차적인 징표로 보아, 미묘하지만 중요한 변화를 보인다. 앞서 살펴 본 내용대로 '1994년 판결'은 근로기준법상의 근로자에 해당하는지 여부를 판단함에 있어 기본적으로 사용종속관계의 존재여부에 따라 근로자성을 정하고(종속성에 의한 판단), 사용종속관계의 존재 여부는 계약의 형식이나 명칭이 아니라 노무공급관계의 실질에 따라 정하며(실질적 판단), 또한 노무공급관계의 실질은 그것을 둘러싼 제반요소를 종합적으로 고려하여(종합적 고려) 판단하는 기본구도를 정립했다.

2. '1994년 판결'에 대한 평가 및 적용사례 개관

1) 비판적 견해

(1) 설은 현행 근로기준법상 근로자 정의규정에는 '종속적 관계 내지 종속성'

---

303) 대법원 2001. 6. 26. 선고 99다5484 판결(신문사 광고영업사원의 근로자성 인정 사례)은 사용종속성의 판단에 있어서는 노동관계법에 의한 보호필요성도 고려하여야 한다고 덧붙이고 있고, 대법원 2001. 2. 9. 선고 2000다57498 판결(이삿짐운반용 트럭운전기사의 근로자성 인정 사례) 및 대법원 2004. 3. 26. 선고 2003두13939 판결(퀵서비스 택배배달원의 근로자성 인정 사례)은 "사용종속성의 판단에 있어서는 노동관계법에 의한 보호필요성도 고려하여야 하며, 전체적으로 보아 임금을 목적으로 종속적 관계에서 사용자에게 근로를 제공하였다고 인정되는 이상, 근로자에 관한 여러 징표 중 근로조건에 관한 일부의 사정이 결여되었다고 하여 그러한 사유만으로 근로기준법상의 근로자가 아니라고 할 수 없다"고 판시한다.

이 명문으로 제시되어 있지 아니한데, 그 정의규정 자체의 검토 및 근로기준법에서 규정한 '근로계약'에 관한 판단을 간과한 채 바로 실질적 종속관계로 넘어가 버렸고, 판례가 들고 있는 실질적 종속관계 존재 여부에 관한 개별적인 판단유형들이 실질적 종속관계를 판단하는 데에 적합한 것인지 의문을 제기하는 입장이다.[304)]

(2) 설은 전통적인 지휘명령성 내지 사용종속성의 요소를 지나치게 고려함으로 인하여 독자적인 시장접근성의 유무와 정도, 사업자로서 전문적 능력이나 경제적 능력을 갖고 있는가, 독립적 사업수행에 필요한 도구나 시설을 직접 소유 또는 관리하고 있는가 하는 등의 요소를 고려하지 않았고, 취업 · 고용형태의 다양화에 따라 전문적 · 능력급적 업무에서는 지휘명령성의 존재여부를 판단함에 있어서 간접적 · 포괄적 업무명령권 등에 대한 고려가 없으며, 근로자성 판단을 위한 제반 요소 중 사실적 징표(실질적 징표)와 부수적인 징표(형식적 징표)를 구별하지 않은 채 제반 사실적 징표를 병렬적으로 나열하여, 주로 사용자가 경제적 · 사회적 지위의 우월성을 이용하여 일방적으로 결정할 수 있는 사항들로서 부수적 · 형식적 징표에 속하는 ① 취업규칙 · 복무규정 · 인사규정 등의 적용여부, ② 기본급이나 고정급이 정하여져 있는지 여부, ③ 보수가 근로의 대가성이 있는지 여부(보수의 내용과 지급방법), ④ 세법이나 사회보장제도에 관한 법령 등 다른 법령에 의하여 근로자로서의 지위를 인정받는지 여부 등도 다른 요소들과 동등한 정도로 고려하고 있음은 잘못이라는 견해이다.[305)]

(3) 설은 "대법원은 근로자 개념을 유형적 접근방법에 의하여 판단하고 있는데, 유형적 접근방법은 개념이 추상적이고 일반적이며, 그 개념 속에 포함된 현상들을 포섭하기에 충분한 체계를 갖추지 못한 경우에 사용되는 방법으로서 개념 표지들의 수효(數爻)가 정해져 있지 않다. 또한, 개념 표지들 중 일부는 포기가 가능하며, 개개의 개념표지들 상호간의 관계가 확정적이지 않다. 근로자성 판단을 유

304) 박종희, "근로기준법상 근로자개념-근로기준법의 적용확대와 선별적용과 관련하여-", 「노동법학」(제16호), 한국노동법학회, 2003, 73~84면.

305) 강성태, "특수고용관계와 근로기준법상 근로자성의 판단", 「노동법학」(제11호), 한국노동법학회, 2000, 45면 이하.

형적으로 접근함과 동시에 사용종속관계의 존재 여부를 확인하기 위한 사실적 징표를 병렬적으로 나열함으로써, 이들 사이에 선후 관계 또는 우열 관계를 확인할 수 없어 예측가능성이 없고 법원의 자의가 개입될 여지가 많아 법적 안정성이 심히 침해되고 있다. '사용종속관계' 확인을 위하여 제시하고 있는 '세부 개념 표지'들이 법률효과와 의미관련성을 결하고 있다. 즉, 이들 요소들은 우리가 일상생활에서 가장 쉽게 접할 수 있는 전형적인 근로자의 유형, 예를 들면 공장 근로자로부터 '사용종속관계'의 존재 유무를 판단하는 기준을 도출하고 있을 뿐, 이러한 기준들이 어떠한 법률적 근거에 의하여 자영업자와 근로자를 구별하기 위한 기준이 되었는지를 설명하지 못하고 있다"고 지적한다.[306)]

2) '1994년 판결' 전후의 구체적 적용사례 개관

(1) 근로기준법상의 근로자성을 인정한 사례

한국방송공사의 위탁직 시청료징수원(대법원 1993. 2. 9. 선고 91다21381 판결), 신문판매원(대법원 1996. 10. 29. 선고 95다53171 판결), 방송회사와 전속계약을 체결하고 입사한 관현악단원(대법원 1997. 12. 26. 선고 97다17575 판결), 이삿짐 운반용 트럭운전기사(대법원 2001. 2. 9. 선고 2000다57498 판결[307)]), 신문사의 광고영업사원(대법원 2001. 6. 26. 선고 99다5484 판결[308)]), 한국방송공사 드라마제작국의 외부제작요원(대법원 2002. 7. 26. 선고 2000다27671 판결), 기존 기업이 일부 생산부문의 인적조직을 이른바 '소사장 법인'으로 분리시킨 경우 그 소사장 법인 소속 근로자(대법원 2004. 3. 11. 선고 2004두916 판결), 퀵서비스 택배배달원(대법원 2004. 3. 26. 선고 2003두13939 판결[309)]), 택

---

306) 유성재, "목적론적 개념형성에 의한 근로자성 판단", 「법조」(569호), 2004. 2, 47면 이하.

307) 근로자 개념의 판단기준에 관한 여러 요소 중 일부분이 결여되었더라도 전체적으로 보아 근로자성을 인정한 첫 번째 사례이다.

308) "사용종속성의 판단에 있어서는 노동관계법에 의한 보호필요성도 고려하여야 한다"고 판시한 첫 번째 사례이다.

309) 자기 소유의 오토바이를 이용하여 택배 업무에 종사하는 배달원이 근로자에 해당하는지 문제된 사안으로, 대법원은 "사용종속성의 판단에 있어서는 노동관계법에 의한 보호필요성도 고려하여

시회사의 일용대무기사(대법원 2005. 4. 14. 선고 2004도1108 판결), 외국인 산업기술연수생(대법원 2005. 11. 10. 선고 2005다50034 판결) 등은 근로기준법상의 근로자로 본다.

(2) 근로기준법상의 근로자성을 부정한 사례

학습지 교육상담 교사(대법원 1996. 4. 26. 선고 95다20348 판결[310]), 입시학원 단과반 강사(대법원 1996. 7. 30. 선고 96도732 판결), 골프장 캐디(대법원 1996. 7. 30. 선고 95누13432 판결, 대법원 2002. 6. 28. 선고 2002도601 판결[311]), 화물

야 하며, 전체적으로 보아 임금을 목적으로 종속적 관계에서 사용자에게 근로를 제공하였다고 인정되는 이상, 근로자에 관한 여러 징표 중 근로조건에 관한 일부의 사정이 결여되었다고 하여 그러한 사유만으로 근로기준법상의 근로자가 아니라고 할 수는 없다"고 하여, 유족보상 및 장의비 부지급처분 취소소송에서 노동관계법에 의한 보호필요성 뿐 아니라 근로조건에 관한 여러 징표 중 일부가 결여되더라도 전체적으로 보아 근로자성을 인정하였다. 즉, "OOO은 사업주가 정한 출·퇴근시간에 따라 출·퇴근하면서 사업주의 지시에 따라 배달업무를 수행하였고, 원칙적으로 사업주의 배달지시를 거부할 수 없었으며, 근로서약서상 근무시간에 음주하면 해고하도록 되어 있고, 또 장기간 출근하지 않으면 해고되는 등 사업주의 지시와 감독을 받아 온 점, OOO은 고객으로부터 받은 배달 수수료를 퀵서비스에 전액 입금한 후 매월 1회 자신이 입금한 배달 수수료의 일부를 임금조로 지급받기로 되어 있었고, 매일 식비로 3,000원과 배달용 오토바이의 유류비 중 50%를 지급받아 온 점 등에 비추어 보면, OOO은 임금을 목적으로 종속적인 관계에서 사용자에게 근로를 제공한 근로자로 봄이 상당하다."라고 판시하였다.

310) 학습지 등을 제작·판매하는 회사와는 업무위탁계약을 체결하여 회원 모집 및 유지관리, 회비 수금 등 업무를 수행하고 실적에 따라 수수료를 지급받는 학습지 교육상담교사는 근로자가 아니라고 한 사례이다. 이는 '1994년 판결'을 그대로 인용한 대표적인 판결로서 학습지회사와 위탁업무계약을 체결한 교육상담교사의 경우, ① 그 위탁업무의 수행과정에서 업무의 내용이나 수행방법 및 업무수행 시간 등에 관하여 그 회사로부터 구체적이고 직접적인 지휘·감독을 받고 있지 아니한 점, ② 그 회사로부터 지급받는 수수료는 그 위탁업무 수행을 위하여 상담교사가 제공하는 근로의 내용이나 시간과는 관계없이 오로지 신규 회원의 증가나 월회비의 등록에 따른 회비의 수금 실적이라는 객관적으로 나타난 위탁업무의 이행 실적에 따라서만 그 지급 여부 및 지급액이 결정되는 것이어서 종속적인 관계에서의 근로제공의 대가로서의 임금이라 보기 어려운 점, ③ 그 밖에 업무수행 시간의 정함이 없는 점 등 여러 사정을 종합하여 볼 때, 교육상담교사는 그 회사와의 사이에 사용·종속관계하에서 임금을 목적으로 근로를 제공한 근로자로 볼 수 없다고 한 판례이다.

311) 동 판결은 캐디의 근로기준법상의 근로자성을 부인한 것인 반면, 노조법상의 근로자성에 관해서는 대법원 1993. 5. 25. 선고 90누1731 판결과 최근 대법원 2014. 2. 13. 선고 2011다

차 지입차주(대법원 1996. 11. 29. 선고 96누11181 판결[312]; 대법원 2001. 4. 13. 선고 2000도4901 판결[313]), 임차한 중기의 지입차주 겸 운전사(대법원 1998. 5. 8. 선고 98다6084 판결[314]), 레미콘차량의 지입차주 겸 운전기사(대법원 1995. 6. 30. 선고 94도2122 판결; 대법원 1997. 2. 14. 선고 96누1795 판결; 대법원 1997. 11. 28. 선고 97다7998 판결; 대법원 2003. 1. 10. 선고 2002다57959 판결), 유흥업소 접대부(대법원 1996. 9. 6. 선고 95다35289 판결), 보험모집인(대법원 2000. 1. 28. 선고 98두9219 판결[315]), 양복점의 재봉공(대법원 2001. 8. 21. 선고 2001

78804 판결 등은 캐디의 노조법상의 근로자성을 인정하였다. 캐디의 근로기준법과 노조법상의 근로자성에 관한 상반된 판결에 대한 학설의 평가에 관하여는 후술한다.

312) 화물 자동차를 구입하여 운수회사에 지입한 후 회사에는 지입료와 제세공과금만을 납부하고 자동차의 운행에 관하여는 전적으로 자신의 책임 아래 운전기사를 고용하고 자신도 차주 겸 운전사로 그 자동차를 운전하면서 화물운송업에 종사한 지입차주는, 그 지입회사로부터 임금을 받을 것을 목적으로 근로를 제공하는 자라 할 수 없어 근로기준법이 정한 근로자나 산업재해보상보험법이 정한 수혜자인 근로자에 해당하지 않는다고 한 판례이다.

313) "직업안정법상 '고용계약'이나 근로기준법상의 근로계약은 모두 노무제공의 종속성을 전제로 하는 점에서 다를 바 없고, 직업안정법은 근로자의 직업안정을 도모하는 데 그 목적을 두고 있음에 비추어 보면, 직업안정법상 고용계약도 근로기준법상 근로계약과 그 의미가 같다고 보아야 한다"고 하면서, "근로계약이나 고용계약이 아닌 차량임대차계약서라는 형식으로 계약이 체결되고, 차량임대금액으로 월 200만 원을 지급받기로 한 사실, 피해자들은 지입회사 명의로 등록된 차량을 가지고 사업자등록을 한 지입차주 겸 운전기사인 사실, 엔진오일 · 유류대금 · 도로이용료를 제외한 차량지입료 · 각종 보험료 · 자동차세 · 타이어대 · 부품대 등 트럭의 운행과 관련된 모든 비용을 피해자들이 부담하고, 대체근무가 가능하며, 일직이나 당직근무도 하지 아니한 사실, 취업규칙이나 인사규정도 적용되지 않고 상여금 지급에 대한 약정도 없으며, 근로소득세나 의료보험료가 공제된 바도 없는 사실을 인정한 다음, 이러한 사실에 비추어 … 이 사건 계약관계를 근로기준법상의 근로계약이나 직업안정법상의 고용계약이라고 보기 곤란하다"고 판시하였다.

314) 지입차주가 중기를 지입회사 명의로 구입하여 지입회사와 형식상의 관리계약하에 차주 겸 운전사로서 중기임대업에 종사하여 온 경우, 그 지입차주는 지입회사나 중기의 임차인으로부터 임금을 받을 것을 목적으로 근로를 제공하는 자라고 할 수 없으므로 근로기준법 소정의 근로자나 산업재해보상보험법 소정의 근로자에 해당하지 않는다고 한 판례이다.

315) 동 판결에서는, 보험모집인이 제공하는 노무가 회사의 사업의 중요한 부분에 속하고, 그 업무수행이 개인의 자율과 능력에 달려 있어서 이에 대한 회사의 지시감독은 간접적인 형태로 이루어질 수밖에 없다는 특성을 감안하더라도, 보험모집인의 근로시간 및 근로내용이 회사에 의하여 지배 · 관리된다고 볼 수 없다고 한다.

도2778 판결), 방문판매회사의 판매대리인(대법원 2002. 7. 12. 선고 2001도5995 판결) 등은 근로기준법상의 근로자가 아니라고 보았다.

3) 대표적 적용사례에 대한 비판

'1994년 판결'의 기본구도에 따른 구체적 적용사례를 하나하나 비판적으로 검토하는 것은 '2006년 판결'의 진화된 판단방식이 현재 판례의 기본이므로 큰 의미는 없다. 다만 판례가 진화하게 된 배경을 살펴보기 위해 종래 판결 중 대표적인 사례 몇 가지를 검토한다.

(1) 한국방송공사의 위탁직 시청료징수원[316)]

근로기준법상의 근로자성을 인정한 사례로, ① 위탁직 징수원이 업무처리과정에 다소 자유로운 입장에 있었다 하더라도, ② 이는 텔레비전수상기보유자에 대한 호별방문의 방법, 방문순서 등에 국한되는 것이고, 이 범위 안에서 업무처리상의 독자성이 인정되는 것은 담당업무의 특수성 때문에 그러한 것이지 이것만 가지고 사용자의 지휘·감독과 통제로부터 벗어난 것이라고 할 수 없고, ③ 또 기본급이나 고정급이 없이 징수한 시청료에 대한 일정비율의 금액만을 수수료 명목으로 지급받아 왔다하더라도 그것이 전체 근로에 대한 대가로서 지급된 것임이 명백한 이상 임금으로서의 성격(일종의 성과급 또는 능률급)이 부정되어지는 것도 아니라 할 것이므로, 위탁직 징수원도 계약직 징수원과 마찬가지로 한국방송공사에 대하여 실질적인 사용종속관계에 있는 근로자에 해당된다고 본다. 이 사례에서도 근로자성을 위탁직이라는 계약의 형식에 얽매이지 않고, 실질관계에 따라 판단하고 있지만, 앞에서 언급한 판단의 기본구도인 '1994년 판결'이 나오기 이전의 판례로서 근로자성 판단기준을 지나치게 단순화한 것으로 판단기준으로는 미흡해 보인다.

---

316) 대법원 1993. 2. 9. 선고 91다21381 판결.

(2) 신문부수확장요원[317)]

근로자성을 인정한 사례로, 판례는 ① 1년 단위로 신문부수 확장요원 위탁계약을 갱신하면서 회사를 위하여 신문판매 확장업무를 수행하였고, ② 회사는 확장요원들에게 확장업무에 대한 대가로 판매실적에 따른 확장수당 등의 제수당을 지급하는 외에 경력연수에 따른 고정급인 기본급을 정기적으로 지급하여 왔으며, ③ 확장요원들은 회사의 판매국장이 일주일 단위로 목표부수를 할당하여 배정하는 신문보급소의 해당 지역에서 판촉활동업무를 수행하게 되는데, 그 업무의 성격상 출퇴근시간이 정규직원처럼 엄격하지는 않지만 계속 출퇴근 상황에 대한 감독을 받고 할당된 목표부수를 달성하지 못한 경우에는 질책을 당하기도 하였고, ④ 회사는 신규요원에 대하여는 견습교육을 실시하였고 일반 확장요원에 대하여도 정기적으로 판촉요령, 근태상황 등과 관련된 교육을 실시하였으며, ⑤ 확장요원들은 회사의 인사규정을 직접 적용 받지는 아니하나 계약에 규정한 성실의무를 이행하지 아니하거나 확장실적이 저조한 경우에는 회사가 일방적으로 계약을 해지할 수 있도록 되어있으며, ⑥ 회사는 확장요원들을 선별적으로 직장 의료보험에 가입시켜 의료보험의 혜택을 주어 왔는데 확장요원들은 모두 그 보험에 가입되어 있었으므로 실질에 있어 종속적인 관계에서 근로를 제공한 근로기준법 소정의 근로자에게 해당한다고 본다. 이로써 ①에서 당사자가 어떤 계약을 체결하였는지는 전혀 문제삼지 않는다. 그리고 지휘 · 명령의 전통적인 요소로 보는 ③근태관리 외에 ④교육의 실시와 ⑤일방적 계약해지권을 지휘 · 명령의 요소로 새로 추가하고, 임금성의 요소로 ②를, 기타의 요소로는 ⑥을 들고 있다.

---

317) 대법원 1996. 10. 29. 선고 95다53171 판결.

(3) 레미콘차량의 지입차주 겸 운전기사[318)]

근로기준법상의 근로자성을 부정한 판례 중에서 대표적으로 레미콘 제조회사와 레미콘 운반 도급계약을 체결하고 레미콘 운반량에 따라 운반비를 받는 '레미콘 차량의 지입차주 겸 운전기사' 사례를 살펴본다. 레미콘 제조회사에 대하여 사용종속관계 하에서 임금을 목적으로 근로를 제공하는 근로기준법상의 근로자가 아니라고 본 이유로, ① 레미콘 제조회사로부터 일정한 통제를 받는다고 하더라도 취업규칙 등이 적용되지 않고, ② 근로소득세가 원천징수되지 않으며 의료보험이나 국민연금의 혜택이 없는 점, ③ 레미콘 차량의 수리비를 본인이 부담한 점, ④

---

318) 대법원 1995. 6. 30. 선고 94도2122 판결; 대법원 1997. 2. 14. 선고 96누1795 판결; 대법원 1997. 11. 28. 선고 97다7998 판결; 대법원 2003. 1. 10. 선고 2002다57959 판결 등. 레미콘 운송차주가 근로자에 해당하는지 문제된 사안(근로자성 부정)에서 "… 그 업무 내용이 원고에 의하여 정해지고, 운반의뢰 불이행이나 구내 도박 및 음주 등의 경우에 배차중지 등의 불이익을 받을 수 있으며, 원고로부터 근무태도에 대하여 교육받는 등 업무수행 과정에 있어서도 원고의 구체적인 지휘·감독을 받아 마치 고용관계에 유사한 외관을 형성한 면이 없지 않지만, 그와 같은 사실만으로 운송차주들이 원고의 근로자라고 단정할 수는 없고, 오히려 원고가 레미콘을 필요로 하는 건설현장으로부터 공급주문을 받는 주체인 이상, 운반도급계약의 상대방인 운송차주들로 하여금 운반장소를 지정하여 운송을 위탁하는 것은 운반도급계약의 기본적인 내용에 속하는 사항이고, 운송차주들이 원고가 제조한 레미콘을 위와 같은 방식으로 운반하는 것은 레미콘의 정확한 강도와 규격에 대한 품질보증이 필요하고 생산 후 90분 이내에 현장에 도착해야 하는 레미콘 자체의 특성에 기인하는 바가 크며, 레미콘 제조사가 레미콘의 타설시간을 조정할 수 있는 것이 아니라 수요자인 건설현장의 공정관리상 원하는 시간에 맞추어 타설하여야 하는데, 운송차주들이 건설현장에서 원하는 시간을 개별적으로 파악하기는 어려우므로 일반적으로 원고가 운송차주들에게 출하시간을 알려줄 수밖에 없는 점, 운송차주들이 원고의 물량을 안정적이고 독점적으로 운반함으로써 자신들의 경제적 이익을 증대시키기 위해 원고와 장기간의 운반도급계약을 체결한 이상 원고의 신용과 영업상의 이익을 위하여 그 업무수행 과정에서 어느 정도 원고의 지휘·감독을 받는 것은 불가피한 점, 운송차주들의 복귀시간이 정해져 있지 않고 그 복귀여부도 자유로운 점, 운송차주들이 스스로 제 3자를 고용하여 업무를 대행하는 것이 불가능하지 않은 점, 레미콘 운송차량의 소유권이 운송차주들에게 있고 그 차량의 관리를 운송차주들 스스로 하여 온 점, 근로소득세를 원고가 원천징수한 것이 아니라 운송차주들이 각자 사업자등록을 하여 사업소득세 및 부가가치세를 납부한 점, 운송차주들이 취업규칙·복무규정·인사규정 등의 적용을 받지 아니하고, 기본급이나 고정급이 정하여져 있지 아니한 점 등을 종합하면, 위 운송차주들의 일원인 피고들은 원고에 대하여 종속적인 고용관계에서 노무에 종사하고 그 대가로 임금 등을 받는 원고의 근로자라고 볼 수 없다."라고 판시하였다(대법원 2003. 1. 10. 선고 2002다57959 판결).

레미콘 제조회사로부터 지급받는 운임은 운반한 레미콘의 양에 의해서만 산정되는 점, ⑤ 레미콘 제조회사의 통제에 따르지 않더라도 계약해지의 사유가 될 뿐 징계처분을 받지는 않는 점 등의 사정을 들고 있다. 이 중 ①의 상황은 지휘 · 명령의 요소를 부정할 수 없을 것이고, ④의 상황은 임금성의 요소로 볼 수 있으며, ②는 사용자의 우월적 지위로 임의로 정할 수 있는 기타의 요소에 해당한다. 그러나 수리비의 본인부담은 기업활동의 위험을 누가 부담하는가 하는 새로운 요소로서 판례의 전통적인 판단지표에는 해당하지 않는다. 또한 바로 앞에서의 근로자성을 인정한 신문부수확장요원 사례(대법원 1996. 10. 29. 선고 95다53171 판결)에서는 계약의 일방적 해지권이 지휘 · 명령의 요소로서 기능하였으나 여기서는 오히려 지휘 · 명령이 인정되지 않는 소극적 요소가 된다는 점에서 판례가 일관성이 없음을 보여 주고 있다.

3. '2006년 판결'과 진화한 판단방식에 대한 평가

1) 판결 내용 및 평가

(1) 판결요지

근로자성 판단의 기본구도에 대한 '1994년 판결'[319] 이후, 대입학원 종합반 강사의 퇴직금이 문제된 사안에서 '2006년 판결'[320]은 근로자성 판단의 기본구도를 유지하면서 세부적으로 그 판단방식을 좀 더 진화시켰다. 즉, "근로기준법상의 근로자에 해당하는지 여부는 계약의 형식이 고용계약인지 도급계약인지보다 그 실질에 있어 근로자가 사업 또는 사업장에 임금을 목적으로 종속적인 관계에서 사용자에게 근로를 제공하였는지 여부에 따라 판단하여야 하고, 위에서 말하는 종속적인 관계가 있는지 여부는 ① 업무 내용을 사용자가 정하고 ② 취업규칙 또는 복무(인사)규정 등의 적용을 받으며 ③ 업무 수행 과정에서 사용자가 상당한 지

319) 대법원 1994. 12. 9. 선고 94다22859 판결.
320) 대법원 2006. 12. 7. 선고 2004다29736 판결.

휘 · 감독을 하는지, ④ 사용자가 근무시간과 근무장소를 지정하고 근로자가 이에 구속을 받는지, ⑤ 노무제공자가 스스로 비품 · 원자재나 작업도구 등을 소유하거나 ⑥ 제3자를 고용하여 업무를 대행케 하는 등 독립하여 자신의 계산으로 사업을 영위할 수 있는지, 노무 제공을 통한 이윤의 창출과 손실의 초래 등 위험을 스스로 안고 있는지와 ⑦ 보수의 성격이 근로 자체의 대상적 성격인지, 기본급이나 고정급이 정하여졌는지 및 근로소득세의 원천징수 여부 등 보수에 관한 사항, ⑧ 근로 제공 관계의 계속성과 사용자에 대한 전속성의 유무와 그 정도, ⑨ 사회보장제도에 관한 법령에서 근로자로서 지위를 인정받는지 등의 ⑩ 경제적 · 사회적 여러 조건을 종합하여 판단하여야 한다. 다만, ⑦ 기본급이나 고정급이 정하여졌는지, 근로소득세를 원천징수하였는지, ⑨ 사회보장제도에 관하여 근로자로 인정받는지 등의 사정은 사용자가 경제적으로 우월한 지위를 이용하여 임의로 정할 여지가 크다는 점에서, 그러한 점들이 인정되지 않는다는 것만으로 근로자성을 쉽게 부정하여서는 안 된다."고 판시하였다.

(2) '2006년 판결'에 대한 평가

'2006년 판결'은 대법원이 1994년 이래 근로기준법상 근로자 판단 기준에 관하여 오랫동안 지켜온 판시의 전체적인 맥락을 유지하되, 외환위기 후 급변한 우리 사회의 노동시장 변화 양상을 고려하여 그 판단 방법을 나름대로 현실에 맞게 일부 수정하고, 계약서 문언이나 소득세 원천징수 · 사회보장제도상 취급 등 경제적으로 우위에 있는 사용자가 임의로 정할 수 있는 요소에 얽매이지 않고, 업무수행의 실질적인 양태에 착안하여 실질적인 사용종속관계 여부에 따라 근로기준법상 근로자성 여부를 밝혔다. 또한 대상 판결은 임금 지급과 업무 수행의 일부 단절과 근로관계 계속성 사이의 관계, 기간의 정함이 있는 것으로 계약서가 작성된 근로관계에서 기간의 정함이 없는 근로계약으로 볼 수 있는 경우에 관하여 적지 않은 시사점을 제시하였다. 결국 '2006년 판결' 이후 노무제공자에 대한 노동법의 보호 범위를 정함에 있어 '1994년 판결'에 비하여 새로운 판단 기준을 제시하고 근로자성 판단 방법에서 기존보다 진화된 방식을 제공하였다고 평가할 수 있다.

2) '1994년 판결'과 '2006년 판결'의 내용상 차이점 비교[321]

	'1994년 판결' 이후	'2006년 판결' 이후
근로자성 구별표지	① 업무의 내용이 사용자에 의하여 정하여지는지	① 업무의 내용을 사용자가 정하는지
	② 취업규칙 또는 복무(인사)규정 등의 적용을 받는지	② 취업규칙 또는 복무(인사)규정 등의 적용을 받는지
	③ 업무수행과정에 있어서 사용자로부터 구체적이고 개별적인 지휘 · 감독을 받는지	③ 업무수행과정에서 사용자가 상당한 지휘 · 감독을 하는지
	④ 사용자에 의하여 근무시간과 근무장소가 지정되고 이에 구속을 받는지	④ 사용자가 근무시간과 근무장소를 지정하고 근로자가 이에 구속을 받는지
	⑤ 비품, 원자재나 작업도구 등의 소유관계	⑤ 노무제공자가 스스로 비품 · 원자재나 작업도구 등을 소유하거나
	⑥ 근로자 스스로가 제3자를 고용하여 업무를 대행하게 하는 등 업무의 대체성이 있는지 여부	⑥ 제3자를 고용하여 업무를 대행하게 하는 등 독립하여 자신의 계산으로 사업을 영위할 수 있는지, 노무 제공을 통한 이윤의 창출과 손실의 초래 등 위험을 스스로 안고 있는지
	⑦ 보수에 관한 사항(보수의 성격이 근로 자체의 대상적 성격이 있는지 여부 / 기본급이나 고정급이 정하여져 있는지 여부 / 근로소득세의 원천징수 여부 등)	⑦ 보수에 관한 사항(보수의 성격이 근로 자체의 대상적 성격인지 여부 / 기본급이나 고정급이 정하여졌는지 여부 / 근로소득세의 원천징수 여부 등)
	⑧ 근로제공관계의 계속성과 사용자에의 전속성의 유무와 정도	⑧ 근로제공관계의 계속성과 사용자에 대한 전속성의 유무와 그 정도
	⑨ 사회보장제도에 관한 법령 등 다른 법령에 의하여 근로자로서의 지위를 인정받는지 여부	⑨ 사회보장제도에 관한 법령에서 근로자로서 지위를 인정받는지 여부
	⑩ 양 당사자의 경제 · 사회적 조건 등	⑩ 경제적 · 사회적 여러 조건

321) 진화된 입장의 대법원 2006년 판결 인용문에서 내용에 필자가 임의로 붙인 원번호는 앞서 근로자 개념의 판단에 대한 기본구도를 밝힌 1994년 판결 내용의 원번호(① 업무의 내용이 사용자에 의하여 정하여지고, ② 취업규칙 또는 복무(인사)규정 등의 적용을 받으며, ③ 업무수행과정에 있어서도 사용자로부터 구체적, 개별적인 지휘 · 감독을 받는지 여부, ④ 사용자에 의하여 근무시간과 근무장소가 지정되고 이에 구속을 받는지 여부, ⑥ 근로자 스스로가 제3자를 고용하여 업무를 대행케 하는 등 업무의 대체성 유무, ⑤ 비품, 원자재나 작업도구 등의 소유관계, ⑦ 보수의 성격이 근로 자체의 대상적 성격이 있는지 여부와 기본급이나 고정급이 정하여져 있는지 여부 및 근로소득세의 원천징수 여부 등 보수에 관한 사항, ⑧ 근로제공관계의 계속성과 사용자에의 전속성의 유무와 정도, ⑨ 사회보장제도에 관한 법령 등 다른 법령에 의하여 근로자로서의 지위를 인정받는지 여부, ⑩ 양 당사자의 경제 · 사회적 조건)와 비교하기 위해서다. 1994년 판결과 비교해 볼 때 일단 문맥의 내용이 정리되어 외형상 원번호 ⑤와 ⑥의 순서가 바뀌었고, ⑩의 표현도 변경되었다.

(1) '상당한' 지휘·감독관계의 '사안별' 포섭으로 결론에서 차이

먼저 '2006년 판결'에서건 '1994년 판결'에서건 기본적으로 판례는 '종속적인 관계'가 있는지 여부를 판단하기 위해 일정한 기준을 정립한 후, 근로관계의 실질을 이 기준에 맞추어 판단하고 종속적 관계가 인정되는 경우 근로자성을 인정하는 방식을 취하고 있다. 그렇다면 판례가 실질에 입각하여 궁극적으로 파악하고자 하는 종속적인 관계란 무엇인가? 그 핵심은 지휘 · 명령관계의 존재에 있다. 하지만 지휘 · 명령관계는 실제의 경우에 따라 다양하게 나타나고 그 형태나 정도를 정확하게 구분하기도 곤란할 것이다. 그럼에도 불구하고 '2006년 판결'에서의 판단기준이 '1994년 판결'과 구별되는 가장 중요한 차이점으로는 사용자의 지휘 · 감독의 정도와 관련하여 '구체적 개별적인 지휘 · 감독'뿐만 아니라 '상당한 지휘 · 감독'관계에 있는 경우라도 제반 사정을 고려하여 근로자성을 인정할 수 있도록 완화하였다는 점이다.[322] 이에 따라 법원이 기존 '1994년 판결'에 비하여 '2006년 판결' 이후에는 실제 판결에서 '상당한 지휘 · 감독'관계를 포섭함에 있어 각각의 사안별로 결론이 달라지는 경우가 많아진 것으로 보인다. 대표적으로 아래에서 살펴볼 '채권추심원 사례'에서 최근 대법원 판결들을 통해서도 확인할 수 있다.

(2) 경제적 종속성 지표의 명확한 구분

다음으로는 종속적 관계를 판단하는데 있어 1994년 판결이 '근로자 스스로가

322) '1994년 판결'(대법원 1994. 12. 9. 선고 94다22859 판결)에서는 "업무수행 과정에 있어서도 근로자가 사용자로부터 구체적이고 직접적인 지휘 · 감독을 받는지 여부"라고 표현하고 있고, '2006년 판결'(대법원 2006. 12. 7. 선고 2004다29736 판결)에서는 "업무수행 과정에서 사용자가 상당한 지휘 · 감독을 하는지"로 판단기준을 설시하고 있다. 기본구도와 진화된 입장의 내용에서 세부적으로 무엇보다 ③의 내용이 '구체적, 개별적인' 지휘 · 감독에서 '상당한' 지휘 · 감독으로 표현이 달라졌다. 판단징표를 세부적으로 10개로 분류한 기본구도와 진화된 입장을 내용상으로 구분하자면 ①②③의 징표들은 ③의 내용(판례의 기본구도에서 '구체적, 개별적인' 지휘 · 감독과 진화된 입장에서 '상당한' 지휘 · 감독)을 이루는 것으로 볼 수 있다. 양자 사이에 ①②의 내용('업무의 내용을 사용자가 정하고', '취업규칙 또는 복무(인사)규정 등의 적용을 받으며')에는 표현상의 차이도 없다.

제3자를 고용하여 업무를 대행케 하는 등 업무의 대체성 유무', '비품 · 원자재나 작업도구 등의 소유관계' 라고 별개의 기준으로 설시한 내용을 2006년 판결에서는 이를 통합하여 판시하였다.[323] 즉 '노무제공자가 스스로 비품 · 원자재나 작업도구 등을 소유하거나 제3자를 고용하여 업무를 대행케 하는 등 독립하여 자신의 계산으로 사업을 영위할 수 있는지, 노무 제공을 통한 이윤의 창출과 손실의 초래 등 위험을 스스로 안고 있는지' 를 근로자와 구별하는 사업자성에 관한 징표로 제시하였다. 구체적인 표현에서 독립사업자성의 중요한 특징 중 하나인 '노무 제공을 통한 이윤의 창출과 손실의 초래 등 위험을 스스로 안고 있는지' 를 추가하여, 연결되는 표현인 '업무의 대체성 유무' 와 '비품 · 원자재나 작업도구 등의 소유관계' 부분까지도 경제적 종속성에 관한 지표임을 명확히 하였다.

(3) 부수적 요소로 고려될 형식적 지표의 구분

또한 '기본급이나 고정급이 정하여졌는지, 근로소득세를 원천징수하였는지, 사회보장제도에 관하여 근로자로 인정받는지' 등의 형식적인 지표는 '사용자가 경제적으로 우월한 지위를 이용하여 임의로 정할 여지가 크다는 점' 을 고려하여 사용종속 관계를 판단함에 있어 다른 요소에 비하여 부수적 요소로 보았다.[324]

323) 1994년 판결의 기본구도의 판단기준에서 ⑤와 ⑥으로 구분한 내용을 진화된 입장의 2006년 판결은 ⑤와 ⑥의 순서를 바꾸고 내용상 이를 통합하여 판시하였다.

324) 기본구도의 판단기준에서 ⑦번의 '보수의 성격이 근로 자체의 대상적 성격이 있는지 여부와 기본급이나 고정급이 정하여져 있는지 여부 및 근로소득세의 원천징수 여부 등 보수에 관한 사항' 과, ⑨번의 '사회보장제도에 관한 법령 등 다른 법령에 의하여 근로자로서의 지위를 인정받는지' 는 ⑩번의 '양 당사자의 경제 · 사회적 조건' 과 더불어 종속적인 관계를 판단하는데 병렬적인 판단 요소였으나, 진화된 입장에서는 기본구도의 ⑦번에서 '보수의 성격이 근로 자체의 대상적 성격이 있는지 여부' 를 제외한 부분과 ⑨번은 (기본구도의 ⑩번 '양 당사자의 경제 · 사회적 조건' 의 다른 표현인) 사용자의 우월한 경제적 지위에 비추어 종속적인 관계를 판단하는데 부차적으로 고려하는 요소이다.

3) 진화된 판단방식의 배경 및 필요성

(1) 종합적 판단 방법을 유지하면서 새로운 형태의 고용구조에 대응하기 위한 근로자성 판단 기준의 유연화

'1994년 판결'이 인적 종속성(사용종속관계)에 기초한 유형론적 방법에 입각하여 개별 징표를 나름대로 제시하여 열거한 다음, 구체적 사안에서 계약의 형식과 관계없이 실질적으로 근로관계 존재 여부를 파악하고 있는 태도를 취한 것은 나름의 의미가 없지 않다. 그러나 민법상 전형적인 도급, 위임 계약을 통하여 일의 결과만을 취하는 형태로 새로운 노무제공 형태를 가진다면 근로계약이 아니므로 근로기준법 등 노동법의 적용을 부인할 수밖에 없을 것이다.

그렇지만 특수형태고용종사자뿐만 아니라 근대 산업사회의 전형적인 생산직 육체 근로자와는 비교할 수 없는 새로운 노무제공 형태와 지식정보화산업에서 비교적 자율성을 가진 정신적 업무를 주로 하는 관리 · 전문 직종 등 다양한 고용형태가 등장하고 있는 현실을 보면, 전통적인 근로자와 다를 바 없이 사용종속관계 속에서 근로를 제공하고도 열등한 경제적 지위로 인하여 외형상으로만 자영업자와 같은 계약 형태를 취할 수밖에 없는 자들에 대하여 근로자 지위를 인정함으로써 노동법상 보호를 받게 할 필요가 있다.

(2) 판단기준 중에서 핵심적인 징표와 부차적인 징표의 구별

'1994년 판결'은 근로자성 인정의 여러 징표를 병렬적으로 열거하고 있을 뿐이지, 그 상호간의 우열이나 비중의 경중을 찾아보기 어려웠다. 그러나 실제 위 근로자성 인정 기준을 구체적인 사안에 적용할 경우 취업, 고용형태 및 근로자의 노무 제공 형태가 다양해진 현대 사회에서는 전통적 근로자를 염두에 둔 대법원 판례의 모든 징표를 만족시키는 경우는 거의 찾아볼 수 없는바, 여기서 근로자성 인정의 핵심적인 징표와 부차적인 징표를 구별할 필요성이 대두된다.

사용종속관계 여부에 관한 핵심적 징표로 보이는 것은 보다 비중을 둘 필요가 있다. 핵심적인 요소로 들 수 있는 것으로는, 사용자의 지휘, 감독에 자신의 노동력을 맡긴다는 사용종속성을 본질적으로 드러내는 징표로서, 근로시간, 장소, 업무 내용과 방법을 사용자가 지휘하고 명령하는지 여부 등이고, 이와 함께 독일에서 중요한 징표로 삼고 있는 요소인 사용자의 노동조직 편입 여부{노무제공자가 사용자의 사업시설에 조직적으로 편입되어 있는지 여부(당해 근로가 당해 사업에서 없어서는 아니 될 핵심적인 부분인지, 사업 조직, 업무계획, 생산계획 분류에 어느 하나로 되어 있고, 사용자의 업무감독과 통제에 복종하는 관계인지 여부 등)}도 적극 고려될 수 있다. 그러나 사용자가 경제적으로 우월한 지위에서 일방적으로 정할 수 있는 요소로 볼 수 있는 부차적인 징표는 그 징표가 있다면 근로관계 내지 근로자 해당성을 인정할 것임은 물론이나, 그렇지 않은 경우 그 징표에 해당하지 않다고 근로자성을 부정하는 것은 적정하지 아니하다. 이러한 부차적 요소라고 할 수 있는 것으로는, ① 취업규칙, 복무규정, 인사규정 등을 두어 이를 적용하는지, ② 보수에서 기본급을 정하고 있는지, ③ 근로소득세를 원천징수하는지, 의료보험 등 사회보험에 가입하고 보험료 등을 급여에서 공제하는지 등이다.

(3) 경제적 종속성을 고려

근로자 개념의 핵심 징표는 인적 종속성(사용종속성) 여부이다. 경제적 종속성은 근로자 개념 형성의 계기 내지 배경으로 한정할 것이지만, 이 역시 근로자성 판단에 있어 고려 대상이 될 수 있다 할 것이다. 그러한 점에서 우리 판례에 경제적 종속성이라 할 수 있는 요소, 즉 ① 근로자 스스로 제3자를 고용하여 업무를 대행케 하는 등 업무의 대체성 유무, ② 비품, 원자재, 작업도구의 소유관계, ③ 근로제공관계의 계속성과 사용자에 대한 전속성 유무와 그 정도, ④ 양 당사자의 경제, 사회적 조건이 판단 요소로 들어있는 것을 이해할 수 있고, 앞서 본 바와 같이 사용자의 노동조직 편입 여부와 독립사업자로서 가지는 여러 징표의 해당 여부(자신의 계산으로 사업을 영위할 수 있는 독자적인 전문성과 경제적 능력을 가지는지 여부, 다른 사업자와도 거래할 수 있고, 이윤의 창출과 손실의 초래 등 사업 운영에서 비롯되는 위험을 인수하고 있는지 여부)도 적극 고려할 요소가 될 수 있다.

(4) 성과급 보수를 보는 관점의 유연화

과거의 사례를 보면 일의 성과에 따라 급여가 지급되는 경우, 이를 일의 결과에 대한 대가로 보아 임금에 해당하지 않는다는 전제에서 판례가 근로자성을 부정하는 상당한 근거로 삼은 경우가 많았다. 그러나 임금이 정해지는 방법은 다양하고, 근로의 대가성만이 임금 해당 여부의 징표가 되므로 성과급 역시 임금의 성격이 부정된다고 볼 수는 없는 점 등을 고려하면, 보수가 성과에 따라 지급된다는 점은 근로자성 여부의 판단기준에서 제외하거나 그 비중을 낮출 필요가 있다.

Ⅱ. 유형별 사례 분석

1. '2006년 판결' 이후의 사례 분석

근로자성 판단의 기본구도를 유지하면서 세부적으로 그 판단방식에서 더 진화한 방식을 설시한 '2006년 판결' 이후 특수형태고용종사자가 근로기준법상 근로자에 해당하는지에 관한 대법원 판례를 정리하면 다음 도표와 같다.[325)]

분 류	판례 번호	직 업	근로자성	비 고
a-1	대법원 2006. 12. 7. 선고 2004다29736 판결	대학입시학원 종합반 강사	인 정	진화한 판단방식인 '2006년 판결' 사안
a-2	대법원 2007. 1. 25. 선고 2005두8436 판결	대학입시학원 담임강사	인 정	어학원의 원어민강사(인정/ 대법원 2015. 6.11. 선고 2014다88161 판결)
a-3	대법원 2007. 3. 29. 선고 2005두13018 판결	대학교 시간강사	인 정	미용학원강사(인정/ 대법원 2007.9.7. 선고 2006도777 판결)
b-4	대법원 2007. 9. 6. 선고 2007다37165 판결	지입차주인 학원 버스기사	인 정	B1, B2과 비교. 독립적인 사업영위 아님 (b'-11)

325) 이는 대법원 종합법률정보 사이트(http://glaw.scourt.go.kr/wsjo/intesrch/sjo022.do)를 검색하여 판시사항에 근로자 개념에 관하여 판단한 사례를 분석하여 정리한 것이다.

분 류	판례 번호	직 업	근로자성	비 고
c-5	대법원 2007. 11. 30. 선고 2005도2201 판결	소규모채권추심업체의 추심업무담당자	인 정	c-6, c-9, c-16. 반면 C1, C2과 비교
c-6	대법원 2008. 5. 15. 선고 2008두1566 판결	카드회사 채권추심원	인 정	C1과 비교
G1	대법원 2009. 3. 12. 선고 2009도311 판결	특정 간병인협회 소속 간병인	부 정	g-14와 비교
d-7	대법원 2009. 10. 29. 선고 2009다51417 판결	의류제조봉제공	인 정	D1과 비교
d-8	대법원 2010. 2. 25. 선고 2009다97314 판결	노무도급 성격의 건설노무자	인 정	D1과 비교
c-9	대법원 2010. 4. 15. 선고 2009다99396 판결	신용정보회사 채권추심원	인 정	C1, C2와 비교. 반면 신용정보회사와 계약체결하여 추심업무를 수행한 자의 근로자성을 부정(대법원 2009. 5. 14. 선고 2009다6998 판결)
e-10	대법원 2010. 5. 10. 선고 2010다81407 판결	정수기렌탈회사 지점장	인정	e-13. 반면, 정수기 필터교환 등을 담당하는 이른바 코디의 근로자성은 부정(대법원 2012. 5. 10. 선고 2010다5441 판결)
b'-11	대법원 2010. 5. 27. 선고 2007두9471 판결	지입차주 아닌 화물운송기사	인 정	B2, B5과 비교. 독립적인 사업영위 아님(b-4)
f-12	대법원 2011. 3. 24. 선고 2010두10754 판결	방송국 영상취재요원(VJ)	인 정	
B1	대법원 2011. 6. 9. 선고 2009두9062 판결	지입차주인 화물차 운전기사	부 정	b-4, b'-11과 비교. 자유로운 상태에서 운송, 화물량에 따른 운임 수령 등
e-13	대법원 2011. 7. 14. 선고 2009다37923 판결	가전회사 팀장	인 정	회사와 팀장 운영약정을 체결, 판매사를 모집 · 교육 · 관리, 판매실적에 따라 수수료 받음
D1	대법원 2012. 1. 12. 선고 2010다50601 판결	도급제 생산직 사원	부 정	d-7, d-8과 비교. 업무수행에 구체적 지시나 감독 없음, 물량에 따른 보수 산정 등
g-14	대법원 2012. 11. 15. 선고 2011도9077 판결	요양보호사	인 정	G1과 비교
H1	대법원 2013. 6. 27. 선고 2011다44276 판결	우체국 보험관리사	부 정	우체국과 위탁계약 체결, 보험계약체결 중개
B2	대법원 2013. 7. 11. 선고 2012다57040 판결	지입차주인 화물차 운송기사	부 정	b-4, b'-11과 비교. 별도의 제품운송위탁계약 체결, 용역비 지급받음

분 류	판례 번호	직 업	근로자성	비 고
C1	대법원 2013. 7. 12. 선고 2013다27336 판결	폐인트회사의 채권추심원	부 정	c-5, c-6, c-9, c-15와 비교
D1	대법원 2014. 2. 13. 선고 2011다78804 판결	골프장캐디	부 정	반면, 캐디의 노조법상 근로자성은 긍정함
h-15	대법원 2014. 12. 11. 선고 2013다77706 판결	전력검침원	인 정	H1, H2와 비교
c-16	대법원 2015. 7. 9. 선고 2012다79149 판결	농협자산관리회사의 채권추심원	인 정	C1, C2와 비교 (대법원 2015. 7. 9. 선고 2013다23877 판결도 동일함)
C2	대법원 2015. 9. 10. 선고 2013다40612 판결	고려신용정보주식회사의 채권추심원	부 정	c-16, c-17와 비교
c-17	대법원 2016. 4. 15. 선고 2015다252891 판결	중앙신용정보주식회사의 채권추심원	인 정	C1, C2와 비교
H2	대법원 2016. 8. 24. 선고 2015다253986 판결	야쿠르트 아줌마	부 정	h-15, h-18과 비교
h-18	대법원 2017. 1. 25. 선고 2015다59146 판결	백화점 위탁판매원	긍 정	H1, H2와 비교

아래에서는 먼저 '2006년 판결' 인 대입학원 종합반 강사 사례를 분석한 후, 특수형태고용종사자를 – 명시적으로 체결된 계약이 없는 경우(골프장 캐디)를 제외한 – 형식상이나마 특정인과 도급 혹은 위임계약을 체결한 경우를, 처음부터 개인에게 도급이나 위임을 통한 노무제공을 받는 형태로 사업을 운영하는 경우('독립사업자성' 여부가 주로 문제되는 유형)와 노무제공을 주된 사업내용으로 하는 기업에서 종래 근로자에 의해 수행되던 업무를 도급이나 위임계약을 체결한 자로 하여금 수행하도록 하는 경우('지휘 · 명령권 행사' 여부가 주로 문제되는 유형)로 나누어 각각 몇 가지 대표적인 사례를 분석하고자 한다.

2. '2006년 판결' 사안의 분석(대입학원 종합반 강사 사례)[326)]

1) 판시 내용

대법원은 "대학입시학원 종합반 강사들의 출근시간과 강의시간 및 강의장소의 지정, 사실상 다른 사업장에 대한 노무 제공 가능성의 제한, 강의 외 부수 업무 수행 등에 관한 사정과 그들이 시간당 일정액에 정해진 강의시간수를 곱한 금액을 보수로 지급받았을 뿐 수강생수와 이에 따른 학원의 수입 증감이 보수에 영향을 미치지 아니하였다는 사정 등에 비추어 볼 때 위 강사들이 근로기준법상의 근로자에 해당한다고 하면서, 비록 그들이 학원측과 매년 '강의용역제공계약'이라는 이름의 계약서를 작성하였고 일반 직원들에게 적용되는 취업규칙 등의 적용을 받지 않았으며 보수에 고정급이 없고 부가가치세법상 사업자등록을 하고 근로소득세가 아닌 사업소득세를 원천징수 당하였으며 지역의료보험에 가입하였다고 하더라도 위 강사들의 근로자성을 부정할 수 없다"고 판시하였다.

2) 과거 사례와 비교

이 사건 2006년 판결 이전 '입시학원의 단과반에서 일정과목을 담당하는 학원강사'의 근로자성이 문제된 사안에서 대법원은, ① 학원과 강사간에 근로시간 등 근로조건에 관한 구체적인 내용을 담은 근로계약·고용계약 등을 체결하지 아니한 채, 학원 단과반에서 수학 등을 강의하고 강사료는 수강생이 납입하는 수강료 수입의 반액을 학원 측과 배분하기로 약정하였다는 사실, ② 강사의 수강료 수입

---

326) 학원강사의 근로기준법상 근로자성에 관한 판례는 개별적인 사실관계에 따라 달리 판단되고 있는바, 우선 입시학원 단과반의 강사는 근로자가 아니라고 판시한 바 있으나(대법원 1996. 7. 30. 선고 96도732 판결), 본 사건은 그 이후 진화된 판단방식을 처음 설시한 '2006년 판결' 사례로서 대입학원 종합반 강사들의 근로자성이 문제된 퇴직금 청구 사건에서 입시학원 종합반 강사가 근로자에 해당한다고 보았다(대법원 2006. 12. 7. 선고 2004다29736 판결). 또한 최근에 대법원은 원어민 강사들도 임금을 목적으로 어학원이 운영하는 사업장에서 근로를 제공한 근로기준법상의 근로자에 해당한다고 하여 근로기준법 소정의 퇴직금과 주휴수당 등을 인정한 바 있다(대법원 2015. 6. 11. 선고 2014다88161 판결).

이 담당과목에 따라 그리고 월마다 다르고, 수강생의 감소 등으로 인하여 담당과목의 수강료 수입이 전혀 발생하지 않게 된 경우에도 당해 과목을 담당하는 학원강사의 강사료는 전혀 지급되지 않는 것으로 보이며, ③ 강사는 전혀 근로소득세를 원천징수 당하지 아니한 채 오히려 사업소득세를 납부하였다는 사실, ④ 강사는 그 업무수행과정에서 학원측으로부터 강의 내용 등에 대하여 구체적이고 직접적인 지휘 · 감독을 받지 아니하고 단지 같은 시설 내에서 이루어지는 다른 강의와의 조정을 위하여 행하여지는 강의시간 · 강의장소에 관한 규제를 받고 있을 뿐, 강의담당시간 이외에는 시간적 구속을 받는 출 · 퇴근시간의 정함이 없으며, ⑤ 강사가 강의를 게을리하거나 이를 해태하여도 단순히 학원측과의 계속적 거래관계가 해지될 뿐 징계처분은 없다는 점 등의 여러 사정을 종합하여 볼 때 "공소외인들은 학원측에 대하여 사용종속관계하에서 임금을 목적으로 근로를 제공하는 근로자로 볼 수 없다"고 판시한 바 있다.[327] 여기서는 당사자들이 어떤 계약을 체결하였는가 하는 점을 문제삼았고, 나머지 부분에서는 특히 임금성과 지휘 · 명령의 요소에 중점을 두어 근로자성을 부인한 정형적 사례에 해당한다.[328] 이 사건의 원심은 근로자성을 인정하였으나, 대법원은 앞서 본 판시를 통해 사건을 파기 환송하였다.

3) 관련 사례

같은 취지로 대입학원 강사 내지 미용학원 강사의 근로자성을 인정한 판결[329]과 대학교 시간강사의 근로자성을 인정한 판결[330] 등이 있다. 특히 입시학원의 담임강사를 근로자로 판단한 사례에서는 "담임강사 등이 원고로부터 강의내용이나 방법 등에 관한 구체적인 지휘 · 감독을 받지 않은 것은 지적 활동으로 이루어지는 강의업무의 특성에 기인하는 것일 뿐 그들이 근로자가 아니었기 때문이라고 할 수는 없으므로, 위와 같은 사정들만으로는 담임강사 등의 근로자성을 부정할 수

327) 대법원 1996. 7. 30. 선고 96도732 판결.

328) '유흥음식점의 접대부' 의 근로자성에 관한 판결(대법원 1996. 9. 6. 선고 95다35289 판결)에서도 이와 같은 태도가 유지되었다.

329) 대법원 2007. 1. 25. 선고 2005두8436 판결, 대법원 2007. 9. 7. 선고 2006도777 판결 등.

330) 대법원 2007. 3. 29. 선고 2005두13018, 13025 판결.

없다(대법원 2007. 1. 25. 선고 2005두8436 판결)."라고 판시하여, 강사의 경우에는 근로자성을 판단함에 있어 업무에 대한 구체적인 지휘 · 감독을 하지 아니하였다는 점까지도 근로자성 판단기준으로서 지휘 · 감독 요소의 비중을 상당히 낮추었다.

3. '독립사업자성' 여부가 주로 문제되는 유형

1) 학원에 자기 소유 버스를 지입한 운전기사 사례(대법원 2007. 9. 6. 선고 2007다37165 판결)

(1) 판시 내용

"원고는 1995년 11월 서울 노원구 중계동에서 … '차량위탁용역계약'이라는 이름의 계약서를 작성하고, … 위 학원의 통학버스를 운전하였고, 원고가 운행한 버스는 원고 자신의 소유이지만 소유권 등록 명의를 피고 앞으로 한 사실, 원고와 피고가 맺은 계약서에는 원고가 피고로부터 위 버스 운행의 대가로 매달 200만원을 받기로 하였고, 실제로도 원고는 매달 200만원 내외의 돈(기본급에 근무 외 수당 명목의 돈을 추가한 금액)을 피고로부터 지급받았으며, 그 금원에서 소득세, 주민세, 국민연금보험료, 국민건강보험료, 고용보험료 등의 명목의 돈을 공제한 나머지 돈을 피고로부터 받았고, 피고는 이와 같이 공제된 돈과 피고 자신이 부담하여야 할 것으로서 관할 기관에 원고에 대한 원천징수 근로소득세, 4대보험 보험료를 모두 납부한 사실, 한편 원고가 운행한 버스의 차량 유류비, 보수비 등의 비용과 자동차 보험료, 자동차 운행으로 발생하는 과태료와 사고 책임은 모두 원고가 부담한 사실, 원고를 비롯한 위 학원 버스운전기사들은 매일 08:30부터 09:30까지와 13:30부터 20:00까지(월, 수, 금요일은 21:00까지) 사이에 1시간 30분의 배차간격으로 정해진 운행구간을 운전하여 학원생들을 통학시키고, 09:30부터 13:30 사이에는 학원 안에 주차공간과 휴게실 등이 없어 자기 집에서 휴식을 취하거나 차량 정비 등을 한 사실, 원고와 피고 사이에 작성한 계약서에는 근무시간, 휴식시간을 학원의 실정 또는 학기별 또는 방학기간 등의 사정으로 변경하여 시행할 수 있고, 정기 휴무일은 매주 일요일과 법정공휴일에 실시하되, 학원 실정에 따라 변경시행할 수 있다고 기재되어 있고, 운전기사는 이 계약에 관한 업무를 학원 동의 없이 제3자에게 양도할 수 없으며, 위 학원 학생 운행 외에 일체의 영업행위를 할 수 없고, 대차운행과 대리운전은 원칙적으로 금지되며, 직계가족 경조사 · 관공서에서 실시하는 의무적인 교육 · 운행 중 갑작스런 고장 등의 사유가 있는 경우에 한하여 학원의 승인을 받은 후 운전기사가 비용을 부담하여 차량운행에 지장이 없도록 하여 대차운행과 대리운전을 할 수 있다고 되어 있으며, 실제로는 위와 같은 사유 외에 운전기사의 개인적 사정, 예컨대 직계가족 이외의 친인척의 상(喪)이나 해외여행 등의 사유로도 대리운행을 할 수 있었고, 이 경우 반장인 원고를 통해 피고가 이를 보고받고, 피고는 운행에 지장이 없으면 별다른 이의를 제기하지 아니하였으며, 다만 반장인 원고는 운전기사들의 대리운행을 자제시키며 주의를 주기도 한 사실 등을 인정할 수 있다. … 피고와 사이에 근로기준법에서 말하는 근로자의 지위를 가지고 있었다고 보인다."

(2) 분 석

학원에 자기 소유 버스를 지입한 운전기사가 근로자에 해당하는지 문제된 사안에서 그 운행과정에서 학원으로부터 상당한 지휘 · 감독을 받은 자는 근로기준법상의 근로자에 해당한다고 보았다.

지입차주 유형 중[331)] 학원버스 지입차주에 관한 판례들에서 설시하는 근로자성 인정의 부정적 요소와 긍정적 요소를 비교하면 다음과 같이 정리할 수 있다.

331) 이 중 레미콘차량의 지입차주 겸 운전기사 사례에 관해서는 이 절의 Ⅰ. 2. '1994년 판결' 에 대한 평가 및 적용사례 개관에서 설명한 바 있고, 화물차 지입차주에 대해서는 이어지는 (3) 관련 사례에서 살펴본다.

부정적 요소	긍정적 요소
• 학원과 사이에 근로계약이 아닌 사업자간 용역계약임을 명시한 차량운행용역계약서를 작성함 • 기사들은 계약에 따라 자신들 명의로 사업자등록을 함 • 기사들은 출근부에 서명하지 않고 학생들 수송을 마치면 보고 없이 자유롭게 귀가함 • 학원의 취업규칙을 적용받지 않음	• 학원차량의 운행은 학원수업과 밀접하게 연계되어 있고 학원수강생들에게는 학원이 제공하는 용역의 일부로 인식되므로 학원의 입장에서는 차량기사들을 지휘 · 감독할 필요성이 큼 • 그러한 필요성이 차량운행에 대한 특약과 차량관리업무 매뉴얼에 반영되어 있음(징계권 부여 등) • 실제로 학원은 특약과 매뉴얼에 따라 차량기사들에게 벌점을 부여하고, 경고, 시말서 징구, 재계약시 보수 감액 등의 제재를 가함 • 차량기사들에게 유니폼 착용, 에어컨 가동 등 구체적인 업무지시를 함
–	• 학원은 차량기사들로 하여금 일정한 근무시간에 정해진 코스를 운전하게 함
• 사정에 따라 대차운행을 하거나 대리운전을 시킬 수 있으며, 그것은 전적으로 기사들의 부담하에 이루어짐	• 대차운행과 대리운전을 원칙적으로 금지함(차량 부장이라는 직급을 두어 운전기사들의 대리운행 여부 등을 보고받고 이를 승인함)
• 지입 후에도 기사들이 버스를 실제로 소유하면서 운행에 관한 모든 책임을 부담함	–
• 지입차량의 승차 정원, 연식, 운행거리 등에 따라 수수료를 차등하여 지급받음	• 기사들은 고정적인 급여를 받음(급여에 차량 제공 대가가 포함되어 있긴 하나, 여전히 근로에 대한 대상성이 있음)
• 계약상 학생 수송 외의 영업행위를 자유롭게 할 수 있도록 되어 있음 • 기사들이 지입차량을 다른 목적으로 운행하고 그 대가를 수령함	• 기사들이 자기 차량을 학원의 통학업무 외로 운행하는 것이 원칙적으로 금지됨 • 1일 차량운행 시간이 길지는 않더라도 평일과 주말, 학기 중과 방학 중 운행시간 및 간격이 다르고 매주 나오는 차량운행계획에 따라 운행시간 및 간격이 유동적이므로 다른 일에 종사하는 데에는 상당한 제약이 따름
• 4대 보험에 가입하지 않음	• 학원은 기사들에 대한 근로소득세를 원천징수하여 관할 세무서에 납부하며, 4대 보험의 보험료를 납부함
–	• 학원은 기사들에게 차량운행 외에도 하원 시 학원생들의 안전지도, 차량 퍼레이드 등의 일을 시키기도 함

학원과 버스기사들 사이의 계약서, 지시문서 등으로 인해 양자간의 법률관계는 비교적 명확한 편이다. 다른 목적 등을 위해 차량을 자유롭게 활용할 수 있는 길이 열려 있는 등의 사정이 없는 이상 대체로 근로자성이 인정되는 경향이라고 볼 수 있다.다만, 버스기사들이 학원생들의 등하원 시간 이외의 시간을 학원 밖에 머

무르면서 비교적 자유롭게 보낼 수 있다는 점에서 근로제공상 지휘감독의 특성이 상대적으로 약한 것이 아닌가 하는 의문이 있지만, 이는 학원생들의 통학버스 운행이라는 기사들의 근무형태에 기인한 것이고 또한 학원이 기사들을 위한 주차장이나 휴게실을 충분히 마련하지 못하였기 때문으로 보이므로 그로 인해 근로자성의 판단이 달라지기는 어려울 것이다. 즉, 위와 같은 자유시간에도 불구하고 기사들은 운행업무 수행과정에서 학원으로부터 상당한 지휘감독을 받은 것이고 학원에서 지정한 근무시간과 근무장소에 구속된 것이라고 할 것이다.

(3) 관련 사례

이에 반하여, 지입차주인 화물차 운송기사에 대하여 "지입차주로서 회사와 위탁차량관리계약을 체결하고 자신의 비용으로 차량을 관리하면서 필요한 경우 다른 차량이나 사람으로 대체할 수도 있을 정도로 자유로운 상태에서 화물을 운송하고 화물량에 따른 운임을 지급받았다면 운송수입을 목적으로 하는 사업자로 보는 것이 타당하다"고 하여 근로기준법상 근로자성을 부정한 사례가 있다.[332] 또한 지입차량에 관한 '위 · 수탁 관리계약' 또는 '제품 운송용역 계약'을 체결하여 회사가 위탁받은 제품운송업무 중 일부를 수행하면서 용역비 명목으로 매월 일정액을 지급받아 온 사안에서, 제반 사정에 비추어 "일정한 자본을 투자하여 운송사업을 영위하는 지입차주로서 지입회사와 별도의 운송용역계약을 체결하고 그에 따른 용역비를 지급받은 것으로 봄이 타당하고, 갑이 상당기간 고정된 운송일정과 운송경로에 따라 특정 운송업무를 반복 수행하며 회사에서 일정한 금원을 지급받은 것은 위 운송용역계약의 내용과 특성에 따른 것일 뿐 그와 같은 사정만으로 갑이 을 회사에 대하여 종속적인 관계에서 임금을 목적으로 근로를 제공하는 근로기준법상 근로자에 해당한다고 볼 수 없다"고 한 사례도 있다.[333] 특히 후자의 사례에서 구체적인 사실관계를 판례와 다르게 해석하여 동 판결을 비판하는 견해가

332) 대법원 2011. 6. 9. 선고 2009두9062 판결.
333) 대법원 2013. 7. 11. 선고 2012다57040 판결.

다수 있다.[334)]

결국 지입차주인 운전기사의 근로자성은 실제 운영 실태에 따라 사안별로 판단되며, 특히 지입차주인 운전기사가 업무를 수행함에 있어서 회사와 관계에서 자유로운 상태로 행하며 사업자로서 독립성을 가지는가에 따라 판결의 결론이 달리진다고 평가할 수 있다.

2) 보험업계 종사자

(1) 보험회사와 위촉계약을 체결한 보험설계사

외무원 형태로 보험을 모집하는 보험설계사는 보험회사와 실질적으로 위임에 유사한 관계에 있다고 보이고 통상 회사의 직접적 지휘, 감독을 받지 않으며 취업시간 및 장소에 대한 제한이 없는 등 그 역무의 제공형태와 방식에 비추어 임금에 의한 노무지휘관계에 있는 근로자로 취급되기 어려운 경우가 많을 것이다. 대법원은 보험회사와 위촉계약을 체결한 보험설계사의 근로자성을 대체로 부인하고 있다.[335)]

즉 대법원은 보험회사와 위촉계약을 체결한 보험설계사의 근로자성이 문제된 사안에서 "… 조회, 석회 자리에서 이루어지는 보험상품의 내용이나 판매기법 등에 관한 교육이나 실적확인은 참가인 회사가 위탁자의 지위에서 행하는 보험모집인의 수탁업무의 원활한 수행을 위한 교육과 최소한의 지시에 불과하며, 원고는 위촉계약에서 수탁한 업무만을 수행하고 제공한 근로의 내용이나 시간과는 관계없이 보험모집인 제 수당 지급규정에 의하여 오로지 자신의 노력으로 체결된 보험계약의 계약과, 수금액 등 실적에 따라 그 지급항목 및 지급액이 결정되는 수당을 지급받고, 위 규정에 정해진 실적에 미치지 아니하면 기본수당도 지급받지 못하며, 법률(보험업법 제148조 제2항)에 의하여 다른 보험회사를 위한 보험의 모집은 할 수 없지만 참가인 회사의 보험모집인으로 활동하면서 다른 종류의 영업

334) 오윤식, "근로기준법상 근로자성에 대한 판단", 「노동판례비평」(제18호), 민변 노동위원회, 2014, 158~163면.

335) 대법원 2000. 1. 28. 선고 98두9219 판결, 대법원 1990. 5. 22. 선고 88다카28112 판결 등.

에 종사하는 것이 금지되어 있는 것도 아니고 또 그것이 사실상 곤란한 것도 아니며, … 사정이 이와 같다면, … 원고의 근로시간 및 근로내용이 참가인 회사에 의하여 지배, 관리된다고 볼 수는 없으므로 원고가 참가인 회사와 종속적인 관계에서 노무를 제공하였다고 할 수 없다."라고 판시하였다(대법원 2000. 1. 28. 선고 98두9219 판결). 즉 보험설계사의 근로자성을 부인하는 근거는 ① 위촉계약의 체결, ② 보험설계사에 대한 별도의 규정존재, ③ 보험설계사의 자격에 대한 특별한 제한 및 전형절차 부재, ④ 징계에 관한 규정은 없이 계약해지에 해당하는 해촉에 관한 규정만 존재, ⑤ 조회 석회시의 교육실적 확인은 수탁업무의 원활한 수행을 위한 교육과 최소한의 지시에 불과, ⑥ 보험계약실적에 따른 수당지급(정해진 실적미달시 기본수당 미지급), ⑦ 법률에 의한 겸업금지의 제한이 있었으나 다른 영업종사에 대한 제한의 부재 및 사실상 가능, ⑧ 타인의 노동력의 이용 등 업무수행방식에 대한 제한 부재, ⑨ 업무수행 과정에서의 임의이탈 가능, ⑩ 사업소득세의 원천징수 및 사회보험의 미적용 등을 들고 있다.

(2) 보험회사와 위임계약을 체결한 지점장

대법원은 흥국생명보험과 위임계약을 체결한 지점장이 근로자인지가 문제된 사안에서 "① 원고들의 주된 업무는 보험설계사 등에 대한 교육 및 관리이고 그 기초는 보험설계사와의 신뢰관계를 형성해 나가는 것이어서 자율적으로 다양한 방식에 의하여 업무를 수행할 필요가 있는 점, 매월 업무계획, 업무실적목표 등이 기재된 행사일정표를 공지하거나, 매월 사업단별 영업목표 수치를 제시하고 영업중점사항 등이 기재된 영업추진전력을 통보한 것만으로는, 그 공지 또는 통보된 내용의 추상적 · 일반적 성격에 비추어 업무 내용을 사용자가 정하고 업무 수행 과정에서 피고가 상당한 지휘 · 감독을 한 것으로 보기 어려운 점, ② 원고들에게는 피고의 인사규정이나 취업규칙의 적용이 배제되었고, 피고가 원고들에 대하여 근로시간을 제한하거나 출퇴근시간을 관리하지 않았던 점, ③ 원고들에게는 기본급이나 고정급이 정해져 있지 않고 업적에 따른 성과수수료, 업적 향상 수수료 등이 지급되며, 원고들을 비롯한 위임직 지점장들이 실제로 지급받는 수수료 사이에는 상당한 격차가 있는 점, … ⑤ 원고들은 그 소득에 대하여 사업소득세를 납부하였으며, 4대 보험에 가입하지 않았던 점 등에 비추어 보면, 원고들을 비롯한 위임직 지점장은 임금을 목적으로 종속적인 관계에서 피고에게 근로를 제공하여 온 근로자라고 보기 어렵고, 피고와 사이의 특별한 신뢰관계에 따라 위임직 지점장으로서의 업무를 위임 받은 독립적인 사업자라고 봄이 타당하다."라고 판시한 원심판결이 타당하다고 판시하였다.[336)]

(3) 보험회사와 위임계약을 체결한 트레이너

보험회사와 위임계약을 체결한 트레이너[337)]가 근로자인지가 문제된 사안에서 대법원은 "① 원고들이 보험계약 유치 등의 실적을 올리면 보험설계사와 마찬가지로 고객설계수수료, 고객서비스수수료 등의 업적비례 수수료를 지급받기도 한 점, ② 가족사랑수수료 21만 원과 시장개척활동 동행지원비 10만 원은 매월 같은 액수가 고정적으로 지급되기는 하였으나, 가족사랑수수료는 보험설계사에게도 실적에 따라 지급되는 것이었고, 위 수당이 트레이너의 전체 급여에서 차지하는 비중이 작은 편인 점" 등을 점을 근거로 전체적으로 보아 원고들은 근로제공 방법, 근로시간, 장소, 근로의 정도 등을 독자적으로 결정하면서 독립적이고 자율적으로 근로를 제공한 것으로 봄이 상당하고, 원고들이 피고로부터 지배 · 관리를 받으면서 임금을 목적으로 종속적인 관계에서 피고에게 근로를 제공하였다고 보기는 어렵다 할 것이므로, 트레이너의 근로자성을 부인한 원심판결이 타당하다고 판시하였다.[338)]

---

336) 대법원 2009. 11. 12. 선고 2009다65966 판결(원심: 서울고등법원 2009. 7. 3. 선고 2008나7804 판결).

337) 신규 보험설계사에 대한 교육은 육성팀장, (설계사)조직팀장, 트레이너 등이 관여하는 데 트레이너는 육성팀장과 유사하게 신규 보험설계사를 교육하는 자들이다. 육성팀장은 회사의 직원(근로자)인 육성실장의 지휘하에 교육에 집중하고, 트레이너들은 주로 교육현장에서 보험설계사와 동반하여 현장 교육을 담당한다. 근로자성 다툼에 있어서 주요 징표 등에 관한 사항이 육성팀장과 유사하다.

338) 대법원 2010. 5. 27. 선고 2010다20556 판결(원심: 서울고등법원 2010. 1. 29. 선고 2009나58694 판결).

(4) 비교 사례: 통신판매 보험모집인(소위 '텔레마케터')

통신판매 보험모집인(소위 '텔레마케터')보험업법 제96조에 따라 고객에게 전화라는 수단으로 보험을 유치하는 보험설계사이다. 서울고등법원은 이 텔레마케터가 근로자인지가 문제된 사안에서 "① 통신수단을 이용하여 보험모집을 하는 통신판매 보험모집인(이하 'TSR' 이라 한다[339])은 그 업무의 내용과 업무처리방식이 법규와 보험회사의 방침에 의하여 사전 결정되어 있고 그 한도에서 외무원과 비교하여 종속관계가 더 큰 점, ② 채용시점에서부터 위임계약서, 각서, 서약서 등을 통하여 보험회사에 대하여 각종 준수의무가 부과되어 있고, 그러한 준수사항 등을 위반하는 경우 직접적인 손해배상책임을 부담하는 이외에 자유롭게 해촉될 수도 있는 불이익을 받을 수도 있는데다가 수당의 공제를 당하는 불이익도 받는 점, ③ 구체적인 업무수행 과정에서도 사용자로부터 직접적인 지휘감독을 받고 있고, 사실상 출퇴근 시간이 회사측에 의하여 지정되어 있으며 지정된 근무시간과 근무장소에 구속되는 지위에 있는 점, ④ 겸업이 금지되고 스스로 제3자를 고용하여 업무를 대행케 할 수 없어 업무의 대체성이 없고, TSR 업무 수행에 필요한 비품은 물론 고객정보까지도 모두 회사로부터 제공받아 온 점 등 TSR 근무형태의 제반 요소들을 두루 검토해 볼 때 그 업무의 실질에 있어서는 보험회사로부터 업무에 관하여 지휘 · 감독을 받으면서 회사에 전속되어 회사에 근로를 제공하고 그로부터 그 근로제공의 대가로 임금을 받는 종속적인 노동관계에 있다고 능히 판단할 수 있으므로 산업재해보상보험법상 근로자에 해당한다."라고 판단하였다.[340] 이 사건의 제1심 법원도 텔레마케터는 상대적으로 보험모집과 관련된 업무형태를 자유롭게 선택할 수 있는 외무원 보험설계사에 비해 그 업무의 내용과 업무처리방식이 법규와 회사의 방침에 의해 결정되어 있고 그 한도에서 외무원보험설계사와 비교하여 종속관계가 더 크다고 판단하였다.[341]

---

339) 회사에 따라서 TSR(Tele Sales Representative), TMR(Telemarketer), TFC(Tele Finacial Consuitant) 등으로 부르기도 한다.

340) 서울고등법원 2007. 1. 16. 선고 2006누10056 판결. 이에 대해 상고하지 않아 확정된 사례이다.

341) 서울행정법원 2006. 4. 19. 선고 2005구합32873 판결.

4. '지휘 · 명령권 행사' 여부가 주로 문제되는 유형

1) 채권추심원 사례(대법원 2008. 5. 15. 선고 2008두1566 판결)

(1) 판시 내용

원심이 인정한 사실 및 기록에 의하여 인정되는 다음과 같은 사정들 즉, 망인과 같은 채권추심원들은 미리 지정된 사무실에 출근하지 않고서는 자신의 업무를 수행하는 것이 불가능하였던 점, 이에 채권추심원은 통상 08:20~09:00경 참가인이 제공한 사무실에 출근하여 그 곳에 설치되어 있는 컴퓨터를 이용하여 채무자의 정보를 확인하거나 전화를 이용하여 채무자에 대한 채무변제를 독촉하는 등의 업무를 수행하였고, 참가인은 채권추심원들에게 사무실이나 그곳에 설치된 컴퓨터 전화 등의 이용요금을 따로 부담시키지 않았던 점, 참가인은 정규직 주임 또는 대리로 하여금 팀장으로서 채권추심원을 관리하도록 하였는데, 채권추심팀의 팀장은 채권추심원들의 위와 같은 통상 출근시간에 맞추어 1주에 2~3회 조회를 하면서 교육하거나 채권추심원의 실적, 수수료 등을 알려준 점, 또한 위 구미파트 파트장이나 팀장은 외근하는 채권추심원에게도 수시로 휴대전화 문자메시지를 이용하여 목표액, 현재 달성액, 마감시각 등을 상기시키는 등 목표달성을 독려하여 왔던 점, 채권회수실적은 채권추심원의 능력을 평가하는 중요한 요소로서 팀장은 전산기록을 통하여 채권추심원별 채권회수실적을 확인하고 그 실적과 업무부실 처리에 따른 벌점을 종합하여 채권의 배분을 조정할 수 있었고, 채권회수실적이 평균에 현저히 미달하여 업무수행이 곤란하다고 판단되는 경우에는 참가인 회사가 위임계약을 해지할 수도 있었던 점, 채권추심원들로서는 그와 같은 불이익을 피하기 위하여 파트장이나 팀장의 그와 같은 채권회수 독려나 업무지시를 거절하기가 사실상 곤란하였을 것으로 보이는 점, 참가인은 그 외에도 불법추심방지와 민원방지를 위하여 채권추심원이 채무자들과 나눈 전화통화를 녹음하는 방법으로 업무내용을 감시 · 통제하고, 참가인의 이미지 관리를 위하여 채권추심원에게 정장을 착용하도록 지시한 점, 채권추심원이 채권추심업무를 처리하는 과정에서 여러 가지 채권회수방안을 모색하여 팀장에게 의견을 제시하면 팀장은 제시된 의견을 검토하여 법적 조치사항이 필요한 경우 정규직 직원으로 하여금 가압류나 소송진행 등의 업무를 수행하도록 하는 등 채권추심원과 정규직원의 유기적인 협조 아래 채권추심업무가 처리되어 온 점, 참가인 회사의 사전 서면 승낙을 받으면 채권추심원의 위임사무를 제3자로 하여금 처리하게 할 수 있으나, 구미파트에서는 개인신용정보보호 등을 이유로 제3자에 대한 재위임이 요청되거나 승인된 적이 없는 점, 채권추심원에게 따로 기본급이나 고정급이 정해져 있지 않았으나 신규 위촉된 채권추심원에게는 업무를 시작한 때부터 3개월간 순차로 70만 원, 50만 원, 30만 원의 정착지원금이 지급되었고 수수료는 매월 계산되어 다음달 21일 지급되었는데, 망인은 2004년 10월부터 2005년 4월 사이에 적게는 1,323,126원에서 많게는 2,876,910원의 수수료를 매월 지급받아 온 점 등을 종합하여 앞서 본 법리에 비추어 살펴보면, 망인은 임금을 목적으로 종속적인 관계에서 참가인에게 근로를 제공한 근로자에 해당한다고 봄이 상당하다.

(2) 분 석

카드회사로부터 채권회수 업무를 위임받아 수행하던 중 사망한 채권추심원이 임금을 목적으로 종속적인 관계에서 카드회사에 근로를 제공한 근로자에 해당한다고 본 사례이다. 위 대법원 판결에서 문제된 채권추심원의 근로형태를 근로자성 판단 징표에 비추어 보면, 인적 종속성(사용종속성) 여부의 구체적 판단에서 회사로부터 업무수행에 있어 상당한 지시 · 감독이 있는 등 긍정적인 요소가 있는 반면, 그 보수가 성과급의 형태를 띠고 근로계약을 체결한 바 없으며 회사가 노무제공자에 대한 4대 보험을 가입한 바 없고 사업소득세를 부담하는 등 근로자성 인정에 부정적인 요소도 병존하고 있다.

(3) 비교 사례

대법원은 위 2008년 카드회사의 채권추심원에 대해 근로자성을 인정하였으나, 채권추심원에 대해서는 사안별로 결론을 달리하고 있다. 카드회사의 채권추심원에 대해 근로자성을 인정한 판례 이전에도 소규모 채권추심업체의 채권회수업무

담당직원에 대해서 근로자성을 긍정한 사례(대법원 2007. 11. 30. 선고 2005도2201 판결)가 있다. 반면, 신용정보회사와 계약을 체결하고 채권추심업무를 수행한 사람에 대해 근로자성을 부정한 사례(대법원 2009. 5. 14. 선고 2009다6998 판결[342])가 있는가 하면, 근로자성을 인정하는 사례도 있다(대법원 2010. 4. 15. 선고 2009다99396 판결[343]).

특히, 최근 2013년 노루페인트와 2015년 고려신용정보 주식회사의 채권추심원 사례(대법원 2013. 7. 12. 선고 2013다27336 판결[344]; 대법원 2015. 9. 10. 선

---

342) "원고가 피고 회사(새한신용정보 주식회사)에 정시 내지 매일 출근할 의무가 없었고, 지점장의 채권배당을 위한 소집에도 응할 의무가 없었으며, 피고 회사 취업규칙의 적용을 받지 않은 점, 2003년 전반 6개월간 지급받은 성과수수료가 전혀 없고, 2006년 전반 6개월간 지급받은 성과수수료가 156,000원이며, 원고가 피고 회사와 사이에 계약관계를 유지한 기간 동안 지급받은 성과수수료가 연평균 279만 원 정도에 불과하여 원고가 피고 회사에 종속되어 구체적이고 개별적인 지휘 · 감독을 받으며 업무에 전념하였다고 보기에는 그 액수가 지나치게 작은 점 등을 종합"하여 판단하였다.

343) 취업규칙을 갈음할 만한 사항이 다수 포함되고 징계해고나 정리해고 사유에 상응하는 사유들이 해지사유로 된 '채권추심업무위탁계약'을 체결하고 채권추심업무를 처리한 채권추심원이 근로기준법상 '근로자'에 해당한다고 한 사례로, "피고 회사(미래신용정보 주식회사)로서는 신용정보의 이용 및 보호에 관한 법률이 설정한 각종 규제를 받아야 하므로 그 업무담당자에 대한 강력한 통제가 필요하기에 도급계약이나 위임계약상의 느슨한 구속만으로는 이에 적절하게 대응하기 어려운 사실, 정규직과 원고들과 같은 촉탁직 사이에 담당 업무내용이나 지휘감독 정도에 있어 실질적으로는 아무런 차이가 없어 원고들에 대하여도 근무시간 및 장소 지정, 복장 및 용모 점검, 업무지시 및 교육훈련, 부진시의 불이익조치 등의 통제가 고강도로 이루어진 사실, 원고들이 계약상으로나 실제상으로나 피고 회사에 전속되어 오직 피고 회사의 업무만을 수행하여 왔고 계약기간 또한 자동갱신되어 계속성을 가졌던 사실, 피고 회사가 계약이나 취업규칙, 인사규정에서 굳이 모두에 '자유직업소득자로서' 따위의 문구를 넣거나 '채권추심인(또는 채권추심컨설턴트)'의 적용배제 조항을 두거나 아예 '직간 전환'까지 허용하고 있었던 사실, 원고들과의 계약내용에는 업무수행방법, 금지사항, 보수지급기준 등 취업규칙을 갈음할 만한 사항이 다수 포함되어 있고, 징계해고나 정리해고 사유에 상응하는 사유들이 해지사유로 되어 있으며, 최초 계약 시에는 피고 회사의 손해를 배상할 담보로 신원보증인과 신용보증서를 입보하도록 되어 있는 사실, 피고는 사무실과 함께 각종 사무집기 비품, 각종 보고서 및 의뢰서 양식, 전산망 접속용 아이디 및 신용정보업종사원증 등을 제공하고 전화 및 우편요금, 각종 등 · 초본 발급비용 등의 제비용을 부담해왔던 사실 등을 인정한 다음, 위 인정사실들에 비추어 원고들을 피고 회사의 근로자로 보아야 한다"고 판단하였다.

344) 도료 등의 제조 · 판매업 등을 주된 영업으로 하는 갑 주식회사의 채권추심업무를 수행하던 을이 갑 회사를 상대로 퇴직금 지급을 구한 사안에서, 을이 채권추심업무를 맡게 된 경위, 을의

고 2013다40612 판결[345])에서는 근로자성을 부정하였으나, 2015년 농협자산관리회사와 2016년 중앙신용정보 주식회사의 채권추심원 사례(대법원 2015. 7. 9. 선고 2013다23877 판결과 대법원 2015. 7. 9. 선고 2012다79149 판결[346]); 대법원

채권추심업무에 대한 전문성, 갑 회사의 주된 영업, 을의 근무형태 등에 비추어 을이 임금을 목적으로 종속적인 관계에서 갑 회사에 근로를 제공한 근로자에 해당한다고 볼 수 없다고 한 판결이다. "① 원고가 외부강사로서 피고 회사의 직원들에게 채권추심업무에 관한 교육을 하고 외부강사료를 지급받은 점, ② 원고가 피고 회사의 감사였던 소외 1에게 채권회수실적 및 채권회수목표 등을 보고하기는 하였으나 피고 회사로부터 추심 대상 채권의 추심 순위를 지시받는다거나 채권추심업무의 수행방법, 시간, 장소 등에 대한 구체적인 지시·감독을 받지 아니한 점, ③ 원고는 출퇴근 및 출장사항에 관하여 피고 회사에 구체적으로 보고하지 않았고, 피고 회사도 원고의 출퇴근 사항에 대하여 별도로 관리하지 않은 것으로 보이는 점, ④ 채권추심업무의 구체적인 수행방법에 있어서도, 피고 회사의 구체적인 관여 없이, 원고와 소외 2가 서로 합의하여, 서울과 수도권은 부실채권의 금액 순으로 서로 배분하고, 충청도와 전라도, 제주도 지역은 원고가, 강원도, 경상도 지역은 소외 2가 해당 지역의 채권추심업무를 처리하기로 한 점, ⑤ 원고는 피고 회사로부터 채권추심업무의 전문성을 인정받던 중, 피고 회사의 대표이사 특별지시로 전직원을 상대로 특별교육을 진행하고, 이에 대한 대가로 외부강사료를 별도로 지급받기도 한 점, ⑥ 피고 회사는 신용정보회사나 금융회사 등 채권관리업무를 위한 별도의 조직을 갖추고 채권추심 및 채권관리를 주된 영업으로 하는 회사가 아닌, 도료, 합성수지 등의 제조·판매업 등을 주된 영업으로 하는 회사로서, 부실채권의 규모가 커져 채권추심업무에 대한 전문성이 있는 자를 물색하다가 소외 3 및 소외 2의 소개로 원고에게 채권추심업무를 맡기게 된 점, ⑦ 원고가 피고 회사로부터 지급받은 성과수수료가 기간별로 큰 차이를 보이는 점 등과 같이 원고가 피고 회사의 채권추심업무를 맡게 된 경위, 원고의 채권추심업무에 있어서의 전문성, 피고 회사의 주된 영업, 원고의 근무형태 등에 비추어 원고가 피고 회사의 지휘·감독하에 종속적인 관계에 있는 상태에서 업무를 처리하였다고 보기 어렵다는 이유로, 원고가 임금을 목적으로 종속적인 관계에서 피고 회사에 근로를 제공한 근로자에 해당한다고 볼 수 없다"고 판단하였다(대법원 2013. 7. 12. 선고 2013다27336 판결).

345) 대법원은 "상고이유서 제출기간이 지난 후 제출된 상고이유보충서의 기재는 상고이유를 보충하는 범위 내에서" 상고이유를 판단한다고 하면서 "개별 사건에서 근로자에 해당하는지 여부는 구체적인 사실관계 및 증명의 정도에 따라 달라질 수밖에 없다"고 하여, 근로자성을 부정하는 원심을 확정하였다.

346) 당해 회사의 채권추심원들이 근로자에 해당한다는 판결이 2008년에 대법원에서 확정된 후, 회사는 대책마련을 위해 근로 계약서 양식 등을 변경하였으나, 실제로는 계약서 양식 자체에 큰 의미를 두지 않으면서 채권추심원에 대한 상당한 지휘·감독을 하고, 출퇴근과 업무실적 등을 계속 관리해왔으며, 업무방식이나 지휘·감독 정도에 실질적 변경도 없었고, 제3자에게 업무를 대행하게 하는 것도 현실적으로 가능하지 않으며 근무시간과 장소를 제한하지 않는다고 하여 근로자성을 부정하는 징표가 된다고 보기 어렵고, 회사가 마련한 대책도 단지 회사 내부 문

2016. 4. 15. 선고 2015다252891 판결[347])에서는 근로자성을 인정하였다. 전자의 경우 페인트 제조업을 하는 회사로 채권추심 업무는 부가적인 것으로 회사가 채권추심 업무 자체를 전문가인 채권추심 업무 담당자에게 위임한 점에서 회사의 통제권이 미치지 않은 점과 추심원들의 월 보수가 균등하지 않고 아예 보수가 없는 달도 상당기간 존재하였던 상황도 고려되었다. 다만 후자의 농협자산관리회사 채권추심원 사례에서 대법원은 어느 시점에 근로자성의 징표를 제거하면 그 시점 이후에는 근로자성이 부인될 수도 있음을 인정하여 시사하는 바가 있다. 후자의 경우 회사의 업종 자체가 채권추심 업무를 주로 하는 법인으로 채권추심 업무 담당자에 대한 통제가 가능한 점에서 전자와 차이가 난다고 볼 수도 있으나, 동일한 신용정보회사인 고려신용정보 주식회사에 대한 대법원 2015. 9. 10. 선고 2013다40612 판결에서는 근로자성을 부인하여 이 부분은 법원의 채권추심원에 대한 근로자성 판단에서 결정적 요소가 아닌 것으로 보인다.

채권추심이라는 기본적인 업무성격이 비슷한 이상 업무관계의 실질이나 업무수행방식도 크게 차이가 나지 않을 것 같은데 그 채권추심원들의 근로자성 판단에 있어서 결과가 다르게 나타나고 있다. 근로자성을 인정한 사건과 그렇지 않은 사건에서 법원이 그 판단 근거로 제시한 것들에 비추어 보면 당연한 결론인 듯 보이기도 하지만 실제 사안에 있어서는 근로자성 인정의 긍정적 요소와 부정적 요소가 혼재되어 있어 판단이 쉽지 않다. 판례에 나타난 신용정보회사의 채권추심원에 대한 근로자성 인정의 부정적 요소와 긍정적 요소를 비교하면 다음과 같이 정리할 수 있다.

건에 불과한 점 등을 고려하면 채권추심업무계약을 체결하였다는 사정만으로 이전과 달리 근로기준법상의 근로자에 해당하지 않게 되었다고 단정하기는 어렵다고 보아 원심을 파기환송한 판결이다(같은 사례인 대법원 2015. 7. 9. 선고 2012다79149 판결도 동일한 내용이다).

347) 계약의 형식은 위임계약처럼 되어 있지만 그 실질은 근로계약관계라고 봄이 상당한 채권추심원은 근로기준법 적용대상인 근로자에 해당한다고 판단하여 이를 부정하였던 원심을 파기환송한 판결이다.

부정적 요소	긍정적 요소
• 계약서에 독립사업자로서 '위임에 의하여' 채권추심업무를 대행한다고 규정되어 있음 • 채권추심원들에게 회사의 취업규칙이 적용되지 않음	• 비록 위임계약서의 형식을 취하고 있으나, 그 안에 업무수행방법, 금지사항, 보수지급기준 등 취업규칙에 갈음할 만한 사항들이 다수 포함되어 있고, 징계해고나 정리해고 사유에 해당하는 사유들이 계약해지 사유로 되어 있음
–	• 회사에 대한 손해배상의 담보로 신원보증인 또는 신원보증보험을 요구함
• 추심대상 채권에 대한 추심순위를 지시하거나 채권추심업무의 내용이나 수행방법 및 업무 수행시간, 장소 등에 대한 구체적인 지시감독이 없음	• 회사로부터 할당받은 채권을 추심하는 업무를 수행하면서 피고의 전산망에 당일 수행한 업무내용 등을 입력하는 방식으로 보고함
• 정시 내지 매일 출근할 의무가 없음 • 출장을 가거나 개인적인 업무 등을 위해 사무실에서 나갈 때에 회사의 승인이나 보고절차가 없음	• 채권추심원들에 대한 근태기록부를 만들어 매일의 근무상황을 관리함
• 개인별 월 달성목표액을 정하는 등 채권추심원들에게 구체적인 업무성과 달성을 강요하지 않음 • 추심실적이 부진하다고 하여 불이익을 당하지 않음	• 일별, 주별, 월별 목표치를 설정하여 소속 지점에 제출함 • 채권추심원별 일일 회수실적을 취합하고, 본부나 지점으로 하여금 부진을 해소할 대책을 수립 · 시행하게 하며, 각 지점은 '시말서 징구', '채권 차등 할당', '지속 부진자 퇴출' 등의 관리방안 을 마련함
–	• 정기적으로 지사장 또는 팀장을 통해 법적대응방법, 전화대응방법, 민원방지 방법 등 채권추심활동에 필요한 전반적인 교육을 실시함
• 사무실 전화비용만 회사에서 부담할 뿐 그 외 휴대전화요금, 교통비, 주유비용, 식대 등 업무수행 중 발생하는 대부분의 비용은 채권추심원이 부담함	• 회사가 채권추심원들에게 사무실, 사무집기, 비품을 제공하고, 전화 · 우편요금, 등 · 초본 발급비용 등 제비용을 부담함
• 채권추심업 이외에는 별다른 겸직 제한이 없음 • 실제로 다른 회사의 채권추심업무를 하거나 추심업무 외 다른 업무를 하는 추심인이 있음	• 제3자에게 업무를 대행하게 할 수 없고, 계약상으로나 실제상으로나 회사에 전속되어 그 업무만을 수행하여 왔으며, 특별한 사정이 없는 한 계약기간이 계속 갱신됨
• 제공한 근로의 내용이나 시간과 관계없이 오로지 채권회수 실적에 따른 성과수수료만을 지급할 뿐이고 고정급여가 없음 • 성과수수료가 기간별로 큰 차이를 보이며 성과수수료를 전혀 지급받지 못한 기간도 있음	• 매월 정기적으로 수수료가 지급되고, 그 액수도 원고들이 제공한 근로의 질과 양에 따라 달라짐
• 근로소득세를 납부하지 않고 4대 보험에 가입하지 않음	–

결국 채권추심원의 근로자성은 사안별 구체적인 사실관계(실제 운영 실태, 특히 회사의 채권추심원에 대한 통제권 내지 지휘명령권의 행사 유무) 및 증명의 정도에 따라 판례가 결론을 달리하는 것으로 평가할 수 있다. 만일 당사자들이 위임관계로 합의하였고 실제상으로도 충분히 그러한 특성이 나타나고 있다면 근로자성 인정에는 신중을 기할 필요가 있다. 채권추심원에 대해서 이분법적으로 근로자성 혹은 독립적 계약자성으로만 판단하는 것은 당사자의 의사에 부합하지 않을 뿐 아니라, 예측가능성을 담보하기도 어려우므로 입법을 통해 특수형태고용종사자와 같은 제3의 개념으로 포섭하는 것도 검토할 만하다.

2) 방송업계 종사자

(1) 방송회사 소속의 TV 관현악단[348)]

대법원은 방송회사와 전속계약을 체결하고 입사한 TV 관현악단원에 대하여, "① 자신들의 의사에 따라 독립적으로 연주라는 노무를 제공하여 온 것이 아니라, 회사의 구체적인 출연 지시에 따라 방송 출연을 하였고, ② 출 · 퇴근 등의 복무 및 기타 행정적인 사항에 대하여 회사의 직접적인 지휘 · 감독을 받아 왔으며, ③ 비록 매주 또는 매월 단위로 일정한 근무시간이 정해져 있지 아니하고, 출 · 퇴근 시간도 일정하지 아니하며, 회사의 승인이 있으면 다른 출연활동을 할 수 있다 하더라도 이는 연주라고 하는 특수한 노무를 제공하는 악단원의 업무특성에 기인한 것으로 보아야 할 것이고, ④ 또한 회사가 필요로 할 때에는 수시로 그리고 일방적으

348) 한편, 대법원은 업소출연계약을 한 가수 A와 업소 B의 관계에서, A가 그 업무수행이나 업무내용에 관하여 B의 구체적이고 직접적인 지휘감독을 받은 것으로 인정되지 아니하고, A의 노무제공장소가 B의 업소라는 점만으로 A가 장소적 구속 하에서 노무제공을 하였다고 볼 수 없고, 공연시간이 일반 근로자의 통상적인 근로시간과 비교하여 극히 짧고, A가 공연시간 이외에 달리 B로부터 시간적 구속을 받고 있었다고 보여지지 아니하여 A가 시간적 구속 하에서 노무제공을 하였다고 볼 수 없으며, 더욱이 B가 A의 소득에 대하여 근로소득세가 아닌 사업소득세를 원천징수하여 납부하여 온 점으로 보아 A에 대한 보수가 근로의 대가로 지급된 것으로 인정되지 아니하므로, 이러한 사정을 종합하면 A가 종속적인 관계하에서 노무를 제공하였다고 볼 수 없어 A는 근로기준법 소정의 근로자라고 할 수 없다 할 것이라고 판시한 바 있다(대법원 1994. 4. 29. 선고 93누16680 판결 참조).

로 특정의 프로그램 또는 사업에 악단원으로 출연하도록 지시할 수 있고, 그 경우 악단원으로서는 그 지시에 따라야 할 의무를 부담하게 되는 것이므로 악단원의 연주노동력의 처분에 대하여 회사가 지휘 · 명령의 권능을 가지고 있으며, ⑤ 회사로부터 노무제공의 대가로 매월 일정한 기준에 의한 기본급과 수당, 상여금 등을 지급 받아 왔고, ⑥ 회사도 이들을 근로자로 보아 갑종근로소득세를 원천징수하여 세무관서에 납부하여 왔으므로 근로 제공의 과정과 실태, 보수에 관한 사항, 근로의 계속성과 종속성 등에 비추어 회사에 대하여 사용 · 종속관계에 있는 근로자에 해당한다"고 판시하였다.[349] 이로써 ①, ②, ③, ④에서는 지휘 · 명령의 요소를, ⑤에서는 임금성의 요소와 ⑥에서는 기타의 요소가 충족되어 있다고 본다.

(2) 드라마제작국 외부제작요원

대법원은 한국방송공사 드라마제작국에서 노무를 제공하는 외부제작요원들에 대하여, "구체적인 업무내용이 프로그램 담당 연출자에 의하여 결정되어 그의 지휘 · 감독을 받을 뿐만 아니라 노무제공 장소 및 시간도 프로그램 제작일정에 전적으로 구속되며, 드라마제작국내 기획반 차장이 외부제작요원담당자로서 외부제작요원들이 작성한 업무일지를 결재하고 프로그램의 제작상황에 따라 외부제작요원을 배치하는 등 노무를 관리하여 왔고, 외부제작요원들이 수령한 보수는 한국방송공사 방송제작비지급규정에 따른 것이기는 하나 업무실적이나 업무결과에 따른 것이 아니라 기본일당에 시간외 수당이 가산되는 방법으로 산정되어 근로 자체에 대한 대상적 성격을 갖는 점 등을 종합적으로 고려하면 임금을 목적으로 종속적인 관계에서 한국방송공사에 근로를 제공한 근로자에 해당한다"고 판시한 바 있다.[350]

(3) 프리랜서 VJ

대법원은 프리랜서 VJ에 대하여, "참가인들이 원고의 채용공고에 의하여 영상취재요원으로 채용되어 원고가 기획 · 의도한 특정한 장소에서 특정한 시간 내

---

349) 대법원 1997. 12. 26. 선고 97다17575 판결.
350) 대법원 2002. 7. 26. 선고 2000다27671 판결.

에 일정한 영상을 촬영하여 이를 수정 · 편집하여 온 점, ② 참가인들은 영상제작에 관하여 그 작업의 특성상 일정한 재량을 가지고 작업을 하여 왔으나, 원고 소속 취재담당기자의 기획의도에 따라 제작된 촬영 및 편집구성안에 따라 구체적인 인터뷰 내용 및 방법, 촬영 방법, 기타 영상 내용 등에 대하여 촬영 작업부터 편집작업까지 지속적으로 수정 지시를 받아 왔고, 위와 같은 촬영 및 편집구성안 이외에도 현장에서 구두로 또는 이메일을 통하여 지속적인 수정 지시를 받아 온 점, ③ 참가인들은 위와 같은 업무수행의 대가로 프로그램 아이템의 촬영 영상당 일정액으로 계산된 금액을 지급받은 것이 아니라, 매월을 기본단위로 하여 일당 일정액에 실제 근무일수를 곱한 금액을 급여로 지급받아 온 점, ④ 원고가 참가인들에게 다른 회사의 영상취재요원으로 근무하는 것을 금지하지 아니하였다고 하더라도, 참가인들의 원고에 대한 업무일지 등에 기재된 실제 근무일과 근무시간상 참가인들이 원고의 영상취재요원으로 근무하면서 원고가 아닌 다른 회사의 영상관련업무에 종사하는 것은 사실상 불가능한 것으로 보이는 점, ⑤ 원고는 영상취재요원에게 위와 같은 업무를 수행하게 하면서 그 업무 수행에 잘못이 있는 경우 그 잘못의 경위를 기재한 시말서 등을 징구하여 온 점, ⑥ 원고는 2년 또는 5년 동안 참가인들과의 근로관계를 지속적으로 유지해 오다가 이른바 비정규직 보호법 발효를 앞둔 2007. 8. 2. 참가인들에 대하여 위와 같은 비정규직 보호법의 적용을 배제하기 위한 목적으로 사업자등록을 요구한 후 이 사건 계약종료에 이르게 된 것과 원고 스스로 작성한 'vj운영개선방안'의 내용 등에 비추어, 원고 스스로도 참가인들과 같은 영상취재요원의 근로형태가 근로기준법에 정한 근로자로 인정받을 수 있다는 것을 충분히 예상하고 있었다고 보이는 점, ⑦ 참가인들이 정해진 기본급이나 고정급을 지급받은 것은 아니고 원고로부터 근로소득세를 원천징수당하지 아니하였으며 원고가 참가인들에 대하여 취업규칙 등의 규정을 적용하지 않은 사정이 있다고 하더라도, 이러한 사정들은 최근에 급격하게 증가하고 있는 비정규직 근로자에게 일반적으로 나타나는 현상으로 볼 수 있을 뿐 아니라 사용자인 원고가 경제적으로 우월한 지위에서 사실상 임의로 정할 수 있는 사정들에 불과하다고 여겨지는 점 등을 인정한 다음, 이러한 사정을 종합하여 보면 비록 참가인들이 6㎜ 카메라를 직접 소유하고 있고 원고로부터 명시적인 출 · 퇴근시간 등의 근태관리를 받지 않았으며 참가인들에 관하여 4대 보험이 가입되어 있지 않다고 하더라도, 참가인들은 원고와의 근로관계에 있어 임금을 목적으로 종속적인 관계에서 원고에게 근로를 제공한 근로자에 해당한다."고 판시한 바 있다.[351)]

(4) 방송프로그램 제작 PD

대법원은 방송프로그램 제작 PD에 대하여, "프로그램을 제작하는 동안 기본급이나 고정급의 정함이 없었고, 사업소득세가 원천징수되었으며, 사회보장제도와 관련하여 근로자로 인정받지 못하였다는 점, 나아가 취업규칙이나 복무규정을 적용받지 않았다는 점 등은 모두 원고가 우월적 지위에서 임의로 정할 수 있는 사항들로서 원고가 참가인들을 근로자로 인정하지 않겠다는 내심의 의사에서 비롯된 것으로서 그와 같은 사정들은 참가인들과 원고 간 근로관계의 실질을 평가함에 있어서 부차적인 요소에 불과하다. 또한, 원고가 참가인에게 회사용 전자메일 계정을 부여하지 않았고 업무용 컴퓨터를 지급하지 않았으며 직원용 출입증을 부여하지 않았다는 사정들도 원고로서는 그 실질이 어떻든 참가인들을 근로자로 인정하지 않기 위하여 근로자로 처우하였다고 오인될 만한 편의제공을 하지 않았던 데서 비롯된 것으로서 그와 같은 사정들이 근로관계의 실질을 판단하는 관건적 요소라고 보기 어렵다. 마찬가지로 참가인들이 업무를 게을리하거나 그 능력이 부족하더라도 업무에서 배제될 뿐 징계 등 별도의 제재를 받는 것이 예정되지는 않았으나, 이는 원고가 참가인들에게 취업규칙이나 복무규정을 적용하지 않은 데 따른 것이고 업무 배제는 사실상 해고와 다름없어 징계보다도 더욱 가혹한 것으로서 이 역시 참가인들에 대한 원고의 처우 방식과 관련된 것이고, 참가인들 스스로 자신들을 프리랜서로 인정하고 있었다고 하여 근로관계의 실질이 달라지는 것도 아니어서 위와 같은 사정만으로 곧바로 참가인들을 독립된 사업자로 볼 수도 없다. 그밖에 원고가 참가인들에 대하여 정식 채용절차를 거치지 않았지만 마찬가지로 참가인들과 별도의 업무위탁계약을 체결한 바도 없었으므로 채용과정을

351) 대법원 2011. 3. 24. 선고 2010두10754 판결.

근거로 사용종속관계가 아니라고 볼 수는 없다."고 판시하였다.[352)]

(5) 방송프로그램의 보조출연자 등

서울행정법원은 용역공급업체와 계약을 맺고 방송프로그램에 출연하는 보조출연자에 대하여, ① 촬영 시작 · 종료시각, 촬영장소, 역할 배정 등이 모두 용역공급업체에 의해 일방적으로 결정되었던 점, ② 출연 섭외에 대하여 출연 여부를 선택할 권한이 있었다고는 하나, 이는 원고를 비롯한 보조출연자들의 근로형태가 일용직 근로자와 유사하다는 데에 기인한 것으로 볼 수 있고, 그 반면 원고를 비롯한 보조출연자들은 무단결근하는 것이 허용되지 않고 일정한 시간까지 일정한 장소로 출석할 것을 요구받았다는 점, ③ 보조출연자들에 대하여 서면으로 된 취업규칙, 복무규정 등이 없었다고는 하나, 촬영이 시작된 이후에는 개인적인 행동이 금지되고, 정해진 시간에 식사나 휴식을 취해야 하고, 촬영 중간에 무단이탈, 무단귀가가 금지되고, 현장 진행자의 지시를 따라야 한다는 구속이 있었고, 촬영현장에서 현장 진행자 등으로부터 이동, 역할수행 등에 대한 구체적인 지휘 · 감독을 받았던 점, ④ 특수의상이나 기타 프로그램 제작에 필요한 일체의 장비는 방송사 등에서 제공하였던 것으로 보이는 점, ⑤ 보조출연자들이 담당하는 배역은 특별한 개성이나 연기력 등을 필요로 한다고 보이지 아니하고, 출연료도 단순히 현장에 동원된 시간에 비례하여 지급되었던 점, ⑥ 특정 용역공급업체에만 전속됨이 없이 복수의 용역공급업체에 등록을 해 둔 상태에서 그때그때 출연할 촬영현장을 선택할 여지가 있었다고 보이기는 하나, 그 역시 보조출연자들의 근로형태가 일용직 근로자와 유사하다는 데에 기인한 것으로 볼 수 있어 그러한 사정만으로 근로자성을 부인하기는 어렵다고 보이는 점, ⑦ 사업자로 보아 사업소득세를 원천징수하고 따로 산재보험, 고용보험 등에 가입하지 않은 채 사고에 대비하여 단체상해보험에 가입하였으나, 이는 프로그램 제작사의 일방적인 판단에 따른 것에 불과하다는 점 등을 종합하여 보면, 원고는 이 사건 촬영현장에 일용직의 형태로 고용되어 용역공급업

352) 대법원 2014. 4. 10. 선고 2011두19390 판결(서울고등법원 2011. 6. 30. 선고 2010누37973 판결에 대한 상고를 기각하여 확정함).

체가 요구하는 바에 따라 노무를 제공하고 그러한 노무 제공에 대한 대가로 시간급 보수를 받은 근로자로 봄이 상당하다고 판시한 바 있다.[353)]

참고로, 보조출연자가 아닌 방송연기자로서 대사가 있는 단역급 이상인 방송연기자의 노조법상 근로자성에 대하여는 심급에 따라 결론을 달리하였고 현재 대법원에서 심리중이다.[354)] 제1심은 출연료 협약서나 출연료 지급기준표가 정한 등급에 따른 출연료를 일률적으로 지급받는 방송연기자라 하더라도, 방송사와 자유롭게 출연계약을 맺고 방송에 출연하는 점, 연출자가 개별연기자들에게 연기와 방법 등을 요구한다고 해서 이를 사용자의 지휘 · 감독과 동일하다고 평가하기 어렵다는 점, 출연계약 위반에 따른 불이익을 입을지언정 취업규칙이나 복무규정을 적용받지 않는 점 등에서 한국방송연기자노동조합 소속 방송연기자를 근로자가 아닌 사업자에 해당한다고 판시한 바 있다.[355)] 그러나 항소심에서는 노조법상 근로자에 해당한다고 판단하여,[356)] 이를 전제로 '한국방송연기자노동조합' 에게 교

353) 서울행정법원 2010. 12. 28. 선고 2010구단7966 판결. 근로복지공단을 상대로 한 요양불승인처분 취소소송에서 피고가 항소하지 않아 2011. 1. 18. 확정되었다.

354) 대법원 사건 2015두38092 교섭단위분리재심결정 취소소송으로 현재 대법원에서 심리중이다(2017년 1월 현재).

355) 서울행정법원 2013. 11. 8. 선고 2013구합11031 판결.

356) 항소심도 ① 방송연기자의 연기에는 넓은 재량이 인정되는 사실, ② 방송연기자 중에는 참가인과 개별적으로 계약을 체결하여 출연료를 결정하고 출연계약서를 작성한 후 방송에 출연하는 자유계약 연기자도 있는 사실, ③ 방송연기자들은 출연료 이외에 참여한 방송프로그램의 판매나 재방송에 따른 일정한 금액을 지급받는 사실, ④ 참가인과 방송연기자와의 출연계약서에는 근로시간이나 휴게에 관한 내용이 전혀 기재되어 있지 않고 오히려 근로기준법에 위반되는 위약금 예정이 있는 사실, ⑤ 방송연기자들은 참가인 소속 직원들과 달리 특정 프로그램 제작기간 중에만 계약에 따라 참가인의 방송에 출연하는 것으로, 정년이나 퇴직금 등이 존재하지 않고 4대 보험에도 가입되어 있지 않으며 직무전념의무나 겸직금지 의무 등도 부담하고 있지 않은 사실, ⑥ 근로조건과 관련한 참가인의 취업규칙이나 인사규정 등은 방송연기자들에게 적용되지 않고, 방송연기자는 참가인의 조직도에 포함되어 있지 않은 사실 등을 들어 방송연기자의 근로자성이 부인될 수 있는 가능성을 부정하지 않았다. 그러나 ① 방송연기자의 연기는 연출감독이나 현장진행자의 개별적이고 직접적인 지시를 받으며 진행되는 점 등을 고려하면 참가인이 방송연기자들의 업무 수행과정에서 구체적이고 개별적인 지휘 · 감독을 하는 것이라고 볼 수 있다는 점, ② 방송연기자는 연기 과정에서 참가인이 결정한 시간과 장소의 구속을 받는다는 점, ③ 방송연기자의 출연료는 연기에 의한 예술적 가치를 평가한 것이라기보다는 연기라는 노무 제공 자체의 대가로 정액의 급여를 지급한 것이라고 보아야 하고, 출연료 외에 지급되는

섭단위분리 신청적격이 없다고 본 이 사건 재심판정이 위법하다고 판시하였다.

Ⅲ. 근로기준법상 근로자 개념의 한계

1. '2006년 판결'의 해석방법상 한계

1) 근로기준법상 '근로자'와 '근로계약' 규정에 대한 적극적 해석 없이 '사용종속성' 만을 기준으로 적용함

판례에서의 판단기준을 떠나 근로기준법상 근로자 정의 규정인 제2조 제1항 제1호로 돌아가 볼 필요가 있다. 근로자가 좌우할 수 없는, 사업주가 장치해 놓은 요소의 영향을 줄이고, 근로자의 입장에서 ① 직업의 종류와 관계없이 ② 임금을 목적으로 ③ 사업이나 사업장에 ④ 근로를 제공하는 자를 근로자라고 본다면, 임금을 목적으로 근로를 제공하러 사업이나 사업장에 채용된 노무제공자는 비록 사업주의 여러 가지 장치로 인해 외형상 태양이 달라졌다 하더라도 근로기준법상 근로자로서의 성질을 여전히 갖는다고 볼 여지가 있다. 오히려 사용자의 해석과 판단에 따른 편법적인 혹은 우회적인 장치들로 외양이 좌우될 우려가 있는 난해한 판단지표보다는, 근로기준법상 근로자 개념의 정의 규정에 충실하게 해석하는 것이 고용관계의 실질을 판단하는 일차적인 방법이라고 생각한다.

금액은 근로자 인정 여부와는 무관한 것이라는 점, ④ 방송연기자가 다른 방송연기자를 고용하여 자기의 연기를 대행하도록 하는 사례는 없고, 숙박비와 식비, 교통비나 비품 등 방송연기자들이 부담하고 있는 비용은 없으므로, 노무 제공을 통한 이윤의 창출과 손실의 초래 등 위험을 스스로 안고 있는 사업자라고 보기 어렵다는 점, ⑤ 참가인은 약 25년간 원고와 노동쟁의 조정절차 등을 거쳐 단체협약을 체결하는 등 사실상 원고를 노동조합법상의 근로자 및 노동조합으로 인정하여 왔고, 자유계약 연기자가 아닌 경우에는 방송연기자가 이에 관해 협상할 수 있는 여지가 거의 없고 참가인에 의해 계약 조건의 주요 내용이 결정되고 있다는 점, ⑥ 취업규칙의 적용이나 사업소득세의 납부, 4대 보험의 적용 배제 등은 노동조합법상의 근로자성 인정에 있어 부차적인 사항에 지나지 않는다는 점 등의 사정을 들어 방송연기자는 노조법상의 근로자에 해당한다고 판단하였다(서울고등법원 2015. 1. 22. 선고 2013누50946 판결).

2) 일정한 활동(노동) 제공자가 금품수령을 목적으로 활동(노동)하게 된 것인지 여부가 쟁점인 경우에 대한 판단에서 당사자 의사가 무엇인지를 먼저 해석할 필요성 (대법원 2015. 12. 24. 선고 2015다236264 판결[357])

(1) 판시 내용

학교에서 배움터지킴이로 짧게는 1년에서 길게는 4년 정도 근무한 원고들이 자신들은 배움터지킴이 봉사자라는 명칭에도 불구하고 실질적으로는 임금을 목적으로 종속적인 관계에서 근로를 제공한 근로기준법상 근로자라고 주장하면서 사용자인 교육감을 상대로 ① 최저임금과 실제 지급한 임금의 차액 상당액, ② 연차유급휴가수당, ③ 연장 · 휴일근무수당, ④ 미지급 퇴직금 및 각 이에 대한 지연손해금 지급을 청구한 사례이다. 법원은 원고들의 청구는 근로자성이 전제되어야 하나 배움터지킴이는 근로자에 해당하지 않는다는 이유로 청구를 모두 기각하였다.

배움터지킴이가 근로자에 해당하는지 여부에 관하여, 원심인 대구지방법원 2015. 8. 21. 선고 2015나301869 판결은 "임금을 목적으로 근로를 제공하는 자가 아닌 경우에는 최저임금법 및 근로기준법의 적용을 받는 근로자에 해당하지 않으며(대법원 1979. 4. 24. 선고 78다828 판결), 금품이 제공되더라도 그 제공되는 금품이 근로의 대가로서 지급되는 것이 아니어서 임금이 아닌 경우에는 역시 근로자에 해당하지 않는다"고 전제하고, 종래 대법원은 근로기준법상 근로자를 판단하기 위해 제시하던 기준[358]에 대해 "이는 모두 임금(금품)을 목적으로 한 근로제공임은 분명하지만 사용자와 종속적인 관계에서 근로를 제공한 것인지 여부가 문제된 사안에서 사용종속성 유무를 판단하기 위한 징표들의 내용이나 그 평가방법을 제시하였던 것일 뿐"이라고 판단하면서 이 사건의 대상인 배움터지킴이의 경우와 같이 활동(노동)의 제공이 금품수령을 목적으로 한 것인지 여부가 문제된 경우에는 판단기준으로 삼기에는 적절한 기준이 되기 어렵다고 보았다. 이어서 이와 같이 근

357) 학교 배움터지킴이의 근로자성 여부와 관련하여 원심인 대구지방법원 2015. 8. 21. 선고 2015나301869 판결은 근로자성을 부정하였고, 대법원에서 심리불속행기각되어 확정되었다.

358) 대법원 2005. 11. 10. 선고 2005다50034 판결; 대법원 2006. 12. 7. 선고 2004다29736 판결; 대법원 2013. 7. 12. 선고 2013다27336 판결 등 참조.

로자성 판단에 있어 일정한 활동(노동) 제공자가 금품수령을 목적으로 활동(노동)하게 된 것인지 여부가 쟁점인 경우에 이에 대한 판단여부는 전적으로 당사자들의 의사가 무엇이었는지에 달려 있다고 하면서, 당사자의 의사해석 기준과 그 표시된 의사가 명백하지 않은 경우 의사를 추정하는 요소를 밝히고 있다.[359]

법원은 이에 따라 ① 배움터지킴이 운영계획에서 배움터지킴이를 자원봉사자로 위촉하는 것으로 되어 있고 학교에서도 봉사자로 위촉하였으며 별도의 근로계약서를 작성하지 않은 점, ② 배움터지킴이들이 학교로부터 받은 금액(월 60~66만원)은 크게 낮은 수준으로 실비변상 정도에 불과하고 산재 · 고용보험에도 가입되지 않은 점, ③ 배움터지킴이의 운영에 관한 사항은 교육청이 우월한 지위에서 일방적으로 결정한 것이 아니라 교육과학기술부 · 교육청의 계획에 따른 것이고, 배움터지킴이의 자격요건에 특별한 제한이 없으며 면접심사가 있으나 이는 교직원 선발과정과 다르고 정년이나 겸업 및 부업에 제한이 없는 점, ④ 업무수행에 있어 근무상황부나 출근부 또는 활동일지를 작성하는 외에 학교장으로부터 업무의 지시나 감독을 받은 적이 없고 재량과 능력에 따라 업무를 처리한 점, ⑤ 근무상황부나 출근부 또는 활동일지도 배움터지킴이의 지휘 · 감독이 목적이라기보다 봉사활동비 지급을 위한 증빙자료의 용도라고 볼 수 있는 점, ⑥ 배움터지킴이가 시간적 · 장소적 제약은 있었으나 구체적인 활동에 대해서는 지시 없이 자유롭게 결정하였으며 복무규정이나 인사명령이 적용된 바 없고, 활동을 쉬는 경우에도 학교장 결재 없이 활동비만 공제된 점, ⑦ 교육과학기술부가 제정한 가이드라인에

---

359) 당사자의 의사해석 기준으로 "① 활동자(노동 제공자)가 당해 활동으로 이루어질 공익의 달성 및 그에 대한 자신의 기여를 통한 내적 성취감 및 만족감을 주된 목적으로 참가하게 된 것인지 아니면 당해 활동에 대하여 대가로 지급되는 금품을 주된 목적으로 참가하게 된 것인지, ② 상대방은 활동자의 어떤 의사를 기대하였는지, ③ 일정액의 금품이 지급된 이유는 무엇이었으며 당사자들은 이를 활동(노동)에 대한 당연한 대가로 인식하고 있었는지 여부" 등을 제시하고 있다. 그리고 표시된 의사가 명백하지 않은 경우에는 "① 지급되는 금품의 액수가 당해 활동(노동)의 시장가치에 상응하는 적절한 액수인지, ② 당해 활동을 통하여 이룩되는 성과가 공익과 관련된 것인지, ③ 활동을 수행함에 있어 상대방과의 사이에 어느 정도로 강한 지휘 · 감독관계에 놓이게 되는지, ④ 당해 활동관계에서 이탈이 자유로운지, ⑤ 법적 구속력 있는 의무가 부과되는지, ⑥ 부과된다면 의무위반의 효과는 무엇인지 등의 여러 객관적 사정을 종합하여 그 의사를 추정해야 할 것이다"라고 한다.

따르면 배움터지킴이 등과 같은 자원봉사활동 형태의 학생보호인력과 근로계약을 체결한 학생 보호인력을 구분하고 있으며 학교폭력예방을 위한 대체수단이 존재하여 배움터지킴이 고용이 반드시 필요했던 것은 아닌 점, ⑧ 1년 혹은 1학기를 기간으로 하여 위촉되는데, 근로계약서가 별도로 작성되지 않아 배움터지킴이의 지위, 권리, 의무의 내용을 알 수 있는 직접적인 자료는 없으며, 당해 활동관계에서 이탈할 수 있는지, 어떤 방법으로 이탈할 수 있는지, 근무원칙에 위반되거나 활동이 불성실할 경우 어떤 불이익이 있을 수 있는지, 각 상대방에 대한 관계에서 법적 효력 있는 의무가 있는 것인지, 있다면 어떤 의무인지, 그 위반의 효과는 무엇인지 등에 대하여 운영계획에서도 언급된 것이 없다는 점을 들어 배움터지킴이를 근로자로 볼 수 없다고 판단하였다.

(2) 분 석

당해 판결은 종전 대법원이 제시한 근로자성 판단 기준의 적용범위를 한정하고 본 사안과 같은 경우에는 적용하기에 적절하지 않다고 하면서 별도의 기준을 제시한 점에 대해서는 의미가 있다고 생각한다. 본 사안과 같이 금전적 대가를 목적으로 한 노무의 제공 관계로 볼 것인지, 공익달성과 성취를 목적으로 한 봉사적 관계로 볼 것인지가 문제된 사안에는 별도의 판단기준을 제시할 필요가 있기 때문이다.

다만 판례처럼 배움터지킴이에게 지급된 금전의 수준을 '임금'으로 볼 정도인지를 판단하는 것보다 오히려 자원봉사자에게 지급된 실비변상 내지 보상인지 아니면, 근로자에게 지급된 임금인지 여부를 "해당 금전의 지급 없이도 활동(노동) 제공자가 노동을 제공할 것이라고 일반적으로 기대할 수 있는가"의 측면에서 판단하여야 한다고 생각한다. 왜냐하면 근로자의 임금과 달리 자원봉사자에게 지급되는 금전은 (봉사)활동 여부에 중요한 요소일 수는 있으나 결정적인 요소는 아니기 때문이다. 그렇게 본다면 본 사안에서 배움터지킴이 모두가 학교로부터 지급되는 금전이 없더라도 학생들의 안전이라는 공익 추구 및 자기만족을 위해 해당 활동을 하였을 것이라고 단정하기는 어려울 것이다.

또한 종전 대법원의 근로자성 판단기준에서 제시한 것처럼 당사자 간의 관계 판단에 있어 형식보다는 실질에 따라야 한다는 점에서 볼 때, 본 사안에서 법원은 업무지시 및 감독과 관련해서 교장의 업무지시 없이 재량껏 업무에 종사하였다고 판단하였지만, 학교 시설권자인 교장의 업무지시 없이 배움터지킴이가 재량으로 학교 안전 업무를 한다는 것은 실제로 기대할 수 없을 뿐만 아니라 운영계획에서 학교 실정에 따른 배움터지킴이의 역할을 활동내용으로 명시하고 있다는 점에서 사실상 학교장의 업무지시가 예상되며, 운영계획에서 1일 중 등 · 하교시간에는 근무지를 이탈하지 못하고 외부인 출입 통제 업무도 담당하였던 것으로 비추어 근무에 관한 시간적 · 장소적 제약은 감시단속적 근로자의 근로와 크게 다르지 않은 것으로 보인다. 그리고 무엇보다 사용자가 경제적으로 우월한 지위를 이용하여 임의로 정할 여지가 큰 부분에 대해 그러한 점들이 인정되지 않는다는 것만으로 근로자성을 쉽게 부정하여서는 안 된다는 점에서, 본 사안에서 법원이 배움터지킴이 운영계획에서 자원봉사자로 위촉하는 것으로 되어 있고 별도의 근로계약서를 작성하지 않고 산재 · 고용보험에도 가입하지 않은 점을 근로자가 아닌 요소로 판단하고 있지만 이는 배움터지킴이의 사용자로 의심되는 교육청이 계획에서 일방적으로 명시하거나 근로자의 동의 없이 근로계약서 작성 및 사회보험 가입을 하지 않은 것으로, 이는 우월한 지위를 이용하여 임의로 정한 것으로 판단하는 것이 오히려 옳다. 취업규칙으로서의 성격이 의심되는 운영계획도 교육과학기술부 및 교육청의 계획에 따른 것일 뿐 교육청이 우월한 지위에서 일방적으로 결정한 것이 아니라고 하나, 교육과학기술부는 배움터지킴이 운영을 위한 기본계획만 작성하였을 뿐 실제 배움터지킴이의 상세 운영계획은 교육청이 작성했다는 점에서 우월한 지위에서의 일방적 결정이 아니라고 단정하기는 어렵다고 할 것이다.

2. 판단기준의 모호성과 사실관계 적용에서 일관성 결여

1) 판단기준의 주된 지표와 부차적 지표를 구분함에 있어서 '사용자의 우월한 지위를 간과'한 불명확성과 모호성

판례에 따르면, 근로기준법상의 근로자에 해당하는지 여부는 계약의 형식이 고용계약인지 도급계약인지보다 그 실질에 있어 근로자가 사업 또는 사업장에 임금을 목적으로 종속적인 관계에서 사용자에게 근로를 제공하였는지 여부에 따라 판단하여야 하고, 여기서 말하는 종속적인 관계가 있는지 여부는 구체적으로 10개의 기준으로 판단한다. 판단기준이 되는 지표 10개를 제시하면서 "다만, ⑦ 기본급이나 고정급이 정하여졌는지, 근로소득세를 원천징수하였는지, ⑨ 사회보장제도에 관하여 근로자로 인정받는지 등의 사정은 사용자가 경제적으로 우월한 지위를 이용하여 임의로 정할 여지가 크다는 점에서 그러한 점들이 인정되지 않는다는 것만으로 근로자성을 쉽게 부정하여서는 아니된다"는 것이 현재 대법원의 진화한 판단방식의 기본 틀이다(대법원 2006. 12. 7. 선고 2004다29736 판결). 이를 구분하면 아래 도표와 같이 10개의 판단지표로 나눌 수 있다.

	종속적인 관계를 판단하는 기준	비 고
1	업무 내용을 사용자가 정하는지	
2	취업규칙 또는 복무(인사)규정 등의 적용을 받는지	
3	업무 수행 과정에서 사용자가 '상당한' 지휘 · 감독을 하는지	1994년 판결('구체적 · 개별적인' 지휘 · 감독)
4	사용자가 근무시간과 근무장소를 지정하고 근로자가 이에 구속을 받는지	
5	노무제공자가 스스로 비품 · 원자재나 작업도구 등을 소유하는지	
6	제3자를 고용하여 업무를 대행케 하는 등 독립하여 자신의 계산으로 사업을 영위할 수 있는지, 노무 제공을 통한 이윤의 창출과 손실의 초래 등 위험을 스스로 안고 있는지	
7	보수의 성격이 근로 자체의 대상적 성격인지(기본급이나 고정급이 정하여졌는지 및 근로소득세의 원천징수 여부 등 보수에 관한 사항)	(부차적 징표)
8	근로 제공 관계의 계속성과 사용자에 대한 전속성의 유무와 그 정도	
9	(사회보장제도에 관한 법령에서 근로자로서 지위를 인정받는지)	(부차적 징표)
10	경제적 · 사회적 여러 조건을 종합하여 판단함	

그런데 사용자가 우월한 지위를 이용하여 임의로 정할 여지가 큰 것은 위 부수적 징표들만이 아니다. 노동력 공급자인 노무제공자가 근로계약을 체결하길 원하더라도 사업주는 근로계약 · 고용계약 등의 노무공급계약을 전혀 체결하지 않고 오히려 사업자등록을 하도록 요구할 수 있다. 제재수단으로서 통제가 가능하다면 사용자는 굳이 취업규칙이나 인사규정이라는 명칭을 가진 규정을 만들지 않을 수 있다. 보수를 직접 지급하지 않을 적절한 다른 방법이 있다면 제3자로 하여금 지

급하게 할 수도 있다.

이러한 상황에서 근로계약 또는 고용계약을 맺었는지, 취업규칙 또는 인사규정의 적용을 받는지 여부, 보수를 직접 지급받았는지 여부를 근로자 개념의 결정적인 주된 판단지표로 삼는다면, 노무제공자 또는 노무공급자로서는 스스로 근로계약 등을 좌우할 수 없는 사정에 의하여, 나아가 노무의뢰자 또는 사업주가 미리 장치해 놓은 외형적인 태양에 의하여 근로자성을 판단받는 불리하고 불합리한 상황에 처하게 된다. 따라서 이러한 조건 하에서 채용되기를 원하는 근로자의 입장에서 임금을 목적으로 근로를 제공하는 상황인지를 판단해 본다면 보다 실질에 가깝게 판단할 수 있다는 견해가 있다.[360] 예컨대 형식상 어떤 명칭을 사용한다 하더라도 실질이 근로조건과 제재에 관한 사항을 내용으로 담고 있는 경우 법원이 이를 취업규칙이라고 명확히 판단한다면, 이름을 바꾸는 정도로는 근로자성을 배제할 수 없다는 적절한 신호를 줄 수 있을 것이라고 한다.

2) 법원의 일관성 없는 사실관계 포섭 적용

대법원은 "노조법 또는 근로기준법상 근로자란 타인과의 사용종속관계하에서 노무에 종사하고 그 대가로 임금 등을 받아 생활하는 자를 말하고, 그 사용종속관계는 당해 노무공급계약의 형태가 고용, 도급, 위임, 무명계약 등 어느 형태이든 상관없이 사용자와 노무제공자 사이에 ① 지휘 · 감독관계의 여부, ② 보수의 노무대가성 여부, ③ 노무의 성질과 내용 등 그 노무의 실질관계에 의하여 결정되는 것이다(대법원 1993. 5. 25. 선고 90누1731 판결, 대법원 2006. 5. 11. 선고 2005다20910 판결 등 참조)"라고 하면서, 레미콘 차주 겸 운송기사는 노조법 또는 근로기준법상 근로자가 아니라고 판시한 바 있다(대법원 2006. 10. 13. 선고 2005다64385 판결). 이 판결에서 대법원은 근로기준법상 근로자를 판단하는 '1994년 판결'의 기본구도나 '2006년 판결'의 진화된 방식에서의 10개의 판단지표를 1993년 골프장 캐디의 노조법상 근로자성을 판단하면서 위 3개의 지표로 단순화

360) 이승욱, "노동법상 근로자 · 사용자 개념 확대를 둘러싼 쟁점과 입법적 과제", 「노동법학」(제49호), 한국노동법학회, 2014, 226~248면.

하여 설시한 판례를 인용하면서 레미콘 차주 겸 운송기사에 대한 근로기준법상 근로자성을 부정하였다.

근로기준법상 근로자성을 판단하는 10개의 판단지표를 사실관계에 적용할 경우에도 판례는 골프장 캐디 사건 등에서 보듯이 하나의 사안에 대해 각 심급마다 달리 포섭하기도 하고, 채권추심원 사례들에서 보듯이 유사한 사안에 대해 대법원이 "개별 사건에서 근로자에 해당하는지 여부는 구체적인 사실관계 및 증명의 정도에 따라 달라질 수밖에 없다"[361]고 판시한 바와 같이 사안별로 결론을 달리하여 판단하고 있다. 예를 들면 채권추심 업무를 주로 하는 법인으로 동일한 업종의 회사인 신용정보회사와 '채권추심위탁계약'을 체결하고 채권추심업무를 처리한 채권추심원이라는 직업형태임에도 불구하고 사실관계에 대한 포섭을 달리하여 판단이 달라진 경우를 들 수 있다. 최근 채권추심원에 관한 대표적인 대법원 판례로 근로자성을 부정한 2015년 고려신용정보 주식회사 사례[362]와 근로자성을 인정한 2016년 중앙신용정보 주식회사 사례의 각각 구체적인 사실관계를 판례의 10개 판단지표에 적용하여 비교하면 다음과 같다.

	판례의 종속성 판단 기준	고려신용정보 (대법원 2015. 9. 10. 선고 2013다40612 판결: 부정)	중앙신용정보 (대법원 2016. 4. 15. 선고 2015다252891 판결: 긍정)
1	업무 내용을 사용자가 정함	위임계약서(신용정보의 이용 및 보호에 관한 법률 제27조 제2항 제2호에 의거한 위임직 채권추심인의 신분)[363]	계약기간 6개월의 채권추심위임업무수행계약 체결/ 지정한 팀에 소속되어 회사로부터 배정받은 채권에 관한 추심업무를 함
2	취업규칙 또는 복무(인사)규정 등의 적용을 받음	취업(복무)규칙이 적용되지 않았고, 추심순위를 지정하거나 구체적 추심업무의 내용 내지 방법 등을 지시한 바 없으며, 근무태도나 근무성적 등을 평가하거나 추심실적이 부진하다고 손해를 주지 않았음	채권추심원들을 구속하는 취업규칙이나 내규를 정하지는 않았음

361) 대법원 2015. 9. 10. 선고 2013다40612 판결(고려신용정보 주식회사의 채권추심원에 대한 근로자성을 부정한 사례).

362) 아래 대법원 2015. 9. 10. 선고 2013다40612 판결의 구체적인 사실관계에 대한 적용은 원심인 서울중앙지법 2013. 4. 24. 선고 2012나43859 판결 내용을 인용하였다.

363) 1995. 1. 5. 법률 제4866호로 신용정보의 이용 및 보호에 관한 법률(이하 '신용정보법'이라 함)이 제정되면서 채권추심 전문기관(채권추심회사)들이 속속 등장하게 되었다.

	판례의 종속성 판단 기준	고려신용정보 (대법원 2015. 9. 10. 선고 2013다40612 판결: 부정)	중앙신용정보 (대법원 2016. 4. 15. 선고 2015다252891 판결: 긍정)
3	업무 수행 과정에서 사용자가 '상당한' 지휘 · 감독을 하는지	팀장이 출 · 퇴근 상황을 점검 · 보고/ 회의를 소집하여 업무현황 등 점검/ 월 목표액을 달성하라고 요청하는 경우도 있고, 지시에 순응하지 않는 추심인에게는 불리하게 사건을 배당하기도 하였지만, 대부분의 경우 추심대상채권의 수나 액수 등에서 실질적으로 공정하게 배당되었고 개인별 월 달성목표액을 정하지도 않아 구체적인 업무성과 달성을 강요하지도 않았던 점에 비추어 위와 같은 지시 또는 강요가 일부 지사장 개인의 성향에 따른 현상으로 보일 뿐, 회사 차원에서 이루어졌다고 보기는 어려움/ 전산입력은 다수 채권을 관리하는 추심인에게 개별 채권에 관한 세부 상황을 관리하는 어려움을 줄이는 등 추심인의 업무 편의를 위한 것이지, 지사장에 대한 업무보고 등 노무관리를 위한 것이라고 보기 어려움	불이익을 받지 않기 위해 캠페인, 조기출근, 야근, 토요일 근무 등 피고가 업무실적향상을 위해 동참을 요구하는 각종 조치에 따를 수밖에 없었음/ 자체적으로 교육하고 교육참가확인서를 받음/ 채권추심업무를 수행하는 과정에서 목표설정에서부터 채권추심업무의 처리에 이르기까지 모든 업무의 과정을 채권관리시스템에 입력하게 함으로써 원고들의 업무를 구체적으로 지휘하고 관리 · 감독함 (회사의 지시에 따라 채권관리시스템에 모든 방문에 관하여 방문시간, 방문결과, 비용 등을 입력함/ 매월 초순경 채권관리시스템에 그 달의 업무목표량을 전화통화, 방문, 법조치, 입금약속 등의 항목별로 등록한 후 상급자의 승인을 받음)
4	사용자가 근무시간과 근무장소를 지정하고 근로자가 이에 구속을 받는지	업무장소를 자유롭게 선택할 수 있었고, 출 · 퇴근 등 근무형태와 관련 간섭하거나 불이익을 주지 않았음	09시까지 출근하고, 실적향상을 위해 조기출근, 토요일 근무, 야근을 독려 받으면서 동참하지 않는 경우 채권배분 등에서 불이익을 줄 수 있다는 공지를 받기도 함
5	노무제공자가 스스로 비품 · 원자재나 작업도구 등을 소유하거나	사무실 전화비용만을 회사가 부담할 뿐, 그 외에 휴대전화 요금, 교통비, 주유비용, 차량감가상가비, 식대, 법적 조치비용 등 채권회수 업무 수행 중에 발생하는 모든 비용은 추심인이 부담함/ 사무실, 컴퓨터와 전화기, 비품 등을 제공하고, 전산시스템에 접속할 수 있는 장소, 시간을 정하고, 사무실 내에 CCTV를 설치하고, 개인정보 유출 방지용 프로그램을 추심인들이 사용하는 컴퓨터에 설치하였으나, 이는 채권자 및 채무자의 인적 사항과 신용정보를 보호하고 유출에 따른 민, 형사 책임을 예방하기 위해 정보관리자로서 필요한 조치를 한 것이거나 추심인들의 위임계약에 따른 위임업무 수행에 편의를 제공하는 차원에서 한 것임	우편발송비와 일정한 기준에 따라 교통비 등을 지원/ 회사의 사무실에서 컴퓨터 등 집기를 무상으로 제공받아 채권관리시스템에 정해진 프로그램에 따라 정보수집, 채무자에 대한 문자, 통지서의 발송, 추심활동 내역 입력 등 전반적인 업무를 수행하였고 회사의 정규직원, 파트장 등이 올린 공지사항을 열람함

	판례의 종속성 판단 기준	고려신용정보 (대법원 2015. 9. 10. 선고 2013다40612 판결: 부정)	중앙신용정보 (대법원 2016. 4. 15. 선고 2015다252891 판결: 긍정)
6	제3자를 고용하여 업무를 대행케 하는 등 독립하여 자신의 계산으로 사업을 영위할 수 있는지, 노무 제공을 통한 이윤의 창출과 손실의 초래 등 위험을 스스로 안고 있는지	다른 사람으로 하여금 위 업무를 대행하게 할 수는 없게 하고, 다른 회사의 채권추심 업무를 겸할 수도 없었으나, 이는 법령상 제한임	
7	보수의 성격이 근로 자체의 대상적 성격인지, 기본급이나 고정급이 정하여졌는지 및 근로소득세의 원천징수 여부 등 보수에 관한 사항	기본급이나 고정급을 받은 바 없고, 오로지 채권의 회수실적에 따른 수수료만을 받았는데, 그 수수료는 실적에 따라 매월 큰 편차가 있었음(최저액과 최고액의 차이가 약 72배로, 위 수수료가 오로지 추심결과물인 추심실적에 따라 산정되었다는 점)	보수는 기본급이나 고정급 없이 성과급의 형태로만 지급되었지만 이는 채권추심업무의 특성에 의한 것일 뿐/ 수수료 금액은 채권추심실적에 따라 변동됨
8	근로 제공 관계의 계속성과 사용자에 대한 전속성의 유무와 그 정도	추심인은 보통 6개월인 위임계약기간 중이라도 언제든지 계약을 해지할 수 있음/ 회사는 신용정보법에 따라 다른 회사의 채권추심업무 겸직을 사실상 제한할 뿐, 채권추심업무 외의 업무에 대해서는 겸직을 제한하지 않고 있음	최초 계약기간은 6개월로 정하였지만 반복적인 재계약 또는 기간연장 합의를 통해 약 3년 내지 5년 동안 종사하여 업무의 계속성 있음
9	사회보장제도에 관한 법령에서 근로자로서 지위를 인정받는지	사업소득세 징수, 4대보험에 가입하지 않음	
10	경제적 · 사회적 여러 조건을 종합하여 판단함	(근로자성 부정)	계약의 형식은 위임계약처럼 되어 있지만 그 실질은 임금을 목적으로 종속적인 관계에서 근로를 제공한 근로계약관계로 봄(근로자성 인정)

신용정보법은 채권추심과 관련하여 각종 규제를 하고 있고 이를 준수하기 위해서는 그 업무담당자에 대하여 근로계약과 같은 강력한 통제장치가 필요하다는 점을 근거로 채권추심원들의 근로자성을 인정하기도 한다. 그러나 이 법률은 추심업무 수행의 기본적인 법률관계로 위임 등을 예정하고 있어, 채권추심회사는 위임 또는 그에 준하는 방법으로 채권추심업무를 할 사람을 선정하여 추심업무를 하도록 하고 있다(신용정보법 제27조 제2항 제2호). 이는 채권추심업무의 성격상 위임관계에 의한 처리가 가능하다는 것을 전제로 하는 것으로서, 채권추심업무와 관련하여 채권추심회사가 채권추심원들을 구체적으로 관리ㆍ감독하여야 할 사실상의 필요성이 반드시 요구되는 것은 아니라고 볼 여지도 있다. 결국 채권추심원의 근로자성이 다투어지는 개별 사건에서 근로자에 해당하는지 여부는 소속된 채권추심회사의 지점, 지사 등 개별 근무지에서의 업무형태 등 구체적인 사실관계 및 증명의 정도에 따라 달라질 수밖에 없다. 사실심의 심리결과 채권추심원이 채권추심회사에 매일 정시에 출근할 의무가 없었고 채권추심회사와 계약관계를 유지한 기간 동안 채권추심회사에 종속되어 지휘ㆍ감독을 받으며 업무에 전념하였다고 보기에는 지나치게 적은 액수의 성과수수료를 받는 등 근로자성을 인정하기 어려운 사정들이 밝혀지거나, 채권추심원의 근로자성을 증명할 책임이 있는 당사자가 소송과정에서 다른 회사의 채권추심원 등에 관한 판결 선례 등만을 증거로 제출하였을 뿐 당해 사건에서 근로자성을 인정할 수 있는 구체적인 사실을 증명할 증거를 전혀 제출하지 않는 등의 경우에는 채권추심원의 근로자성이 부정될 수 있다.[364]

364) 대법원 2009. 5. 14. 선고 2009다6998 판결, 대법원 2015. 9. 10. 선고 2013다40612(본소), 2013다40629(반소) 판결 참조.

제2절 노조법상 판단기준과 사례 유형별 분석

Ⅰ. 집단적 노사관계에 동일한 근로자 개념 적용의 문제점

1. 노조법상 근로자 개념의 판단기준으로 '노무의 실질관계'

근로자 개념의 기본 판단구도를 밝힌 대법원 '1994년 판결'과 여기에서 진화한 판단방식을 적용한 '2006년 판결'은 근로자성 확인을 위한 하나의 공식과 같이 그 이후 일관하여 관련 판결에서 인용되고 있으나, 그것은 근로기준법상의 근로자 개념을 판단하는 사건에서만 명시적으로 인용되고 있다는 점에 주목할 필요가 있다.

레미콘 제조 · 판매업자와 레미콘운반도급계약을 체결하고 수요자에게 레미콘을 운반하는 업무를 담당하는 레미콘 차주 겸 운전기사의 '노조법상' 근로자 개념에 관한 두 판결(대법원 2006. 5. 11. 선고 2005다20910 판결[365])과 대법원 2006. 6. 30. 선고 2004두4888 판결[366])에서 대법원은 근로기준법상 근로자 개념

---

365) 노조법 제2조 제1호는 "근로자라 함은 직업의 종류를 불문하고 임금 · 급료 기타 이에 준하는 수입에 의하여 생활하는 자를 말한다."고 규정하고 있는바, 여기에서 근로자란 타인과의 사용종속관계하에서 노무에 종사하고 그 대가로 임금 등을 받아 생활하는 자를 말한다고 할 것이고, 그 사용종속관계는 당해 노무공급계약의 형태가 고용, 도급, 위임, 무명계약 등 어느 형태이든 상관없이 사용자와 노무제공자 사이에 지휘 · 감독관계의 여부, 보수의 노무대가성 여부, 노무의 성질과 내용 등 그 노무의 실질관계에 의하여 결정된다 할 것이다. … 레미콘 제조회사와 레미콘운반도급계약을 체결하고 위 회사가 제조한 레미콘을 수요자에게 운반하는 업무를 담당하고 있는 레미콘 차주 겸 운송기사를 위 회사에 대하여 사용종속적인 관계에서 노무에 종사하고 그 대가로 임금 등을 받아 생활하는 노조법에 정한 근로자라고 볼 수 없다(대법원 2006. 5. 11. 선고 2005다20910 판결).

366) 위와 같은 법리(대법원 1993. 5. 25. 선고 90누1731 판결, 대법원 2006. 5. 11. 선고 2005다20910 판결 등 참조)를 전제로 하고 그 채택 증거에 의하여 그 판시와 같은 각 사실을 인정한 뒤, 레미콘 제조 및 판매를 주된 영업으로 하는 원고와 사이에 레미콘운반도급계약을 체결하고 원고가 제조한 레미콘을 수요자에게 운반하는 업무를 담당하고 있는 레미콘 차주 겸 운송기사(이하 '레미콘운송차주'라 한다)인 피고 보조참가인(이하 '참가인'이라고 한다)들의 업무

에 관한 판단기준을 제시한 1994년 대법원 판결을 인용하는 대신, 골프장 캐디의 노조법상 근로자성을 인정한 '1993년 골프장캐디 사건' 판결[367]을 인용하면서, "노조법 제2조 제1호는 근로자라 함은 … 규정하고 있다. 여기에서 근로자란 타인과의 사용종속관계 하에서 노무에 종사하고 그 대가로 임금 등을 받아 생활하는 자를 말한다. 또 그 사용종속관계의 존재 여부는 당해 노무공급계약의 형태가 고용, 도급, 위임, 무명계약 등 어느 경우이든 상관없이 사용자와 노무제공자 사이에 지휘 · 감독관계의 여부, 보수의 노무대가성 여부, 노무의 성질과 내용 등 그 노무의 실질관계에 의하여 결정된다."고 판시하였다.[368]

즉 판례는 노조법상 근로자 개념의 사용종속관계를 판단함에 노조법 제2조 제1호의 정의 규정을 원용하면서 '노무의 실질관계'를 기준으로 한다. 그 노무의 실질관계는 ① 사용자와 노무제공자 사이에 지휘 · 감독관계의 여부, ② 보수의 노무대가성 여부, ③ 노무의 성질과 내용 등에 의해 결정된다고 한다. 이는 1994년 판결과 2006년 판결이 근로기준법상 근로자 개념의 종속관계를 판단하는 기준으

내용이 주로 원고에 의해 정하여지고, 그 업무수행 과정에서도 원고로부터 구체적이고 직접적인 지휘 · 감독을 받는다고 볼 여지가 있으며, 사실상 원고의 경영에 한정되어 차량을 운영하고 있는 점 등 노조법상의 근로자로 볼 수 있는 일정한 사정이 있지만, … 참가인들은 제3자를 고용하는 등 대리운전자를 내세워 업무를 대행하는 것이 불가능하지 않고, 레미콘 차량의 명의와 소유권이 전적으로 참가인들에게 있어 그 책임 하에 차량관리를 할 뿐만 아니라 이를 타인에게 매각하는 것도 가능하며, 기본급이나 고정급이 없이 운송실적에 기초한 운반비를 지급받을 뿐이고, 각자 사업자등록을 하여 사업소득세 및 부가가치세를 납부하여 온 점 등의 제반 사정들에 비추어 볼 때, 참가인들은 원고에 대하여 사용종속관계 하에서 노무에 종사하고 그 대가로 임금 등을 받아 생활하는 노조법 소정의 근로자라고 볼 수 없다고 보아야 하고, 따라서 그들이 구성원으로 있는 전국건설운송노동조합이나 그 금성분회 또한 노조법상의 적법한 노동조합이라고 할 수 없으므로, 노조법상의 근로자에 해당하는 자의 정당한 노동조합활동 및 적법한 노동조합의 단체교섭요구 등을 전제로 한 부당노동행위는 성립하지 않는다(대법원 2006. 6. 30. 선고 2004두4888 판결).

367) 유성관광개발컨트리클럽노동조합이 제기한 노동조합설립신고수리취소처분취소소송에서 대법원은 "… 이러한 사정들에 비추어 보면 소외회사 골프장 소속의 캐디들은 소외회사와의 사이에 종속적 노동관계에 있다"고 보았다(대법원 1993. 5. 25. 선고 90누1731 판결).

368) 그 후 판결에서도 이와 동일한 내용을 설시하면서 레미콘 차주 겸 운송기사는 노조법 또는 근로기준법상 근로자가 아니라고 판시한 바도 있다(대법원 2006. 10. 13. 선고 2005다64385 판결).

로 제시하는 10개 지표에 비하면 포괄적이고 피상적이기까지 하다.

2. 하나의 사안에서 근로기준법상 근로자성은 부정하면서 노조법상 근로자성은 인정하는 경우

하나의 동일한 사안에서 근로기준법상 근로자성은 부정하면서 노조법상 근로자성은 인정하는 판례가 나타나기도 한다. 대표적으로 '골프장 캐디'와 '학습지 상담교사'에 관한 근로기준법상 근로자성과 노조법상 근로자성을 판단한 최근의 법원 판례를 들 수 있다.

1) 골프장 캐디 사례

골프장 캐디인 갑 등이 골프장을 운영하는 을 주식회사로부터 제명처분 등 징계를 받은 후 을 회사를 상대로 징계무효확인을 구한 사안에서, 갑 등은 임금을 목적으로 사용종속적인 관계에서 을 회사에 근로를 제공하는 근로기준법상 근로자에 해당한다고 볼 수 없으나, 노조법상 근로자성은 인정할 수 있다고 본 사례이다.[369] '임금의 종속성'을 기준으로 근로기준법상 근로자 개념을 부정하고,[370] 노조법상 근로자는 '업무의 종속성 및 독립종속성(경제적 종속성)'의 평가요소에 더

369) 대법원 2014. 2. 13. 선고 2011다78804 판결(2014년 캐디 사건).

370) "캐디는 골프장 시설운영자와 사이에 근로계약 · 고용계약 등의 노무공급계약을 전혀 체결하고 있지 않고, … 등의 여러 사정을 종합하여 볼 때, 골프장 시설운영자에 대하여 사용종속관계하에서 임금을 목적으로 근로를 제공하는 근로기준법 소정의 근로자로 볼 수 없다"는 판단에 대해서는 여러 가지 비판이 있다. 대표적으로 '노무공급계약을 전혀 체결하고 있지 않고'라는 부분은 현실 상황을 제대로 반영하지 못한 판단이다. 이는 캐디의 법적 지위와 관련하여 근로기준법상의 근로자는 부정하나 노조법상의 근로자로 인정한 동일한 결론의 대법원 1993. 5. 25. 선고 90누1731 판결(1993년 캐디 사건)과 비교해 볼 때 분명하다. 1993년에는 캐디피를 노조법 소정의 '기타 이에 준하는 수입'으로 보았다. 즉, 캐디피는 근로기준법상의 임금이라고 단정하기는 어렵지만 캐디와 유성관광개발컨트리클럽에 의하여 선발되어 채용될 때 캐디와 회사 사이에 캐디는 회사가 임의로 지정하는 내장객에게 노무제공을 하기로 하고 그 대가로 회사로부터 일정한 금원을 받기로 하는 묵시적인 약정이 있다고 보고 이 약정을 '고용관계에 근사한 것'으로 보았다.

중점을 두어 판단하여 근로자성을 인정한[371] 판결이다. 이에 관한 내용은 후술하는 "Ⅱ. 노조법상 근로자 개념에 관한 판례의 단계별 진화, 3. 경제적 종속성의 평가요소를 적극적으로 해석하여 노조법상 근로자성을 판단하는 단계"에서 자세히 살펴보고 분석하기로 한다.

추가적으로 산업재해보상보험법 제5조 제2호와 제6조에 따라, 산업재해보상보험법의 규정에 의한 보험급여의 대상자가 되기 위해서는 재해당시에 근로기준법 규정에 의한 근로자이어야 한다. 그런데 개정 산업재해보상보험법은 근로기준법 등이 적용되는 근로자가 아니면서 산업재해보상보험대상자로서 특수형태근로종사자라는 개념을 입법으로 도입하면서,[372] 그 구체적 유형을 대통령령으로 정하도록 했다. 대통령령에서는 보험모집인, 지입차주인 레미콘 차량기사, 학습지 교사, 골프장 캐디 등을 열거하고 있다.[373] 그런데 보험모집인, 지입차주인 레미콘 차량

371) 1993년 캐디 판결은 골프장과의 사이에 '종속적인 노동관계'에 있다고 본 반면, 2014년 캐디 판결에서 '사용종속성' 자체를 부정하면서도 노조법상 근로자성은 인정하여, 그 논리 전개에 대해서 해당 판결을 긍정적으로 보는 입장에서도 비판의 소지가 다분하다. 즉, 사용종속성을 부정하는 한 그것이 노조법이라고 할지라도 근로자성 자체가 부정될 수밖에 없기 때문이다.

372) 산업재해보상보험법(2007. 12. 14. 법률 제8694호로 개정되어 2008. 7. 1.부터 시행된 것) 제5조 제2호에서는 동법 소정의 근로자를 원칙적으로 근로기준법상의 근로자와 같다고 정의하면서도, 제125조 제1항에서, "계약의 형식에 관계없이 근로자와 유사하게 노무를 제공함에도 「근로기준법」등이 적용되지 아니하여 업무상의 재해로부터 보호할 필요가 있는 자로서 다음 각 호의 모두에 해당하는 자 중 대통령령으로 정하는 직종에 종사하는 자(이하 이 조에서 "특수형태근로종사자"라 한다)의 노무를 제공받는 사업 또는 사업장은 제6조에도 불구하고 이 법의 적용을 받는 사업 또는 사업장으로 본다. 1. 주로 하나의 사업 또는 사업장에 그 운영에 필요한 노무를 상시적으로 제공하고 보수를 받아 생활할 것, 2. 노무를 제공함에 있어서 타인을 사용하지 아니할 것"이라고 규정하여, 산업재해보상보험에 있어서는 독일의 근로자 유사의 자와 비슷한 규정을 두고 있고, 위 법의 위임을 받은 산업재해보상보험법시행령 제125조는 특수형태근로종사자로서, 보험모집인, 지입차주인 레미콘 차량 운송기사, 학습지 교사, 골프장 캐디 4개 직종을 규정하였다. 2011. 12. 30. 위 시행령이 개정되어 2012. 5. 1.부터는 택배기사와 전속 퀵서비스기사에게까지 그 적용이 확대되었다.

373) 다만, 이와 같은 특수형태근로종사자에 대한 특례제도는 사용자 책임의 원칙 아래 의무가입을 골간으로 하는 산재보험법의 원칙과는 다르게, 특수형태근로종사자에게 보험료 부담을 일부 지우고 특수형태근로종사자가 산재보험법의 적용 제외를 신청하여 임의적 탈퇴가 가능하도록 하고 있어, 실무상 특례조항의 적용을 받는 직종에 대한 산재보험 적용률은 상당히 저조한 실정이다(근로복지공단의 2014. 10. 26.자 자료에 따르면 실적용률은 10% 미만인 것으로 보고

기사, 학습지 교사, 골프장 캐디, 택배기사와 전속 퀵서비스기사 가운데에는 실은 근로기준법상 근로자성을 인정하여야 할 것도 있는데, 종래의 일부 판례가 이를 부정한 것을 토대로 개정된 산업재해보상보험법 시행령의 규정을 그 근로자성을 쉽게 부정하는 논거로 활용해서는 안 될 것이다. 만약 산재보험에 임의 가입하지 않은 캐디가 업무 중 재해를 입은 경우 당해 캐디 또는 그 유족이 산업재해를 신청하면, 근로복지공단에서 이를 산업재해보상보험법상 업무상 재해로 승인할 수 있을 것인지 예측해 본다면, 근로복지공단은 위 대법원 판결에 입각하여 캐디가 근로기준법상 근로자가 아니라는 이유로 요양급여 또는 유족급여를 불승인할 것으로 예상할 수 있다.[374)]

2) 학습지교사 사례

학습지 개발 및 교육 등의 사업을 영위하는 갑 주식회사가 학습지교육 상담교사인 을 등에게 노동조합 활동을 했다는 등의 이유로 1년 단위로 반복하여 체결하던 위탁사업계약의 해지를 통보하자, 을 등이 위 해지가 근로기준법상 부당해고이자 노조법상 부당노동행위라며 구제신청을 한 사안에서, 을 등이 임금을 목적으로 종속적인 관계에서 갑 회사에 근로를 제공하는 근로기준법상 근로자에는 해당하지 않지만 노조법상 근로자에는 해당한다는 이유로, 갑 회사가 위탁사업계약 해

되고 있다).

374) 반대로, 당해 캐디가 산업재해보상보험법 제125조(특수형태근로종사자에 대한 특례)에 따라 산재보험에 임의 가입하지 않더라도 그 재해를 캐디 개인의 책임으로 볼 수 없는 업무상 재해(업무상 사유에 따른 부상 · 질병 · 장해 또는 사망한 경우)로 본다면 법원이 캐디의 요양신청 또는 유족보상을 쉽게 기각하지 않을 것으로 보는 견해가 있다. 법원은 사회국가 · 복지국가의 원리에 따라 산업재해의 사회화와 산업재해보상보험법의 사회보장적 성격을 원용할 수 있기 때문이라고 한다. 이러한 입장에서 산재와 관련한 법원의 근로자성 해석에서 ① 사업에 편입되어 노무를 제공하고 금품을 받으면 근로자로 본다, ② 노무의 대가로 지급되는 급여의 형식은 중요하지 않다, ③ 개인사업자등록 및 이에 따른 사회보험 납부 현황은 중요한 표지가 아니다, ④ 회사 대표자로 등기가 되더라도 실질적 관계를 조사하여야 한다, ⑤ 사업주 및 근로자의 지위를 겸유하는 경우 양자를 분리하여 판단할 필요가 있다는 주장이 있다(전형배, “근로자 여부에 대한 행정청과 법원 간의 견해차이 최소화 방안”, 산재보험 50주년기념 산재심사제도 학술세미나, 근로복지공단, 2014, 35~39면).

지를 통보한 것은 불이익취급 내지 지배·개입의 부당노동행위에 해당하여 무효라고 한 하급심 사례가 있다.[375] 동 판결에서 학습지 교사는 근로기준법상의 근로자는 아니나[376] 노조법상의 근로자에는 해당하므로, 학습지 교사의 노동조합 활동을 이유로 위탁사업계약의 해지를 통보한 행위는 실질적으로 학습지 교사들이 노동조합의 업무를 위한 정당한 행위를 한 것에 대하여 불이익을 주기 위한 것으로서 노조법 제81조제1호가 정한 부당노동행위에 해당하고, 학습지 교사들이 노동조합을 조직 또는 운영하는 것을 방해하여 학습지노조의 산하지부 노동조합을 와해시키려는 목적에서 이루어진 것으로서 노조법 제81조제4호가 정한 부당노동행위에도 해당하여 무효라고 판시하였다. 즉 학습지노조는 노조법 제2조제4호 본문에서 정한 노동조합에 해당하고, 학습지교사들은 자신들의 노무제공의 대가인 수수료만으로 생활하면서 업무수행의 과정에 있어서 상당한 정도의 회사의 지휘·감독을 받는 사람들로서 노조법 제2조제1호에서 정한 '기타 이에 준하는 수입에 의하여 생활하는 자'에 해당한다고 봄이 타당하고, 대등한 교섭력의 확보를 통한 노동자 보호라는 노조법의 입법취지를 고려할 때 회사의 사업에 편입되어 조직적(독립종속성)·경제적 종속성이 안정되는 학습지교사들에게 비록 근로기준법상의 근로자성이 인정되지 않더라도 노조법상 근로자성을 인정할 필요성이 있다는 취지이다.[377]

---

375) 서울행정법원 2012. 11. 1. 선고 2011구합20239, 26770 판결.

376) "학습지교사들은 회사와의 관계에서 어느 정도 종속적인 지위에서 노무를 제공하고는 있으나, 학습지교사들의 주된 노무인 교육상담, 학습지도의 상대방은 학습지 회원이고, 이러한 노무는 위탁사업계약에 따라 제공되는 것으로서 학습지교사들은 그에 대하여 회사로부터 소정의 수수료를 지급받는다고 볼 수 있으며, 회사에게 직접 제공되는 일부 노무는 부수적으로 수행되는 것에 불과하므로, 학습지교사들은 임금을 목적으로 종속적인 관계에서 회사에게 근로를 제공하는 근로기준법상의 근로자에 해당한다고 보기 어렵다"고 판시한다. 이는 학습지 교사의 근로기준법상 근로자성을 부정하는 기존 법원의 입장과 동일하다.

377) 그러나 이 사건 항소심은 학습지 교사의 근로기준법상 근로자성뿐만 아니라 노조법상 근로자성도 부정하였고[서울고등법원 2014. 8. 20. 선고 2012누37274, 2012누37281(병합) 판결], 이는 2016년 5월말 현재 대법원에서 심리중이다. 항소심은 ① 업무의 내용이나 수행방법, 업무수행시간 등에 관하여 상당한 지휘·감독을 받지 아니한 점, ② 수수료는 노무제공 자체에 대한 대가가 아니며, 임금, 급료, 기타 이에 준하는 수입으로도 보기 어려운 점, ③ 회원가입 홍보활동에 투여한 시간 및 비용에 대한 위험은 원칙적으로 학습지교사가 부담한 점, ④ 학습

Ⅱ. 노조법상 근로자 개념에 관한 판례의 단계별 진화

1. 근로기준법의 사용종속성과 동일하게 보는 전통적인 단계

1) 근로기준법의 사용종속관계를 기준으로 하는 단계

노조법상 근로자 개념에 대한 판례의 대부분은 근로계약관계로 볼 수 있는지 여부에 관한 것으로써, 양 당사자 사이에 어떤 형태로든 법률관계가 성립하고 있는 경우를 다룬 것이었다. 예컨대 한국전력수금원,[378] 농수산물도매시장의 건해산물 하역작업에 종사하는 하역노무자,[379] 1993년 골프장 캐디,[380] 다수의 레미콘 운송차주[381] 등이 주로 판단 대상이었다. 판례는 전력수금원이나 건해산물 하역근로

지교사들의 겸직에 제한이 없고, 수수료가 학습지교사들의 유일한 수입원이 아닌 점 등을 이유로 "학습지교사들이 타인과의 사용종속관계 하에서 임금·급료 기타 이에 준하는 수입에 의하여 생활하는 자라고 보기 어렵다. 그리고 이와 같이 원고 교사들이 노조법상 근로자에 해당하지 않는 이상 이들로 구성된 원고 조합은 노조법이 정한 노동조합이라고 할 수 없다."고 판시하였다. 이는 기존 대법원의 "학습지교사는 회사와 사이에 사용종속관계에서 임금을 목적으로 근로를 제공하는 근로자로 볼 수 없어 이들을 조합원으로 하는 전국학습지산업노동조합은 '노동조합 및 노동관계조정법' 이 정한 노동조합에 해당한다고 볼 수 없으므로 회사가 위 조합의 단체교섭요구에 응하지 않은 것을 부당노동행위로 볼 수 없다."고 한 판결(대법원 2005. 11. 24. 선고 2005다39136 판결)과 같은 결론이다.

378) 대법원 1970. 7. 21. 선고 69누152 판결.

379) 대법원 1992. 5. 26. 선고 90누9438 판결.

380) 대법원 1993. 5. 25. 선고 90누1731 판결(노동조합설립신고수리취소처분취소 사건)에서 "노조법상 근로자란 타인과의 사용종속관계하에서 노무에 종사하고 대가로 임금 등을 받아 생활하는 자를 말하고, 타인과 사용종속관계가 있는 한 당해 노무공급계약의 형태가 고용, 도급, 위임, 무명계약 등 어느 형태이든 상관없으며 사용종속관계는 사용자와 노무제공자 사이에 지휘감독관계의 여부, 보수의 노무대가성 여부, 노무의 성질과 내용 등 노무의 실질관계에 의하여 결정된다." 이는 최근 '2014년의 골프장 캐디 사건' (대법원 2014. 2. 13. 선고 2011다78804 판결)에서 근로기준법상 근로자성은 부정하면서 노조법상 근로자성을 긍정하여 외형상 양법의 근로자 개념을 구분한 것과 차이가 있다.

381) 서울고등법원 2001. 12. 28. 선고 2001라183 판결; 레미콘운송차주들의 근로자성 판단을 위한 형식적 징표를 보면 근로기준법이나 노조법에서 상정하는 근로자가 아니라 독립된 운송사업자로 볼 수 있는 면이 있음을 부인할 수 없으나 회사와 레미콘운송차주들 사이의 계약관계의 내용 및 노무제공의 태양에 관한 실질적 징표와 양 당사자의 경제·사회적 조건을 살펴보면 레

자, 그리고 캐디의 경우 모두 상대방 회사와 사용종속관계를 형성하고 있는지를 기준으로 노동조합을 설립할 수 있는 노조법상 근로자 여부를 판단하였다.

2) 구체적 사례 검토

근로자 개념에 관한 대법원의 전통적인 입장은 '레미콘 차주 겸 운송기사' 판례에서 보듯이, "노조법 또는 근로기준법상 근로자란 타인과의 사용종속관계하에서 노무에 종사하고 그 대가로 임금 등을 받아 생활하는 자를 말하고, 그 사용종속관계는 당해 노무공급계약의 형태가 고용, 도급, 위임, 무명계약 등 어느 형태이든 상관없이 사용자와 노무제공자 사이에 ① 지휘 · 감독관계의 여부, ② 보수의 노무대가성 여부, ③ 노무의 성질과 내용 등 그 노무의 실질관계에 의하여 결정되는 것이다(대법원 1993. 5. 25. 선고 90누1731 판결[382], 대법원 2006. 5. 11. 선고

미콘운송차주들은 회사에 종속된 상태에서 근로를 제공하는 노조법상의 근로자에 해당한다고 본 사례(인천지방법원 부천지원 2001. 4. 13. 선고 2001카합160 결정: 항고기각, 확정).

382) 1993년 유성컨트리클럽 캐디 사건에서, "골프장 캐디는 … 캐디마스터 등 회사측의 업무지시나 결정에 위반하거나, 무단결근 등의 경우에는 벌칙으로서 캐디들의 수입에 결정적인 타격을 주는 일정기간 근무정지나 배치거부 등의 제재를 가하고 있고, 회사측에 의하여 지명된 캐디조장에 의하여 캐디를 통제하고 있는 점, … 회사로부터 보수 즉 캐디피를 지급받는 바, 위 캐디피는 근로기준법상의 임금이라고 단정하기는 어렵지만 캐디가 회사에 의하여 회사의 골프장 캐디로 선발 · 채용될 때에 캐디와 회사 사이에 캐디는 회사가 임의로 지정하는 내장객에게 노무제공을 하기로 하고 그 대가로 회사로부터 캐디피로서 1경기당 일정한 금원을 지급받기로 하는 묵시적인 약정이 있는 것으로 엿보이고, 이와 같은 약정은 고용계약관계에 근사하다고 보이므로 캐디피를 노조법 제4조 소정의 '기타 이에 준하는 수입'으로 못볼 바도 아니라고 보여지는 점, … 그 외에도 캐디의 업무의 성질이나 회사에 의하여 근무시간 등이 정해져 있고 매일 출근하여야 하는 관계상 다른 회사에의 취업이 사실상 곤란하여 캐디들은 소외회사에 거의 전속되어 있다고 보여지는 점 등이 엿보이는바, 이러한 사정들에 비추어 보면 회사 골프장 소속의 캐디들은 회사와의 사이에 종속적 노동관계에 있다고 보아야 할 것이다. 따라서 캐디들은 이를 노조법상의 근로자로 볼 수 있다."고 판시한 바 있다(대법원 1993. 5. 25. 선고 90누1731 판결).

2005다20910 판결[383] 등 참조)."라고 하면서,[384] 레미콘 제조 · 판매업자와 레미콘 운반도급계약을 체결하고 수요자에게 레미콘을 운반하는 업무를 담당하는 '레미콘 차주 겸 운송기사'는 노조법 또는 근로기준법상 근로자가 아니라고 판시하여(대법원 2006. 10. 13. 선고 2005다64385 판결), 근로기준법상 근로자 개념과 노조법상 근로자 개념을 구분하지 않았다.

이처럼 대법원은 전통적으로 노조법상의 근로자를 타인과의 사용종속관계 아래서 노무에 종사하고 대가로 임금 등을 받아 생활하는 자로 봄으로써 사실상 근로기준법상의 근로자와 동일한 것으로 이해하고 있었다. 즉 대법원은 사용자와의 사이에 근로계약관계 내지 사용종속관계가 없다면 노조법상의 근로자에 해당하지 않는다고 함으로써 근로기준법상의 근로자 개념과 노조법상의 근로자 개념에서 똑같이 사용종속관계를 요구한 것이다. 그러면서 근로기준법상의 근로자성 여부를 판단하는 기준으로 삼았던 요소들, 즉 지휘감독관계 및 근로시간 · 근로장소의 구속성 정도, 업무의 대체성 유무, 보수에 관한 사항, 근로제공관계의 계속성과 사용자에의 전속성의 유무와 정도, 다른 법령에 의하여 근로자로서의 지위를 인정받는지 여부, 양 당사자의 경제 · 사회적 조건 등을 노조법상의 근로자성 여부를 판단하는데 있어서도 그대로 적용하였다. 나아가 부두, 공항, 역, 시장 등에서

383) 대법원 2006. 5. 11. 선고 2005다20910 판결은 레미콘 제조회사와 레미콘운반도급계약을 체결하고 위 회사가 제조한 레미콘을 수요자에게 운반하는 업무를 담당하고 있는 '레미콘 차주 겸 운송기사'를 위 회사에 대하여 사용종속적인 관계에서 노무에 종사하고 그 대가로 임금 등을 받아 생활하는 노조법에 정한 근로자라고 볼 수 없다고 한 사례이고, 이전의 대법원 1997. 2. 14. 선고 96누1795 판결과 대법원 1997. 11. 28. 선고 97다7998 판결은 근로기준법상 근로자가 아니라고 한 사례이다.

384) 예컨대 레미콘운송차주의 노조법상 근로자 개념에 관한 두 판결(대법원 2006. 5. 11. 선고 2005다20910 판결과 대법원 2006. 6. 30. 선고 2004두4888 판결)에서 대법원은 근로기준법상 근로자 개념에 관한 판단기준을 제시한 '1994년 판결'을 인용하는 대신, 골프장경기보조원의 노조법상 근로자성을 인정한 대법원 1993. 5. 25. 선고 90누1731 판결을 인용하면서, "노조법 제2조 제1호에서 규정하고 있는 근로자란 … 타인과의 사용종속관계하에서 노무에 종사하고 그 대가로 임금 등을 받아 생활하는 자를 말한다. 또 그 사용종속관계의 존재 여부는 당해 노무공급계약의 형태가 고용, 도급, 위임, 무명계약 등 어느 경우이든 상관없이 사용자와 노무제공자 사이에 지휘 · 감독관계의 여부, 보수의 노무대가성 여부, 노무의 성질과 내용 등 그 노무의 실질관계에 의하여 결정된다."고 판단하고 있을 뿐이다.

불특정 다수인의 짐을 나르는 하역노무자의 노조법상 근로자성 여하에 대한 판결에서 노조법상의 노동조합을 설립하기 위하여 명시적이든 묵시적이든 노동조합의 조합원인 근로자와 사용자간의 고용에 따른 종속관계가 있어야 한다고 전제하면서 노조법상의 근로자성을 인정받기 위해서는 사용종속관계가 있을 것을 요구하였다.[385)]

2. 사용종속성 여부를 노조의 형태에 따라 달리 보는 단계

1) '서울지역여성노동조합 사건' 판결

(1) 노조법상 근로자 개념을 근로기준법과 별도로 검토하는 단계

2004년 대법원은 '서울지역여성노동조합 사건' 에서 노동조합의 유형별에 따라 사용종속성 필요 여부를 판단하면서 "노조법에서 말하는 '임금, 급료 기타 이에 준하는 수입에 의해 생활하는 자' 에는 특정한 사용자에게 고용되어 현실적으로 취업하고 있는 자뿐만 아니라, 일시적으로 실업상태에 있는 자나 구직중인 자도 근로3권을 보장할 필요성이 있는 한 근로자 범위에 포함된다고 하여, 지역별 노동조합이 그 구성원으로 '구직중인 여성 노동자' 를 포함하여 노동조합설립신고를 한 경우, '구직중인 여성 노동자' 가 노조법상의 근로자가 아니라는 이유로 노동조합설립신고를 반려하는 것은 위법하다고 판단하였다(대법원 2004. 2. 27. 선고 2001두8568 판결). 동 판결에서 대법원은 "근로기준법은 '현실적으로 근로를 제공하는 자에 대하여 국가의 관리 · 감독에 의한 직접적인 보호의 필요성이 있는가' 라는 관점에서 개별적 노사관계를 규율할 목적으로 제정된 것인 반면에, 노조법은 '노무공급자들 사이의 단결권 등을 보장해 줄 필요성이 있는가' 라는 관점에서 집단적 노사관계를 규율할 목적으로 제정된 것으로 그 입법목적에 따라 근로자의 개념을 상이하

---

385) 대법원은 이러한 고용에 따른 종속관계가 없는 자는 노조법이 정한 적법한 노조를 조직할 수 없다는 취지에서 항운노조의 조합원을 공급받아 하역작업을 행하는 회사에 대하여 항운노조의 조합원과 명시적 또는 묵시적으로 개별적인 근로계약관계가 없음을 이유로 단체교섭의 당사자 지위를 부인하였다(대법원 1992. 5. 26. 선고 90누9438 판결).

게 정의하고 있는 점, 일정한 사용자에의 종속관계를 조합원의 자격요건으로 하는 기업별 노동조합의 경우와는 달리 산업별 · 직종별 · 지역별 노동조합 등의 경우에는 원래부터 일정한 사용자에의 종속관계를 조합원의 자격요건으로 하는 것이 아닌 점에 비추어, 노조법 제2조 제4호 라목 단서는 '기업별 노동조합' 의 조합원이 사용자로부터 해고됨으로서 근로자성이 부인될 경우에 대비하여 마련된 규정으로서, 이와 같은 경우에만 한정적으로 적용되고, 원래부터 일정한 사용자에의 종속관계를 필요로 하지 않는 산업별 · 직종별 · 지역별 노동조합 등의 경우에까지 적용되는 것은 아닌 점 등을 근거로, 노조법 제2조 제1호 및 제4호 라목 본문에서 말하는 '근로자' 에는 특정한 사용자에게 고용되어 현실적으로 취업하고 있는 자 뿐만 아니라, 일시적으로 실업 상태에 있는 자나 구직중인 자도 노동3권을 보장할 필요성이 있는 한 그 범위에 포함되고, 따라서 지역별 노동조합의 성격을 가진 원고가 그 구성원 '구직중인 여성 노동자' 를 포함시키고 있다 하더라도, '구직중인 여성노동자' 역시 노조법상 근로자에 해당" 하는 것으로 판단하였다.

(2) 문제의 제기

노조법은 협약자치의 주체로 '노동조합' 을 설정하면서, 근로자가 주체가 되어 조직한 단체를 의미하는 것으로 정의하고 있다(노조법 제2조 제4호 본문). 그리고 이러한 적극적 정의 내용을 보다 분명하게 제시하기 위해, 노동조합의 소극적 요건으로 근로자가 아닌 자의 가입을 허용하는 경우를 하나의 예시로 규정하고 있다(노조법 제2조 제4호 단서 라.목). 그러므로 노조법은 근로자를 노동조합을 조직하고 활동할 수 있는 노동3권의 주체로 상정하고 있으며, 이를 표현한 것이 동법 제2조 제1호의 '근로자' 정의 규정이다. 그런데 이 규정의 해석을 둘러싸고 많은 논의가 있다. 그 중에서 가장 논란의 중심에 있던 것이 바로 '실업자' 를 노조법상 근로자로 볼 수 있는가 하는 점이었다. 노동조합조직형태별 조합원 자격문제로서 실업자의 근로자성 여부와 조합원 자격에 대한 여러 가지 개별 쟁점이 있다. 즉 실업자가 노동조합에 가입할 수 있는가? 기업별 노동조합의 경우 어떻게 판단하여야 하는가? 현행 노조법 제2조 제4호 라.목 단서의 규정은 어떻게 해석해야 할 것인가와 같은 여러 문제들이 함께 제기되었다.

(3) 판결의 의미

노조법 제2조 제4호 라.목 단서 규정의 해석과 관련하여, 산업별 · 직종별 · 지역별 노동조합의 경우는 원래부터 일정한 사용자에의 종속관계를 조합원의 자격요건으로 하지 않기에, 노조법 제2조 제4호 라.목 단서는 기업별 노동조합의 조합원이 사용자로부터 해고됨으로써 근로자성이 부인될 경우를 가정하여 규정한 것으로 기업별 노동조합의 경우에만 한정적으로 적용된다. 만일 사용자로부터 해고되었다고 하더라도 그것만으로는 근로자성에 영향을 받지 않는 산업별 노동조합 등의 경우까지 적용되는 것은 아니다.

따라서 대법원은 "지역별 노동조합의 성격을 지닌 원고가 그 구성원으로 '구직중인 여성근로자'를 포함시키고 있더라도, '구직중인 여성근로자' 역시 노조법상 근로자에 해당하는 것으로 판단되므로 구직중인 여성근로자는 근로자가 아니라는 이유로 원고의 신청을 반려한 이 사건 처분은 위법하다."라고 판시하였다. 즉 대법원은 기존에 일관되게 노조법상의 근로자성 판단에 있어서 노조의 조직형태와 무관하게 사용종속성을 요구하였던 것과 달리, 2004년의 '서울지역여성노동조합사건'에서 노동조합의 유형에 따라 노조법상 근로자성을 달리 판단한 점에서 그 의의를 찾을 수 있다. 대법원은 근로기준법과 노조법이 서로 다른 입법목적을 가지고 근로자의 개념을 상이하게 정의하고 있는 점을 근거로 기존의 판례와는 달리 근로기준법상의 근로자성은 노조법상의 근로자성이 인정되기 위한 조건이 아니라는 점을 명백히 한 것이다.[386)]

종합하자면, 노조법상 근로자에 해당되는지 여부와 관련하여, 일정한 사용자에

---

386) 그러나 대상판결은 이러한 자신의 견해가 노조법상의 근로자성에 관한 기존의 판례를 변경하는 것은 아니라고 보았다. 왜냐하면 노조법상의 근로자성은 근로기준법상의 근로자성을 전제로 한다는 종전의 대법원의 입장은 기업별노조와 관련된 것인데 반하여 이 판결은 기업별 노조가 아닌 산업별 · 직종별 · 지역별 노조를 그 대상으로 한 것이기 때문이다. 이러한 이유에서 대상판결을 전원합의체에서 처리하지 않은 것으로 보여진다[유성재, "실업자 노조가입 허용 판결의 문제점과 개선방향", 「중앙법학」(제6집 제1호), 중앙법학회, 2004, 289면].

의 종속관계를 조합원의 자격요건으로 하는 기업별 노동조합의 경우에는 근로기준법상 근로자 개념과 동일한 기준으로 근로자성 충족 여부를 판단할 수도 있겠으나(근로기준법상의 근로자에 해당하면 당연히 노조법상의 근로자에도 해당한다는 전제에서 근로기준법상의 근로자성을 먼저 판단한다는 의미이다), 기업별 노동조합과는 달리 산업별 · 직종별 · 지역별 노동조합 등의 경우에는 원래부터 일정한 사용자에의 종속관계, 즉 근로계약관계를 조합원의 자격요건으로 하는 것이 아니므로 일정한 사용자에 대한 사용종속성에 관한 징표의 충족 여부만으로 노조법상 근로자성 여부를 판단할 수 없고, 노조법의 입법목적, 즉 해당 노무공급자들 사이의 단결권 등을 보장해 줄 필요성이 인정되는지 여부에 따라, 그 필요성이 인정된다면 근로기준법상 근로자성 충족 여부와 무관하게 노조법상 근로자성을 인정하여 일반 단체와 뚜렷하게 구별되는 노조법상 노동조합의 단결권, 단체교섭권, 단체행동권 등 노동3권을 부여하는 것이고, 그와 같은 필요성이 인정되지 아니한다면 노조법상 근로자성도 인정할 수 없는 것이다.

그러나 이 판결은 기업별노조가 아닌 산업별 · 직종별 · 지역별노조를 그 대상으로 한 것이기 때문에 노조법상의 근로자성은 근로기준법상의 근로자성을 전제로 한다는 종전 대법원의 입장(기업별노조와 관련된 사례)이 전면적으로 변경된 것으로 보기는 어렵다. 또한 이 판결은 노조법상 근로자에 해당하는지 여부를 판단할 때 고려하여야 할 요소가 적극적으로 제시되어 있지 않다.

2) '실업자'를 노조법상 근로자 개념에 포함할 것인가에 관한 종래 학설

우리나라에서는 주로 실업자가 노동3권의 주체가 되는가의 문제를 둘러싸고 "근로자 개념의 통일성과 상대성"에 관한 논의가 전개되었다. 이는 노동법의 인적 적용대상의 범위로서 근로자 개념을 노동법 전체에 걸쳐 통일적으로 파악해야 할 것인가, 아니면 개별 법령에 따라 상대적으로 파악해야 할 것인가에 대한 것이다.[387] 실업자가 취업근로자만을 대상으로 하는 근로기준법의 적용대상이 아니라

387) 조경배, "노동3권의 주체로서 근로자개념과 특수고용노동자", 「노동법학」(제22호), 한국노동법학회, 2006, 424~427면 참조.

는 점은 명확하다. 하지만 취업여부를 적극적인 요건으로 하지 않는 고용보장법이나 사회보장법, 특히 노조법의 적용대상에서 실업자를 제외해야 할 어떠한 이유도 존재하지 않는다.

우선 학설의 입장을 개관하면, 대체적으로 노조법상 근로자 개념에 실업자를 포함하여 해석하는 것이 일반적 입장이다.[388] 노조법은 근로자들과 사용자 사이의 집단적 노사관계 질서를 노동3권 보장을 통하여 실현할 목적성을 가지고 있다는 점에서 근로기준법의 근로자 개념과 달리 판단하여야 한다고 전제하면서,[389] 구체적인 해석을 동조 문언상 '직업의 종류를 불문하고', '임금 급료에 의하여 생활하는 자', '기타 수입에 의하여 생활하는 자'로 각각 구분 해석하여 실업자가 이에 해당하는 것으로 보고 있다. 다만, 어느 문언의 해석에 실업자를 포함하여 해석하는가와,[390] 동 조항이 포섭하는 범주에 실업자 이외 다른 제3의 범주도 포함되는 것으로 볼 것인가에 대해서는 견해 차이[391]가 있다. 그 밖에 산업별 노조의 경

388) '실업자의 노조법상 근로자 여부'를 판단한 서울지역여성노조 사건(대법원 2004. 2. 27. 선고 2001두8568 판결) 이전의 학설 개요에 관한 상세는 유성재, "실업자 노조가입 허용 판결의 문제점과 개선방향", 「중앙법학」(제6집 제1호), 중앙법학회, 2004. 참조.

389) 김형배, 『노동법』(제23판), 박영사, 2014, 798면(근로기준법은 근로계약관계를 맺고 있는 근로자의 근로조건의 유지 · 개선을 목적으로 하고, 노조법은 집단적 노사관계의 질서를 근로3권의 보장을 통하여 실현하는 법률이다); 임종률, 『노동법』(제14판), 박영사, 2016, 35면(근로기준법상의 근로자가 협의의 근로자이고 인적 종속을 중시한 개념이라면, 노조법상 근로자는 광의의 근로자이고 경제적 종속을 중시한 개념이라고 할 수 있다); 이병태, 『최신 노동법』(제6전정판), 중앙경제, 2005, 58~62면.

390) 예컨대 실업자를 '기타 수입에 의하여 생활하는 자'에 포함하여 해석하는 입장[이병태, 『최신 노동법』(제6전정판), 중앙경제, 2005, 61면]; '…에 의하여 생활하는 자'의 의미에 포함되는 것으로 해석하는 입장(김유성, 『노동법Ⅱ』, 법문사, 2001, 55~56면), 특별히 제2조 제1호의 문언의 의미를 구분 해석하지 않고 광의의 근로자를 규정한 정의 규정으로 보아 실업자도 포함되는 것으로 보는 입장[임종률, 『노동법』(제14판), 박영사, 2016, 35면] 등으로 나누어진다.

391) 예를 들어 임종률, 『노동법』(제14판), 박영사, 2016, 35면에서는 노조법상 근로자가 광의로 정의되어 있다고 하더라도 '영세자영업자'처럼 독립적인 노무를 제공하는 자는 이에 포함되지 않으며 학생이나 부랑자처럼 근로의사가 없는 자도 그렇다고 한다. 근로자 개념은 법리적 측면에서 문리적, 체계적, 입법취지, 목적론적 해석기준에 충실해야 한다고 하면서 특수고용형태의 근로자성에서 문제되는 것을 분석한 것에는 박수근, "레미콘운송기사와 경기보조원의 근로자성에 관한 검토", 「노동법학」(제14호), 2002, 한국노동법학회, 37면, 43면, 49~50면 참조.

우에는 실업중인 근로자도 구성원 자격을 부여하고 있는 것이 일반적이며, 기업별 노조의 경우 당해 사업장의 종업원인 근로자만이 조합원 자격을 가지는 취지로 해석하는 견해[392] 등이 있다.

3) 관련판례 및 평가

2004년 '서울지역여성노동조합' 판결은[393] 최근 2015년 '청년유니온노동조합'의 노동조합설립반려처분취소 사건[394]에 계승되어 나타난다. 대법원은 "노조법 제2조 제1호와 제4호 라.목 본문에서 말하는 '근로자'에는, 특정한 사용자에게 고용되어 현실적으로 취업하고 있는 사람 이외에도, 일시적인 실업 상태에 있거나 구직 중인 사람도 노동3권을 보장할 필요성이 있는 한 그 범위에 포함되며, 노조법 제2조 제4호 라.목 단서는 일정한 사용자와의 종속관계가 전제되지 않는 산업별 · 직종별 · 지역별 노동조합이 아니라 기업별 노동조합의 조합원이 해고되어 근로자성이 부인될 경우에만 한정적으로 적용된다고 보아야 한다(대법원 2004. 2. 27. 선고 2001두8568 판결 등 참조)."라고 하면서 "지역별 노동조합인 원고의 조합원 중 1명이 구직자라고 하여 노조법상 근로자가 아니라고 할 수는 없

---

392) 김형배, 『노동법』(제23판), 박영사, 2014, 799~800면.

393) 박종희, "노동조합 및 노동관계조정법상 근로자의 개념-특히 실업자의 조합원자격과 관련하여-", 「노사관계 선진화방안 주요쟁점 분석 및 입법대안 모색(V)」, 한국노동연구원, 2005, 3면; 조경배, "노동3권의 주체로서 근로자개념과 특수고용노동자", 「노동법학」(제22호), 노동법학회, 2006, 425면에서는 초기업단위 노조의 실업자가입을 인정한 '2004년 서울여성노조사건' 판결을 '실업자의 노조법상 근로자 여부'를 정면으로 다룬 판례로 대법원이 실업자와 관련한 실무상 실익없는 논쟁에 종지부를 찍었다는 점에서 의의가 있다고 평가하고 있다.

394) 원고 조합은 2011. 4. 4. 피고에게 명칭을 '청년유니온노조'로, 형태를 '지역단위노조'로, 조합원수를 '2명'으로, 대표자를 '김OO'으로 한 노동조합설립신고(이하 '이 사건 설립신고'라 한다)를 하였는데, 피고는 2011.4.19. 원고 조합에 대하여 '조합원 2명중 1명이 구직자이고, 구직자의 경우 특정한 사용자에게 현실적으로 취업하고 있지 아니하여 근로자로 볼 수 없는바, 이는 노조법 제2조제4호 라.목 본문이 규정한 '근로자가 아닌 자의 가입을 허용하는 경우'에 해당할 뿐만 아니라 근로자가 아닌 자를 제외하면 사실상 1인 노동조합으로서 '단체성'을 갖추지 못하고 있으므로 노조법상 노동조합으로 볼 수 없다는 이유로 반려처분을 한 것을 다툰 사건이다.

다는 이유로, 원고의 노동조합 설립신고를 반려한 피고의 처분이 위법하다고 판단한 것은 정당하다."고 판시하였다(대법원 2015. 1. 29. 선고 2012두28247 판결).

이러한 판결에 대해 다수의 견해는 노조법 제2조 제4호 라.목 단서 규정은 기업별 노동조합에만 적용된다고 해석하는 입장이다.[395] 즉 노조법 제2조 제1호 및 제4호 라.목 본문의 근로자에는 특정한 사용자에게 고용되어 현실적으로 취업하고 있는 자뿐만 아니라, 일시적으로 실업 상태에 있는 자나 구직중인 자도 노동3권을 보장할 필요성이 있는 한 그 범위에 포함되나, 노조법 제2조 제4호 라.목 단서는 '기업별 노동조합' 의 조합원이 사용자로부터 해고됨으로서 근로자성이 부인될 경우에 대비하여 마련된 규정이므로 이러한 경우에만 한정적으로 적용되고, 원래부터 일정한 사용자에의 종속관계를 필요로 하지 않는 산업별 · 직종별 · 지역별 노동조합 등의 경우에까지 적용되는 것은 아닌 점을 그 근거로 들고 있다.

4) 소 결

이러한 이분설은 동일한 규정에 대해 본문은 산별노조에, 단서는 기업별노조에 적용되게 된다. 즉 같은 조문의 본문과 단서의 적용대상이 다르게 되는 결과가 된다. 또한 노동3권의 주체는 노동조합이 스스로 조합규약을 통하여 자주적으로 결정할 문제이지 국가법이 좌우할 수 없는 자유권의 핵심적 가치라고 하면서, 실업자를 조합원으로 가입시킨 노동조합이 체결한 단체협약의 규범적 부분이 근로관계를 맺고 있지 않는 실업자인 조합원에게 적용될 수 없다는 것은 단지 해석상 그렇다는 것이지 노동3권의 주체가 되지 못하도록 법으로 금지해야 된다는 논리는 성립할 수 없는 것이라고 비판하는 견해가 있다.[396]

---

395) 김형배, 『노동법』(제23판), 박영사, 2014, 801~802면; 김유성, 『노동법Ⅱ』, 법문사, 2001, 64면; 임종률, 『노동법』(제14판), 박영사, 2016, 53~54면에서는 이러한 입장을 '이분설' 로 명명한다.

396) 나아가 노동조합의 중요한 역사적 기능중의 하나가 실업한 조합원의 부조를 위한 공제적 기능이었음을 상기하는 것만으로도 충분한 논증이 될 것이라고 한다. 기업단위 또는 초기업단위 노조를 불문하고 실업자의 조합가입 가능성을 부정했던 그간의 행정실무나 일부 학설은 기업별

또한 실업자의 초기업 단위노조에의 가입을 허용하는 대상판결은 결론에서는 타당하지만, 근로기준법상의 근로자와 노조법상의 근로자를 구별하면서 이를 산업별 · 직종별 · 지역별 노동조합으로 적용범위를 제한하고 있다는 점에서 법학방법론상의 문제점을 지적하는 입장이 있다.[397] 왜냐하면 노동조합의 목적과 기능은 노동조합의 조직형태에 따라 달라지지 않으며, 어떤 형태의 노동조합에도 근로3권의 유기적 관련성은 동일하게 적용되어야 하기 때문이다. 따라서 노조법상의 근로자가 근로기준법상의 근로자로 제한되지 않는다는 것은 산업별 · 직종별 · 지역별 노동조합에 뿐만 아니라 기업별 노동조합에 대하여도 인정되어야 할 것이다. 다만, 근로기준법상의 근로자와 노조법상의 근로자를 법의 목적에 따라 차별화 하는 것은 독일[398]이나 프랑스[399]의 경우처럼 입법적으로 해결하는 것이 보다 바람직하다고 생각한다.

조직형태의 강요와 노동탄압적인 정책 및 이데올로기에 젖은 비합리적인 정신적 관성 때문이었고, 이런 점에서 초기업단위 노조의 실업자가입을 인정한 대법원의 2004년 판결은 실익없는 논쟁에 종지부를 찍었다는 점에서 어느 정도 의의가 있다고 할 수 있다고 한다[조경배, "노동3권의 주체로서 근로자개념과 특수고용노동자", 「노동법학」(제22호), 노동법학회, 2006, 425면].

397) 유성재, "실업자 노조가입 허용 판결의 문제점과 개선방향", 「중앙법학」(제6집 제1호), 중앙법학회, 2004, 303~304면.

398) 독일은 단체협약법(Tarifvertragsgesetz) 제12a조에서 개별적 근로관계법상의 근로자에는 포함되지 않으나 '경제적 종속관계' 하에 있는 자를 유사근로자(arbeitnehmerahnliche Person)라 칭하고 이들을 집단적 근로관계법상의 근로자로 인정하고 있다.

399) 프랑스의 경우 노동법전 L. 411-7조에서 일정한 직업에 1년 이상 종사하였던 실업자 또는 퇴직자에 대하여도 계속적으로 조합원 지위를 유지하거나 자신이 선택하는 노조에 가입할 수 있도록 하고 있다[이에 대하여는 조용만, "프랑스의 집단적 노사관계법", 노동과 법 제2호(산별노조에 따른 노동법적 쟁점), 2002, 112면 이하 참조]. 또한 프랑스는 특수취업종사자에 대하여 외무원 · 대리인 · 외판원, 언론인, 연예인, 모델, 가사사용인에 대하여 노동법전 제7권에 별도의 규정을 두고 있다(이에 대하여는 특수형태근로종사자관련 외국의 법제도, 대책방안 및 논의현황 - ILO, 프랑스, 독일 -, 노사정위원회, 2004, 10면 이하 참조).

3. 경제적 종속성의 평가요소를 적극적으로 해석하여 노조법상 근로자성을 판단하는 단계

1) '인적 종속성' 보다 '업무의 종속성 및 독립종속성(경제적 종속성)'의 평가요소에 더 중점을 두어 사용종속관계를 판단하는 단계

2004년 '서울지역여성노동조합 사건' 에서 당시 대법원은 노조법과 근로기준법의 목적을 달리 접근 · 판단하여 노조법은 "노무공급자들 사이의 단결권 등을 보장해 줄 필요성이 있는가"에 따라 판단해야 한다고 하면서, 이때 노무공급자의 의미가 취업자 · 실업자 이외의 다른 제3의 유형까지 확대 · 적용되는 것인지에 대해서는 명확하게 제시하지 않았다. 즉 (2014년 골프장 캐디 사건 이전에) 대법원이 비록 노조법상의 근로자를 근로기준법보다 넓게 이해하여 판단한 사례들은 몇몇 있지만,[400] 노조법상 근로자 개념에 대하여 명확하게 판단기준을 달리함으로써 근로기준법상 근로자와의 개념상의 차이를 제시한 적은 없었다. 따라서 '특정한 사용자에게 고용되어 현실적으로 취업하고 있는 자' 내지 '특수형태고용종사자' 에 대한 사용종속성 판단이 근로기준법과 별도의 기준에 따라 적용되는지, 즉 집단법적 권리까지 판례가 적용범위를 확대할 것인지에 대해 논란의 여지를 남긴 것으로 평가된다.

2) '2014년 골프장 캐디 사건' 판결[401]의 중요성

(1) 판결 요지

골프장 캐디인 갑 등이 골프장을 운영하는 을 주식회사로부터 제명처분 등 징계를 받은 후 을 회사를 상대로 징계무효확인을 구한 사안에서, 갑 등은 임금을 목적으로 사용종속적인 관계에서 을 회사에 근로를 제공하는 근로기준법상 근로자

400) 대표적으로 '1993년 골프장 캐디' 사건(대법원 1993. 5. 25. 선고 90누1731 판결).
401) 대법원 2014. 2. 13. 선고 2011다78804 판결. 본고에서는 '1993년 캐디 사건' (대법원 1993. 5. 25. 선고 90누1731 판결)과 구별하기 위해 '2014년 (골프장) 캐디 사건' 으로 일컫는다.

에 해당한다고 볼 수 없으나, 노조법상 근로자성은 인정할 수 있다고 본 사례이다(대법원 2014. 2. 13. 선고 2011다78804 판결). 이 사건에서 대법원은 사용종속관계가 부정되어 근로기준법상의 근로자에 해당하지 않는 경우에도 어느 정도의 경제적 종속성이 존재하는 경우에는 노조법상 근로자성이 인정된다는 판결을 내렸다. 이 판례에 대해 노조법상의 근로자 개념을 근기법상의 근로자 개념과 달리 보는 것으로 해석하면서, 앞의 2004년 '서울여성노조 사건'과 함께 '근로자 개념의 이원화 경향'의 대표적인 사례로 들기도 한다.[402] 이러한 판례를 두고 여러 가지 해석론이 대립하는바, 이에 관하여는 아래에서 자세히 살펴보기로 한다.

(2) 문제의 제기

이 판결 이전에도 골프장 캐디와 관련되어 노조법상 근로자 개념에 대한 판례는 있었다. 노동조합설립신고수리취소처분의 취소를 구한 '1993년 캐디 사건'(대법원 1993. 5. 25. 선고 90누1731 판결, '유성컨트리클럽 사건'이라고도 함)에서 대법원은 근로자 개념 판단의 전통적인 입장에서, "노조법상 근로자란 타인과의 사용종속관계하에서 노무에 종사하고 대가로 임금 등을 받아 생활하는 자를 말하고, 타인과 사용종속관계가 있는 한 당해 노무공급계약의 형태가 고용, 도급, 위임, 무명계약 등 어느 형태이든 상관없으며 사용종속관계는 사용자와 노무제공자 사이에 지휘 감독관계의 여부, 보수의 노무대가성 여부, 노무의 성질과 내용 등 노무의 실질관계에 의하여 결정된다."고 하면서, 캐디피(경기보조원이 자신의 노무제공의 대가로 수령하는 수입금)가 노조법 소정의 '기타 이에 준하는 수입'에 해당할 수 있다고 보아서 골프장 경기보조원의 노조법상 근로자성을 인정하였다. 하지만 이후 대법원 1996. 7. 30. 선고 95누13432 판결(유족급여등부 지급처분 취소)에서는 캐디의 근로기준법상 근로자성을 부정하였다. 그 후에 선고된 하급심 판결례의 대다수도 캐디의 근로기준법 내지 노조법상 근로자성을 부정하였다.[403]

402) 박지순, "근로자개념론-골프장캐디 사건 판결을 계기로-", 노동법실무연구회 발표문, 2015.5.12, 24~26면.

403) 근로기준법상 근로자성을 부정한 사례로 서울행정법원 2001. 11. 2. 선고 2001구 20079 판결, 서울행정법원 2002. 1. 17. 선고 2001구19932 판결, 서울행정법원 2002. 2. 7. 선고

이러한 판례의 경향은 사용종속관계 하에서 근로를 제공하는 근기법상의 근로자에 해당하지 않으면 노조법상의 근로자로 볼 수 없는 것이 아닌가 하는 의문을 낳게 했다.[404)]

그러나 부당징계무효확인을 구하는 '2014년 캐디 사건'에서 대법원은 근로기준법상 근로자성은 부정하면서 노조법상 근로자성을 긍정하여 외형상 근로기준법상 근로자 개념과 노조법상 근로자 개념을 구분한 것 같이 보인다.

3) '2014년 골프장캐디 사건' 판결의 분석

'2014년 골프장 캐디 사건' 판결에서 대법원은 근로자 개념을 판단하는 기준인 사용종속성을 '임금의 종속성(인적 종속성)'과 '업무의 종속성 및 독립종속성(경제적 종속성)'으로 나누어, 임금의 종속성이 부인되더라도 '업무의 종속성 및 독립사업자성'이 인정되면 노조법상 근로자 개념을 인정하였다. 그러나 동 판결에서 "주된 노무인 경기보조 서비스 용역의 상대방은 캐디 피를 직접 지급하는 골프장 이용객이라 할 것이고, 피고에게 직접 제공되는 일부 노무의 목적은 피고로부터 이 사건 골프장의 출입 및 이용권한인 출장 기회를 제공받는 대가로 부수적으로 수행되는 것에 불과하여 임금을 목적으로 한 노무제공으로 볼 수 없으므로" 임금의 종속성을 부인하여 근로기준법상 근로자성을 부인한 것은 사용자가 이미 만든 보수 지급 시스템 등의 외형의 모습만을 기준으로 한 것이고 임금의 종속성을 '실질적'으로 판단한 것으로 보기는 어렵다.

2001구33013 판결, 서울행정법원 2003. 1. 10. 선고 2002구합20886 판결, 서울행정법원 2009. 11. 26. 선고 2009구합18554 판결 등이 있고, 노조법상 근로자성을 부정한 사례로 서울행정법원 2001. 9. 4. 선고 2000구6783 판결, 서울행정법원 2004. 10. 22. 선고 2004구합5614 판결 등이 있다. 반면 근로기준법상 근로자성을 인정한 사례로 수원지방법원 2009. 10. 9. 선고 2009가합4896 판결이 있다.

404) 조용만, "골프장 경기보조원의 노조법상 근로자성", 「노동법학」(제40호), 노동법학회, 2011, 341면.

(1) '임금의 종속성' 측면

캐디피는 내장객이 직접 캐디에게 지급하고, 캐디는 골프장 시설운영자에 대하여 사용종속관계하에서 임금을 목적으로 근로를 제공하는 근로기준법 소정의 근로자로 볼 수 없다고 하여 캐디와 골프장 사이에 임금을 목적으로 하는 종속성을 인정하지 않았다. 그 이유로 캐디 피는 내장객이 직접 캐디에게 지급하는 등 8개의 구체적인 근거를 들고 있다.[405]

한편, 동 판결에서 "캐디들은 어느 정도의 사용종속적인 관계에서 피고에게 노무를 제공하고는 있으나, 그 주된 노무인 경기보조 서비스 용역의 상대방은 캐디 피를 직접 지급하는 골프장 이용객이라 할 것이고, 피고에게 직접 제공되는 일부 노무의 목적은 피고로부터 이 사건 골프장의 출입 및 이용권한인 출장 기회를 제공받는 대가로 부수적으로 수행되는 것에 불과"하다고 본 것은, 서비스 용역을 받는 직접 상대방이 일반적으로 고객인 점은 서비스업의 특성 중 하나임을 간과한 것으로 보인다. 결국 동 판결은 서비스업에서 용역의 상대방이 주로 고객인 것은 당연한 현상임에도 이러한 업종의 특성을 간과하고, 특히 골프장업계의 시스템화한 특유한 현상을 다른 일반적인 업계에서의 현상과 구별하지 않고 동일한 판단

405) "골프장에서 일하는 캐디는, ① 골프장 시설운영자와 근로계약·고용계약 등의 노무공급계약을 전혀 체결하고 있지 않고, ② 경기보조업무는 원래 골프장 측이 내장객에 대하여 당연히 제공하여야 하는 용역 제공이 아니어서 캐디에 의한 용역 제공이 골프장 시설운영에 있어서 필요불가결한 것이 아니며, ③ 내장객의 경기보조업무를 수행한 대가로 내장객으로부터 직접 캐디피(caddie fee)라는 명목으로 봉사료만을 수령하고 있을 뿐 골프장 시설운용자로부터는 어떠한 금품도 지급받지 아니하고, ④ 골프장에서 용역을 제공하면서 순번의 정함은 있으나 근로시간의 정함이 없어 자신의 용역 제공을 마친 후에는 골프장 시설에서 곧바로 이탈할 수 있고, ⑤ 내장객의 감소 등으로 예정된 순번에 자신의 귀책사유 없이 용역 제공을 할 수 없게 되더라도 골프장 시설운용자가 캐디 피에 상응하는 금품이나 근로기준법에서 정한 휴업수당을 전혀 지급하고 있지도 아니하며, ⑥ 내장객에 대한 업무 수행과정에서 골프장 시설운용자로부터 구체적이고 직접적인 지휘·감독을 받고 있지 않으며, ⑦ 근로소득세를 납부하고 있지 않고, ⑧ 내장객에 대한 경기보조업무 수행을 해태하여도 용역을 제공하는 순번이 맨 끝으로 배정되는 등의 사실상의 불이익을 받고 있을 뿐 달리 골프장 시설운용자가 캐디에 대하여 회사의 복무질서 위배 등을 이유로 한 징계처분을 하지 아니하는 등의 여러 사정을 종합하여 볼 때, 골프장 시설운영자에 대하여 사용종속관계하에서 임금을 목적으로 근로를 제공하는 근로기준법상 근로자로 볼 수 없다."고 판단하였다.

기준을 적용한 것으로 보인다. 서비스업종에서 근로자성 여부를 판단함에 있어서는 오히려 서비스 용역 제공자의 직접적인 상대방이 아니라 그로 인해 궁극적으로 業으로서 이익을 받는 주체가 누구인지를 확정하여[406] 서비스 용역제공자와의 관계에서 사용종속관계를 판단하여야 할 것으로 생각한다.

(2) '업무의 종속성 및 독립사업자성' 측면

대법원은 "노조법상 근로자의 경우 직접적인 근로계약의 존재가 요구되는 것은 아니므로 그 근로자성 판단 기준의 징표를 임금의 종속성 판단 요소보다는 사용자의 지휘 · 감독의 정도 및 근로자가 독립하여 자신의 위험과 계산으로 사업을 영위할 수 있는지 등의 주로 '업무의 종속성 및 독립사업자성'을 판단하는 평가요소로 삼아야 한다고 전제한 다음, 골프장 시설운영자가 캐디들의 근무내용, 근무시간 및 근무장소에 대하여 상당한 정도의 지휘 · 감독을 하고 있다고 볼 수 있는 점, 캐디들은 경기보조업무 수행 과정에서 필요한 작업도구를 골프장 시설운영자로부터 제공받아 사용하며 노무 이외에 자신의 자본을 투여하는 일이 없고, 그 업무내용이 단순 노무제공의 측면이 강하며, 골프장 시설운영자가 지정한 순번에 따라 출장의 기회를 제공받으므로 이용객을 임의로 선택하거나 교체를 요구할 수 없고, 캐디 피의 액수도 캐디들이 이용객과 사이에 임의로 정할 수 있는 것이 아니어서 캐디들 스스로 노무제공을 통한 이윤의 창출과 손실의 위험을 부담하는 독립사업자로 볼 수 없는 점, … 실제로 이 사건 골프장 시설운영자에 전속되어 계속적인 경기보조업무를 수행하는 것으로 보아야 하는 점, 골프장 시설운영자와 이 사건 노동조합 상호 간에 상대방을 노조법상 사용자 또는 노동조합으로 인정하여 단체협약과 별도의 합의나 노동쟁의 조정절차 등을 거쳐 왔고 이 사건 골프장의 캐디들은 이 사건 노동조합 소속 조합원들로 활동하여 온 점 등에 비추어 이 사건 골프장의 캐디들에 대하여는 노조법상의 근로자성을 인정할 수 있

406) 동 판결 이후, 골프장 캐디에 대한 근로자성을 판단한 대구고등법원 2015. 5. 21. 선고 2009나564 판결의 노조법상 근로자 판단 부분에서는 이를 "골프장에 대한 이미지 관리를 통하여 내장객의 만족도를 증대시킴으로써 궁극적으로 이 사건 골프장 운영수익을 극대화하려는 피고의 이익에 부합하는 것"이라고 표현하고 있다.

다."고 판단하면서, "설령 원심이 근로자성 판단에 있어서 인적 종속성 보다는 '업무의 종속성 및 독립종속성(경제적 종속성)' 의 평가요소에 더 중점을 두었다고 하더라도, 원고들에 대하여 노조법상의 근로자성을 인정한 원심의 판단은 정당한 것으로 수긍"할 수 있다고 판시하였다.

이러한 판결내용의 표현을 분석할 때, 후반부에서 "근로자성 판단에 있어서 인적 종속성 보다는 '업무의 종속성 및 독립종속성(경제적 종속성)' 의 평가요소에 더 중점을 두었다"는 부분은 대법원이 근로자 개념을 판단하는 기준인 사용종속성을 '인적 종속성' 과 '업무의 종속성 및 독립종속성(경제적 종속성)' 으로 구분한 것으로 보인다. 문제는 '업무의 종속성 및 독립종속성(경제적 종속성)' 이라는 표현을 '경제적 종속성' 과 같은 의미로 평가할 수 있는가이다. 판결의 전반부에서 "근로자성 판단 기준의 징표를 임금의 종속성 판단 요소보다는 사용자의 지휘 · 감독의 정도 및 근로자가 독립하여 자신의 위험과 계산으로 사업을 영위할 수 있는지 등의 주로 '업무의 종속성 및 독립사업자성' 을 판단하는 평가요소로 삼아야 한다"는 부분의 표현과 비교하여 분석하면, 임금의 종속성을 인적 종속성과 표현만 달리할 뿐 같은 의미로 병렬적으로 사용하는 것과 같이 '업무의 종속성 및 독립종속성' 을 경제적 종속성과 같은 의미로 보는 것으로 이해할 수 있다. 판례가 '업무의 종속성 및 독립사업자성' 을 판단하는 평가요소로 들고 있는 "사용자의 지휘 · 감독의 정도 및 근로자가 독립하여 자신의 위험과 계산으로 사업을 영위할 수 있는지 등"은 마찬가지로 '경제적 종속성' 을 판단하는 평가요소이기 때문이다.

4) '2014년 골프장캐디 사건' 판결에 대한 평가

노조법상 근로자 개념과 관련하여 '2014년 캐디 사건' 에서 대법원은 사용종속관계가 부정되어 근로기준법상의 근로자에 해당하지 않는 경우에도 어느 정도의 경제적 종속성이 존재하는 경우에는 노조법상 근로자성이 인정된다는 판결을 내렸다고 하면서, 그러나 이 판례는 초기업별 노조에 가입된 근로자의 노조활동에 대해 이들과 근로계약관계가 없는 사용자의 부당노동행위책임을 인정함으로써 부당노동행위 책임을 지는 사용자의 범위를 확대하는 판례이며, 이를 노조법 전반

에 걸쳐 근로자성을 인정하는 것으로 확대해석할 수 있을지는 의심스럽다는 견해가 있다.[407]

우리 대법원은 이 사건과 같은 골프장 캐디의 지위와 관련하여 '1993년 캐디사건' 에서 노조법상의 근로자성을 인정한 이후, 대법원 1996. 7. 30. 선고 95누13432 판결에서는 근로기준법상의 근로자성을 부인하면서도 위 90누1731 판결을 폐기하지 아니하였는데, 그 이유가 우리 대법원이 근로기준법상 근로자성 여부와 노조법상 근로자성 여부를 각자 독자적인 기준에 따라 판단되어야 한다는 논리를 취하였기 때문인지 여부는 그 이후의 대법원 판례에서 이에 대하여 명확히 밝힌 바가 없어 분명하지 아니하다.

그런데 종전 '1994년 판결' 의 근로자성 판단기준에 대한 학계의 비판(노무공급자의 독립사업자성에 대한 판단의 결여 내지 소홀, 판단기준의 각 징표간의 상호관계 내지 상대적 중요성에 대한 고려부재로 인한 판단의 불명확성 및 법관의 자의적 판단 등)이 제기되면서 대법원은 '2006년 판결' 이후 최근에는 사용자의 지휘, 감독의 종속성 판단을 다소 완화하는 한편, 노무공급자의 독립사업자성에 대한 판단을 함께 고려하여야 한다는 취지로 근로자성을 보다 폭 넓게 인정하고 있다.

종전 대법원 판결에서 정한 근로자성 판단의 각 징표는 근로기준법상의 근로자성을 판단함에 있어서는 근로계약의 존재를 인정하기 위한 전제로서 주로 사용자가 근로자의 노무제공의 대가에 상응하는 직접적 이익[408]을 보유한다고 볼 수 있

---

407) 이상윤, 『노동법』(제14판), 법문사, 2015, 97~98면.

408) '2014년 골프장캐디 사건' 인 대법원 2014. 2. 13. 선고 2011다78804 판결의 원심인 서울고등법원 2011. 8. 26. 선고 2009나112116 판결에서, 근로기준법상의 근로자성을 인정한다는 것은 법원이 사용자와 근로자 사이에 형성된 외적 법률관계와 무관하게 헌법 제32조의 정신과 근로기준법의 제정이유 등에 기초하여 사용자와 근로자의 실질적 의사를 탐구하여 그들 사이에 묵시적인 근로계약이 성립되었음을 인정하는 것인바, 그로 인하여 사용자는 노조법상의 근로자에 대하여 부담하는 소극적 제한을 넘어 근로기준법에 따른 각종 작위의무 및 급부의무 등의 적극적 부담을 지게 된다는 점에서 사용자와 근로자 사이에 묵시적인 근로계약관계를 인정하려면 국가가 사용자에게 그와 같은 부담을 지우는 것이 정의롭고 합리적이라고 볼만한 사정이 존재하여야 하는 것이다. … 근로기준법상의 근로자성을 인정하기 위하여서는 사용자가 근로자의 노무제공에 의하여 일정한 이익을 보유하게 되는 관계에 있다는 사정이 전제되어야 한다. 여기서 사용자가 보유하는 일정한 이익이란 근로자의 노무제공과 관련하여 발생하는 일체

는지 여부, 즉 '사용자에 대한 임금의 종속성'을 판단할 수 있는 요소로 평가하여야 한다. 그렇지만 노조법상의 근로자성을 판단함에 있어서는 인적 종속성의 평가요소에 중점을 둔 근로기준법과 달리 근로계약과는 무관하므로 사용자의 지휘, 감독의 정도 및 근로자가 독립하여 자신의 위험과 계산으로 사업을 영위할 수 있는지 등의 '업무의 종속성 및 독립사업자성'을 판단할 수 있는 요소, 즉 경제적 종속성의 평가요소에 더 중점을 두어 적극적으로 해석하는 것이 보다 합리적일 수 있다. 여기서의 '업무의 종속성 및 독립사업자성'은 경제적 종속성과 같은 의미로 사용된 것임은 앞에서 살펴보았다. 다만, '종속적인 노동관계'에 있다고 본 1993년 캐디 판결과 비교할 때,[409] 여기서는 '사용종속성' 자체를 부정하면서 노조법상 근로자성은 인정한 것은 문제라는 비판이 있다. 즉 '업무의 종속성 및 독립종속성(경제적 종속성)'의 평가요소에 더 중점을 두어 판단하여 노조법상 근로자성을 인정한다고 하더라도, 사용종속성 자체를 부정하는 한 근로자성 자체가 부정될 수밖에 없기 때문이다.[410]

한편 원칙적으로 근로계약이 아니라 회사와의 위임계약을 통한 업무위탁관계로 근로기준법상 근로자성이 부정되는 학습지교사와 달리, 골프장 캐디는 대부분 골프장과 도급이나 위임 등 어떠한 계약관계도 존재하지 않아 근로기준법상 근로자성이 부정되어 왔다. 그러나 노조법상 근로자성 인정 여부에서 전자는 위임계약

의 이익을 의미하는 것이 아니라 근로자의 노무제공의 대가에 상응하는 '직접적 이익'을 의미한다고 보아야 한다고 판시하였다(위 판결문 14~15면).

409) 캐디에 대해 근로기준법상의 근로자는 부정하나 노조법상의 근로자는 인정한 동일한 결론의 대법원 1993. 5. 25. 선고 90누1731 판결(1993년 캐디 사건)과 비교해 볼 때, 1993년 사건에서는 캐디피를 노조법 소정의 '기타 이에 준하는 수입'으로 보아 캐디와 회사 사이에 있는 묵시적인 약정을 '고용관계에 근사한 것'으로 보았지만, 2014년 사건에서는 '노무공급계약을 전혀 체결하고 있지 않고'라고 판시하여 현실 상황을 제대로 반영하지 못하였다는 점은 앞에서도 지적한 바 있다.

410) 일반적으로 사용자와 근로자의 관계 즉, 노사관계가 성립하기 위하여는 근로자가 사용자의 지휘감독하에 사용자에게 근로를 제공하고 사용자는 이에 대하여 임금을 지급함을 목적으로 하는 명시적인 근로계약이 체결됨이 원칙이고, 명시적인 근로계약없이 사실상 노무제공이 이루어지고 있는 경우에는 위와 같은 근로계약의 기본적인 법률관계 즉, 이른바 사용종속관계 내지 종속노동관계의 존재와 그 대가로서의 임금지불 여부등을 따져 노사관계의 성립유무를 판단하여야 한다(서울고등법원 1985. 10. 15. 선고 84구1315 판결).

의 형식과 노무제공의 실질이 다르지 않아 근로기준법상 근로자성을 부정한 것에 이어 노조법상 근로자성까지 부정하지만,[411] 후자는 형식상 어떠한 계약관계도 존재하지 않는 소위 '비계약적 유형'으로 보아 근로기준법상 근로자성을 부정하지만 캐디에 대한 골프장의 간접적 통제가 실질적으로 이루어져 노조법상 근로자성은 인정하게 되는 차이점이 존재한다. 이 점에서 계약의 형식과 노무제공의 실질이 다른 경우에 있어서 노조법상 근로자성 인정 여부는 노무제공의 실질에 따라 판단되는 것으로 볼 수 있다. 이렇게 본다면 이는 근로자 개념의 이원화와 다른 제3의 기준으로 근로자 개념을 보는 파악하자는 주장이 될 것이다.

그렇지만 회사와 캐디, 내장객 이상 3자간에는 대부분의 경우 외형상 서면에 의한 형식적인 노무공급계약이 체결되지 않고 있는 것이 사실이나, 그 실질적 내면관계에서는 노무공급계약으로 볼 수 있는 어떤 계약관계가 묵시적으로 형성되어 있음을 무시할 수 없는 것이 현실이다.[412] 이러한 점을 고려한다면 형식상 어떠한 계약도 없다는 소위 '비계약적 유형'을 다른 특수형태고용종사자와 특별히 구별할 실익은 없을 것으로 본다. 또한 아직은 특수형태고용종사자를 대상으로 전부 일관성을 가지는 판례가 형성되지 않았지만, 골프장 캐디와 같은 '비계약적 유형'의 경우뿐만 아니라, 학습지교사와 같이 계약의 형식과 실질이 같은 경우에서도 노조법상 근로자성 여부는 노무제공의 실질에 따라 판단하자는 주장은 일리가 있다. 그렇다고 이 입장이 근로자 개념의 이원화와 구별되는 제3의 기준을 제시하는 새로운 견해라고 보기는 어려울 것이다. 앞에서 살펴본 바와 같이 노조법상의 근로자성 판단은 외형상의 계약 형식과는 무관하지만 노무제공자에 대한 간접적 통제가 이루어져 실질적으로는 약하나마 인적 종속성을 인정할 수 있고, 사용자의 지휘 내지 감독의 정도 및 근로자가 자신의 위험과 계산으로 독립하여 사업을 영위할 수 있는지 등의 '업무의 종속성 및 독립사업자성'을 판단할 수 있는 요

411) 학습지교사는 회사와 사이에 사용종속관계에서 임금을 목적으로 근로를 제공하는 근로자로 볼 수 없어 이들을 조합원으로 하는 전국학습지산업노동조합은 노조법이 정한 노동조합에 해당한다고 볼 수 없으므로 회사가 위 조합의 단체교섭요구에 응하지 않은 것을 부당노동행위로 볼 수 없다(대법원 2005. 11. 24. 선고 2005다39136 판결).

412) 이영화, "골프장 경기보조원의 노동관계법상 지위: 판례를 중심으로", 「裁判과 判例」(15집), 대구판례연구회, 686~687면.

소를 적극적으로 해석 · 평가함으로써 근로기준법과 노조법상의 근로자성을 각각 다르게 판단하는 것이 가능하다고 생각한다.

Ⅲ. 소결(노조법상 근로자 개념의 재정립 필요성)

1. 헌법과 입법목적에 따른 근로자 개념의 상이

우리 헌법은 제32조 제1항과 제33조에서 '근로자' 라는 용어를 같이 사용하고 있는데, 헌법상 이러한 '근로자' 의 개념은 그 정의규정이 존재하지 아니하고, 국어사전적 용어 해석도 근로자의 개념을 역사적 산물인 자본주의의 발생과 더불어 생겨난 노동자의 개념, 즉 이분법적 사고에 기초하여 자본가(사용자)와 대비되는 개념으로 직업의 종류를 불문하고 자신의 노동력을 판매하여 얻은 임금, 급료 기타 이에 준하는 수입을 가지고 생활하는 자와 동일한 것으로 이해하는 견해, 위에서 본 근로기준법상의 근로자 용어의 정의를 그대로 답습하는 견해 등 다양하여 확정적 의미를 파악하기 어렵다. 또한 현대사회의 복잡성에 따라 업무의 개별화와 특수화가 추진되면서 특정 사업주의 사업이나 사업장과 관련하여 자신의 일정한 용역을 제공하고 그에 대한 대가를 수령하는 1인 사업주 내지 특수형태근로자가 나타나게 됨에 따라 과거와 같은 이분법적인 근로자와 사용자의 개념만으로는 이들을 쉽게 구별할 수 없게 되었다. 그런데 근로기준법 제정의 위임규정인 헌법 제32조 제1항의 '근로자' 와 노조법 제정의 위임규정인 헌법 제33조의 '근로자' 를 과연 동일한 개념으로 파악하여야 하는 것인지는 의문이다.

헌법 제32조 제1항은 국민의 기본권으로 근로의 권리를 선언하면서 근로자에 대한 생활보장적 입법조치를 국가의 의무로 규정함으로써 국가가 근로자 개인의 기본적 생활권을 개별적으로 보호하기 위하여 해당 근로자의 사용자에게 일정한 작위의무와 급부의무를 부과하는 등 적극적 제한을 가할 수 있게 한 것인 반면, 헌법 제33조는 경제적 약자인 근로자들이 집단적으로 단결하여 사용자와 대등한 위치에서 근로조건 등을 협상할 수 있도록 근로자들의 자유권을 확장하기 위하여 사용자에게 협력의무 내지 수인의무를 부과하는 등 소극적 제한을 가할 수 있게 한 것이다. 위 양 조문은 헌법적 기초를 달리하고 있으므로 비록 동일한 '근로자'라는 용어를 같이 사용하고 있더라도, 그 개념은 각자의 헌법적 기초에 따른 법률의 제정 및 해석을 통하여 달리 규정할 수 있는 것이다. 또한 효용성 면에서도 현대사회의 복잡한 노동관계를 합리적으로 규율하기 위해서는 아래에서 보는 바와 같이 근로기준법과 노조법의 각 제정이유나 그 법령내용 및 효과 등에 비추어 각기 '근로자' 의 개념을 달리 판단하는 것이 합리적이다.

2. 동일한 근로자성 판단기준의 적용 여부

현행 노동관계법에서 근로자의 개념 정의에 대하여 각 법률은 헌법과 입법목적에 따라 상이하게 규정하고 있다. 먼저 개별적 근로조건을 정하는 「근로기준법」의 근로자 개념을 '원용' 하고 있는 법률들과,[413] 이와 달리 근로기준법상 근로자 개념을 '전제' 로 하는 법률들이 있다.[414] 한편, 근로기준법상의 근로자 개념 정의와 내용을 달리 규정하는 있는 대표적인 노동관계법으로는 집단적 노사관계를 규율하는 법률인 「노동조합 및 노동관계조정법」 등을 들 수 있다.

근로자 개념을 정의한 법문언을 비교하면 노조법상의 근로자('직업의 종류를 불문하고 임금 · 급료 기타 이에 준하는 수입에 의하여 생활하는 자')는 근로기준법상의 근로자('직업의 종류와 관계없이 임금을 목적으로 사업이나 사업장에 근로를 제공하는 자')보다 넓은 개념이다. 따라서 노조법상 근로자는 특정 기업에 대한 귀속을 전제로 하지 아니하고, '고용 이외의 계약 유형' 에 의한 노무공급자까지도 포

---

413) 「근로자퇴직급여보장법」, 「최저임금법」, 「임금채권보장법」, 「산업재해보상보험법」, 「산업안전보건법」, 「고용보험법」, 「고용보험 및 산업재해보상보험의 보험료징수 등에 관한 법률」, 「진폐의 예방과 진폐근로자의 보호 등에 관한 법률」 및 「근로자참여 및 협력증진에 관한 법률」이 여기에 해당한다.

414) 이에는 「근로복지기본법」, 「장애인 고용촉진 및 직업재활법」, 「기간제 및 단시간근로자 보호 등에 관한 법률」, 「선원법」, 「건설근로자의 고용개선 등에 관한 법률」 등이 있다.

섭할 수 있다.[415)]

따라서 종속성의 판단에서 근로기준법상의 근로자에 해당하는지 여부는 근로자가 '사업 또는 사업장'에 '임금을 목적'으로 '종속적인 관계'에서 사용자에게 근로를 제공하였는지 여부에 따라 판단하여야 하지만, 노조법상의 근로자에 해당하는지 여부는 반드시 위와 동일한 기준으로 판단하여야 하는 것은 아니고, '경제적 종속성(업무의 종속성 및 독립종속성)'의 내용인 '노무를 공급받는 자에 의하여 노무공급계약의 내용이 일방적으로 결정되었는지 여부', '노무를 공급하는 근로자가 노무를 공급받는 자의 사업에 불가결한 요소로 편입되었는지 여부' 등을 주된 평가요소로 고려하여 근로자와 노무를 공급받는 자 사이에 '사용종속관계'가 인정되는지 여부에 따라 이를 판단할 수 있다.

또한 현대사회의 복잡성에 따라 업무의 개별화와 특수화가 추진되면서 특정 사업주의 사업이나 사업장과 관련하여 자신의 일정한 용역을 제공하고, 그에 대한 대가를 수령하는 1인 사업주 내지 특수형태고용종사자가 나타나게 되었는데, 경제적 약자인 이러한 노무공급자들에게도 위에서 언급한 '경제적 종속성(업무의 종속성 및 독립종속성)'의 내용에 해당하는 주된 평가요소를 고려하여 일정한 경우 집단적으로 단결하여 노무를 제공받는 자와 대등한 위치에서 노무제공의 조건 등을 협상할 수 있도록 하는 것이 헌법 제33조의 취지에도 부합하는 것이라는 점 등에 비추어 보면, 근로기준법상의 근로자와 노조법상의 근로자는 그 개념을 달리 볼 필요가 있다.

3. 노무제공관계의 종속성에서 개별법과 집단법의 차이 존중

앞서 본 '서울지역여성노조 사건'[416)]에서 대법원이 "근로기준법은 현실적으로 근로를 제공하는 자에 대하여 국가의 관리·감독에 의한 직접적인 보호의 필요성이 있는가"라는 관점에서 제정된 반면, "노조법은 노무공급자들 사이의 단결권

415) '1993년 골프장캐디 사건' (대법원 1993. 5. 25. 선고 90누1731 판결) 참조.
416) 대법원 2004. 2. 27. 선고 2001두8568 판결.

등을 보장해 줄 필요성이 있는가"라는 관점에서 제정된 것이라는 점을 분명히 한 바와 같이, 학설에서도 근로자의 범위는 그 입법 목적에 따라 다를 수 있음을 인정한다.

문제는 이러한 입법목적에 따른 근로자 개념의 상이가 구체적으로 실업자를 제외한 현실적 노무제공자에게는 어떤 영향을 미치는가 하는 점이다. 이 점에 관해서는 위 2004년 서울지역여성노조사건에서 대법원 판결이 명확한 판단을 하지 않았다. 즉 근로기준법상 근로자와 실업자가 근로자에 포함된다는 점은 일치하지만, 근로기준법상 근로자가 아닌 노무제공자의 일부가 노동조합법의 근로자에 포함될 수 있는지는 견해가 분명하지 않거나 학설이 갈리고 있다. 다만, '1993년 캐디 사건'과 '2014년 캐디 사건'을 적극적으로 해석할 경우에는 근로기준법상 근로자가 아닌 노무제공자(예컨대 특수형태고용종사자)도 '임금 등에 준하는 수입으로 생활하는 자'로 보아 노조법상 근로자에 포섭될 가능성이 상당하다.

한편, 개별법과 집단법상 근로자 개념을 달리하는 것이 헌법위반이 아닌가 하는 의문이 제기될 수 있다. 그러나 노동3권의 주체에 실업자가 포함된다는 2004년 서울지역여성노조 판례에서 알 수 있듯이, 기본권의 주체는 기본권의 성질에 따라 다를 수 있다. 예를 들어 양심의 자유라는 기본권의 주체가 국민으로 규정되어 있더라도 외국인이 그 기본권의 주체가 되듯이, 근로자라는 용어도 개별법적 보호의 근거가 되는 조항(헌법 제32조)과 노동3권의 근거가 되는 조항(헌법 제33조)에서 다를 수 있다. 이 점은 이미 헌법제정과정에서도 확인된 바 있다. 노조법이 근로자 정의를 근로기준법과 달리 임금에 의해 생활하는 자(근로기준법상 근로자) 뿐만 아니라 그에 준하는 수입에 의해 생활하는 자도 포함하도록 하고 있는 것은 헌법 제33조의 근로자 개념을 보다 구체화한 것으로 이해해야 할 것이다.

4. 실질에 부합하는 집단적 자치의 노동관행 존중

노동법은 사회적 약자인 근로자를 보호하는데 그 존립기초를 두고 있다. 노동법의 적용대상은 근로자를 기준으로 결정하고 있는데, 근로자 개념은 시대정신과 경제상황의 변화에 따라 빠르게 변화하고 있고 현재 과거의 제조업 생산직 근로자를 중심으로 근로자 개념을 파악하는 것은 한계에 도달한 것으로 보인다. 따라서 근로자 개념을 판단함에 있어서 종속성을 나누어 '인적 종속성'과 '업무의 종속성 및 독립종속성(경제적 종속성)'을 구분하여 골프장 캐디에 대해 근로기준법상 근로자에 해당한다고 볼 수 없으나, 노조법상 근로자성은 인정할 수 있다고 판시한 '2014년 캐디 사건' 판결[417]은 시사하는 점이 있다. 즉, "근로자성 판단에 있어서 인적 종속성 보다는 '업무의 종속성 및 독립종속성(경제적 종속성)'의 평가요소에 더 중점을 두었다고 하더라도, 노조법상의 근로자성을 인정한 원심의 판단은 정당한 것으로" 인정하면서, '업무의 종속성 및 독립종속성(경제적 종속성)'을 판단함에 있어서 골프장 시설운영자와 이 사건 노동조합 상호 간에 상대방을 노조법상 사용자 또는 노동조합으로 인정하여 단체협약과 별도의 합의나 노동쟁의 조정절차 등을 거쳐 왔고 이 사건 골프장 캐디들이 이 사건 노동조합 소속 조합원들로 활동하여 온 점을 이유의 하나로 들고 있다. 이는 판례가 노무제공자의 관계에서 이루어져 왔던 노동조합 소속의 조합원 활동이나 단체협약과 노동쟁의 등 집단적 자치에 따른 기왕의 노동관행을 노조법상 근로자성 판단기준에서 하나의 요소로 인정한 것이다. 즉, 판례도 노조법상 근로자 개념을 판단함에 있어 실제 집단적 자치의 형태로 이루어지는 노동관행을 존중하는 것으로 보인다. 따라서 이전에 노동조합으로서의 조합 활동을 최소한 묵인하거나 단체교섭 등의 요구를 상대방인 사용자가 받아주는 등도 집단적 자치에서 '경제적 종속성(업무의 종속성 및 독립종속성)'을 판단하는 징표가 될 것이다.

그러나 또 다른 특수형태고용종사자인, 학습지교사의 노조법상 근로자성을 부정한 항소심[418]에서 법원은, "학습지교사들이 노조법상 근로자에 해당하지 않는

417) 대법원 2014. 2. 13. 선고 2011다78804 판결.

418) 서울고등법원 2014. 8. 20. 선고 2012누37274, 2012누37281(병합) 판결. 이 사건의 원심인 서울행정법원은 학습지교사들의 근로기준법상 근로자성은 부정하지만 노조법상 근로자성을 인정하면서, 회사가 위탁사업계약 해지를 통보한 것은 불이익취급 내지 지배·개입의 부당노동행위에 해당하여 무효라고 판시하였다(서울행정법원 2012. 11. 1. 선고 2011구합20239, 26770 판결).

이상 이들로 구성된 원고 조합은 노조법이 정한 노동조합이라고 할 수 없다. 원고 조합이 서울지방노동청으로부터 노동조합설립신고증을 교부받은 바 있고, 1999년부터 2006년까지 참가인과 수회 단체협약을 체결하였으며, 참가인과 원고 조합이 서로 상대방을 노조법상 사용자 또는 노동조합으로 인정하여 노동쟁의 조정절차를 거치기도 한 사정 등이 있다 하더라도 그러한 사정만으로 달리 볼 수는 없다."고 판시한 바 있다.[419] 이에 따르면 판례가 노조법상 근로자 개념을 판단하는데 집단적 자치의 현실적 모습(노동관행)을 존중한다고 단정할 수 없다는 반박이 가능하다. 그렇지만 이 항소심 판결은 노사간 (업무위탁관계는 전제하고) 문제를 해결하기로 합의하고 이에 따라 단체협약을 체결한[420] 이후에 선고된 것이다.

집단적 자치의 노동관행을 존중한다는 것은 노무제공의 '실질'에 부합하여 이루어지는 노동관행을 전제로 한다고 할 것이다. 골프장 캐디는 앞에서도 본 바와 같이 회사와 캐디, 내장객의 3자간에는 외형상 형식적인 노무공급계약이 없으나, 그 실질적 내면관계에서는 노무공급계약으로 볼 수 있는 어떤 묵시적 계약관계가 형성되어 있다고 보아야 한다. 따라서 캐디는 근로계약은 아니지만 법률관계의 당사자로 인정될 수 있고 캐디에 대한 골프장의 간접적 통제가 이루어지므로 노조법상 근로자성이 인정된다고 보는 것이다. 골프장 캐디뿐만 아니라, 학습지교사의 경우에도 노조법상 근로자성 여부는 노무제공의 실질에 따라 판단해야 한다고 본다. 즉, 노조법상의 근로자성은 노무제공의 실질을 사업에의 편입(계약조건

419) 이 사건은 2016년 5월말 현재 대법원에서 심리 중인 사건으로, 학습지교사의 노조법상 근로자성 여부에 대해 제1심과 항소심에서 각각 판단을 달리하여 대법원의 판단이 주목된다.

420) 전국학습지산업노동조합에 따르면 노사는 유일교섭단체 인정, 하절기 지원비 복원, 미수회비 자동공제제도 폐지, 관리중 부상자 처우, 노동조합 전임 및 임금지급, 사무실 운영비 지급, 단체협약 자동갱신 및 효력 연장 등에 대해 합의하였다. 다만, 담당 과목이 줄면 그만큼 교사에게 지급하는 수수료도 삭감하는 '마이너스 월 순증 수수료' 제도 폐지 문제는 회사의 경영상 어려움 등을 이유로 내년 상반기까지 유예기간을 가진다. 노사 합의에 따라 재능교육 노사는 2008년 해지된 단체협약을 원상회복하고 사측은 해고자 12명을 모두 복직시키기로 했다. 이어, 회사 측이 재능교육 노조에 생활안정지원금과 노사협력기금 명목으로 2억2000만원을 지급할 예정이다. 또한 노사는 대치 과정에서 발생한 모든 고소 · 고발에 대해 서로 법적 책임을 묻지 않는 처벌불원 탄원서를 법원에 제출했다(CBC뉴스, "재능교육 노사 2075일만에 합의 타결… '특수고용노동자 노동권 보장의 출발점'", 2013. 8. 26.자 기사).

의 일방적 결정 혹은 사실상 근무조건의 결정), 노무제공자가 자신의 위험과 계산으로 독립하여 사업을 영위할 수 있는지 등의 경제적 종속성을 적극적으로 해석하여 판단한다. 따라서 학습지교사로 구성된 노동조합에 대한 노동조합설립신고증 교부나 단체협약 체결 및 노동쟁의 조정절차 등의 여러 외형상 모습들은 학습지교사와 회사 간 노무제공의 실질을 경제적 종속성에 중점을 두어 판단한다면 캐디의 경우와 같이 집단적 자치의 '노동관행'으로 평가될 수 있다고 생각한다. 결국 학습지교사 사건은 제1심 서울행정법원이 학습지교사들의 근로기준법상 근로자성은 부정하지만 노조법상 근로자성을 인정한다고 한 판결이[421] 오히려 노무제공의 실질을 반영하여 판단한 것이라고 할 것이다.

421) 서울행정법원 2012. 11. 1. 선고 2011구합20239, 26770 판결.

제4장

근로자성 판단기준의 재정립

제1절 근로자성 판단의 단계적 체계화
제2절 근로자 범위의 중층적 구조와 그에 따른 복합적 함의

제4장 근로자성 판단기준의 재정립

제1절 근로자성 판단의 단계적 체계화

Ⅰ. 근로자 개념의 판단체계

1. 근로자 개념의 구별 여부

근로자 개념에 관한 전통적인 입장은 근로기준법상 근로자 개념과 노조법상 근로자 개념은 종속성의 본질에서 동일하다는 것으로서, 이에 따르면 양자의 근로자성을 판단하는 기준도 동일하고, 판단기준을 적용한 근로자의 범위도 기본적으로 같다. 이와 궤를 같이 하는 견해 중에는 근로기준법상 근로자성과 노조법상 근로자성은 본질적으로 다른 것이 아니고 그 범위를 달리 보는 것에 불과하다는 견해도 있다.[422] 이에 따르면 양자는 본질적으로 같고, 다만 근로기준법에서는 사적자치에 의하여 야기된 불합리한 폐해를 국가가 강제적으로 제거하는 것을 정당화할 정도의 근로자의 종속성을 요하지만, 노조법에서는 집단적 사적 자치에 의하여 노사 당사자가 개별적 사적 자치의 불합리한 결과를 스스로 교정할 수 있는 능력을 가지고 있기 때문에 양자의 인적 적용대상을 반드시 동일한 범위로 제한할 필요가 없게 된다.[423]

422) 이승욱, "노조법상 근로자 · 사용자 개념 확대를 둘러싼 쟁점과 입법적 과제", 「노동법학」(제49호), 한국노동법학회, 2014, 235면.

423) 양자 간 종속성에 본질적 차이가 있는 것이 아니라는 점에서는 전통적인 입장의 범주에 속한다. 오윤식, "골프장 캐디의 근로자성; 서울고등법원 2011. 8. 26. 선고 2009나112116 판결", 법조 제675호(2012. 12), 194~196면.

그러나 이제는 노동법 전체의 맥락 속에서 '개별적 근로조건'에 관한 근로기준법과 '집단적 노사관계'에 관한 노조법의 상호 체계를 고려하여 근로자 개념을 정립할 필요가 있다.[424] 근로기준법은 국가가 개별 근로자와 사용자간 근로계약에서 결정될 근로조건의 최저 기준을 통제하고 그 이행 여부를 감독함으로써 근로자를 직접적으로 보호한다. 노조법은 국가가 직접 노사관계에 개입하기보다는 근로자가 조직(설립 또는 가입)한 노동조합을 매개로 집단적 자치원리(노사대등의 원칙과 노사자치의 원칙)를 통해 집단적 노사관계에서 노동3권(단결권 · 단체교섭권 · 단체행동권)을 보장한다. 근로기준법과 노조법은 이처럼 노동법이라는 영역에 동일하게 속해 있지만, 구체적으로 들어가면 위와 같이 ① 사용자에 대응하는 보호필요성이 있는 일방 당사자(자연인인 근로자 vs. 법인격 또는 단체성을 가진 집단인 노동조합)와 ② 규율 범위(개별적 근로조건 vs. 집단적 노사관계), ③ 보호 대상(근로조건에 관한 최저 기준 vs. 노동3권) 및 ④ 보호 근거와 방식(국가의 관리 · 감독에 의한 직접적 보호 vs. 집단적 자치원리를 통한 간접적 보장) 등에서 뚜렷한 차이가 있다. 이런 상황에서 두 법률에서 근로자 개념을 하나로 파악하는 것은 점점 어렵게 되었고 서로 다른 차원에서 접근하여 파악하는 것이 필요하게 되었다.

2. 근로자성의 판단기준과 적용범위

헌법은 '근로자'라는 표현을 사용하면서도 그 근로자 개념을 명시적으로 규정하지 않고 있으므로 그 의미는 해석으로 보충하는 것이 예정되어 있다. 기본권의

424) 필자는 평소 노동법에서 개별적 근로기준법과 집단적 노사관계법을 다음과 같이 설명하고 비유한다. 근로기준법은 근로자가 입사해서 퇴사할 때까지 기본적으로 일하고(근로시간), 쉬고(휴식), 돈 받는(임금) 사용자와의 법률관계를 시간적 흐름에 따라 규율하는데 반해, 노조법은 헌법 제33조의 노동3권이라는 지붕(제1장 총칙)을 세 개 혹은 네 개의 기둥(제2장 노동조합, 제3장 단체교섭 및 단체협약, 제4장 쟁의행위 내지 제5장 노동쟁의의 조정)이 받치고 있고 그 기둥들은 바닥(제6장 부당노동행위) 위에 기초를 두는 건물의 형태로 노동조합과 사용자와의 입체적인 법률관계를 규율하는 것이라고 한다[배동희, 「실무노동법」(제3판), 미래가치, 2015, 머리말]. 이런 점에서 개별적 근로기준법을 평면적 '도면'에, 집단적 노사관계법을 입체적인 '건물'에 비유할 수 있을 것이다.

주체가 기본권의 성질에 따라 다르듯이 헌법상 '근로자'라는 용어도 개별적 근로조건 보호의 근거가 되는 조항(헌법 제32조)과 집단적 노사관계에서 노동3권 보장의 근거가 되는 조항(헌법 제33조)에서 다른 의미로 해석되는 것이 부자연스러운 것도 아니다. 노조법이 근로자 정의를 근로기준법상 근로자에 해당하는 '임금에 의해 생활하는 자' 뿐만 아니라 '그에 준하는 수입에 의해 생활하는 자'도 포함하고 있는 것은 헌법 제32조가 아닌 헌법 제33조의 근로자 개념을 보다 구체화한 것이기 때문이다. 대법원 역시 양자의 차이에 주목하여 2004년 '서울지역여성노조 사건'[425] 이래 실업자가 비록 헌법 제32조 소정 근로조건 보호의 주체인 근로자에는 포함되지 않지만 헌법 제33조 소정 노동3권의 주체인 근로자에는 포함된다고 판시하고 있다.

근로권(헌법 제32조)의 기본권 주체인 근로자와 노동3권(헌법 제33조)의 기본권 주체인 근로자는 그 범위가 다르고, 근로기준법과 노조법도 그 입법목적에 따라 근로자를 상이하게 정의하고 있는 점[426]을 고려하면, 양자의 근로자 개념을 구별하는 것이 오히려 자연스럽다. 마찬가지로 노동관련 각 법률상 근로자 개념을 개별 법률의 입법목적과 보호필요성 등에 따라 달리 보는 것이 오히려 입법현실에 부합하는 것이고, 이것이 헌법이 근로자 개념을 명시하지 않은 취지라고 할 것이다. 이렇게 개별법과 집단법상 근로자 개념을 '입법목적'에 따라 해석을 달리하는 것이 헌법위반이 아닌가 하는 의문이 있을 수 있으나, 이는 오히려 '노무제공관계의 종속성에서 개별법과 집단법의 차이를 존중'하는 것으로 보아야 할 것이다. 그렇다면 근로기준법과 노조법상 근로자 개념은 구별되고, 양자의 근로자성

425) 대법원 2004. 2. 27. 선고 2001두8568 판결(지역별 노동조합이 그 구성원으로 '구직중인 여성 노동자'를 포함하여 노동조합설립신고를 한 경우, 구직중인 여성 노동자는 노조법상의 근로자가 아니라는 이유로 노동조합설립신고를 반려하는 것은 위법하다고 판단한 원심판결을 수긍한 사례).

426) 앞서 본 실업자의 노조법상 근로자성을 인정한 서울지역여성노조 사건에서, "근로기준법은 '현실적으로 근로를 제공하는 자에 대하여 국가의 관리 · 감독에 의한 직접적인 보호의 필요성이 있는가'라는 관점에서 근로계약에 기초한 개별적 노사관계를 규율할 목적으로 제정된 것인 반면에, 노조법은 '노무공급자들 사이의 단결권 등을 보장해 줄 필요성이 있는가'라는 관점에서 집단적 노사관계를 규율할 목적으로 제정된 것으로 그 입법목적에 따라 근로자의 개념을 상이하게 정의하고 있다"고 한다(대법원 2004. 2. 27. 선고 2001두8568 판결).

은 본질적으로 다르게 된다. 그 결과 근로자성을 판단하는 기준도 달라지고, 판단기준을 적용한 인적 적용대상으로 근로자의 범위도 기본적으로 달라진다.

물론 근로기준법과 노조법상 근로자 개념을 구별하는 입장에서도 예외적으로 근로기준법상 근로자성과 노조법상 근로자성은 본질적으로 다른 것이 아니고 그 범위를 달리 보는 것에 불과하다는 주장이 있다.[427] 그 외에 근로기준법과 노조법상 근로자 개념을 동일하게 보든지 구별되게 보든지 양자 간 종속성에 본질적 차이가 있는 것이 아니라는 전제(근로기준법과 노조법상 근로자 개념을 동일하게 보면서 사용종속성의 본질을 인적 종속성만이 아니라 경제적 종속성까지 포함하여 이해하는 입장, 근로기준법과 노조법상 근로자 개념을 구별하여 사용종속성의 본질을 근로기준법은 인적 종속성으로 이해하고 노조법은 경제적 종속성으로 이해하는 입장)에서 근로자성의 새로운 판단기준을 모색하기도 한다. 결과적으로 근로자성을 판단하는 기준을 적용한 인적 적용대상으로서 근로자의 범위는 근로기준법과 노조법상 근로자 개념을 구별하는지 여부와 관계없이 다르게 볼 수 있다고 한다.

3. 근로자성 논의 체계의 재정립

개략적으로 근로자 개념에 관한 논의 체계를 정리하면 다음 도표와 같이 이해할 수 있다. 근로자 개념(사용종속성의 본질)의 구별 여부와 근로자성의 판단기준 및 판단기준을 적용한 인적대상으로서 근로자의 범위를 어떻게 볼 것인지는 서로 연결되는 이슈이기는 하지만, 반드시 논리적으로 일관하여야 할 필요는 없다고 생

427) 앞서 본 바와 같이 이에 따르면 양자는 본질적으로 같고, 다만 근로기준법에서는 사적 자치에 의하여 야기된 불합리한 폐해를 국가가 강제적으로 제거하는 것을 정당화할 정도의 근로자의 종속성을 요하지만, 노조법에서는 집단적 사적자치에 의하여 노사 당사자가 개별적 사적 자치의 불합리한 결과를 스스로 교정할 수 있는 능력을 가지고 있기 때문에 양자의 인적 적용대상을 반드시 동일한 범위로 제한할 필요가 없게 된다[이승욱, "노조법상 근로자 · 사용자 개념 확대를 둘러싼 쟁점과 입법적 과제", 「노동법학」(제49호), 한국노동법학회, 2014, 235면]. 이러한 입장은 양자 간 종속성에 본질적 차이가 있는 것이 아니라는 점에서는 전통적인 입장의 범주에 속한다[오윤식, "골프장 캐디의 근로자성; 서울고등법원 2011. 8. 26. 선고 2009나112116 판결", 법조 제675호(2012. 12), 194~196면].

각한다.

<table>
<tr><th colspan="4">근로기준법과 노조법상 근로자성의 판단체계</th></tr>
<tr><td rowspan="2">근로자 개념(사용 종속성의 본질)의 구별 여부?</td><td colspan="2">동일</td><td rowspan="2">구별
(인적 종속성 vs. 경제적 종속성)</td></tr>
<tr><td>(인적 종속성)</td><td>(인적 종속성 + 경제적 종속성)</td></tr>
<tr><td>근로자성의 판단 기준?</td><td colspan="2">동일한 판단기준
(종속성에 관한 판단기준이 되는 지표 동일)</td><td>각각 별도의 판단기준
(종속성에 관한 판단기준이 되는 지표들이 다름)
vs.
(本書: 판단기준이 되는 지표가 동일해도 인적 종속성만이 아니라 경제적 종속성의 징표로 각각 다르게 적용 가능)[428]</td></tr>
<tr><td>근로자의 범위[429]
(판단기준을 적용한 인적대상)?</td><td>동일
(근로자성 판단에서 근로자 개념 자체를 확대하는 방안)</td><td>다름
(근로자 개념은 그대로 두면서 보호범위를 확대시키는 방안으로 근로자성은 본질적으로 다른 것이 아니고 그 범위를 달리 보는 것에 불과하다는 견해)</td><td>다름
(종속성의 정도에 따라)
vs.
(本書: 개별법은 2차원적 평면으로, 집단법은 3차원적 입체로 파악)[430]</td></tr>
</table>

근로기준법과 노조법상 근로자 개념을 구별하는지 여부와 근로자성 판단 기준을 동일하게 보는지 여부는 서로 분리된 문제가 아니고 연결되어 있는 문제이다. 근로기준법상 근로자 개념과 노조법상 근로자 개념에서 사용종속성의 본질이 동일하다고 보는 입장은 양자의 근로자성 판단기준을 다르게 적용하는 것이 논리에 부합하지 아니한다고 본다. 반면 근로기준법상 근로자 개념과 노조법상 근로자 개념에서 종속성의 본질이 다르다고 보는 입장은 근로자성 판단기준에서 양자를 다르게 볼 수도 있다.

근로자 개념 판단의 기본구도를 제시한 '1994년 판결'과 진화한 판단방식의

428) 제4장 제2절 'Ⅱ. 근로자성 범위의 복합적 논의'에서 자세히 설명한다.

429) 근로자 개념의 구별 여부와 상관없이 근로기준법과 노조법상 근로자의 범위는 종속성의 정도에 따라 다르게 볼 수 있다는 입장에 의하면 이를 구분할 실익은 없을 것이다.

430) 제4장 제2절 'Ⅰ. 근로자성 범위의 중층적 구조'에서 자세히 설명한다.

'2006년 판결' 은 근로기준법상 근로자성 여부가 문제된 사안이다.[431] 판례는 전통적으로 노조법상 근로자 개념에서도 근로기준법상 근로자성 여부에 관한 판단기준을 같이 적용해 왔다. 그러나 2014년 골프장 캐디의 노조법상 근로자성을 인정한 대법원 판례가 (근로기준법상 근로자성에서의 인적 종속성과 다르게) 경제적 종속성을 기준으로 노조법상 근로자 개념을 설정한 것으로 볼 수 있을 것이다.[432] 그런데 노조법상 근로자성의 판단기준으로 진화한 판단방식인 '2006년 판례' 에서 제시한 종속성에 관한 판단기준이 되는 지표(판단 지표[433])들과는 다른 지표들을 별도로 적용해야 하는가? 아니면, 2014년 골프장 캐디 판결에서 "노조법상의 근로자의 경우 직접적인 근로계약의 존재가 요구되는 것은 아니므로 그 근로자성 판단 기준의 지표를 임금의 종속성 판단 요소보다는 … 주로 '업무의 종속성 및 독립사업자성' 을 판단하는 평가요소로 삼아야 한다."는 부분을 '2006년 판례' 에서 제시한 종속성 판단지표를 여전히 다른 종속성의 고려 요소로 해석할 수 있다는 취지인가? 만일 후자라면 동일한 판단지표가 근로기준법상 근로자 개념의 판단 기준에서 (인적) 종속성의 징표로, 노조법상 근로자 개념의 판단기준에서 (경제적) 종속성의 판단 징표로 각각 적용될 수 있다는 의미가 된다. 이러한 몇 가지 의문에 대하여 좀 더 분석하고 해석을 전개하고자 한다. 이 책자에서 근로자 개념에 관한 기존 논의를 정리하고 판례를 분석하고 유형화한 것은 단순하게 근로기준법과 노조법으로 대표되는 노동법상 근로자 개념에 관한 각각의 범위와 한계를 살펴보고 비판하는 것에 그치기 위함이 아니고, 오히려 헌법의 취지와 근로기준

431) 소위 '2006년 판결' (대법원 2006. 12. 7. 선고 2004다29736 판결)은 기존 '1994년 판결' 에서의 근로기준법상 근로자성 판단의 기본구도를 유지하면서 세부적으로 그 판단방식을 좀 더 진화시켰다.

432) 대법원 2014. 2. 13. 선고 2011다78804 판결에서 "노조법상의 근로자의 경우 직접적인 근로계약의 존재가 요구되는 것은 아니므로 그 근로자성 판단 기준의 지표를 임금의 종속성 판단 요소보다는 사용자의 지휘 · 감독의 정도 및 근로자가 독립하여 자신의 위험과 계산으로 사업을 영위할 수 있는지 등의 주로 '업무의 종속성 및 독립사업자성' 을 판단하는 평가요소로 삼아야" 한다면서, "골프장 시설운영자가 캐디들의 근무내용, 근무시간 및 근무장소에 대하여 상당한 정도의 지휘 · 감독을 하고 있다고 볼 수 있다"고 판시하였다.

433) 판단기준이 되는 '지표' 와 같은 의미로 '징표' 또는 '고려 요소' 라고 표현할 수 있다. 여기서는 문맥상 흐름에 따라 적절한 용어로 혼용하여 사용한다.

법과 노조법의 입법취지 등에 부합한 근로자 개념의 판단기준에 관한 해석원리를 재정립하기 위함이다.

새로운 근로자 개념의 판단기준의 모색을 통한 근로자 개념의 재정립을 위해서는 근로자 개념의 판단방식을 체계적으로 접근하고 이해할 필요가 있다. 앞선 '제3장 판례상 근로자 개념의 유형별 분석과 검토' 에서 살펴보았지만, 법원은 구체적 타당성이라는 명목 아래 문제가 된 개별 사안별로 근로자성 여부를 판단하거나 판단기준을 적용하고 있다. 그 결과 당연하게도 판결에는 노동법 전체의 시각에서 체계적인 방식으로 근로자 개념을 판단하는 틀은 제시되어 있지 않다. 여기에서 필자는 노동법 전체에서 근로자 개념에 대한 체계를 세우는 '틀' 로써 아래와 같이 '단계별 접근 내지 해석을 통한 근로자 개념' 을 판단하는 방식을 제안한다.

Ⅱ. 근로자성의 단계적 판단방식

1. 1단계: 계약의 목적(활동제공의 목적)

노무제공자의 노무제공의 목적이 무엇인지를 밝히는 것은 계약의 목적을 특정하는 것으로 근로자성의 판단에 있어 가장 먼저 이루어져야 한다. 즉, 계약의 형식이나 내용에 앞서 노무 활동을 제공하는 목적이 무엇인가에 따라 직접적인 당사자인 노무제공자와 노무수령자의 진정한 의사가 지향하는 계약의 목적을 파악할 수 있을 것이다. 가장 단순하게 표현하면 기본적으로 근로자의 노무제공은 그 대가로 지급되는 금품(임금)을 목적으로 하므로, 활동제공의 목적이 '금품수령' 인지 여부에 따라 노무제공자와 노무수령자의 의사가 지향하는 계약의 목적이 '법률관계' 인지 아니면 '호의관계' 인지를 판단할 수 있다. 당사자의 의사가 금품을 목적으로 즉 '법률관계' 를 지향하여 활동제공한 것이 아니고 '호의관계' 를 지향한 것이라면 근로계약관계가 아니라 자원봉사활동에 불과하다. 이와 관련한 내용을 자세히 판시한 '학교 배움터지킴이' 사례[434]에서 법원은 근로기준법상 근로자성을 부정하였다. 법원은 "임금을 목적으로 근로를 제공하는 자가 아닌 경우에는 최저임금법 및 근로기준법의 적용을 받는 근로자에 해당하지 않으며(대법원 1979. 4. 24. 선고 78다828 판결), 금품이 제공되더라도 그 제공되는 금품이 근로의 대가로서 지급되는 것이 아니어서 임금이 아닌 경우에는 역시 근로자에 해당하지 않는다."고 판시하면서 최우선적으로 당사자의 의사가 법률관계를 지향한 것인지, 호의관계를 지향한 것인지 판단하였다. 당해 법원에 따르면 종래 대법원 근로기준법상 근로자를 판단하기 위해 제시하던 기준[435]에 대해 이는 "모두 임금(금품)을 목적으로 한 근로제공임은 분명하지만 사용자와 종속적인 관계에서 근로를 제공한 것인지 여부가 문제된 사안에서 사용종속성 유무를 판단하기 위한 지표들의 내용이나 그 평가방법을 제시하였던 것일 뿐"이므로 사건의 대상인 배움터지킴이의 경우와 같이 활동(노동)의 제공이 금품수령을 목적으로 한 것인지 여부가 문제된 경우에는 판단기준으로 삼기에는 적절한 기준이 되기 어렵다고 보았다. 근로자로 포섭되기 위한 1단계 허들을 넘지 못한 것이다. 최근 하급심 판결 중 이와 유사하게 사찰 처사(處士)의 근로자성을 부정한 사례가 있다. 즉, '사찰 주지 승려에게 고용되어 근무하다가 부당하게 해고되었다고 주장한 자' 에 대해 근로자성을 인정하고 서면통지 위반을 이유로 부당해고라고 판단한 재심판정을, 해당자는 임금을 목적으로 종속적인 관계에서 사찰에 근로를 제공하였다기보다는 종교적 수행을 위하여 사찰에 머무르며 자율적으로 사찰유지 · 관리에 필요한 일을 돕고 그에 대한 수고비의 의미로 일부 금원을 수령한 것이므로 근로기준법상에 근로자에 해당하지 않는다고 판단하여 취소한 사례가 있다.[436]

434) 대구지방법원 2015. 8. 21. 선고 2015나301869 판결로 이는 대법원 2015. 12. 24. 선고 2015다236264 판결에서 심리불속행 기각되어 확정되었다.

435) 대법원 2006. 12. 7. 선고 2004다29736 판결; 대법원 2013. 7. 12. 선고 2013다27336 판결 등 참조.

436) 서울행정법원 2015. 11. 5. 선고 2015구합66608 판결. 반면에, 회사 소속으로 초등학교 '방과 후 컴퓨터강사' 로 근무한 노무제공자들에 대해 임금을 목적으로 종속적인 관계에서 회사에 근로를 제공하는 근로자에 해당한다고 보아, 퇴직금 및 연차수당 등의 지급을 인정한 사례도 있다(인천지방법원 2015. 11. 17. 선고 2014가단 70312 판결).

'학교 배움터지킴이' 사례와 같이 근로자성 판단에 있어 일정한 활동(노동) 제공자가 금품수령을 목적으로 활동(노동)하게 된 것인지 여부가 쟁점인 경우에 이에 대한 판단여부는 전적으로 당사자들의 의사가 무엇이었는지에 달려 있다. 그 판단을 위해서 법원이 당사자의 '의사해석 기준'으로 제시한 것은 "① 활동자(노무제공자)가 당해 활동으로 이루어질 공익의 달성 및 그에 대한 자신의 기여를 통한 내적 성취감 및 만족감을 주된 목적으로 참가하게 된 것인지 아니면 당해 활동에 대하여 대가로 지급되는 금품을 주된 목적으로 참가하게 된 것인지, ② 상대방(노무수령자)은 활동자의 어떤 의사를 기대하였는지, ③ 일정액의 금품이 지급된 이유는 무엇이었으며 당사자들은 이를 활동(노동)에 대한 당연한 대가로 인식하고 있었는지 여부" 등이다.

나아가 "당사자들의 표시된 의사가 명백하지 않은 경우에는 ① 지급되는 금품의 액수가 당해 활동(노동)의 시장가치에 상응하는 적절한 액수인지, ② 당해 활동을 통하여 이룩되는 성과가 공익과 관련된 것인지, ③ 활동을 수행함에 있어 상대방과의 사이에 어느 정도로 강한 지휘감독관계에 놓이게 되는지, ④ 당해 활동관계에서 이탈이 자유로운지, ⑤ 법적 구속력 있는 의무가 부과되는지, ⑥ 부과된다면 의무위반의 효과는 무엇인지 등의 여러 객관적 사정을 종합하여 그 의사를 추정해야 할 것이다."[437)]

당해 판결은 종전 대법원이 제시한 근로자성 판단 기준의 적용은 1단계 허들을 넘어선 경우에나 가능하고, 본 사안과 같이 1단계 허들도 넘지 못한 경우까지 기계적으로 적용하기 적절하지 않다고 하면서 별도의 기준을 제시한 점에 의미가 있다고 생각한다. 즉 기존 대법원의 판단기준은 근로자성이 문제되었던 사례들 중 학원 강사, 정수기 코디, 영상취재요원 등과 같이 기본적으로 노무의 제공과 대가의 지급 관계에 대해서는 당사자가 모두 인정하면서 단지 그 관계를 근로관계로 볼 것인지 여부가 문제되는 경우에 의미 있는 것이다. '학교 배움터지킴이' 사례와 같이 금전적 대가를 목적으로 한 활동(노무) 제공의 법률관계로 볼 것

437) '배움터지킴이 사례'는 앞서 제3장, 제1절, Ⅲ, 1. 2006년 판결의 해석방법상 한계에서 그 판시 내용을 소개한 바 있다.

인지, 공익달성과 성취를 위한 봉사 목적의 호의관계로 볼 것인지가 문제된 경우에 무턱대고 이를 적용하게 되면 오류에 빠질 수 있으므로 이와는 차원을 달리 하는 별도 기준의 설정이 반드시 선행되어야 하는 것이다.

2. 2단계: 실질적 종속성 판단(직접적인 계약당사자인 노무제공자와 노무수령자 사이에 활동제공이 금품을 수령하기 위한 목적인 경우)

1) 계약의 형식과 당사자의 의사

제1단계로 활동제공이 금품수령 목적인지는 먼저 당사자의 의사를 해석하여 법률관계인지 호의관계인지를 판단한다. 호의관계가 아닌 법률관계로 해석되더라도 먼저 그 법률관계의 성격이 사법(私法) 보다 공법(公法)적 성격이 강한 경우[438] 에는 여기의 논의에서 제외한다. 여기서의 논의는 사법(私法)적 법률관계를 전제로 하여, 노무를 제공하는 당사자의 의사가 금품을 목적으로 활동 제공한 것이라면 근로자에 해당하는지 여부는 "계약의 형식이 고용계약인지 도급계약인지보다 그 실질에 있어 근로자가 사업 또는 사업장에 임금을 목적으로 종속적인 관계에서 사용자에게 근로를 제공하였는지 여부에 따라 판단하여야" 한다.[439] 고용계약인지 도급계약인지 그 계약의 형식 보다는 "그 '실질'이 '종속적인 관계'인지 여부"에 따라 근로자성 여부를 판단하여야 한다는 것이다. 그렇다고 계약의 형식이 무엇인지 불문하고 실질에 따라 판단하라는 의미는 아니다. 일단은 그 계약의 형

---

438) 예를 들어 사회적 일자리사업을 6가지 유형(공공근로사업, 자활근로사업, 희망근로사업, 고용노동부 사회적 일자리사업, 사회서비스 일자리사업, 사회적 기업)으로 나누고, 특히 법적 근거에서 그 사업의 성격을 도출하기도 한다. 자활근로사업은 국민기초생활 보장법에, 사회적 기업은 사회적 기업 육성법에, 나머지 사업들은 고용정책 기본법에 토대를 둔 사업이라고 하면서, 이 중 국민기초생활 보장법을 토대로 한 자활근로사업과 고용정책 기본법에 토대를 둔 사업이긴 하지만 공공근로사업과 희망근로사업은 생계지원에 중점을 둔 '공공부조적 성격'이 강하다고 한다(이근희, 「사회적 일자리 종사자의 노동법 · 사회보장법적 지위」, 고려대석사학위논문, 2013, 104~105면 참조). 즉, 국가에서 사회복지정책으로 실시하는 '공공부조적 성격'의 사회적 일자리사업에서의 노무제공자와 노무수령자간의 법률관계를 말한다.

439) 대법원 2006. 12. 7. 선고 2004다29736 판결; 대법원 2010. 4. 15. 선고 2009다99396 판결 등.

식이 무엇이고 당사자의 의사는 무엇인지를 먼저 검토하여야 한다. 만약 계약의 형식이나 당사자의 의사가 근로계약을 목적으로 한 것이 아니더라도 나아가서 실질에 따른 종속성 여부에 대한 판단이 이뤄져야 하지만, 먼저 계약의 형식과 당사자 의사에 대한 해석 없이 바로 실질에 대한 판단으로 나아가서는 안 된다고 생각한다. 직접적인 당사자(금품을 목적으로 한 노무제공자와 노무수령자)가 근로계약이 아닌 위탁이나 도급 등 다른 계약으로 결정한 것이 근로계약과 다른 계약의 유·불리를 비교한 후 자발적인 취사선택을 거친 경우라면 그 당사자의 자율적인 의사는 존중되어야 한다. 즉, '실질'에 따라 근로자성 여부를 결정하는 이유는 사용자가 우월한 지위에서 근로자성을 부정하는 외관을 임의로 만들 수 있다는 점을 고려한 것이므로, 실질에 따른 종속적인 관계에 대한 판단 지표들의 해석에서 당사자의 '자발적이고 진정한 의사'가 근로계약이 아닌 경우에는 이를 고려한 해석을 하여야 할 것이다.

도식화할 수는 없지만 하급심을 포함한 법원의 판결 사례들을 분석해보면, 많은 경우 계약의 형식을 선택한 당사자의 의사에 대해 별도로 논의하지 않고 곧바로 사실관계에서 실질에 따른 종속성 판단의 지표들을 긍정적으로 포섭하여 해석하는 판단 방식을 취하는 것으로 보인다. 대학입시학원 종합반 강사의 근로기준법상 근로자성을 인정한 '2006년 판결'을 비롯하여 다수의 판례에서 이러한 판단 방식에 따라 근로자성을 긍정하고 있다.[440] 이에 반하여 근로자성을 부정한 사례를 살펴보면, 판례는 근로계약이 아닌 다른 계약의 형식을 선택한 '당사자 의사'를 존중해야 한다고 하면서 사실관계에서 실질에 따른 종속성의 지표들이 나타나지 않는다고 해석하는 경우가 드물지 않다. 우정사업본부 소속의 각 우체국과 사이에 위탁계약을 체결한 '우체국 보험관리사',[441] '지입차주인 화물차 운송기사'[442] 등 근로자성을 부정한 판례는 그 판시 내용에서 해당 사안의 계약의 형식이 근로계약이 아닌 다른 계약이라는 사실을 명확히 하는 경우가 대부분이다. 최

440) 대법원 2007. 1. 25. 선고 2005두8436 판결; 대법원 2012. 11. 15. 선고 2011도9077 판결 등.
441) 대법원 2013. 6. 27. 선고 2011다44276 판결.
442) 대법원 2013. 7. 11. 선고 2012다57040 판결(실질적으로는 원고 소유이나 피고 명의로 등록된 이 사건 화물트럭에 관한 '위·수탁 관리계약' 또는 '제품 운송용역 계약'을 체결하고 …).

근에도 회사와 판매용역계약을 체결하고 백화점에서 판매 업무를 수행하였던 판매원들이 퇴직 후 퇴직금의 지급을 청구한 것에 대해, 퇴직금 지급을 인정하였던 1심 판결[443]을 취소하고 판매원들이 근로자에 해당하지 않는다고 판단한 항소심 판결의 판시 내용에서도 이를 확인할 수 있다.[444] 기본적으로 판례는 계약의 내용을 해석함에 있어 서면으로 작성된 경우 문언의 객관적 의미가 1차적 요소이며, 객관적 의미가 명확하지 않은 경우 그 문언의 내용과 계약이 이루어지게 된 동기 및 경위, 당사자가 계약에 의하여 달성하려고 하는 목적과 진정한 의사, 거래의 관행 등을 해석기준으로 한다고 할 것이다.[445]

노무수령자와 노무제공자간에 근로계약이 아닌 개별적 위임 내지 (노무)도급 계약의 형식을 취하는 대표적인 예로 '특수형태고용종사자'를 들 수 있다. 특수형태고용종사자가 근로기준법과 노조법상 근로자 개념에 해당하는가는 근로자성 여부에 관한 실질적 판단기준을 적용한 인적대상의 문제로 '근로자의 범위'에서 살펴보기로 한다. 나아가 사회보장법에서 특수형태고용종사자의 근로자성 인정 여부가 특히 문제인데, 현실적으로 이와 같은 필요성이 제기되고 있고 산업재해보

443) 서울중앙지법 2014. 9. 18. 선고 2013가합30106 판결.

444) "판매원들은 판매용역 제도의 도입에 따른 업무 내용의 변경, 수수료 제도의 도입, 변경에 따른 효과 등을 피고로부터 충분히 설명을 듣고 이 사건 계약을 체결한 것으로 보이며, 위 제도의 도입에 따라 기존의 근속 기간에 대한 퇴직금을 모두 받았다. 판매원들은 종전의 근로계약과 이 사건 계약의 차이를 잘 인식하면서 자율적인 업무 수행에 의한 소득 증대의 장점이 있을 것으로 생각하고 자발적으로 사직서를 제출한 후 이 사건 계약을 체결한 것으로 보이며 이러한 의사는 존중되어야 한다"고 하면서, 사안에서의 근무장소, 근태 관리, 업무수행과정에서의 상당한 지휘·감독, 수수료 지급, 4대보험 가입 여부 등 사실관계를 종속성 여부의 실질적 판단기준에 따라 판단하였다(서울고등법원 2015. 9. 23. 선고 2014나49250 판결).

445) 계약당사자 사이에 어떠한 계약 내용을 처분문서인 서면으로 작성한 경우에 문언의 객관적인 의미가 명확하다면 특별한 사정이 없는 한 문언대로의 의사표시의 존재와 내용을 인정하여야 하고, 그 문언의 객관적인 의미가 명확하게 드러나지 아니하는 경우에는 그 문언의 내용과 계약이 이루어지게 된 동기 및 경위, 당사자가 계약에 의하여 달성하려고 하는 목적과 진정한 의사, 거래의 관행 등을 종합적으로 고찰하여 사회정의와 형평의 이념에 맞도록 논리와 경험의 법칙, 그리고 사회일반의 상식과 거래의 통념에 따라 계약 내용을 합리적으로 해석하여야 한다. 특히 문언의 객관적 의미와 달리 해석함으로써 당사자 사이의 법률관계에 중대한 영향을 초래하게 되는 경우에는 그 문언의 내용을 더욱 엄격하게 해석하여야 한다(대법원 2010. 12. 9. 선고 2010다67319 판결 등 참조; 대법원 2014. 11. 13. 선고 2012다42666, 42673 판결).

상보험법에서는 특례조항을 두기도 한다. 사회보장법상 근로자 개념에서 유사근로자[446] 혹은 취업자 개념을 도입하자는 주장이 있으나 이는 입법론적 보완이 필요하다고 할 것이므로,[447] 이와 관련한 논의는 이 책자에서는 제외하기로 한다.

2) 실질적 사용종속성 판단

기본 판단구조를 설시한 '1994년 판결'과 진화한 판단방식인 '2006년 판결'에서 근로자성 판단 기준의 지표들로 사용종속성을 실질적으로 판단하는 것도 노무제공자와 노무수령자인 직접적인 계약 당사자 사이에 활동의 제공이 금품을 목적으로 하는 것이 전제된 이후에 가능하다. 그리고 2단계에서의 판단기준은 일반적으로 근로기준법상 근로자 개념의 종속성에 대한 판단기준으로 적용되지만, 판례는 근로기준법상 근로자뿐만 아니라 노조법상 근로자인지에 관한 종속성에 대한 판단에서도 적용하고 있는 것으로 보인다. 다만 근로기준법상 근로자성 여부는 인적 종속성의 평가요소에 중점을 두어 판단하는데 반하여, 노조법상 근로자성 여부는 경제적 종속성의 평가요소에 중점을 두고 판단한다고 할 것이다. 이와 관련하여서는 아래에서 일단 단계별 판단방식을 살펴본 후 'Ⅲ. 실질적 종속성 판단기준(2단계)의 재정립'에서 논의하기로 한다.

---

446) 독일에서는 고용, 취업형태의 다양화경향에 따라 "근로자와 유사한자"의 범주를 설정하여 일정한 권리를 부여하고 있다. 독일 단체협약법 제12조 [22] (a)에서는 근로자와 유사한 자를 "경제적으로 종속되어 있고, 근로자에 대한 그것과 유사한 사회적 보호의 필요성이 있는 자"라고 규정하고 있다. 이들에 대해서는 상대방과의 분쟁을 노동법원에서 해결할 수 있도록 하고, 연차휴가와 휴일에 대한 최저기준에 대해서는 근로자와 동일한 취급을 하며, 그 근로조건은 단체협약에 의해 규율될 수 있도록 하고, 직장에서의 성적인 부담에 대한 보호를 받을 수 있도록 하고 있다. 독일 연방법원은 "유사근로자는 통상적으로 사업조직에 전혀 편입되지 않거나 또는 근로자에 비하면 아주 적은 정도에서 사업조직으로 편입되어 있기 때문에 근로자에 비하여 아주 적은 정도로 인격적으로 종속되어 있는 경우가 대부분이다. 유사근로자에 있어서는 인격적 종속성 대신에, 경제적 종속성 내지 경제적 비자립성의 지표가 부각된다. 나아가 (유사근로자가 되기 위해서는) 경제적으로 종속된 경우에도 전체적인 지위에 따라 근로자와 비교가능하게 보호의 필요성이 있어야 한다"라는 견해를 제시하고 있다(국가인권위원회, 「특수고용직 노동권침해 실태조사보고서」, 2006, 202면 참조).

447) 강희원 · 김영문, 『근로자개념과 계약의 자유』, 중앙경제, 2001, 339~345면 참고.

3. 3단계: ‘사업주로서의 실체’와 ‘지휘 · 명령권 행사’ 여부에 대한 판단(노무제공자와 노무수령자의 관계가 간접적인 경우)

1) 노무제공자와 노무수령자가 '간접적 당사자'인 경우

근로자 개념의 판단방식 3단계에서는 노무제공자와 노무수령자가 직접적인 법률관계의 당사자로 연결되지 않는 경우가 문제된다. 현실에서는 외주, 용역, 도급, 파견 등이 이에 해당하고 다음과 같이 구분할 수 있다. 외주란 최종제품 혹은 서비스의 공급자가 그 업무의 일부를 외부의 독립적인 업체에게 발주하여 납품받는 사업형태이고, 용역이란 외주 중에서 특히 서비스와 관련된 것으로 청소와 경비가 대표적이다. 도급이란 외주와 거의 동일한 의미로 사용되는 것으로 최근에는 사내 하도급이 발달하고 있다. 파견은 파견사업주가 근로자를 고용한 후 그 고용관계를 유지하면서 파견사업주와 사용사업주 사이의 근로자파견계약의 내용에 따라 사용사업주의 지휘 · 명령을 받아 사용사업주를 위한 근로에 종사하게 하는 것으로[파견근로자 보호 등에 관한 법률(이하 ‘파견법’이라고 함) 제2조 제1호],[448] 고용사업주와 사용사업주가 일치하지 않는 고전적인 형태를 말한다.[449] 근로자파견이나 업무의 도급 · 위임은 새로운 업무에 대해 행해지는 것이 아니라 대부분 기존의 업무, 즉 정형적 · 표준적 업무로서 직접 고용하는 근로자에 의해 굳이 수행되지 않아도

---

448) 일반적인 근로자의 경우에는 고용계약의 당사자인 사용자에 대해 그 지휘명령 하에서 직접 노무제공의무를 부담하지만 파견근로자의 경우에는 원래 제3자(사용사업주)에게 파견되어 그 사업주의 지휘명령을 받아 노무를 제공하는 것을 본질로 한다. 즉, 파견근로는 근로자파견사업을 행하는 자(파견사업주), 파견되는 근로자(파견근로자) 및 근로자파견계약에 의하여 파견근로자를 사용하는 자(사용사업주)의 3당사자관계로 구성된다. 파견사업주와 파견근로자간에만 고용관계가 있고, 사용사업주와 파견근로자간에는 고용관계가 없고 사용관계(지휘 · 명령관계)만 있다는 점에서 여타의 고용형태와 구별된다. 결국 파견근로자는 고용계약에 기초한 계약 당사자인 파견사업주에 대해 근로제공의무를 지되 그 이행은 고용계약의 당사자가 아닌 사용사업주에게 그의 지휘명령에 따른 근로제공을 하게 된다. 바로 고용과 사용이 분리되는 현상이 나타나는 것이다.

449) 조성재, “공공부문의 간접고용 실태와 외주화에 대한 정책방향”(노동리뷰 제21호), 2006, 19면에서는 이 중에서 파견을 제외한 외주, 용역, 도급 등을 아웃소싱이라고 하며 이는 분사화(spin-off: 구조조정 대상이 되는 사업부문을 자회사로 독립시키는 것으로 주로 복합사업을 영위하는 기업이 일부사업을 분할시켜 자산 · 조직규모를 축소하는 방법)와 유사한 개념이다.

무방한 업무를 대상으로 이루어지고 있다. 그러나 이러한 업무 역시 기업운영에는 불가결한 것이기 때문에 원청회사나 사용기업이 어떤 형식으로든 업무의 수행에 관여하는 경우가 대부분이다. 바꾸어 말하면 원청회사나 사용기업은 통상의 업무를 그대로 유지하고 비용도 절감하여 이익을 향유하면서도 자신들이 원래 부담하여야 할 노동법상의 사용자책임을 수급회사나 파견기업에게 전가하게 되는 것이다. 다만, 우리 파견법은 일부 사항에 대해 사용사업주 역시 사용자로서의 지위를 인정하여 일정 부분에 대해 책임을 지도록 정하고 있다.[450)]

노무제공자와 노무수령자의 관계가 간접적인 경우와 일반적으로 통칭되는 '간접고용'은 구별하여야 한다. '간접고용'은 직접고용에 대비하여 파견, 용역, 외주, 아웃소싱 등 다양한 현상을 포괄하기 위하여 노동현장 또는 실무에서 관용적으로 사용하는 용어이다.[451)] 간접고용에 대한 일률적인 정의는 없으나 넓게는, 고용사업주와 사용사업주가 다른 경우, 즉 고용사업주의 사업목적이 타인으로 하여금 자신이 고용한 노동력을 이용하게 하는 경우를 포괄하는 것으로 이해할 수 있다. 하지만 합법적인 '도급'은 당사자간 사적 자치 내지 계약의 자유 영역이므로 이를 간접고용으로 분류하는 것은 무리가 있다고 할 것이다.[452)]

여기에서는 도급을 포함하여 노무제공자와 노무수령자간의 관계가 간접적인 경우 중에서 논의가 많이 되는 '근로자파견제도'[453)]를 대표로 살펴보도록 한다. 이

---

450) 파견법 제34조는 사용사업주에게 일정한 범위에서 근로기준법상의 사업자와 동일한 수준의 사용자 책임을 지도록 정하고 있으며, 동법 제35조는 사용사업주를 산업안전보건법상의 사업주로 보아 안전배려의무 등을 지우고 있다. 이에 대해 자세히는 노동부, 「비정규 · 간접고용 근로자의 노동단체권 행사에 관한 법리 연구」, 2006년, 31~34면.

451) 우리 현행법은 1961년 직업안정법에서 근로자공급사업을 금지한 이래 법률에 의하여 간접고용을 금지하였다. 고용불안과 근로조건의 저하, 노동단체권의 형해화 등 반사회적인 결과를 초래한다는 점을 그 근거로 하였다. 또한 근로기준법에도 중간착취 금지규정을 둠으로서 고용관계의 개시 및 존속에 개입하여 중간착취를 행하는 전 근대적인 폐해를 방지할 목적으로 직접고용을 촉진하려 하였다. 간접고용의 개념에 대해 자세히는, 조경배, "직접고용의 원칙과 파견근로", 「민주법학」 제19호, 2001년, 34~37면 참조.

452) 이에 대한 상세는 노상헌, "파견 및 사내도급근로에 관한 일본의 노동법리와 쟁점", 「노동법연구」(제19호), 서울대 노동법연구회, 2005년, 300면 이하 참조.

453) 이러한 파견사업이 과연 근로기준법상 중간착취 금지(동법 제9조: 누구든지 법률에 따르지 아니하고는 영리로 다른 사람의 취업에 개입하거나 중간인으로서 이익을 취득하지 못한다.)의 대

를 규율하는 파견법상(광의의) 불법파견은 ① 사실상 파견업을 영위하면서 허가를 받지 않은 경우(무허가파견, 제7조), ② 파견법의 적용을 피하기 위하여 도급 등으로 위장된 경우(위장도급), ③ 기타 파견법이 정하고 있는 파견대상업무(제5조), 파견기간(제6조) 기타 사용금지규정(제16조) 등을 위반한 경우(협의의 불법파견) 등이 있으나, 실제 사례에서는 무허가파견과 위장도급이 중복되는 경우가 대부분이다.[454] 법률관계의 실질은 근로계약관계 혹은 근로자파견관계인데, 이를 숨겨서 노동법상 사용자로서 부담하여야 할 의무를 회피하기 위하여 도급의 형식을 이용하는 경우를 위장도급이라고 한다.[455] 이러한 위장도급은 도급을 통해 숨기려는 계약관계의 실질에 따라 근로계약관계를 숨기기 위한 위장도급(도급으로 위장한 근로계약[456])과 근로자파견관계를 숨기기 위한 위장파견(도급으로 위장한 파견근로계약[457])으로 구분할 수 있는데, 이하에서는 편의상 전자를 '위장도급', 후자를 '불법파견'이라고 한다. 실제로 대부분의 근로자파견과 관련된 소송에서 원고 측은 주위적으로 수급인의 실체와 독립성이 없다고 주장하면서 위장도급(묵시적 근로계약관계)을 주장하고, 예비적으로 수급인의 실체와 독립성이 인정된다고 하더라도 불법파견(근로자파견관계)에 해당한다고 주장하고 있으므로 아래에서는 편

상에 포함될 것인지는 논란이 있었고, 파견사업은 그동안 법률의 규정이 없어 직업안정법상의 근로자공급금지 위반으로 규율되었으나 정부에서는 파견법의 제정을 통하여 파견사업의 존립 근거를 마련하였다.

454) 파견법은 불법파견의 규율과 관련 파견대상업무나 파견기간, 기타 사용금지를 위반한 불법파견에 대한 형사처벌(제43조, 제44조)이나 행정처분으로서 사업폐쇄조치(제19조)와 사용사업주의 직접 고용의무(제6조의2) 등을 규정하고 있다. 2007년 7월 이전 적용되었던 구파견법에서는 불법파견의 사법적 효과 특히 고용의제(구파견법 제6조제3항)효과의 발생 여부에 대해서는 전적으로 해석론에 맡겨져 있는 실정이었다. 이에 대한 상세는 유성재, "위법한 근로자파견의 사법적 효과", 「중앙법학」(제4집 제2호), 중앙법학회, 2002, 297~298면 참조.

455) 도급계약 형식을 빌어 근로관계나 근로자파견관계를 은폐하고 도급으로 위장한다는 의미이다. 이 외에도 계약의 직접적인 당사자 사이에 실질적으로 근로관계가 존재함에도 이를 은폐하기 위하여 위임, 위탁계약을 체결하는 경우 근로자인지 여부가 문제되는데 이는 앞서 근로자성의 단계적 판단방식 2단계에서 살펴보았다.

456) 실제로는 근로계약을 체결한 것과 같은 동일한 목적을 달성하면서도 도급인은 노동법상의 책임을 회피할 수 있다.

457) 파견법이 정하고 있는 파견대상업무(제5조), 파견기간(제6조) 기타 사용금지규정(제16조) 등을 위반하는 불법파견에서 이를 도급으로 위장한다.

의상 양자의 내용을 함께 서술하고자 한다.

2) 위장도급과 불법파견

(1) 위장도급 및 불법파견의 판단기준

대법원은 위장도급과 관련하여 "원고용주에게 고용되어 제3자의 사업장에서 제3자의 업무에 종사하는 자를 제3자의 근로자라고 할 수 있으려면 원고용주는 사업주로서의 독자성이 없거나 독립성을 결하여 제3자의 노무대행기관과 동일시 할 수 있는 등 그 존재가 형식적, 명목적인 것에 지나지 아니하고, 사실상 당해 피고용인은 제3자와 종속적인 관계에 있으며, 실질적으로 임금을 지급하는 자도 제3자이고, 또 근로제공의 상대방도 제3자이어서 당해 피고용인과 제3자 간에 묵시적 근로계약관계가 성립되어 있다고 평가될 수 있어야 할 것이다."라고 판시하여 그 판단기준을 제시하였다(대법원 2008. 7. 10. 선고 2005다75088 판결).[458] 대법원이 도급 또는 위임 계약의 형태를 통한 간접적인 고용형태의 노무제공에 대하여 일정한 경우 형식적인 고용관계가 없는 도급인과 수급인의 근로자 간에 직접적인 근로관계가 성립된 것으로 판시한 사례는 다수 있다.[459]

또 대법원은 불법파견과 관련하여 "원고용주가 어느 근로자로 하여금 제3자를 위한 업무를 수행하도록 하는 경우 그 법률관계가 위와 같이 파견법의 적용을 받는

---

458) 대법원은 위장도급을 인정한 사례에서 "참가인은 '위장도급'의 형식으로 근로자를 사용하기 위하여 인사이트코리아라는 법인격을 이용한 것에 불과하고, 실질적으로는 참가인이 원고들을 비롯한 근로자들을 직접 채용한 것과 마찬가지로서 참가인과 원고들 사이에 근로계약관계가 존재한다고 보아야 할 것이다."라고 판시하고 있는데(대법원 2003. 9. 23. 선고 2003두3420 판결), 이는 법인격부인의 법리가 노동법의 영역에 원용된 것이라고 평가할 수 있다.

459) 기존 기업 중 일부 생산부문의 인적 조직이 이른바 '소사장 기업'이라는 별개의 기업으로 분리된 경우 그 소사장 기업에 고용된 채 기존 기업의 사업장에서 기존 기업의 생산업무에 종사하는 자를 기존 기업의 근로자로 보기 위해서는 그가 소속된 소사장 기업이 사업주로서 독자성이 없거나 독립성을 결여하여 기존 기업의 한 부서와 동일시할 수 있는 등 그 존재가 형식적, 명목적인 것에 지나지 아니하고, 사실상 당해 근로자는 기존 기업과 사용종속관계에 있다고 평가될 수 있어야 한다(대법원 2002. 11. 26. 선고 2002도649 판결; 대법원 1979. 7. 10. 선고 78다1530 판결, 대법원 1999. 7. 12. 자 99마628 결정, 대법원 1999. 11. 12. 선고 97누19946 판결 등 참조).

근로자파견에 해당하는지는 당사자가 붙인 계약의 명칭이나 형식에 구애될 것이 아니라, 제3자가 당해 근로자에 대하여 직 · 간접적으로 그 업무수행 자체에 관한 구속력 있는 지시를 하는 등 상당한 지휘 · 명령을 하는지, 당해 근로자가 제3자 소속 근로자와 하나의 작업집단으로 구성되어 직접 공동 작업을 하는 등 제3자의 사업에 실질적으로 편입되었다고 볼 수 있는지, 원고용주가 작업에 투입될 근로자의 선발이나 근로자의 수, 교육 및 훈련, 작업 · 휴게시간, 휴가, 근무태도 점검 등에 관한 결정 권한을 독자적으로 행사하는지, 계약의 목적이 구체적으로 범위가 한정된 업무의 이행으로 확정되고 당해 근로자가 맡은 업무가 제3자 소속 근로자의 업무와 구별되며 그러한 업무에 전문성 · 기술성이 있는지, 원고용주가 계약의 목적을 달성하기 위하여 필요한 독립적 기업조직이나 설비를 갖추고 있는지 등의 요소를 바탕으로 그 근로관계의 실질에 따라 판단하여야 한다."라고 판시하여 그 판단기준을 제시하였다(대법원 2015. 2. 26. 선고 2010다106436 판결 등).

(2) 위장도급과 불법파견의 구별 사례

위와 같은 판례에 비추어 볼 때 위장도급과 불법파견의 실질적인 차이는 수급인 기업(수급업체)의 실체 존재와 사업경영의 독립성이 있는지 여부라고 할 수 있고, 법원의 판례나 고용노동부의 실무례도 사업경영상 독립성이 부정되어 수급인의 실체가 없으면 원청과 사내하청업체 근로자와의 직접적인 근로관계로 보아 바로 근로자로 의제하고, 사내하청업체의 실체가 인정되면 다음 단계로 수급인의 업무상 지휘명령권의 행사 여부로 파견 또는 도급으로 판단하는 두 단계 구조를 취하고 있다. 아래의 표는 이러한 대법원의 위장도급 또는 불법파견이 문제된 주요 사건을 정리한 것이다.

사 건	업 무	결 론
인사이트코리아 사건[460)]	물류센터 업무	위장도급 인정
현대미포조선 사건 (대법원 2005다75088)	선박엔진 등의 검사 · 수리 업무	위장도급 인정
인플러스 사건 (대법원 2008다56569)	사옥의 전기 · 기계 등 업무시설 관리	위장도급 부정 불법파견 인정
현대자동차 울산공장 사건[461)]	자동차생산공정 중 의장공정	위장도급 부정 불법파견 인정
르네상스호텔 사건 (대법원 2010다24718)	호텔 메이드 업무	위장도급 부정 불법파견 인정
현대자동차 아산공장 사건[462)]	자동차생산공정 중 차체공장, 엔진공장 등에서 조립업무 등	위장도급 부정 불법파견 인정
남해화학 사건[463)]	비료공장 내 시설관리 업무 등	불법파견 인정
부산교통공단 사건 (대법원 2006다49246)	지하철 매표소 업무	불법파견 부정
인천국제공항공사 사건 (대법원 2012다79439)	공항 경비 업무	위장도급 부정 불법파견 부정
문화방송 사건 (대법원 2014다61401)	운전기사 업무	불법파견 부정
KTX 여승무원 사건[464)]	KTX 열차 내 승객서비스 업무	위장도급 부정 불법파견 부정

460) 'SK-인사이트코리아 사건' 에서 대법원은 도급인과 수급인이 실질적으로 동일한 법인격에 해당한다는 이유로, 도급인과 수급인의 도급계약은 위장도급에 해당하고, 도급인과 수급인의 근로자 사이에는 직접적인 고용관계가 성립한다고 판시하였다(대법원 2003. 9. 23. 선고 2003두3420 판결).

461) 대법원 2010. 7. 22. 선고 2008두4367 판결은 컨베이어벨트를 이용한 자동흐름방식으로 진행되는 자동차 조립 · 생산 작업의 의장공정에 종사하면서 정규직 근로자들과 함께 단순 · 반복적인 업무를 수행해온 갑 자동차 제조회사의 사내하청업체 근로자들은, 갑 회사와 근로자파견관계에 있어 구 파견근로자보호 등에 관한 법률상 직접고용간주 규정의 적용을 받아야 함에도, 이 규정의 적용대상이 아니라고 한 원심판단에 법리 오해 등의 위법이 있다고 한 사례이다.

462) 대법원 2015. 2. 26. 선고 2010다106436 판결.

463) 대법원 2015. 2. 26. 선고 2010다93707 판결에서 "직접고용간주 규정은 적법한 근로자파견의 경우에만 한정하여 적용되는 것은 아니다(대법원 2008. 9. 18. 선고 2007두22320 전원합의체 판결 등 참조)"라는 점을 다시 확인하였다.

464) 대법원 2015. 2. 26. 선고 2011다78316, 2012다96922 판결.

(3) 위장도급 또는 불법파견의 3가지 측면 검토

위장도급 또는 불법파견 문제는 어느 한 가지 지표로 인하여 결정되는 것은 아니고 근로자파견적 요소와 도급적 요소를 '종합적'으로 고려하여 '전체적'으로 그 모습이 도급에 가까운지 근로자파견에 가까운지 판단하고 있다. 따라서 어떤 경우에 위장도급 또는 불법파견 문제가 야기되는지 일률적으로 말하기는 어렵지만 크게 ① 계약 당사자 측면, ② 계약 목적의 측면 및 ③ 계약이행 과정의 측면에서 문제가 될 수 있는 경우를 나누어 볼 수 있다.

계약 당사자 측면에서 도급계약의 상대방인 협력업체가 도급인의 전 임·직원이 퇴사 후 설립한 업체(이 때 협력업체의 설립과정에 도급인이 관여하는 경우가 종종 있음)이거나 전적으로 도급인의 사업장에서 도급인이 부여한 업무만을 수행하는 경우에는 도급인의 하나의 부서처럼 운영된다고 인정되어 협력업체의 실체성이 부정될 가능성이 있다. 또한 도급계약의 구조가 협력업체의 인건비 등 비용에 고정 이윤을 가산하여 지급하는 방식을 취하는 경우(즉 협력업체가 손실을 보는 경우는 없음), 협력업체는 일정 기간 도급업무를 수행한 후 폐업하고 그 소속 근로자들은 다른 협력업체에 그대로 승계되는 경우, 협력업체는 도급계약의 목적이 된 일을 할 수 있는 기술능력, 시설 등을 보유하지 않은 경우 등은 모두 협력업체의 사업주로서의 독립성을 부정하는 지표에 해당한다.[465]

여러 사례들을 통해 볼 때 계약의 목적, 즉 도급업무의 내용이 무엇인지는 위장도급 또는 불법파견 여부를 판단하는 데 상당한 영향이 있는 것으로 보인다. 도급의 목적은 '일의 완성'에 있으므로 도급계약의 목적이 도급인의 업무와 유기적으로 연결되어 있거나 도급인의 업무를 위한 부수적·보조적 업무로 도급인의 업무

465) 이러한 부정적 지표를 줄이기 위해서는 내부적으로 협력업체 선정 기준을 정해 두고, 경쟁입찰 방식으로 협력업체를 선정할 필요가 있고, 이러한 방식이 어렵다면 적어도 협력업체 대표나 사장을 모두 도급인 회사 출신 임직원으로 선정하는 것은 피하는 것이 바람직하다. 아울러 도급계약을 협력업체가 실적에 따라 손해를 볼 수도 있는 방식으로 구성하고 도급인이 직접 제공하지 아니하면 구입하기 어려운 것이 아닌 한 도급업무 수행을 위한 최소한의 작업도구, 시설 등은 협력업체 스스로 구비하도록 하는 것, 즉 가격협상은 도급인 회사가 하더라도 실제로 주문이나 대금 지급은 협력업체에서 하도록 하는 방안을 생각해 볼 수 있다.

에 종속되어 있어서 독자적으로 의의를 가지기 어려운 경우 도급계약의 성격이 부정될 수 있다. 또한 협력업체의 업무 영역이 특정되거나 일정 범위의 업무로 한정되어 있지 않고 추상적 · 포괄적인 경우에도 도급계약의 성격이 부정될 수 있다.[466)]

계약이행 과정의 부분은 결국 도급인이 협력업체 소속 근로자에 대하여 구속력 있는 지휘 · 명령을 하는지에 관한 문제로, 작업현장에서 직 · 간접적으로 이루어지는 도급인의 지시가 어느 정도의 구속력을 미치는지의 문제이다. 도급인이 협력업체 근로자의 작업현장에 상주하면서 작업지시 또는 수정지시를 하는 경우, 위와 같이 직접 작업지시를 하지는 않더라도 협력업체 소속 근로자가 도급인이 제공하는 작업지시서 등에 따라 작업을 할 수밖에 없는 경우(이 점에서 업무 자체의 특성과도 관련이 있음), 도급인의 근로자와 협력업체의 근로자가 혼재되어 공동작업을 하여 도급인이 그 소속 근로자에 대한 지시와 더불어 협력업체 소속 근로자에게도 작업지시를 하게 될 개연성이 높은 경우에는 도급인의 지휘 · 명령권 행사가 인정될 수 있다.[467)]

3) 노무제공자와 노무수령자의 관계가 간접적인 경우 근로자 개념의 판단방식

이하에서는 노무제공자와 노무수령자의 법률관계가 간접적인 경우 근로자 개념은 두 단계 구조로 판단하는 방식을 따른다. 즉 근로자성의 단계적 판단방식에서 3단계는 다시 두 단계를 거친다. 먼저 매개자(수급인 등)의 사업주로서의 실체를

---

466) 이에 대한 대응방안으로 위와 같이 분리 가능하고 업무 영역을 특정할 수 있는 업무에 한하여 도급을 하는 것이 바람직하고, 그렇게 할 수 없는 불가피한 사정이 있다면 도급계약서에 협력업체의 업무 영역을 분명히 특정하도록 하고, 협력업체가 수행하는 업무는 도급인은 일체 관여하지 아니하고 오직 협력업체가 수행하도록 하는 등 협력업체의 업무의 내용과 범위를 가능한 구분할 수 있도록 하는 것이 바람직하다.

467) 따라서 도급인은 협력업체가 담당하는 작업현장은 협력업체 스스로 관리 · 감독하도록 하면서 협력업체 작업의 결과물에 검수 · 평가 등을 통하여 협력업체의 업무의 질을 유지하도록 하고, 업무의 성격상 불가능한 경우가 아니라면 작업현장을 분리하여 직접적인 지휘 · 명령이 일어날 가능성을 차단하는 것이 바람직하다. 아울러 다소 어려운 사정이 있더라도 협력업체의 업무 결과에 따라 도급인에게 손해가 발생한 경우 클레임을 청구하고 그에 관한 자료를 충실히 모아둘 필요가 있다.

인정할 수 있는지 여부를 검토하여 실체가 인정되지 아니하면 위장도급으로 판단하고, 실체가 인정되면 다음으로 노무수령자(사용사업주 등)의 지휘 · 명령권 행사 여부를 검토하여 불법파견에 해당하는지 여부를 판단하는 과정이다. 이는 고용노동부의 불법파견 판단방식[468]을 변형하여 근로자 개념의 판단방식에 적용한 것으로, 이를 나누어 설명하면 다음과 같다.

(1) 3-1단계: 매개자[469]의 사업경영상독립성[470]

매개자에게 '사업주로서의 실체 판단'의 기준으로 드는 권한이나 책임이 존재하지 않는 경우에는 매개자의 실체가 인정되지 아니한다. 이 경우에는 당사자인

---

468) 파견법의 개정에 맞춰 노동부 · 법무부 · 검찰은 공동으로 불법파견에 관한 규율을 위한 「'근로자파견'의 판단기준에 관한 지침」(2007. 4. 19, 비정규직대책팀-1303)을 제정하여 2007. 7. 1부터 시행함으로써 불법파견 판단의 기준으로 삼고 있다. 이에 따라 노동부는 파견법 위반의 고용 형태를 효과적으로 단속함으로써 근로자파견제도의 적정한 운영을 기하기 위해 「근로자파견의 판단 기준에 관한 지침 관련 사업장 점검요령(2007. 6)」을 마련 · 시행하였다.

469) 여기서 '매개자'는 도급에서의 수급인(수급업체) 내지 파견에서의 파견사업주(파견업체)를 지칭하는 의미로 사용하기로 한다. 사내하도급에서는 협력업체나 사내하청(업체)라고 표현하기도 한다.

470) '파견사업주 등에 대한 사업주로서의 실체 판단'의 기준으로 다음과 같은 사항을 들고 있다.

가) 채용 · 해고 등의 결정권

※ 채용 면접표, 취업규칙, 근로계약서, 신규 채용자 안전교육, 기타 해고관련 서류 등을 확인

나) 소요자금 조달 및 지급에 대한 책임

※ 사무실 임대차 계약서, 사업체 설립비용 부담 여부, 주식회사의 경우 주금 납입 경위 및 주식 소유비율, 기성금 및 수당 지급방법 등을 확인

다) 법령상 사업주로서의 책임

※ 4대 보험 가입 증명서, 주민세 및 사업소세 등 각종 세금관련 자료, 근로소득 원천징수 관련 자료, 사용사업주등과 파견사업주등 사이에 체결된 계약서, 임원 간 순환근무 여부, 기타 단체교섭 관련 서류 등을 확인

라) 기계, 설비, 기자재의 자기 책임과 부담

※ 사용사업주등이 지급하는 기계나 설비, 기자재의 내역과 유 · 무상 여부를 확인하고, 무상으로 제공할 경우 그 필요성 및 정당성을 확인

마) 전문적 기술 · 경험과 관련된 기획 책임과 권한

※ 기획관련 작성서류, 사용사업주등과 파견사업주등 사이에 체결된 계약서 및 동 계약이 단순 노무제공인지 여부, 사업계획서, 파견사업주등의 업무 수행능력 및 소속 근로자 자격증 유무 등을 확인

노무제공자와 노무수령자가 간접적인 관계일지라도 단계별 판단방식 2단계(직접적인 계약당사자인 노무제공자와 노무수령자 사이에 활동제공이 금품을 수령하기 위한 목적인 경우)인 노무수령자와 노무제공자간 실질적 종속성 여부에 대한 판단단계를 유추하여, 근로기준법상 근로자성 여부는 인적 종속성의 평가요소를 중점으로 그리고 노조법상 근로자성 여부는 경제적 종속성의 평가요소를 중점으로 판단하게 된다.

(2) 3-2단계: 노무수령자[471]의 업무상 지휘명령권 행사[472]

3-2단계(노무수령자의 업무상 지휘명령권 행사 여부)는 노무제공자와 노무수령

---

471) '노무수령자'가 업무상 지휘명령권을 행사하는 경우를 파견(노무수령자가 사용사업주, 사용업체)이라 보고, '노무수령자'가 업무상 지휘명령권을 행사하지 않는 경우를 도급(노무수령자가 도급인, 도급업체)으로 본다.

472) '사용사업주 등의 지휘·명령에 대한 판단'은 사용사업주등과 파견사업주등 사이에 체결된 계약의 명칭·형식 등에도 불구하고, 사용사업주등이 당해 근로자에 대하여 다음 각 호의 권한을 행사하는 경우에는 법 제2조제1호의 근로자파견의 정의 중에서 "파견사업주가 ... 사용사업주의 지휘·명령을 받아 사용사업주를 위한 근로에 종사하게 하는 것"으로 판단한다.

가) 작업배치·변경 결정권

※ 작업계획서, 인력배치 계획서, 관련 회의자료, 기타 작업배치 관련 서류 및 관행 등을 확인

나) 업무 지시·감독권

※ 일일 작업지시서, 안전교육 일지, 조회 개최 여부, 업무관련 지시 전달 방법 등을 확인

※ 특히 직접 고용한 근로자와 혼재하여 같거나 유사한 업무에 종사토록 하는 경우에는 업무지시·감독권 행사 여부를 보다 신중히 검토

계약서상 업무의 목적이나 내용이 지나치게 추상적이어서 사용사업주등의 지시를 통해 비로소 구체화되는 불확정한 상태에 놓여있거나 또는 업무 전반을 망라하는 것으로 되어 있어 특정 업무에 한정되지 않는 경우에는 업무 지시·감독권이 인정될 수 있음에 유의

다) 휴가, 병가 등의 근태 관리권 및 징계권

※ 휴가, 결근, 조퇴, 외출, 지각원, 출근부, 기타 징계관련 서류 등을 확인

라) 업무수행에 대한 평가권

※ 업무수행 및 실적에 대한 평가서, 파견사업주등의 직원이 현장에서 감독·평가하는지 여부, 잘못된 업무수행이 발견될 경우에 있어서의 조치 관행 등을 확인

마) 연장·휴일·야간근로 등의 근로시간 결정권(다만, 작업의 특성상 일치시켜야 하는 경우에는 제외한다)

※ 연·월차 유급휴가 사용내역, 일일 근무현황, 기타 근로시간 관련 서류 등을 확인

자가 간접적인 당사자인 경우에서 3-1단계인 매개자의 사업경영상 독립성이 인정된 다음 검토하는 단계이다. 노무수령자와 매개자 사이에 체결된 계약의 명칭이나 형식 등에 불구하고, 노무수령자가 노무제공자에 대하여 '사용사업주 등의 업무상 지휘 · 명령'의 권한을 행사하는지 여부에 따라 노무수령자와 노무제공자 간에 근로자파견관계 또는 도급관계가 성립한다.

이 3-2단계에서는 노무수령자와 노무제공자간에 근로계약이 아니라 파견 내지 도급으로, 이는 인적 종속성의 평가요소를 중점으로 판단하는 근로기준법상 근로자성 범위에 포함되지 않아서 더 문제되지 않는다. 그러나 간접적 관계인 노무수령자와 노무제공자간이 근로계약관계가 아니고 근로자파견관계 혹은 도급관계일지라도, 노조법상 근로자성의 범위는 경제적 종속성(업무의 종속성 및 독립종속성)의 평가요소를 중점으로 결정하므로 노무제공자가 노조법상 근로자 범위에 포함될 가능성이 있다고 할 것이다.

4. 소결(판단방식의 단계적 적용)

1) 근로기준법상 근로자성 판단방식

먼저, 노무제공자와 노무수령자가 직접적인 당사자인 경우에는 1단계를 거쳐 2단계에서 근로기준법상 근로자성 판단이 이루어지는데 그 판단기준은 인적 종속성에 중점을 두게 된다. 다음으로, 노무제공자와 노무수령자가 간접적인 당사자인 경우에는 1단계 및 3-1단계를 거쳐 2단계에서 근로자성 판단이 이루어지는데 마찬가지로 인적 임금종속성의 평가요소를 중점으로 판단하게 된다. 후자의 경우 근로계약관계를 숨기기 위해 도급으로 위장한 위장도급으로 3-1단계에서 매개자의 사업경영상 독립성이 부정된다면[473] 다음 2단계로 와서 근로자성을 판단하고,

473) 도급인과 수급인의 근로자 사이에는 근로제공 시점부터 근로계약이 성립한 것으로 인정되므로 도급인은 수급인의 근로자에 대하여 임금 · 퇴직금 지급 등 근로기준법 등 근로관계법령상 사용자로서의 모든 책임을 지게 된다. 또한 도급인은 수급인의 근로자가 도급인의 근로자로 인정되는 때부터 도급인의 근로조건과 수급인의 근로조건의 차이에 해당하는 금원을 지급하여야 한다(다만 임금의 소멸시효는 3년).

3-1단계에서 매개자의 사업경영상 독립성이 인정되면 다음 3-2단계에서 노무수령자가 업무상 지휘명령권을 행사하는지 여부에 따라 (불법)파견[474] 또는 도급으로 판단하게 되는 특색이 있다.

2) 노조법상 근로자성 판단방식

노무제공자와 노무수령자가 직접적인 관계에서 노조법상 근로자성 판단도 1단계를 거쳐 2단계에서 이루어지지만, 판단기준 내지 지표들은 경제적(업무)종속성에 좀 더 중점을 둔 판단이 이루어진다.

다음으로, 노무제공자와 노무수령자가 간접적인 당사자인 경우에도 1단계 및 3-1단계를 거쳐 2단계에서 경제적 종속성(업무의 종속성 및 독립종속성)의 평가요소를 중점으로 노조법상 근로자성 판단이 이루어진다. 이 경우 위장도급으로 3-1단계에서 매개자의 사업경영상 독립성이 부정되면 다음 2단계로 와서 노무제공자와 노무수령자간에서 노조법상 근로자성을 판단하고, 3-1단계에서 매개자의 사업경영상 독립성이 인정되면 다음 3-2단계에서 노무수령자가 업무상 지휘명령권을 행사하는지 여부에 따라 (불법)파견 또는 도급으로 판단한다. 3-2단계에서는 노무수령자와 노무제공자간에 근로계약관계가 아니고 근로자파견관계 혹은 도급관계이더라도, 노조법상 근로자성의 범위는 경제적 종속성의 평가요소를 중점으로 결정하므로 노무제공자와 노무수령자가 간접적인 관계일지라도 노조법상 근로

474) 노무수령자가 실질적으로 업무상 지휘명령권을 행사하지만 외형상 도급인 경우에 파견법을 적용한다. 불법파견으로 ① 도급인과 수급인의 근로자 사이에 근로자파견관계가 인정되고, ② 파견법에 따라 도급인의 근로자로 간주되거나, 도급인은 수급인의 근로자를 고용할 의무를 부담한다. 구체적으로 (i) 구 파견법(2006. 12. 21. 법률 제8076호로 개정되기 전의 것)의 파견기간 2년 도과 시 고용간주 조항이 적용되는 경우에는 근로제공 시점으로부터 2년이 도과한 때 수급인은 도급인의 근로자로 간주되고, (ii) 개정 파견법(2006. 12. 21. 법률 제8076호로 개정되고, 2012. 2. 1. 법률 제11279호로 개정되기 전의 것)의 파견기간 2년 도과 시 고용의무 조항이 적용되는 경우에는 근로제공 시점으로부터 2년이 도과한 때 도급인은 수급인의 근로자를 고용할 의무를 부담하며, (iii) 현행 파견법의 위법한 파견(파견금지대상 업무에 파견근로자를 사용하거나 파견사업허가를 받지 않은 파견사업주로부터 근로자파견을 받은 경우 등; 파견법 제6조의 2 참조) 시 즉시 고용의무 조항이 적용되는 경우 근로제공 시점에 도급인은 수급인의 근로자를 고용할 의무를 부담한다.

자 범위에 포함될 가능성이 있다. 물론 이러한 노조법상 근로자성 범위는 종속성의 판단기준에서 경제적 종속성의 평가요소를 중점으로 판단하는 것으로만 결정되는 것이 아니라, 헌법상의 집단적 자치의 원칙과 노조법상 사용자개념과의 관계에서 노조법상 근로자의 구체적인 범위가 결정된다고 생각한다. 이에 관해서는 절을 바꾸어 설명하기로 하고, 이어서는 단계별 판단방식 2단계인 종속성의 판단기준에 대해 먼저 살펴보기로 한다.

Ⅲ. 실질적 종속성 판단기준(2단계)의 재정립

1. 판례상 사용종속성 판단지표의 분류와 분석

1) 판례상 사용종속성 판단지표의 분류

사용종속관계 여부를 판단하는데 고려되는 징표들을 대법원의 판시 내용에 따라[475] 분류하면 아래와 같이 10개로 나누어 도표로 정리할 수 있다.[476]

---

475) '2006년 판결'(대법원 2006. 12. 7. 선고 2004다29736 판결) 등의 진화한 판단방식에서 판시한 사용종속관계 여부의 판단지표들을 분류하는 여러 가지 방법이 있으나, 이 중에서 문언의 내용에 따라 분류하는 일반적인 방식을 따랐다.

476) '2006년 판결' 이전에 이미 하급심 판결 중에서 이와 유사한 내용을 설시한 것도 있다. 즉, "① 업무의 내용이 사용자에 의하여 정하여지는지 여부, ② 업무수행 과정에 있어서도 사용자로부터 구체적이고 직접적인 지휘·감독을 받는지 여부, ③ 사용자에 의하여 근무시간과 근무장소가 지정되고 이에 구속을 받는지 여부, ④ 근로자 스스로가 제3자를 고용하여 업무를 대행케 하는 등 업무의 대체성이 있는지 여부, ⑤ 비품·원자재·작업도구 등의 소유관계, ⑥ 근로제공관계의 계속성과 사용자에의 전속성의 유무와 정도 등은 사용종속관계의 유무를 판단함에 있어서 중요한 요소로서 고려하여야 할 실질적 지표라고 할 것이고, ⑦ 취업규칙·복무규정·인사규정 등의 적용을 받는지 여부, ⑧ 보수에 관한 사항{보수가 근로 자체의 대상적(대상적) 성격을 갖고 있는지 여부와 기본급이나 고정급이 정하여져 있는지 여부 및 근로소득세의 원천징수 여부 등}, ⑨ 사회보장제도에 관한 법령 등 다른 법령에 의하여 근로자로서의 지위를 인정받는지 여부 등은 그 내용이 사용자가 자신의 우월한 경제·사회적 지위를 이용하여 일방적으로 결정하는 것이 가능하다는 점을 감안하여 볼 때 사용종속관계의 유무를 판단함에 있어서 부수적인 요소로서 고려되어도 무방한 형식적 지표라고 할 수 있을 것이며, 이와 같이 실질적 지

	사용종속관계 여부의 판단지표	인적 종속성	경제적 종속성
1	업무 내용을 사용자가 정함	실질적 지표	
2	취업규칙 또는 복무(인사)규정 등의 적용을 받음	형식적 지표	
3	업무 수행 과정에서 사용자가 '상당한' 지휘 · 감독을 하는지	실질적 지표	
4	사용자가 근무시간과 근무장소를 지정하고 근로자가 이에 구속을 받는지	실질적 지표	
5	노무제공자가 스스로 비품 · 원자재나 작업도구 등을 소유하거나		경제적 종속성 지표
6	제3자를 고용하여 업무를 대행케 하는 등 독립하여 자신의 계산으로 사업을 영위할 수 있는지, 노무 제공을 통한 이윤의 창출과 손실의 초래 등 위험을 스스로 안고 있는지		경제적 종속성 지표
7	보수의 성격이 근로 자체의 대상적 성격인지, (기본급이나 고정급이 정하여졌는지 및 근로소득세의 원천징수 여부 등 보수에 관한 사항)	형식적 지표 (부차적 요소)	
8	근로 제공 관계의 계속성과 사용자에 대한 전속성의 유무와 그 정도		경제적 종속성 지표
9	(사회보장제도에 관한 법령에서 근로자로서 지위를 인정받는지)	형식적 지표 (부차적 요소)	
10	경제적 · 사회적 여러 조건을 종합하여 판단함		경제 · 사회적 조건

2) 판례상 사용종속성 판단지표의 분석

판례상 사용종속성 판단지표 10개는 구체적으로 인적 종속성을 나타내는 실질적 지표(①, ③, ④)와 형식적 지표(②, ⑦, ⑨)와 경제적 종속성을 나타내는 지표(⑤, ⑥, ⑧, ⑩)로 내용상 분류할 수 있다. '2006년 판결'(대법원 2006. 12. 7. 선고 2004다29736 판결) 등의 진화한 판단방식은 이 중 인적 종속성을 나타내는 형식적 지표에서 ⑦의 기본급이나 고정급이 정하여졌는지 및 근로소득세의 원천징수 여부 등 보수에 관한 사항과 ⑨의 사회보장제도에 관한 법령에서 근로자로서 지위를 인정받는 사항은 근로자성 판단에서 부차적 지표로 취급한다.[477] 주의

표와 형식적 지표를 종합하여 고려하여도 사용종속관계의 판단이 어려울 경우에는 나아가, ⑩ 양당사자의 경제 · 사회적 조건에 대한 검토도 필요하다."라고 판결한 바 있다(인천지방법원 부천지원 2001. 4. 13. 자 2001카합160 결정: 항고기각, 확정).

477) "다만, 기본급이나 고정급이 정하여졌는지, 근로소득세를 원천징수하였는지, 사회보장제도에 관하여 근로자로 인정받는지 등의 사정은 사용자가 경제적으로 우월한 지위를 이용하여 임의로 정할 여지가 크다는 점에서, 그러한 점들이 인정되지 않는다는 것만으로 근로자성을 쉽게 부정하여서는 안된다."

해서 보아야 할 점은 인적 종속성을 나타내는 형식적 지표(②, ⑦, ⑨) 가운데 ⑦에 있는 '보수의 성격이 근로 자체의 대상적 성격인지' 여부는 판례가 설시하는 부차적 지표의 내용이나 표현에서 나타나지 않는다는 점이다. 판례에서 이 부분을 의식적으로 제외한 것이라면 이를 인적 종속성을 나타내는 형식적 지표로 보지 않는다는 취지일 것이다. 그렇다면 '보수의 성격이 근로 자체의 대상적 성격인지' 여부는 어디에서 고려할 요소로 보아야 할 것인가?

2. 종속성 판단을 위한 실질적 판단기준 모색

위에서 본 바와 같이 대법원이 근로자성 인정을 위한 사용종속성의 판단에서 고려한 요소들은 실질적 지표, 형식적 지표, 경제 · 사회적 조건으로 분류할 수 있다. 사용종속성의 판단기준으로 각각의 지표에서 실질적으로 고려하여야 하는 요소들을 나누어 살펴보기로 한다.

1) 실질적 지표의 고려 요소

근로자성 판단을 위한 핵심이 되는 실질적 지표는 '사용자의 지휘 · 명령에 자신의 노동력을 맡긴다'는 의미의 종속성이다. 즉 '타인을 위한 노동'으로,[478] 이를 달리 표현하면 '노무의 타인결정성'이라고 할 수 있고, 이것이 근로자성 판단기준의 제1의 판단기준이 된다. 이러한 판단기준에는 근로시간 · 장소 · 업무내용 및 방법을 사용자가 지휘하고 명령하는지 여부 등의 하부 판단지표들이 있다(판례의 실질적 지표; ①, ③, ④). 노무의 타인결정성(특히 업무내용을 사용자가 정하는지, 업무 수행과정에서 사용자가 상당한 지휘 · 감독을 하는지) 여부는 '사업에의 편입[479]

478) 조임영, "근로계약의 본질과 근로자개념", 노동법연구(제15호), 서울대 노동법연구회, 2003, 177면 이하.

479) 사용자의 '노동조직 편입' 혹은 '사업시설에 조직적 편입'이라고 표현하기도 한다. 이는 근로자의 근로에 의해 사용자의 사업이 운영되고 이로 인하여 그 근로와 사용자의 사업이 밀접불가분한 관계가 형성된 것을 의미하고, 이러한 노무제공자와 노무수령자와의 관계를 편입(編入)이라고 한다.

여부' 를 구체적으로 나타내는 하부 판단지표인 근로자가 사용자의 노동조직에 편입되어 있는지, 사용자의 업무감독 및 통제에 복종해야 하는 관계인지 여부를 종합적으로 고려할 때 실질적으로 판단할 수 있을 것이다. 따라서 인적 종속성의 실질적 지표에서 고려하여야 할 주요 요소는 '노무의 타인결정성' 과 '사업에의 편입 여부' 이고, '사업에의 편입 여부' 는 '노무의 타인결정성' 이라는 판단기준의 고려요소로 작용하므로 근로자성을 판단함에 있어 제2의 판단기준이 된다고 할 수 있다. '사업에의 편입' 은 노무제공자가 형식적으로는 독립한 사업주로 되어 있더라도 독자적인 노동조직이 전혀 없거나 또는 사업주로서 독자적인 노동조직까지 가지고 있는 경우라 하더라도 그것이 상대방의 노동조직에 함몰되어 독립성을 상실하는 경우,[480] 노무제공자가 자신의 업무를 위하여 노무수령자의 작업수단 내지 동료노무제공자와의 협력관계에 의존하지 않을 수 없는 경우,[481] 또는 그 노무가 노무수령자 목적 수행에 상당한 정도로 결합된 경우[482] 등에 인정된다.

이처럼 '노무의 타인결정성' 과 '사업에의 편입 여부' 의 판단기준 간에는 위계(位階)가 존재한다. 제1의 판단기준인 '노무의 타인결정성' 의 그 '하부' 판단지표는 1) 업무내용과 업무개시 · 종료를 노무수령자가 정하고 이에 노무제공자가 구속되는지 여부, 2) 업무수행 과정에서 노무수령자가 노무제공자에 대하여 '상당한' 지휘 · 감독을 하는지, 3) 노무수령자가 정한 근무시간과 근무장소에 노무제공자가 구속되는지 여부 등이다. 다음으로 제2의 판단기준인 '사업에의 편입' 의 그 '하부' 판단지표로는 4) 근로자가 사용자의 노동조직에 편입되어 있는지(노무의 성격 · 중요도에서 당해 노무가 사업에서 없어서는 안 될 핵심적인 부분인지, 업무의 대체성이 있는지, 사업조직 · 업무계획 · 생산계획 분류에서 하나 체계로 연결되어 있는지), 5) 사용자의 업무감독 및 통제에 복종해야 하는 관계인지(사용자의 업무상 요구에 반드시 응해야 하는지) 여부가 있다.

---

480) 박종희, "근로기준법상 근로자개념-근로기준법의 적용확대와 선별적용과 관련하여-", 「노동법학」(제16호), 한국노동법학회, 2003, 109면.

481) 박지순, "텔레워크의 의의와 노동법적 기본문제", 인터넷법률(제23호), 2004, 135면.

482) 윤애림, "특수고용노동자의 근로자성과 입법의 방향", 민주법학(제23호), 2003, 347면.

2) 형식적 지표의 고려 요소

부차적인 형식적 지표로는 사용자가 경제적으로 우월한 지위에서 일방적으로 정할 수 있는 요소로서 취업규칙·복무규정·인사규정 등을 두어 이를 적용하는지, 보수에서 기본급을 정하고 있는지, 근로소득세를 원천징수하는지, 의료보험 등 사회보험에 가입하고 보험료 등을 급여에서 공제하는지 등을 들고 있다(판례의 형식적 지표; ②, ⑦, ⑨).

그런데 사용자가 우월한 지위를 이용하여 임의로 정할 여지가 큰 것은 위 부수적 지표들만이 아니다. 노동력 공급자인 노무제공자가 근로계약을 체결하길 원하더라도 사업주는 근로계약·고용계약 등의 노무공급계약을 전혀 체결하지 않고 오히려 노무제공자로 하여금 사업자등록을 하도록 요구할 수 있다. 또한 노무제공자에 대한 제재 등의 수단으로서 그 통제가 가능한 경우라면 사용자는 굳이 취업규칙이나 인사규정이라는 명칭을 가진 근로자를 대상으로 하는 취업규칙을 만들지 않을 수 있다. 나아가 사용자가 보수를 직접 지급하지 않을 적절한 다른 방법이 있다면 제3자로 하여금 지급하게 할 수도 있고 노무제공자에 임금이 아닌 위탁처리비나 수수료 등의 명목으로 지급할 수도 있다. 이러한 상황에서 근로계약 또는 고용계약을 맺었는지, 취업규칙 또는 인사규정의 적용을 받는지 여부, 보수를 직접 지급받았는지 여부를 근로자 개념의 결정적인 주된 판단지표로 삼는다면, 노무제공자 또는 노무공급자로서는 스스로 근로계약 등을 좌우할 수 없는 사정에 의하여, 나아가 노무수령자 또는 사업주가 미리 장치해 놓은 외형적인 태양에 의하여 근로자성을 판단받는데 있어서 불리하고 불합리한 상황에 처하게 된다. 따라서 이러한 조건 하에서 채용되기를 원하는 근로자의 입장에서 임금을 목적으로 근로를 제공하는 상황인지를 판단해 본다면 보다 실질에 가깝게 판단할 수 있다는 견해가 있다.[483] 이는 근로자의 입장에서 임금을 목적으로 한 근로제공

---

483) 형식상 어떤 명칭을 사용한다 하더라도 실질이 근로조건과 제재에 관한 사항을 담고 있다면 취업규칙이라고 명확히 판단한다면 이름을 바꾸는 정도로는 근로자성을 배제할 수 없다는 적절한 신호를 줄 수 있을 것이라고 한다[이승욱, “노동법상 근로자·사용자 개념 확대를 둘러싼 쟁점과 입법적 과제”, 「노동법학」(제49호), 한국노동법학회, 2014, 226면~248면 참조].

상황인지를 판단하는 견해는 '임금 종속성' 의 평가요소를 중점으로 형식적 지표를 실질적으로 판단하자는 취지로 보인다.

그렇지만 이러한 형식적 지표의 고려 요소는 판례에서 보듯이 부차적 요소로 보면 족할 것이라고 생각한다. 기본급의 유무,[484] 기본급이 전체 보수에서 차지하는 비율 내지 그 액수, 기본급과 성과급의 비율이나 각각의 액수 등은 노무수령자가 자신의 우월적 지위에서 이를 일방적으로 정할 수 있는 사항이기 때문이다.[485] 물론 이러한 형식적 지표의 고려 요소를 부차적으로 보더라도, 반대로 이러한 형식적 지표를 충족하는 경우라면 당사자의 의사가 근로관계를 설정한 것으로 강하게 추정되는 효과가 있다.[486]

나아가 앞서 판례상 사용종속성 판단지표의 분석에서 살펴보았듯이, 형식적 지표(②, ⑦, ⑨) 중 ⑦의 보수에 관한 사항에서 '기본급을 정하고 있는지', '근로소득세를 원천징수하는지' 는 사용자가 경제적으로 우월한 지위에서 일방적으로 정할 수 있는 요소로 부차적인 형식적 지표로 보지만, '보수의 성격이 근로 자체의 대상적 성격인지' 여부는 부차적 지표에서 제외된 것으로 본다. 이는 인적 종속성을 나타내는 형식적 지표가 아니고 '근로자성의 단계적 판단방식의 1단계' 인 당

---

484) 기본급이 없고 성과급제로 임금이 지급되더라도 노무제공자가 부담하는 위험이 원가와 판매가의 계산으로부터 발생하는 이윤적자의 위험, 즉 생산(production)의 위험인지 단순한 실적 저하로 인한 생산성(productivity)의 위험인지는 구별해야 하고, 후자의 경우 사용자가 노무제공자에게 위험을 전가한 것에 불과하므로 당해 노무제공자는 근로자에 해당한다(조임영, "근로계약의 본질과 근로자개념", 「노동법연구」(제15호), 서울대 노동법연구회, 2003, 197면).

485) 이를 '보수의 노무대가성' 으로 근로자성 판단기준의 부차적 판단요소로 기능한다고 보는 견해가 있다[오윤식, "근로기준법상 근로자성에 대한 판단", 「노동판례비평」(제18호), 민변 노동위원회, 2014, 150~151면]. 보수에 관한 사항을 전부 '보수의 노무대가성' 으로 묶어 부차적 판단요소로 보는 것에 찬성하지 않는다. 보수에 관한 사항 중 '보수의 성격이 근로 자체의 대상적 성격인지' 여부는 부차적 지표에서 제외된 것으로 보고 이를 종속성 판단 이전 단계에서 고려할 요소로 파악하기 때문이다.

486) 예외적으로 이러한 형식적 지표를 갖추어도 실무상 근로자성을 부정하는 경우가 있다. 대표적으로 '기획 부동산업' 의 경우에, '체당금' 의 지급요건을 갖추기 위해 마케팅 실적에 따라 보수를 받는 실질적인 위임계약관계임에도 불구하고 당사자간에 보수에 관하여 일비 등으로 기본급을 설정하고, 이에 대해 근로소득세를 납부하고 4대보험에 가입하는 등의 형식적 지표를 갖추어 근로관계로 외형을 설정한 후 일정한 시점에 폐업 등 사실상 도산 상태를 만들어 악의적으로 체당금 지급을 신청하는 경우가 종종 일어난다.

사자의 의사해석(활동제공의 목적이 금품수령인지 불분명한 경우)에서 직접적인 계약당사자인 노무제공자와 노무수령자 사이에 활동제공이 금품을 수령하기 위한 목적인지를 판단하는 자료이다. 이처럼 '보수의 성격이 근로 자체의 대상적 성격인지' 여부를 종속성 판단 이전 단계에서 고려할 요소로 보아야 근로자 개념을 판단함에 있어서 단계별 판단방식을 거치게 되고, 이로써 오히려 실질적 판단기준으로 작용하게 되는 것이다.

3) 경제 사회적 조건의 고려 요소

대법원은 경제적 종속성 지표도 제시하고 있다. 노무제공자가 스스로 비품 · 원자재나 작업도구 등을 소유하거나, 스스로 제3자를 고용하여 업무를 대행케 하는 등 업무의 대체성 여부, 독립하여 자신의 계산으로 사업을 영위할 수 있는지 여부, 다른 사업자와 거래할 수 있고 노무 제공을 통한 이윤의 창출과 손실의 초래 등 사업운영상 위험을 스스로 안고 있는지 여부, 근로 제공 관계의 계속성과 사용자에 대한 전속성 유무와 그 정도도 경제 · 사회적 조건으로 근로자의 경제적 종속성을 설명하는 요소라고 할 수 있다(판례의 경제적 종속성 지표; ⑤, ⑥, ⑧).

먼저 판례가 경제적 종속성 지표로 제시한 것 중에서 '스스로 제3자를 고용하여 업무를 대행케 하는 등 업무의 대체성 여부' 는 경제적 종속성 지표의 하나로 작용하는 측면도 부정할 수는 없지만, 인적 종속성의 실질적 판단기준의 하나인 사업에의 편입에서 '노동조직에 편입 여부' 를 판단하는 지표의 고려 요소로 보는 것이 보다 실질에 부합한다고 생각한다.

다음으로 판례가 설시한 '독립하여 자신의 계산으로 사업을 영위할 수 있는지, 노무제공을 통한 이윤의 창출과 손실의 초래 등 위험을 스스로 안고 있는지' 는 '독립 사업자성' 에 관한 판단 지표이다. 즉 이는 당해 노무제공자가 노무를 제공하는 실질 또는 실체가 근로자성을 더 지표 하는 것인지 아니면 독립 사업자성을 더 지표 하는 것인지를 '가상의 저울(imaginary balance)' 로 비교형량 하는 것이고, 그 결과 그 저울이 근로자성으로 기울어지면 당해 노무제공자를 근로자로 인정하는 과정이므로,[487] 이를 그 근로자성 판단의 소극적 기준으로 보는 것이 타당하다.

나아가 판례가 경제적 종속성 지표의 하나로 제시한 '근로 제공 관계의 계속성'과 '사용자에 대한 전속성 유무와 그 정도' (⑧)의 지표는 나누어 살펴볼 필요가 있다. 먼저 전자는 '계속적으로 근로를 제공' 한다는 것으로 근로자성의 본질적 판단기준 내지 판단요소로 보아야 한다. 이는 근로자가 자신의 인격체에서 노동력만을 분리하여 처분할 수는 없으므로 근로자가 자신의 인격체를 사용자의 처분하에 놓이게 하는 것을 말한다. 따라서 '근로 제공 관계의 계속성' 은 근로자성 판단을 위한 핵심이 되는 인적 종속성의 실질적 판단기준인 노무의 타인결정성과 사업에의 편입 여부에 대한 하부 판단지표를 모두 포괄하는 본질적 기준 내지 요소로 보아야 할 것이다.[488] 후자인 '근로관계의 종속성과 그 정도' 는 판례가 제시하는 바와 같이 경제적 종속성 지표의 하나로도 작용하지만, 실질적 종속성의 판단기준을 적용함에 있어서 근로기준법과 노조법간 '종속성의 차이' 에 대한 구별기준으로 작용하

487) 오윤식, "골프장 캐디의 근로자성; 서울고등법원 2011. 8. 26. 선고 2009나112116 판결", 법조 제675호, 2012, 169~170면.

488) 근로계약이 고용계약과 본질적으로 같고 근로계약은 고용계약과 마찬가지로 1회성 급부를 목적으로 하는 것이 아닌 계속적 급부를 목적으로 하는 계속적 채권계약이라는 점과 관련하여 박종희 교수는, 사용자는 자신의 목적활동을 수행하기 위하여 근로계약 체결 시 시간적 요소를 함께 설정하는바, 시간적 요소와 노동력 제공이 결부됨으로써 '사용자의 지시에 따라 노동력을 제공한다' 는 의미가 구체화되는 것이며, 그렇기 때문에 시간적 요소도 근로계약의 본질을 구성하는 것이라 본다. 이러한 관점에서 계속적 채권관계라는 관념으로부터 근로계약의 본질적 특성인 '사용자의 지휘명령 하에 놓여 근로를 제공한다' 는 점을 도출하고 있다[박종희, "근로기준법상 근로자개념-근로기준법의 적용확대와 선별적용과 관련하여-", 「노동법학」(제16호), 한국노동법학회, 2003, 96~97면]. 이에 대해 의문을 표시하면서 오윤식 변호사는, 예컨대, 자신의 집에서 1개월간 혹은 1년간 와이셔츠에 단추를 다는 단순 노동만을 의뢰받은 노무제공자의 노무제공 모습을 봤을 때, 계속적 시간적 요소가 있음에도 그 사람이 그 노무수령자의 지휘명령권 하에 놓였다고 보기 어려운 것은 노무수령자가 지휘명령권을 행사하지 않아도 될 정도로 그 일의 내용이 구체화 되어있기 때문이다. 노무제공자의 노무제공 시간이 길면 길수록 그에 비례하여 노무수령자와의 관련성이 강화된다는 점에서 계속적 채권관계라는 시간적 요소는 '사용자의 지휘명령권에 구속' 이라는 본질적 요소와 연결된다기보다는, '사업에 편입' 이라는 요소와 연결된다고 보는 것이 보다 적절하다고 본다[오윤식, "근로기준법상 근로자성에 대한 판단", 「노동판례비평」(제18호), 민변 노동위원회, 2014, 149면]. 시간적 요소를 함께 설정하는 근로계약 체결의 모습에서 '노무의 타인결정성' 과 연결되고, 노무제공자와 노무수령자와의 관계에서 근로와 사업이 밀접불가분한 관계가 형성되는 측면에서는 '사업에의 편입' 과 연결되는 요소로 볼 것이다.

여 근로기준법과 노조법상 근로자성의 범위를 달리 파악할 수 있도록 한다.[489)]

마지막으로 대법원이 경제적 종속성을 나타내는 지표 중 하나로 본 '경제 · 사회적 여러 조건' (⑩)[490)]은 실질이 종속적인 관계인지 여부에 따라 근로자성 여부를 판단할 때 그 사용종속성의 여러 판단기준을 '종합적'으로 고려하여 판단하라는 것으로 이해할 수 있을 것이다. 물론 여기에서의 판단기준에는 경제적 종속성을 나타내는 지표만이 아니라 인적 종속성을 나타내는 실질적 지표와 형식적 지표까지도 포함하는 것으로 본다.

4) 새로운 근로자성 판단기준에 대한 모색

(1) 판례의 근로자성 판단기준 보완 필요성

우리 대법원은 원칙적으로 근로자성 판단기준에 대한 지표들을 병렬적으로 나열하는 방식을 취하고 있다. 그나마 '2006년 판결' 이후에는 일부 고려 요소들을 근로자성 판단기준에서 위계를 떨어뜨려 부차적 징표라고 보아 전체 판단지표를 병렬적인 요소로 보는 입장에서 진일보하였다. 그럼에도 근로자성 판단기준의 여러 지표들이 전체적으로 연결되지 못하고 체계적인 판단기준으로 정립되어 있지 못하다. 앞에서 이를 분류하여 나름대로 분석하였지만 이는 어디까지나 기본적으로 판례의 판단 징표들을 전제하여 수정하고 추가하여 보완한 것이다.

일본에서는 후생노동성 산하 노사관계법연구회에서 2011. 7. 노조법상 노동자성 판단기준에 대한 보고서를 발간한 바 있는데, 이에 따르면 노조법상 노동자인지를 판단하는 기준을 세단계로 분류하여 각각의 판단 지표를 제시하였다. 첫 번째, 기본적 판단기준으로 ① 사업조직에 편입, ② 계약내용의 일방적 · 정형적 결정, ③ 보수의 노무 대가성을 들고 있다. 두 번째, 보충적인 판단기준으로 ④ 업무 요청에 응해야 하는 관계, ⑤ 노무 제공에 있어 일정한 시간적 · 장소적 구속을

489) 이에 관하여는 근로기준법과 노조법간 '종속성 정도의 차이'를 살펴본 후 본장 제2절 '근로자 범위에 대한 복합적 · 중층적 구조'에서 후술한다.

490) '경제 · 사회적 여러 조건'을 별도의 고려 요소로 보지 않고 "종합하여 판단"한다는 내용의 부가된 수식으로 보기도 한다.

제시한다. 세 번째, 노동자성에 대한 소극적 판단기준으로 ⑥ 현저한 사업자성을 각각 제시하고 있다.[491] 이렇게 체계적으로 분류한 판단기준은 우리의 근로자성 판단기준을 정립함에 있어 나름의 시사점을 제시한다. 물론 일본의 후생노동성 산하 노사관계법연구회에서 제시한 위의 판단기준은 노조법상 근로자성 판단기준으로 제시된 것이기는 하나, 우리의 근로자성 판단기준으로도 공히 참조할 수 있다고 생각한다.

(2) 판례상 불법파견 판단기준을 근로자성의 단계적 판단방식에 대입

기존 근로자 개념에 관한 판단의 기본구도를 유지하면서 진화한 판단방식을 제시한 '2006년 판결'(대법원 2006. 12. 7. 선고 2004다29736 판결)의 사용종속관계 여부에 관한 10개의 판단지표들을 불법파견 여부를 판단하는 판례의 5가지 판단기준 ① 내지 ⑤에 대입하여,[492] 새로운 근로자성 판단기준으로 모색하고자 한다.

근로자성의 단계적 판단방식에서 계약의 당사자가 간접적인 경우는 3단계에서 '사업주로서의 실체'와 '지휘·명령권 행사' 여부에 대한 판단이 이루어진다. 먼

---

491) 민주사회를 위한 변호사모임, 『민변 노동위원회-오사카노동자변호단 제14회 정기교류회; 한·일 노동법상의 노동자성』 자료집(2011. 11), 42~70면.

492) 대법원은 최근 남해화학 사건(대법원 2015. 2. 26. 선고 2010다93707 판결), KTX 여승무원 사건(대법원 2015. 2. 26. 선고 2011다78316, 2012다96922 판결), 현대자동차 아산공장 사건(대법원 2015. 2. 26. 선고 2010다106436 판결) 등에서 불법파견의 판단기준으로 ① 제3자가 당해 근로자에 대하여 직·간접적으로 그 업무수행 자체에 관한 구속력 있는 지시를 하는 등 상당한 지휘·명령을 하는지, ② 당해 근로자가 제3자 소속 근로자와 하나의 작업집단으로 구성되어 직접 공동 작업을 하는 등 제3자의 사업에 실질적으로 편입되었다고 볼 수 있는지, ③ 원고용주가 작업에 투입될 근로자의 선발이나 근로자의 수, 교육 및 훈련, 작업·휴게시간, 휴가, 근무태도 점검 등에 관한 결정 권한을 독자적으로 행사하는지, ④ 계약의 목적이 구체적으로 범위가 한정된 업무의 이행으로 확정되고 당해 근로자가 맡은 업무가 제3자 소속 근로자의 업무와 구별되며 그러한 업무에 전문성·기술성이 있는지, ⑤ 원고용주가 계약의 목적을 달성하기 위하여 필요한 독립적 기업조직이나 설비를 갖추고 있는지 등의 5가지 기준을 제시한 바 있다. 위 판단기준은 크게 근로자파견적 요소(판단기준 ①, ②)와 도급적 요소(판단기준③, ④, ⑤)로 구분할 수 있는데, 이처럼 대법원은 불법파견에 해당하는지 여부를 판단함에 있어 근로자파견적 요소와 도급적 요소를 종합하여 고려하는 방법을 택하고 있다. 판단기준 ③은 결국 채용, 인사 등의 권한을 도급인과 수급인 중 누가 행사하는지에 관한 문제로 판단기준 ①을 보충하는 기준이기도 하다.

저, 3-1단계에서 계약당사자가 기업으로서의 실체가 있는지(불법파견의 판단기준② 사업에 실질적 편입 여부 중 일부, 판단기준⑤ 독립적 기업조직이나 설비)와 사업경영상 독립성을 가지고 있는지 여부(판단기준④ 업무의 구별성·전문성·기술성[493])를 검토한다. 다음으로, 3-2단계에서는 계약 이행에서 근로자들에 대한 상당한 지휘·명령권을 보유하고 있는지 여부(판단기준①, 판단기준② 사업에 실질적 편입 여부 중 일부, 판단기준③ 근로자의 근로조건 등 결정 권한)를 검토하여 판단한다.

<table>
<tr><th colspan="2">불법파견</th><th rowspan="2">근로자 개념의 사용종속성에 관한 판단지표</th></tr>
<tr><th>판단기준</th><th>세부기준</th></tr>
<tr><td rowspan="4">근로자들에 대한 상당한 지휘·명령 (판단기준①)</td><td>일반적 작업배치권과 변경결정권</td><td>① 업무 내용을 사용자가 정함</td></tr>
<tr><td>근로자들의 작업량, 작업방법, 작업순서, 작업속도, 작업장소, 작업시간 등을 결정</td><td>④ 사용자가 근무시간과 근무장소를 지정하고 근로자가 이에 구속을 받는지</td></tr>
<tr><td>근로자에게 직접 지휘·명령을 하는지</td><td rowspan="5">③ 업무 수행 과정에서 사용자의 상당한 지휘·감독</td></tr>
<tr><td>작업계획서, 작업지시서 등을 배부하였을 뿐이더라도 이를 통하여 근로자에게 간접적인 지시·감독을 한다고 볼 수 있는지</td></tr>
<tr><td rowspan="6">사업에 실질적 편입 여부 (판단기준②)</td><td>수급인의 근로자들이 도급인의 근로자와 혼재되어 있거나 같은 조에 배치되는 등 하나의 작업집단으로 구성되는지</td></tr>
<tr><td>수급인의 근로자들이 직접 공동 작업을 하는 등 도급인의 근로자와 동일한 업무를 수행하는지</td></tr>
<tr><td>수급인의 근로자가 종전까지 도급인의 근로자에 의하여 처리되던 업무를 수행하거나 그러한 업무를 인수하는지</td></tr>
<tr><td>도급인이 소속 근로자 결원 시 수급인의 근로자로 하여금 그 결원을 대체하게 하는지</td><td rowspan="2">⑥ 제3자를 고용하여 업무를 대행케 하는 등 독립하여 자신의 계산으로 사업을 영위할 수 있는지, 노무 제공을 통한 이윤의 창출과 손실의 초래 등 위험을 스스로 안고 있는지</td></tr>
<tr><td>수급인의 근로자가 계약에서 정한 것 이외의 업무를 수행하는지, 수급인의 근로자가 도급인의 별도 업무를 병행하여 수행하는지</td></tr>
<tr><td>도급인에 의하여 재료나 도구가 조달되었는지, 도급인이 작업복 등을 제공하는지</td><td>⑤ 노무제공자가 스스로 비품·원자재나 작업도구 등을 소유하는지</td></tr>
</table>

493) 불법파견의 판단기준④는 계약의 목적 또는 대상에 특정성, 전문성, 기술성이 있는지 여부를 검토하는 것으로 근로자성의 단계적 판단방식 1단계인 당사자의 의사해석(활동제공의 목적이 금품수령인지 불분명한 경우)과 연결되는 부분도 있다.

<table>
<tr><th colspan="2">불법파견</th><th rowspan="2">근로자 개념의 사용종속성에 관한 판단지표</th></tr>
<tr><th>판단기준</th><th>세부기준</th></tr>
<tr><td rowspan="5">근로자의 근로조건 등 결정 권한 (판단기준③)</td><td>수급인이 작업에 투입될 근로자를 선발하였는지, 근로자의 수를 결정하는지</td><td rowspan="5">① 업무 내용을 사용자가 정함</td></tr>
<tr><td>수급인이 작업에 투입될 근로자의 수, 대체인력의 투입의무나 투입여부 등을 결정하는지</td></tr>
<tr><td>수급인이 근로자들의 교육 및 훈련을 실시하는지</td></tr>
<tr><td>수급인이 출퇴근의 통제, 작업시간의 결정, 연장근로 등의 명령, 휴가와 휴게 등을 결정하는지</td></tr>
<tr><td>수급인이 작업 진행의 적절성 감시, 근무태도의 점검 등을 실시하는지</td></tr>
<tr><td rowspan="6">업무의 구별성, 전문성, 기술성 (판단기준④)</td><td>수급인의 근로자가 맡은 업무가 도급인 소속 근로자의 업무와 구별이 가능한지</td><td rowspan="2">⑧ 근로 제공 관계의 계속성과 사용자에 대한 전속성의 유무와 그 정도</td></tr>
<tr><td>원고용주에 고유하고 특유한 업무는 없는지</td></tr>
<tr><td>도급의 목적과 내용, 즉 수급인의 업무가 처음부터 구체적으로 결정되어 있는지</td><td>② 취업규칙 또는 복무(인사)규정 등의 적용을 받음</td></tr>
<tr><td>수급인의 업무는 전문적 기술이나 근로자의 숙련도가 요구되는 것인지</td><td rowspan="2">⑧ 근로 제공 관계의 계속성과 사용자에 대한 전속성의 유무와 그 정도</td></tr>
<tr><td>수급인은 도급인에 대하여 하자담보책임 등의 위험을 부담하는지</td></tr>
<tr><td>도급의 대가가 임률도급 방식으로 산정되는지 아니면 물량도급 방식으로 산정되는지</td><td>⑦ 보수의 성격이 근로 자체의 대상적 성격인지, 기본급이나 고정급이 정하여졌는지 및 근로소득세의 원천징수 여부 등 보수에 관한 사항</td></tr>
<tr><td rowspan="3">독립적 기업조직이나 설비 (판단기준⑤)</td><td>수급인이 도급의 목적을 달성하기 위하여 필요한 독립적 기업조직이나 설비를 갖추고 있는지</td><td rowspan="2">⑧ 근로 제공 관계의 계속성과 사용자에 대한 전속성의 유무와 그 정도</td></tr>
<tr><td>수급인은 당해 도급 업무 이외에 다른 사업을 독자적으로 수행하고 있는지</td></tr>
<tr><td>수급인이 도급 업무 수행을 위해 고유 기술이나 자본이 투입하는지</td><td>⑤ 노무제공자가 스스로 비품 · 원자재나 작업도구 등을 소유하는지</td></tr>
</table>

3. 사용종속성 판단의 방법

1) 실질판단 우선의 원칙

명목과 실질이 불일치하는 경우 실질에 따라 판단해야 한다는 원칙을 ‘실질판단 우선의 원칙' 이라고 한다.[494] 이러한 실질판단 우선의 원칙에 따라 계약 명칭이 위탁 또는 위임계약, 용역 또는 도급계약 등으로 되어 있더라도, 노무제공의 실질이 근로계약에 해당하는 경우에는 근로자로 보아야 한다.[495] 이러한 실질에 따른 근로자성 판단은 명목상 회사인 페이퍼컴퍼니가 노무수령자와 노무제공자 사이에 매개되어 있더라도 그 명목상 회사가 사용자로서 아무런 지위와 역할을 하지 않을 때에는, 실질적인 사용자로서의 지위와 역할을 한 실질 회사를 기준으로 이루어져야 한다.

그러나 고용계약인지 도급계약인지는 그 계약의 형식보다는 실질이 종속적인 관계인지 여부에 따라 근로자성 여부를 판단하여야 한다고 하더라고 계약의 형식이 무엇인지 불문하고 실질에 따라 판단하라는 의미는 아니라고 생각한다. '근로자성의 단계적 판단방식의 2단계' 인 실질적 종속성 판단(직접적인 계약당사자인 노무제공자와 노무수령자 사이에 활동제공이 금품을 수령하기 위한 목적인 경우)에서 가장 먼저 '계약의 형식과 당사자의 의사' 를 설명하였다시피 일단은 그 계약의 형식이 무엇이고 당사자의 의사는 무엇인지를 먼저 검토하여야 한다. 근로계약이 아닌 위탁이나 도급 등 다른 계약으로 결정한 당사자의 자율적인 의사는 존중되어야 하고,[496] 실질에 따른 사용종속관계에 대한 판단 지표들의 해석에서 당사자의 자발적이고 진정한 의사가 근로계약이 아닌 경우에는 이를 고려한 해석을 하여야 한다는 것이다.

---

494) ILO권고 제198호 권고 제9항은 이를 '사실우선의 원칙' 이라 한다. 처음부터 노무수령자가 노동법 적용을 회피하기 위하여 명목과 실질의 차이를 발생시키는 경우와 처음에는 그 실질과 명목이 일치하다가 어느 순간부터 그 불일치가 생기는 경우를 상정할 수 있으나, 전자는 처음부터 근로자로 노동법이 적용될 것이지만 후자는 그 불일치가 생기는 순간부터 근로자로 노동법이 적용된다고 보아야 할 것이다.

495) 반대로 계약서의 형식은 근로계약이지만 그 노무제공의 실질이 근로계약으로 볼 수 없다면 근로자로 볼 수 없을 것이다. 예컨대 '기획 부동산' 회사에서 전화로 투자 유치 업무를 하는 노무제공자들은 근로계약 형식을 취하지만 사실상 위임 내지 위탁계약의 실질을 가진다. 실제로 체당금 신청에서 '기획 부동산' 회사의 근로자라고 주장하는 상당수가 이러한 경우이다.

496) 물론 당사자(금품을 목적으로 한 노무제공자와 노무수령자)가 근로계약과 다른 계약 간의 실제 차이와 그 유 · 불리를 비교한 후 자발적인 취사선택을 거치는 등의 단계가 전제된 자율적 의사여야 한다.

2) 종속성 판단을 위한 고려 요소와 종합적 판단의 원칙

(1) 단계별 판단방식에 따른 종속성의 판단기준 체계

먼저, "보수의 성격이 근로 자체의 대상적 성격인지 여부"는 당사자의 의사해석(활동 제공의 목적을 중심으로)에서 계약당사자인 노무제공자와 노무수령자 사이에 활동제공이 금품을 수령하기 위한 목적인지를 판단하는, 즉 종속성 판단 이전 단계에서 고려할 요소로 '근로자성의 단계적 판단방식의 1단계' 에서 고려할 판단요소이다. 다음, '실질적' 사용종속관계인지 여부에 따라 근로자성을 판단하는 '근로자성의 단계적 판단방식의 2단계' 에서는 위에서 살펴 본 인적 종속성의 실질적 지표, 형식적 지표, 경제적 종속성의 여러 판단기준의 고려 요소들을 실질에 따라 해석한다. 이 중 경제적 종속성 지표의 하나로도 작용하는 "근로관계의 종속성과 그 정도"는 실질적 종속성의 판단기준을 적용하여 근로기준법과 노조법상 근로자성의 범위를 정함에 있어서 근로기준법과 노조법간 '종속성의 차이' 를 다르게 파악할 수 있게 하는 역할을 한다.

(2) 종속성의 판단기준과 하부 판단지표

인적 종속성의 실질적 판단기준(근로 제공 관계의 계속성,[497] 노무의 타인 결정성, 사업에의 편입)의 하부 판단지표에서 고려하여야 할 주요 요소는 ⅰ) 업무내용을 사용자가 정하는지, ⅱ) 업무 수행 과정에서 사용자가 '상당한' 지휘 · 감독을 하는지, ⅲ) 근무시간과 근무장소를 사용자가 지정하고 근로자가 이에 구속을 받는지, ⅳ) 근로자가 사용자의 노동조직에 편입되어 있는지(노무의 성격 · 중요도에서 당해 노무가 사업에서 없어서는 안 될 핵심적인 부분인지, 사업조직 · 업무계획 · 생산계획 분류에서 하나의 체계로 연결되어 있는지, 스스로 제3자를 고용하여 업무를 대행케 하는 등 업무의 대체성 여부[498] 등 포함), ⅴ) 사용자의 업무상 요청에 응해야

---

497) '근로 제공 관계의 계속성' 내지 '근로 제공의 계속성' 은 근로자성의 본질적 기준 내지 요소로서, 근로자성 판단에서 인적 종속성의 실질적 판단기준인 노무의 타인결정성과 사업에의 편입 여부에 관한 하부 판단지표를 모두 포괄하는 기준 내지 요소로 보아야 한다.

498) 일반적으로 경제적 종속성의 징표로 논의되던 '업무의 대체성 여부' 를 인적 종속성의 실질적

하는 업무감독 및 통제에 복종해야 하는 관계인지 여부 등이다.

부차적인 형식적 지표로는 사용자가 경제적으로 우월한 지위에서 일방적으로 정할 수 있는 요소로서 vi) 취업규칙 · 복무규정 · 인사규정 등을 두어 이를 적용하는지, vii) 보수에서 기본급을 정하고 있는지, 근로소득세를 원천징수하는지, viii) 사회보장제도에 관한 법령에서 근로자로서 지위를 인정받는지(의료보험 등 사회보험에 가입하고 보험료 등을 급여에서 공제하는지) 등을 들 수 있다.

경제적 종속성을 설명하는 지표는 ix) 노무제공자가 스스로 비품 · 원자재나 작업도구 등을 소유하거나, x) 독립하여 자신의 계산으로 사업을 영위할 수 있는지 여부, xi) 다른 사업자와 거래할 수 있고 노무 제공을 통한 이윤의 창출과 손실의 초래 등 사업운영상 위험을 스스로 안고 있는지 여부, xii) 사용자에 대한 전속성 유무와 그 정도 등이다. 이 중 x)과 xi)은 '독립 사업자성'에 관한 판단 지표로 근로자성 판단의 소극적 기준으로 본다. 또한 xii) 사용자에 대한 전속성 유무와 그 정도(근로관계의 종속성과 그 정도)는 경제적 종속성 지표의 하나로도 작용하지만, 실질적 종속성의 판단기준을 적용함에 있어서 근로기준법과 노조법에서의 '종속성의 차이'를 나타낸다.

(3) 종합적 판단의 원칙

'경제 · 사회적 여러 조건'[499]은 별도의 고려 요소로 보지 않고 "종합하여 판단"한다는 문구의 수식으로 본다. 즉, 인적 종속성(실질적 지표와 형식적 지표)과 경제적 종속성을 모두 포함하며 그 판단기준의 모든 지표들을 '종합적'으로 고려하여 사용종속관계에 따른 근로자성 여부를 판단해야 한다는 것이다. 이러한 '종합적 판단의 원칙'은 노무의 타인결정성에 관한 i) 업무내용을 사용자가 정하는지, ii) 업무 수행 과정에서 사용자가 '상당한' 지휘 · 감독을 하는지, iii) 근무시간과 근무장소를 사용자가 지정하고 근로자가 이에 구속을 받는지 여부와, 사업에의 편입에 관한 iv) 근로자가 사용자의 노동조직에 편입되어 있는지, v) 사용

판단기준의 하나인 '사업에의 편입 여부'에 관한 하부 판단지표로 본다.

499) 판례가 제시한 마지막 고려 요소로서 이를 경제적 종속성을 나타내는 지표로 이해하기도 한다.

자의 업무감독 및 통제에 복종해야 하는 관계인지 여부 등의 각 근로자성 '하부' 판단지표를 종합하여 각각 노무의 타인결정성과 사업에의 편입 여부를 판단하여야 하고, 노무의 타인결정성과 사업에의 편입 여부의 판단기준 간에 있는 위계(位階)를 고려하여 근로자인지를 종합적으로 판단하는 것을 말한다. 이는 대법원이 고정급 외에 성과급(인센티브) 등을 제공받는 회사의 기술 총책임자(부사장)가 근로기준법상 근로자에 해당한다고 한 사례에서 판시한 바와 같이,[500] 근로자성 판단기준 중 일부 판단기준이 결여되어 있거나 부정된다고 하더라도, 그 부분만을 주목하여 판단해서는 안 되고 각 판단기준을 전체적으로 고려하여 판단해야 한다는 '전체판단의 원칙'과도 맥을 같이한다. 또한 이러한 종합적 판단의 원칙은 주장 · 입증책임과 관련해서도 적용된다고 할 수 있다. 즉, 근로자성을 징표하는 사실은 노무제공자가 주장 · 입증하고 독립사업자성을 징표하는 사실은 노무수령자가 주장 · 입증하게 하여, 입증되는 각 판단기준을 종합적으로 비교 · 형량하여 독립사업자성보다 근로자성을 징표하는 사실이 많으면 근로자로 판단하는 것이다.

4. 소 결

판례상 사용종속성 판단지표의 분류와 분석을 토대로, 실질적 판단기준과 사용종속성 판단방법의 내용을 요약 · 정리하여 실질적 사용종속성의 판단지표로 종합하면 아래 도표와 같이 12가지로 나눌 수 있다.

---

500) 이사회 이사가 아닌 이 사건 회사의 기술 총책임자(부사장)로 근무하면서 고정급으로 연봉 5,000만 원을 지급받았다는 것이므로, 고정급 외에 성과급(인센티브) 등을 제공받는 등 원심이 공소외인과의 근로관계를 부인하는 근거로 들고 있는 사유는 추가로 지급되는 임금과 근로조건 등에 불과하여 현실적으로 근로의 제공 및 수령이 이루어지고 있는 당사자 간에 있어서 그와 같은 사유를 사용종속성에 관한 판단자료로 삼기에는 부적절하고, 오히려 원심이 배척하지 아니한 연봉계약서, 각 계약서의 각 기재와 원심증인 공소외인의 법정진술 등에 의하면, 공소외인은 이 사건 회사의 본사에서 이 사건 회사가 제시하는 연구 과제를 수행하면서 이 사건 회사 소속 연구원을 관리하고 그 대가로 고정급인 연봉과 성과급(인센티브) 등을 받거나 받기로 한 사정 등을 알 수 있으므로, 공소외인은 임금을 목적으로 이 사건 회사에 근로를 제공한 근로자로 보기에 충분하다고 판단된다(대법원 2009. 4. 23. 선고 2008도11087 판결).

	실질적 사용종속성의 판단지표 (근로자성의 단계적 판단방식: 2단계)	종속성 구분	판단 기준
i	업무 내용을 사용자가 정함	인적 종속성의 실질적 지표 (근로 제공 관계의 계속성[501])	노무의 타인결정성
ii	업무 수행 과정에서 사용자가 '상당한' 지휘 · 감독을 하는지		
iii	사용자가 근무시간과 근무장소를 지정하고 근로자가 이에 구속을 받는지		
iv	근로자가 사용자의 노동조직에 편입되어 있는지		사업에의 편입 (노무의 타인결정성을 실질적으로 판단하기 위한 고려 요소)
v	사용자의 업무감독 및 통제에 복종해야 하는 관계인지		
vi	취업규칙 또는 복무(인사)규정 등의 적용을 받는지	인적 종속성의 형식적 지표	
vii	보수에서 기본급이나 고정급이 정하는지 및 근로소득세의 원천징수 여부		'보수의 성격이 근로 자체의 대상적 성격인지' 여부는 부차적 지표에서 제외(1단계)
viii	의료보험 등 사회보험에 가입하고 보험료 등을 급여에서 공제하는지(사회보장제도에 관한 법령에서 근로자로서 지위를 인정받는지)		
ix	노무제공자가 스스로 비품 · 원자재나 작업도구 등을 소유하는지	경제적 종속성의 지표	
→ iv	(노무제공자가 스스로 제3자를 고용하여 업무를 대행케 하는지)		인적 종속성의 실질적 기준 중 사업에의 편입에서 '노동조직에 편입 여부'를 판단하는 지표로서 업무의 대체성
x	독립하여 자신의 계산으로 사업을 영위할 수 있는지		독립 사업자성 (소극적 지표)
xi	노무 제공을 통한 이윤의 창출과 손실의 초래 등 사업운영상 위험을 스스로 안고 있는지		
xii	(근로 제공 관계의 계속성과)[502]		'근로제공의 계속성'은 인적 종속성의 실질적 판단기준을 모두 포괄하는 본질적 기준으로 봄
	사용자에 대한 전속성의 유무와 그 정도		'근로관계의 종속성과 그 정도'는 근로기준법과 노조법에서 종속성의 차이로 나타남
	경제적 · 사회적 여러 조건	모든 지표	종합적 판단

501) 근로자성의 본질적 판단기준 내지 판단요소인 '근로 제공 관계의 계속성'은 근로자성 판단을 위한 핵심이 되는 인적 종속성의 실질적 판단기준인 노무의 타인결정성과 사업에의 편입 여부에 관한 하부 판단지표를 모두 포괄하는 기준 내지 요소로 보아야 함은 앞에서도 언급한 바 있다.

502) 위 각주 내용 참조.

요약하자면, 다음과 같이 세 가지로 구분한 종속성 판단기준에 따라 그 하부 판단지표들을 나눌 수 있다.

먼저, 인적 종속성의 실질적 판단기준의 하부 판단지표에서 고려하여야 할 주요 요소는 ⅰ) 업무내용을 사용자가 정하는지, ⅱ) 업무 과정에서 사용자가 '상당한' 지휘 · 감독을 하는지, ⅲ) 지정한 근무시간과 근무장소에 구속받는지, ⅳ) 사용자의 노동조직에 편입되어 있는지, ⅴ) 사용자의 업무감독 및 통제에 복종해야 하는 관계인지 여부 등이다. 여기서의 판단기준인 '노무의 타인결정성'과 '사업에의 편입 여부' 간에는 위계(位階)가 존재한다.[503]

다음으로 부차적인 형식적 지표로서 사용자가 경제적으로 우월한 지위에서 일방적으로 정할 수 있는 요소는 ⅵ) 취업규칙 · 복무규정 등의 적용을 받는지, ⅶ) 보수에서 기본급을 정하고, 근로소득세를 원천징수하는지, ⅷ) 사회보장제도에 관한 법령에서 근로자로서 지위를 인정받는지 등을 들 수 있다.

마지막으로 경제적 종속성을 설명하는 지표는 ⅸ) 노무제공자가 스스로 비품 · 원자재나 작업도구 등을 소유하거나, ⅹ) 독립하여 자신의 계산으로 사업을 영위할 수 있는지, ⅺ) 노무 제공을 통한 이윤의 창출과 손실의 초래 등 사업운영상 위험을 스스로 안고 있는지, ⅻ) 사용자에 대한 전속성 유무와 그 정도 등이다.

그 외에 '경제 · 사회적 여러 조건'은 별도의 고려 요소가 아닌 "종합하여 판단"한다는 문구의 수식으로서, 인적 종속성(실질적 지표와 형식적 지표)과 경제적 종속성을 모두 포함하며 그 판단기준의 모든 지표들을 '종합적'으로 고려하여 사용종속관계에 따른 근로자성 여부를 판단해야 한다는 것이다.

---

503) 제1의 판단기준인 '노무의 타인결정성'의 판단지표를 좀 더 구체적으로 표현하면 ⅰ) 업무내용과 업무개시 · 종료를 노무수령자가 정하고 이에 노무제공자가 구속되는지 여부, ⅱ) 업무수행 과정에서 노무수령자가 노무제공자에 대하여 '상당한' 지휘 · 감독을 하는지, ⅲ) 노무수령자가 정한 근무시간과 근무장소에 노무제공자가 구속되는지 여부이다. 다음으로 제2의 판단기준인 '사업에의 편입'의 하부 판단지표를 좀 더 구체적으로 표현하면 ⅳ) 근로자가 사용자의 노동조직에 편입되어 있는지(노무의 성격 · 중요도에서 당해 노무가 사업에서 없어서는 안 될 핵심적인 부분인지, 업무의 대체성이 있는지, 사업조직 · 업무계획 · 생산계획 분류에서 하나 체계로 연결되어 있는지), ⅴ) 사용자의 업무감독 및 통제에 복종해야 하는 관계인지(사용자의 업무상 요구에 반드시 응해야 하는지) 여부 등이다.

제2절 근로자 범위의 중층적 구조와 그에 따른 복합적 함의

Ⅰ. 근로자성 범위의 중층적 구조

1. 사용종속성에 입각한 근로자성 범위의 개방적 논의

기존 사용종속성은 인적 종속성을 중심으로 논의가 이루어졌다. 그러나 앞에서 논의한 바와 같이 과학기술의 발전과 사회적 · 경제적 변화에 따라 전통적인 산업사회에서의 근로자에 대한 전형적인 지표와는 다른, 비전형적인 지표를 가진 근로자(대표적으로 전문직)와 특수형태고용종사자(대표적으로 캐디, 보험설계사 등) 및 새로운 형태의 노무제공자(자영업자와 구분이 불분명한 노무제공자)가 다양하게 나타나고 있다. 노동력 제공의 모습을 기존의 인적 종속성 중심의 사용종속성으로 포섭하는 것은 한계가 있다. 최근 판례에서 보듯이 개별적 근로조건의 최저기준을 정하는 대표적인 노동법인 근로기준법상 근로자 개념과 노사관계에서 집단적 자치를 구현하는 대표적인 노동법인 노조법상의 근로자 개념은 사용종속성에서 더 이상 동일한 기준을 적용하기 곤란하다. 개별적 근로조건을 정하는 근로기준법상 근로자 개념은 사용종속성에서 기존 인적 종속성을 중심으로 전형적인 근로자와 특수형태고용종사자를 구분하여 아직까지는 특수형태고용종사자를 근로기준법상 근로자에 포섭하기를 꺼려하는 경향이 있다. 반면 집단적 노사관계를 규율하는 노조법상 근로자 개념에서는 전형적인 근로자뿐만 아니라 특수형태고용종사자 중에서도 조직적 (독립)종속성을 감안하여 노조법상 근로자로 인정하는 최근의 판례들이 나타나고 있다.

판례의 개별적 근로조건에 관한 근로기준법과 집단적 노사관계에 관한 노조법상 근로자성 인정 여부에 대한 대표적인 노무제공자의 사례를 함께 도식화하면 다음 표와 같이 정리할 수 있다.

<table>
<tr><th colspan="2" rowspan="2">판례상 구분</th><th colspan="2">근로기준법상 근로자(인적 종속성)</th></tr>
<tr><th>인 정</th><th>부 정</th></tr>
<tr><td rowspan="2">노조법상 근로자
(경제적 종속성)</td><td>인 정</td><td>전형적 근로자</td><td>캐디 등 특수형태고용종사자</td></tr>
<tr><td>부 정</td><td>헌법 제33조 제2항
(공무원노조법과 교원노조법에 따라 인정)</td><td>자영업자 등 독립사업자</td></tr>
</table>

근로기준법과 노조법의 근로자 개념은 각각의 시각으로 바라보는 노력이 필요한데, 이는 근로기준법의 경우 개별 근로자와 사용자간 근로계약에서 근로조건에 관한 최저 기준을 국가의 관리 · 감독에 의해 직접적으로 보호하고자 하는 반면, 노조법의 경우 근로자가 조직(설립 또는 가입)한 노동조합을 매개로 사용자와의 집단적 노사관계에서 노동3권(단결권 · 단체교섭권 · 단체행동권)을 집단적 자치원리(노사대등의 원칙과 노사자치의 원칙)를 통해 보장하고자 하기 때문이다. 개별적 근로조건의 최저기준을 설정하는 근로기준법과 노사관계에서 집단적 자치를 구현하려는 노조법의 헌법상 수권 규정이 다르고 그 입법취지가 상이함에도 근로자 개념을 동일한 사용종속성으로만 판단하는 것은 규범이 현실을 반영하지 못하고 제각각의 법적용으로 일반 국민의 법적 신뢰성을 떨어뜨리는 결과를 초래한다. 급변하는 시대상황의 변화에 따라 움직이는 사회 현실의 노무제공자(노동력 제공자)와 노무수령자(노동력 수요자)의 다양한 형태를 기존의 잣대로만 적용하는 것에서 벗어나 근로자 개념을 재구성하여 포섭하는 노력이 필요하다.

이러한 측면에서 개별적 근로조건을 정하는 근로기준법상 근로자 개념의 사용종속성을 기존 단선적인 인적 종속성에서 벗어나 인적 종속성과 더불어 경제적(업무)종속성도 같이 고려하여 사사분면의 2차원적 평면으로 재구성한다. 근로기준법은 근로자와 사용자간의 '직접적인 관계' 에서, 근로계약의 근로조건이 국가가 정한 최저수준인 '고정적인 상태' 를 하회하지 않도록, 국가가 직접 관리하여 근로조건을 보호한다는 '소극적' 인 특징이 있다.

반면, 집단적 노사관계에서 노사자치를 구현하고자 하는 노조법상 근로자 개념은 근로조건의 상대방으로서의 사용자를 노동조합과 대립되고 대등한 집단적 자치의 상대방으로 이해하여 당사자인 노무제공자와 노무수령자가 간접적인 경우에도 입체적인 3차원적 공간으로 연결하여 재구성하고자 한다. 노조법은 근로자와 사용자간에 노동조합을 '매개로 한 관계' 에서, 단결권 · 단체교섭권 · 단체행동권이라는 노동3권을 구현하기 위한 각각의 권리에 대응하는 사용자는 고정적이지 않고 단체교섭의 상대방 혹은 부당노동행위의 주체 등으로 '변동적으로 연결' 되는 당사자이고, 국가의 개입없이 집단적 자치원리를 통해 노동3권을 '적극적' 으로 보장하는 특징이 있다.

2. 개별적 근로기준법상 근로자성 범위의 평면적(2차원적) 이해

1) 사용종속성의 4사분면

위의 표에서 보듯이 판례는 근로기준법상 근로자 개념에서는 전통적인 인적(인격적) 종속성을 중심으로 전형적인 근로자와 특수형태고용종사자를 구분하고 특수형태고용종사자를 근로기준법상 근로자에 포섭하기를 꺼려하는 경향이 있으나, 노조법상 근로자 개념에서는 전형적인 근로자뿐만 아니라 특수형태고용종사자 중에서도 경제적 종속성을 감안하여 노조법상 근로자로 인정하는 경향이 있다. 이를 사용종속성이 작용하는 국면을 인적 종속성의 측면과 경제적 종속성(업무의 종속성 및 조직적-독립-종속성)의 측면으로 도식화하면 아래와 같이 구성할 수 있다.

〈개별적 근로조건 기준 결정의 사용종속성〉

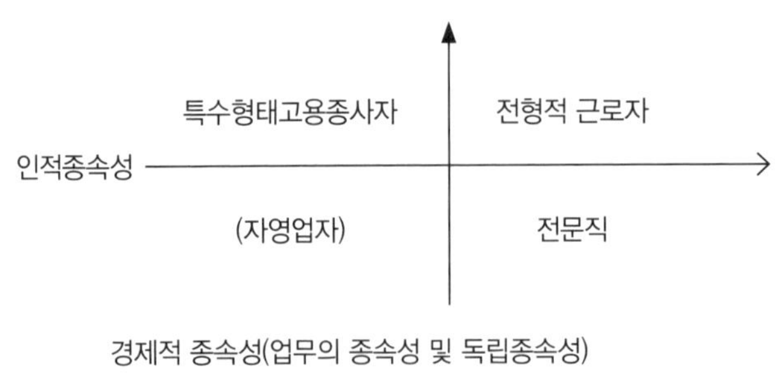

인적 종속성의 정도에 따라 강한 종속성이 인정되는 전형적 근로자(전문직 포함)에게는 근로기준법상 근로자성이 인정된다. 그러나 인적 종속성이 약한 특수형태고용종사자는 아직까지 근로기준법상 근로자성을 부정하는 경향이 있다. 다만 사용종속성을 인적 종속성만으로 보는 것은 근로자성 판단에 현실의 상황을 충분히 반영하지 못하는 부작용이 있으므로 경제적 종속성(업무의 종속성 및 독립종속성)을 고려하여야 할 것이다. 즉, 근로기준법상 근로자성의 범위에서 약한 인적 종속성을 띄더라도 조직적 내지 업무적으로 종속성이 강하게 나타나는 (판례가 근로기준법상 근로자성을 부정하나 노조법상 근로자성을 긍정하는) 노무제공자를 포섭하는 것으로 보아야 할 것이다. 왜냐하면 개별적인 근로자와 사용자 사이의 근로조건을 규율하는 근로기준법의 구조나 기본 취지는 노무제공자와 노무수령자 사이에서 직접적인 노동력 제공의 대가(임금)나 노동력 제공의 환경(근로시간, 근로장소 등의 근로조건)에 관한 사항을 규율하고 이러한 노무제공자를 보호하고자 하는 것으로 양자는 실질적으로 다르지 않기 때문이다. 따라서 근로기준법상 근로자성 여부의 판단에서 개별 근로자와 사용자와의 직접적인 근로조건 결정과 연결되는지를 인적 종속성만이 아니라 경제적 종속성까지도 고려한 지표를 수립하여, 인적 종속성이 약하더라도 사용자와의 관계에서 업무의 종속성 및 독립(조직적) 종속성이 강한 노무제공자는 근로기준법상 근로자 개념에 포섭되어야 한다고 생각한다.

2) 특수형태고용종사자 보호 방안

(1) 특수형태고용종사자의 보호필요성

현실적으로 사용자의 지시권을 점차 변형 또는 은닉시키는 계약형태가 다양하게 나타나고 있다. 전자(사용자의 지시권을 변형)의 대표적인 예가 근로자파견이고,[504] 후자(사용자의 지시권을 형해화)의 대표적인 예가 바로 특수형태고용종사자의 등장일 것이다. 그 중 후자는 근로계약처럼 계약 상대방으로부터 지시를 받

504) 근로자파견은 특히 도급과의 구별이 매우 모호하다는 문제가 지적된다. 한편으로는 도급계약의 목적에 부합하는 지시권 행사이면서도, 또 다른 한편으로는 마치 근로계약에서 나타나는 지시권의 모습을 띠는 이중적인 모습이 나타날 수 있기 때문이다. 이와 관련하여서는 이미 서술하였다.

아 노무를 제공하면서도, 일정 부분에 있어서는 마치 사업자처럼 독립적인 지위를 가지는 노무제공자들을 일컬으며, 근로기준법과 노조법상 근로자 개념의 한계선상에서 나타나는 대표적인 고용 형태의 모습이다. 즉, 노무제공을 주된 사업내용으로 하는 기업에서 종래 근로자에 의해 수행되던 업무를 도급이나 위임계약을 체결한 자로 하여금 수행하도록 하는 형태로 사업을 운영하는 경향이 뚜렷하게 나타나고 있다. 처음부터 개인에게 도급이나 위임을 통한 노무제공을 받는 형태로 사업을 운영하는 경우도 많다. 이러한 유형은 종래 이른바 특수형태고용종사자로 논의되는 문제로서, 기업의 입장에서는 노무지휘명령권을 사실상 상당 부분 행사하여 종래와 같은 사업 체제를 그대로 유지하면서도 인력수요에 탄력적으로 대응할 수 있고 인건비도 줄일 수 있기 때문에 개인에 대한 노무도급형태의 근로가 급속하게 확대되고 있다. 근로계약에 갈음하여 도급이나 위임의 계약형식을 취하고 있기 때문에 사용자는 노동법상 사용자로서의 책임을 회피할 수 있는 여지가 발생한다.

(2) 노동법과 경제법의 사각지대

특수형태고용종사자 보호 방안에는 사내하도급을 규율하는 노동법과 경제법의 관계에서 나타나는 문제점과 유사한 측면이 있다. 사내하도급의 경우, 경제법 영역에서는 원청업체와 사내하청업체간의 힘의 불균형에서 나타나는 불평등과 불합리한 문제점을 공정거래법 등을 통하여 규율하지만, 노동법의 영역에서는 회사와 회사의 관계가 아니라 사회적 약자인 사내하청업체 근로자의 보호에 초점을 두어 파견법 등을 통하여 규율하고 있다. 경제법과 노동법은 각각의 고유한 규율대상과 범위에서 특유한 영역이 존재한다. 경제법 영역에서는 원 · 하청업체간의 공정한 거래를 규율하는 한편, 노동법 영역에서는 사내하청업체 근로자의 근로조건이나 사회적 · 경제적 지위를 보호하도록 규율한다. 그렇지만 이론상으로는 몰라도 현실에서는 경제법의 영역과 노동법의 영역을 명확히 구분하는 것이 쉽지 않다.[505] 보호의 필요성이 존재함에도 불구하고 양 법의 영역 사이에서 회피되는 사

505) 법원의 판례상 근로자 개념에 대한 확대해석을 기대하기 어렵다면, 특수형태고용종사자의 보호

각지대는 누가 책임질 것인가? 측면을 달리하지만 특수형태고용종사자에 대한 근로기준법과 노조법상의 근로자 개념에 관한 논의에서도 이러한 경제법과 노동법 영역사이에 존재하는 사각지대를 부인하기는 어려울 것이다. 특히 사회보장법상 보호를 위해 특수형태고용종사자에 대한 근로자성을 해석으로 인정하는데 이러한 사각지대가 두드러진다. 해석의 한계선상에 있는 특수형태고용종사자에 대한 보호를 위한 방안은 항을 나누어 검토하고자 한다.

(3) 특수형태고용종사자 보호 입법론

(가) 근로자 개념 확대론

노동시장의 전반적인 변화를 전제로 근로기준법상의 근로자성 판단기준을 새로 설정하여 특수형태고용종사자가 근로기준법상의 근로자 개념에 포함될 수 있도록 하는 방안이다. 근로기준법상 근로자에 대한 개념조항을 개정하여 "독립사업자 형태로 노무를 제공하는 자라고 하더라도 특정 사업주의 사업에 편입되거나 특정 사업주가 상시적으로 영위하는 업무를 위하여 노무를 제공하고 그 사업주로부터 대가를 얻어 생활하는 자"[506]로 정의하자는 주장 등이 있다. 또한 사용자 개념조항도 개정하여 "근로계약체결의 형식적 당사자가 아니라고 하더라도 당해 근로자의 근로조건 등의 결정에 대하여 실질적인 지배력 혹은 영향력이 있는 자"를 사용자로 정의하자는 것과[507] "실질적 지배력 혹은 영향력이 있는 자는 임금, 근로시간, 복지, 해고 등 그가 영향을 미친 근로조건에 대하여 근로계약체결 당사자와 함께 연대책임을 진다"는 내용의 신설도 주장한다.[508]

이러한 입법안들은 고용형태의 다양화로 인하여 지배력의 행사가 간접적, 포괄적으로 이루어지고 있고, 인적 종속성을 기준으로 한 전통적인 근로자성 판단은

를 위한 보충적인 의미로서의 경제법적 보호방안을 모색해 볼 수 있으나, 독점규제법에서는 사업자의 부당한 공동행위도 금지하고 있고, 또한 근본적으로 경제법은 경쟁질서의 유지와 소비자 보호에 초점을 두고 있으므로, 특수형태고용종사자의 경제법적인 보호방안은 그 한계가 있다.

506) 18대 국회 홍희덕의원안(의안번호 1804813호).

507) 17대 국회 단병호의원안(의안번호 175318호).

508) 강희원 · 김영문, 『근로자개념과 계약의 자유』, 중앙경제, 2001, 307~308면(2009. 9. 19. 한국여성노동자협의회, 전국여성노동조합 등의 입법 청원안 참조).

문제가 있으므로 '경제적 종속성(업무의 종속성 및 독립종속성)'을 기준으로 근로자성을 판단하는 것이 타당하다는 것이다. 그러나 특수형태고용종사자의 근로자성을 인정하게 되면 이들에 대하여 모든 노동법상의 규정을 적용해야 하는 문제가 생겨서 사용자에게 지나친 부담으로 작용할 우려가 있다.

(나) 준근로자 개념 도입론

준근로자 개념을 도입하여 절충적 영역을 설정하는 방안이다. 그 방식은 현실적으로 주로 문제가 되는 임금, 해고, 산재관련조항 등에 대해서는 개별적 근로관계법상의 일부규정을 적용하는 positive방식과, 일반적으로는 개별근로관계법을 적용하고 문제되는 일부규정을 적용 제외하는 negative방식 등이 논의되고 있다. 이는 특수형태고용종사자의 특성을 고려하여 노동법의 규정을 탄력적으로 적용할 수 있다는 장점이 있다.

그러나 준근로자 개념을 도입하기 위해서는 준근로자의 개념을 어떻게 설정하고, 어떠한 기준에 따라서 적용규정을 설정할 것인지 등에 관한 구체적인 검토가 부족하고,[509] 준근로자 개념이 도입되는 경우에 일부 규정만 적용되므로 상황에 따라 근로기준법상의 근로자로 인정되어 동법상의 모든 권리를 인정받을 수 있는 근로자가 일부 규정만 적용받게 될 우려 내지 사용자의 탈법적 남용가능성도 배제할 수 없게 된다.[510] 이에 관한 보완, 검토 등이 먼저 이루어져야 할 것이다.

(4) 소 결

전통적인 사용종속관계론에 기초하여 근로자의 개념을 형식적으로 판단하고, 그로 인해 근로자를 협소하게 인정하여, 근로자보호라는 법의 취지를 몰각시키는 문제점이 지적된다. 대법원도 앞서 본 바와 같이 근로자성 인정을 위한 사용종속관계 유무의 판단에 있어 그 고려 요소들을 실질적 지표, 형식적 지표, 경제·사회적 조건으로 종합적이고 입체적으로 파악하고 있다. 그럼에도 여전히 사각지대

509) 강희원 · 김영문, 『근로자개념과 계약의 자유』, 중앙경제, 2001, 339면 이하 참조.
510) 권두섭, 특수고용노동자 보호입법의 올바른 방향, 비정규노동자 보호입법의 올바른 방향, 경제정의실천시민연합, 민주사회를위한변호사모임, 참여연대, 2002. 30면.

에 있는 특수형태고용종사자에 대한 입법론적 보호방안이 현재 논의되고 있다.

특수형태고용종사자에게 노동법의 모든 규정을 일률적으로 적용하는 방안은 이들의 직무특성에 비추어 볼 때 기존의 법체계와 맞지 않고, 노동시장의 현실과도 부합하지 않는 문제가 있다. 사견으로는 특수형태고용종사자는 사용자와의 관계에서 일반 근로자와 비교하여 경제적 종속성은 동일한 정도이지만 인적 종속성이 약하다는 점을 감안할 필요가 있다고 생각한다. 만약 특수형태고용종사자에 대한 보호를 근로기준법과 노조법 등의 기존 법률로 포섭하여 규율하는 방안이라면, 이들에 대해서는 일부 조항을 배제하는 방식을 취하여야 할 것이다.

3. 집단적 노사관계법상 근로자성 범위의 입체적(3차원적) 이해

1) 노조법상 사용자개념과의 상호연관성

노조법은 노동조합과 사용자간 노 · 사관계에서 집단적 자치를 구현하고자 한다. 헌법상 노동3권을 보호하기 위해서라도 노조법상 근로자 개념은 개별적인 근로조건의 최저기준을 설정하는 근로계약의 일방 당사자인 근로기준법상 근로자와는 다르게 이해할 필요가 있다.

노조법상 근로자 개념은 '노사관계'의 대립 당사자인 사용자와의 상호 관련 하에서 정립하여야 한다. 노사관계의 당사자는 노동조합과 사용자이다. 노조법상 근로자는 노동조합을 통해 노동3권을 구체적으로 실현하여 대립 당사자인 사용자와의 관계에서 집단적 자치를 추구한다. 집단적 자치는 노사대립의 구도에서 노사가 대등한 힘을 갖는다는 전제에서 구현된다. 노조법상 근로자는 노동조합 설립 · 가입 및 탈퇴의 자유를 의미하는 '단결권', 자유롭게 설립 · 조직된 노동조합을 통하여 사용자와의 관계에서 단체교섭을 하고 단체협약을 체결할 권리인 '단체교섭권' 및 노동조합이 사용자에 대한 관계에서 단체협약 체결을 압박하기 위해 쟁의행위를 포함한 집단적인 실력행사를 할 수 있는 '단체행동권'을 포함하는 헌법 제33조상 '노동3권'이라는 기본권의 주체인 점을 고려하여야 한다.

2) 노무제공자와 노무수령자가 간접적 관계에서 노조법상 근로자의 범위

특히 '노무제공자와 노무수령자가 간접적 관계' 에서 노무수령자의 지휘 · 명령권 행사가 부정되는 도급이나 위임계약 등의 경우에서 노동조합의 구성원이 될 수 있는 노조법상 근로자의 범위는 집단적 노사관계의 대립당사자인 '노조법상 사용자 개념' 과의 상호관계에서 검토하고, 노무제공자가 노무수령자와의 관계에서 노조법상 근로자의 범위에 포함할 것인지를 판단하여야 한다. 헌법상 노동3권을 보호하기 위해서라도 노조법상 사용자는 노동조합과 대립되고 대등한 집단적 자치의 상대방으로서 근로조건을 결정할 권한이 있는 사용자로 이해할 수 있을 것이다. 여기에는 직접적인 대립 당사자인 사용자만이 아니라 근로조건 결정에 실질적인 영향력을 미칠 수 있는 자를 포함한다고 볼 것이다. 이를 입체적인 3차원적 공간의 측면으로 재구성하면 아래 그림과 같이 노조법상 사용자는 근로조건을 결정할 수 있는 근로계약상의 '직접적' 사용자뿐만 아니라, 직접적인 사용자의 근로조건 결정에 실질적이고 중대한 영향을 미칠 수 있는 '간접적' 사용자까지 확대될 수 있다.

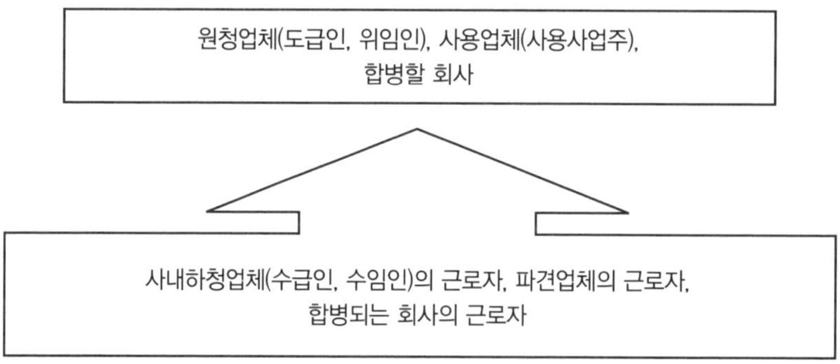

결국 노조법상 사용자 범주 확대와 그에 따른 종속적 효과로서 집단적 자치의 확대는, 사용자와 대립되는 당사자 주체로서 노조법상 근로자의 범위 또한 확장하게 한다. 이는 실제에서 원청업체가 사내하청업체 근로자의 노동조건 등에 실질적인 지배력을 행사하고 있다면 원청업체도 부당노동행위에서의 사용자임을 인정한 현대중공업 사례를 통해서도 확인할 수 있다.

3) 현대중공업 사례 분석: 노조법상 사용자 범주 확대와 그에 따른 집단적 자치의 확대 Case

(1) 사건의 개요

현대중공업 사내협력사 근로자들이 2003년 8월경 현대중공업사내하청노동조합을 결성하자 이를 주도한 조합원들과 조합원임이 밝혀진 근로자들이 소속사에 의해 해고되거나 소속사들이 연달아 폐업을 하게 되었다. 위 조합원들과 위 노조는, 현대중공업이 소속사의 폐업을 유도하여 신청인들을 실직케 한 행위는, 그 실질에 있어 노동조합활동을 이유로 한 해고로서 불이익취급의 부당노동행위 및 부당해고에 해당하고, 동시에 노동조합의 결성 및 활동을 방해하는 지배 · 개입의 부당노동행위에 해당한다고 주장하면서, 현대중공업과 소속사를 상대로 부당해고 및 부당노동행위 구제신청을 하였다.

부산지노위는 현대중공업을 신청인들의 사용자로 인정할 수 없다는 이유로 구제신청을 각하하였으나, 중노위는 ① 지배 · 개입부분은 현대중공업의 부당노동행위책임이 인정된다고 하여 "사내협력업체들에 대한 실질적인 영향력과 지배력을 행사하여 사업폐지를 유도하는 행위와 이로 인하여 사내하청노동조합 활동을 위축 또는 침해시키는 행위를 하여서는 안 된다"는 내용의 구제명령을 하였고, ② 불이익취급 및 부당해고 부분은 지노위와 같은 이유로 재심신청을 기각하였다.[511]

이후 행정소송에서 ① 지배 · 개입 부분은 현대중공업이, ② 불이익취급과 부당해고 부분은 근로자 측이 집중적으로 다투었다.[512]

(2) 판시 내용

대법원은 지배 · 개입 부분에 대해서는 기존의 판례와 달리 통설인 지배력설[513]

511) 중노위 2005. 3. 3. 2004부노68-1~6, 2004부해292-1~6, 2004부노94, 99 2004부해430, 449 결정.

512) '불이익취급'과 '부당해고' 부분과 관련하여 제1심은 기존의 묵시적 근로계약관계 법리에 따라 현대중공업과 사내하청근로자 간에 묵시적 근로계약관계의 성립을 부정하는 취지의 판단을 하였다(서울행정법원 2006. 5. 16. 선고 2005구합11968 판결). 이후 항소심(서울고등법원 2007. 4. 11. 선고 2006누13970 판결)부터는 이에 대한 추가적인 판시 내용이 없다.

513) 학계의 대부분의 견해는 노조법상 사용자의 개념을 근로계약의 당사자보다 넓은 개념으로 파

을 수용하여 현대중공업의 부당노동행위 책임을 인정하였다. 대법원은 "부당노동행위의 예방 · 제거는 노동위원회의 구제명령을 통해서 이루어지는 것이므로, 구제명령을 이행할 수 있는 법률적 또는 사실적인 권한이나 능력을 가지는 지위에 있는 한 그 한도 내에서는 부당노동행위의 주체로서 구제명령의 대상자인 사용자에 해당한다고 볼 수 있을 것이다."고 하면서, "근로자의 기본적인 노동조건 등에 관하여 그 근로자를 고용한 사업주로서의 권한과 책임을 일정 부분 담당하고 있다고 볼 정도로 실질적이고 구체적으로 지배 · 결정할 수 있는 지위에 있는 자가, 노동조합을 조직 또는 운영하는 것을 지배하거나 이에 개입하는 등으로 법 제81조 제4호 소정의 행위를 하였다면, 그 시정을 명하는 구제명령을 이행하여야 할 사용자에 해당한다."라고 판시하였다(대법원 2010. 3. 25. 선고 2007두8881 판결).

(3) 학설 및 검토

대다수 학설은 노조법상 사용자의 개념을 근로계약의 당사자보다 넓은 개념으로 파악하고 있다. 다만, 어디까지 그 개념의 범위를 넓힐 것인지 그 기준과 그 기준과 관련하여서는 크게 두 부류로 나눌 수 있다.

하나는 주류적인 견해로, 노동관계에 대하여 지배력을 가지는지 여부를 기준으로 하는 견해이다(지배력설). "부당노동행위는 근로계약상의 위법행위가 아니라 집단적 노사관계법에 특유한 위법행위이기 때문에 현실적인 근로계약의 당사자인가 여부로서 사용자개념의 기준을 정할 수 없음은 당연하다"며 "'근로관계 상의 제 이익에 대해 실질적 영향력 내지 지배력을 가질 수 있는 지위에 있는 자'도 사용자로 보아야 한다."[514]고 하거나, "근로계약을 중심으로 하는 근로기준법상의 사용자와 집단적 노사관계를 중심으로 하는 사용자는 그 기능과 법률관계를 달리하는 당사자로서 파악되어야 하기 때문에, 근로계약상의 고용주만이 노동법상의 사용자가 될 수 있다는 주장은 개별적 근로관계와 집단적 노사관계를 구별하

악하고 있다. 다만, 어디까지 그 개념의 범위를 넓힐 것인지 그 기준과 관련하여 크게 '지배력설'과 '대향력설'의 차이가 있을 뿐이다. 이와 관련한 내용은 후술한다.

514) 김유성, 『노동법Ⅱ』, 법문사, 2001, 320면.

지 않는 편협한 견해"이며[515] "단체교섭의 당사자가 되는 사용자는 근로계약에 의하여 근로자들을 채용한 계약상의 당사자는 물론이고, 근로계약의 사실적 존부와는 관계없이 계속적으로 취업관계에 있는 근로자들에 대하여 지배적 지위에 있으면서 그들의 근로조건을 결정하는 자도 단체교섭상의 사용자라 할 수 있다(예컨대 파견사용사업주)."[516]고 하거나, 근로계약상의 사용자가 아니라도 이와 근접 · 유사한 지위에 있는 자도 근로조건에 대하여 현실적, 구체적인 지배력을 행사는 경우에는 부당노동행위 금지규정상의 사용자에 해당한다고 한다.[517] 다만, 김형배, 임종률 교수는 지배력을 가지는 대상을 '근로조건'으로 한정하고 있음에 비하여, 김유성 교수는 그 대상을 근로조건을 포함한 '근로관계 상의 제 이익'으로 넓히고 있다는 점에서 차이를 발견할 수 있다.

다른 하나의 관점은 근로자가 근로3권을 행사함에 있어 그 '대향관계(對向關係)'에 있는 자를 노조법상 사용자로 보아야 한다는 견해이다(대향관계설). 이는 앞서 본 지배력설을 비판적으로 발전시킨 것인데, 이 견해는 부당노동행위제도가 보호하려는 것이 일반적인 근로자의 단결활동임에도 지배력설은 주로 근로조건과 같은 개별적 권리의 문제로 협소화시키고 있다고 비판한다. 근로조건 뿐 아니라 근로3권 행사와 관련된 노동관계 전반에 지배력을 가진 자까지도 포함하여야 하므로 노조법상 사용자는 "근로자, 노동조합의 자주적 단결활동에 영향을 미침으로써 근로3권을 침해할 수 있는 지위에 있는 자"로 보아야 한다고 한다.[518]

대향관계설은 근로자가 근로3권을 행사함에 있어 그 반대 위치에 있는 자를 노조법상 사용자로 보고 있는데, 이는 근로3권의 내용을 먼저 확정한 다음에 그 상대방이 누구인가를 정하는 입장으로서, 근로3권을 권리로서 파악하고 기본권의 지위를 부여하고 있는 헌법에 보다 충실한 해석론이라 할 수 있다. 또한 대향관계설이 지배력설을 집단근로관계를 개별적 권리의 문제로 협소화시키는 견해라고

---

515) 김형배, 『노동법』(제23판), 박영사, 2014, 1119면.
516) 김형배, 『노동법』(제23판), 박영사, 2014, 895면.
517) 임종률, 『노동법』(제14판), 박영사, 2016, 272~273면.
518) 윤애림, 「다면적 근로관계에서의 사용자의 책임」, 서울대박사학위논문(2003. 2.), 130~131면, 157~158면.

비판하는 것은 경청할 만하다. 그러나 누가 근로자에 대하여 대향관계가 있는 자인가에 대해서 대향관계설은 침묵하고 있다. 따라서 대향관계의 내용을 구체화하기 위해서는 지배력설의 보충이 필요하다. 이렇게 볼 경우 '근로조건' 외에 '근로관계상의 제 이익'에 지배력을 가지는 자까지도 사용자로 포괄하는 광의의 지배력설과 실질에 있어서는 차이가 없게 될 것이다.

앞서 본 현대중공업 사건에서 대법원은 노조법상 사용자를 "근로자의 기본적인 노동조건 등에 관하여 그 근로자를 고용한 사업주로서의 권한과 책임을 일정부분 담당하고 있다고 볼 정도로 실질적이고 구체적으로 지배·결정할 수 있는 지위에 있는 자"라고 하여, ① 근로관계와의 유사성과, ② 실질적이고 구체적인 지배력과 결정력을 그 요건으로 제시하여, 기본적으로 지배력설의 입장을 받아들였다.[519]

(4) 소 결

현대중공업 사례에서 대법원은 노조법상의 근로자성 여부에 대한 직접적인 판시는 없으나 원청업체에게 노조법상 부당노동행위(그 유형 중에 특히 문제가 된 '지배·개입'의 부당노동행위[520])에서의 사용자임을 인정하여, 그 결과 반사적으로 사내하청업체 근로자의 근로조건 등에 실질적인 지배력을 행사하는 원청업체와의 관계에서 사내하청업체 근로자들의 노조법상 근로자성을 인정한 것과 유사한 효과가 나타나는 것으로 평가될 소지도 있다.

또 다른 사례로 한국수자원공사와 청소 및 시설관리 도급계약을 맺은 협력업체의 소속 근로자가 가입한 전국단위 산업별 노동조합이 한국수자원공사를 상대

519) 학설 중에는 사용자 여부의 구체적 판단기준으로서 ⅰ) 업무에 대한 지휘·명령권 내지 작업계속성의 유무, ⅱ) 해당 근로자가 기업조직의 틀 속에 편입되는지 여부, ⅲ) 해당 근로자의 노무에 대한 대가의 지급 유무를 제시한 견해가 있다[김형배, 『노동법』(제23판), 박영사, 2014, 895~896면].

520) 법 제81조 제4호는 '근로자가 노동조합을 조직 또는 운영하는 것을 지배하거나 이에 개입하는 행위' 등을 부당노동행위로 규정하고 있고, 이는 단결권을 침해하는 행위를 부당노동행위로서 배제·시정하여 정상적인 노사관계를 회복하는 것을 목적으로 하고 있으므로, 그 지배·개입 주체로서의 사용자인지 여부도 당해 구제신청의 내용, 그 사용자가 근로관계에 관여하고 있는 구체적 형태, 근로관계에 미치는 실질적인 영향력 내지 지배력의 유무 및 행사의 정도 등을 종합하여 결정하여야 할 것이다(대법원 2010. 3. 25. 선고 2007두8881 판결).

로 "단체교섭응낙가처분"을 구하는 소송에서, 제1심 법원은 노동조합의 교섭요구사항 중 정년연장에 관한 건을 제외한 폐지처분에 관한 건, 휴게공간 개선에 관한 건, 노동조합 사무실 제공에 관한 건, 연장근로 조정에 관한 건 및 업무범위 조정에 관한 건에 대하여 '실질적' 지배가 있다고 보아 이를 인용하는 결정을 내렸으나,[521] 가처분 이의를 통해 다시 번복되어 '현실적' 지배가 없다는 이유로 기각되었다.[522] 즉, "근로계약상 사용자 이외의 사업주도 근로계약상의 사용자와 직접 근로계약관계를 맺고 있는 근로자를 자기의 업무에 종사시키고, 그 근로자의 기본적인 노동조건 등에 관하여 근로계약상의 사용자와 같이 볼 수 있을 정도로 현실적이고 구체적으로 지배, 결정할 수 있는 지위에 있는 경우에는 그 한도 내에서 단체교섭의무가 있는 사용자에 해당한다."고 하여 기각하였다. 그렇다면 이 단체교섭응낙가처분 사례는 사내하청업체 근로자와 관계에서 근로계약상의 사용자와 같이 볼 수 있을 정도로 '현실적이고 구체적으로 지배 · 결정할 수 있는 지위'에 있는 원청업체에게 '그 한도 내'에서 사용종속관계를 인정하는 것으로 보인다. 부당노동행위의 사용자인지 여부를 실질적인 영향력 내지 지배력을 기준으로 결정하는 것과 비교하여 볼 때, 단체교섭에서의 사용자성은 직접적으로 근로자와 근로계약관계를 맺은 사용자와 같은 정도의 '현실적' 지배가 이뤄지는 경우에 인정하여 보다 더 엄격하게 사용자성을 포섭하는 것으로 평가된다.[523]

---

521) 대전지방법원 2011. 10. 6. 자 2011카합782 결정.

522) 대전지방법원 2012. 3. 15. 자 2011카합1209 결정. 이에 노조가 항고했으나(대전고등법원 2012라42) 2013. 1. 21. 항고 취하로 종결되어 위 결정대로 2012. 3. 28. 확정되었다.

523) 이와 달리 대전지방법원 제21민사부의 가처분을 인용하는 첫 번째 결정에서와 같이, "단체교섭의 당사자로서의 사용자라 함은 근로계약관계의 당사자로서의 사용자에 한정하지 않고 비록 근로계약관계의 당사자가 아니라고 하더라도 '단체교섭의 대상이 되는 근로조건에 관한 사항의 전부 또는 일부에 관하여' 그 근로자를 고용한 사업주로서의 권한과 책임을 일정 부분 담당하고 있다고 볼 정도로 '실질적이고 구체적으로 지배, 결정할 수 있는 지위'에 있으면 단체교섭의 당사자로서의 사용자에 해당한다(대전지방법원 2011. 10. 6. 자 2011카합782 결정)"고 본다면, 그 반사적인 효과로 그 근로자들이 조합원인 노동조합은 그 사용자에게 일정한 사항에 대하여 단체교섭을 요구하여 단체협약을 체결할 수 있고, 이러한 단체교섭을 거부하거나 조합활동에 대한 불이익한 처우를 하게 되면 노조법상 '교섭 거부 · 해태'의 부당노동행위로까지 규율될 가능성도 배제할 수 없다.

Ⅱ. 근로자성 범위의 복합적 논의

1. 근로자성 범위의 차이

근로자성 범위에 대한 학설과 판례의 입장을 종합적으로 평가하면 다음과 같다. 즉 노조법상 근로자 개념은 집단적 자치라는 노사관계 규율의 기본 목적에 따라 규정된 것이므로 근로기준법상 근로자 개념과 다르며 근로기준법보다 넓은 의미로 해석된다. 근로기준법상 근로자 개념을 어떻게 이해하는가의 문제는 별론으로 하더라도 근로기준법상 근로자가 노조법상 근로자에 해당한다는 것에는 대부분 동의한다. 그러므로 문제의 핵심은 근로기준법상 근로자 개념에 포함되지 않지만 노조법상 근로자로 인정될 수 있는 자에 대한 것이다. 이는 두 가지 측면에서 논의된다. 실업자의 노조법상 지위에 관한 것과 근로기준법상 근로자가 아닌 자로서 집단적 노조법상 근로자의 범주를 어디까지 인정할 것인지에 관한 문제와 근로기준법상 근로자가 아닌 자로서 집단적 노사관계의 주체로 추가 설정될 수 있는 자의 범주를 어디까지 인정할 수 있을 것에 관한 문제이다. 이 중 실업자가 노조에 가입할 수 있는 현실적인 조건 등에 관해서는 아직 충분한 견해가 제시되지 않고 있으나 큰 틀에서 노조법상 근로자에 해당한다는데 학설과 판례 모두 동의하고 있다. 다음으로 노조법상 근로자 개념은 '단결권 등 노동3권을 보장할 필요성이 있는가'에 따라 결정하여야 하므로 '실질적 종속성 판단기준의 인적 적용대상'의 문제인 노조법상 근로자성의 범위는 원칙적으로 '헌법상 집단적 자치의 원칙'을 고려해야 한다. 특히 당사자인 노무제공자와 노무수령자가 간접적 관계일 경우에는, 더 나아가 '노조법상 사용자개념'과의 상호관계에서 노조법상 근로자의 구체적인 범위를 결정하여야 할 것이다.

결국 '근로기준법상 근로자가 아닌 자가 노조법상 근로자의 범주에 포함될 수 있는가'는 '근로기준법과 노조법상 근로자 개념의 판단체계' 속에서 이해하여야 할 문제인 것이다. 즉 근로자성의 범위는 근로자 개념의 판단체계에서 종속성의 본질이 동일한지 여부와 관련 없이, 근로기준법과 노조법의 종속성의 정도에 따라 달리 보아야 할 것이다. 노동법은 노무제공관계의 종속성에서 파생되는 문제점을 완화 혹은 극복을 목적으로 한다. 그러나 개별적 근로조건법(근로기준법이 대표)과 집단적 노사관계법(노조법이 대표)이 완화 또는 극복하고자 하는 종속성은 다른 성질의 것이다. 개별법은 주로 노무급부과정 그 자체에서 발생하는 종속성에 주목하는 반면, 집단법은 노무급부과정 이전의 노무제공관계 형성 단계 즉 노동시장에서의 종속성에 주목한다. 즉 개별법과 집단법은 그 적용의 원인이 되는 종속성에 차이가 있고, 그러한 종속성을 가진 근로자의 범위 또한 차이가 있을 수밖에 없다. 노동3권의 주체가 될 수 있는 근로자의 현실적인 범위는 개별법상 근로자보다 넓은 것이 일반적이다. 결국 노조법상 근로자에는 노무급부과정에서의 종속성을 가진 자뿐만 아니라 노동시장에서의 사용종속성을 가져 근로기준법상 근로자와 유사한 정도의 사회적 보호 필요성이 있는 자도 포함된다고 보아야 한다. 즉 노조법상 근로자는 인적 종속성과 함께 경제적 종속성의 극복을 목적으로 접근하여 구체적으로는 근로기준법상 근로자, 실업자 및 노무수령자에 대해 경제적 종속도가 근로자와 유사한 자영인을 포함하는 개념으로 이해해야 할 것이다. 이상의 내용을 요약 · 정리하여 도표로 나타내면 다음과 같다.

<table>
<tr><td colspan="5" rowspan="3">개별적 근로기준법
집단적 노사관계법</td><td colspan="3">사용종속성 여부</td></tr>
<tr><td colspan="2">종속성 정도</td><td rowspan="2">독립 사업자성</td></tr>
<tr><td>인적 종속성</td><td>경제적 종속성</td></tr>
<tr><td rowspan="4">당사자 (노무제공자와 노무이용자)간 관계</td><td colspan="3">직접적 관계: 1단계→2단계</td><td>집단적 자치 보장의 필요성 有無</td><td>전형적 근로자 (인적-임금-종속성 중심)</td><td>특수형태고용종사자(경제적-업무 및 독립-종속성 중심)</td><td>자영업자</td></tr>
<tr><td rowspan="3">간접적 관계</td><td>매개자의 실체 (3~1)</td><td>사업 경영상 독립성 부정</td><td>1단계→3-1단계 (부정)→2단계에서 인적 임금종속성 중심</td><td colspan="2">위장도급 (근로계약관계를 숨기기 위해 도급으로 위장)</td><td>X</td></tr>
<tr><td rowspan="2">노무수령자의 지휘명령권 행사 (3~2)</td><td>지휘 명령권 有</td><td>1단계→3-2단계→2단계에서 경제적 종속성 중심</td><td colspan="2">(불법)파견</td><td>파견</td></tr>
<tr><td>〃 無</td><td>'노조법상 사용자개념'과의 상호관계와 집단적 자치 보장의 필요성 有無</td><td colspan="2">도급, 위임, 모자회사, 지주회사 등</td><td>(인수 · 합병 · 투자회사)</td></tr>
</table>

2. 근로기준법과 노조법상의 근로자 · 사용자 개념

대법원은 대부분의 판결에서 근로기준법상 근로자와 노조법상 근로자성 여부를 '사용종속관계' 라는 기준에 의하여 판단하면서, 이러한 판단은 노무공급관계의 '실질' 에 따라야 하고, 제반 요소를 '종합적으로 고려' 하여야 한다는 입장을 보이고 있다. 또한 노조법상 사용자 개념의 판단에 있어서도 매우 유사한 기준을 제시하고 있다. 근로기준법상 근로자의 개념과 노조법상 근로자의 개념은 서로 다르므로, 일견 근로기준법상 근로자는 아니더라도 근로자의 개념을 좀 더 넓게 파악하는 노조법에 따라서는 근로자성이 인정될 수 있으며, 이를 노동법의 적용대상에 관한 이해를 바탕으로 재구성할 경우, 근로기준법상 근로자 보호와 노조법상 노동3권 보장의 취지에 따라 그 적용대상이 달라질 수 있고, 그에 따라 종속성의 의미와 정도도 달리 평가될 수 있다.

이러한 부분을 노동법상 사용자 개념과 관련하여 먼저 논의하면, 개별적 근로관계에서 사용자는 두 가지 측면에서 파악될 수 있는데, 그 하나는 근로계약의 당사자로서의 사용자이고, 다른 하나는 노동보호입법상 책임과 의무의 수규자로서 그것이다. 근로기준법은 근로조건의 최저기준을 설정하여 근로계약을 그 최저기준 이상으로 강제적 · 자동적으로 변경함과 동시에, 그 기준에 미달하는 근로계약을 근로자와 체결한 자 및 근로조건과 관련하여 근로기준법이 부과하는 의무를 불이행하는 자에 대하여 형사상의 제재를 가하거나 근로감독기관으로 하여금 시정토록 함으로써 규범력을 확보하고 있다. 따라서 근로기준법상 사용자는 권리 · 의무가 귀속되는 정적(靜的) 주체가 아니라 이러한 행위의무를 부담하는 '동적(動的) 실체' 이다.[524] 근로기준법이 사용자의 개념에 사업주 외에도 사업의 경영담당자와 근로자에 관한 사항에 대하여 사업주를 위하여 행동하는 자도 포함시킨 것은 이러한 맥락에서 이해할 수 있다.[525] 이러한 관점에서 보면 근로기준법상 사용

524) 노동법에서 사용자가 누구인지를 정하는 것은 '헌법상 보장된 근로자의 권리를 보호하기 위하여 누가 책임을 부담하는 것이 가장 효과적인가' 를 밝히는 것에 다름 아니라고 한다(강성태, 「근로자의 개념」, 서울대박사학위논문, 1994, 148면).

525) 강성태, 앞의 논문, 147면에서, 근로기준법상 사용자를 사업주로 한정하지 않은 이유에 대하

자는 '근로계약의 당사자' 일 수도 있고, '근로를 수령하는 자' 일 수도 있다. 근로계약을 체결한 사용자가 그 근로자를 직접 사용하는 전통적인 근로관계에서는 이 둘이 일치한다고 볼 수 있지만, 파견근로에서와 같이 근로계약의 당사자가 아닌 사용사업주가 파견근로자를 사용하는 관계에서는 일부 근로조건은 사용사업주의 사용지시의 내용에 따라 이행보장이 되기 때문에 근로기준법상의 사용자가 근로계약 당사자로서의 사용자와 반드시 일치한다고 말할 수는 없다. 그렇다면 근로기준법상 사용자는 근로계약에 갇힌 폐쇄적 개념이 아닌 개방적 개념으로 이해해야 한다.

노조법상 사용자도 근로기준법상 사용자와 마찬가지로 "헌법상 보장된 근로자의 권리를 보호하기 위하여 누가 책임을 부담하는 것이 가장 효과적인가"라는 관점에서 이해해야 한다. 노동3권을 부여하는 궁극적인 목적이 근로조건의 향상이라고 하더라도, 그러한 목적을 달성하는 과정에서 노조법은 단결활동, 단체교섭, 쟁의행위 등 근로계약에 한정되지 않는 부분을 다루게 된다. 실제 노동분쟁의 유형에서 단체교섭과 관련된 것이 차지하는 비중은 크지 않으며, 가장 근로계약과 가까운 영역인 단체교섭만 보더라도 단체교섭의 대상 중에는 노동조합과 관련된 사항도 포함되는 등 단체교섭의 내용에서도 근로조건과 관련된 것이 전부가 아니다. 따라서 노조법상 사용자는[526] 근로계약의 당사자에 한정될 필요 없이 이와 같은 노사 간의 다양한 관계 형성 및 발전의 과정에서 노동3권을 실효적으로 보장하기 위한 목적에 부합하도록 해석되어져야 하는 것이다.

여, ① 근로기준법이 규제하는 사항에 관하여 실제상의 책임과 권한을 행사하는 자에 대하여 직접적으로 법률상의 의무를 부과함으로써 근로기준법의 실효성 있는 이행을 확보하기 위함이고, ② 근로기준법은 사법적 방법 뿐 아니라 공법적 방법에 의해서 그 실효성을 확보하고자 하는데, 사법적 방법에 의한 실효성 확보를 위해서는 근로계약의 당사자인 사업주에게 책임을 부과하는 것만으로 족하겠지만, 공법적 방법에 의한 실효성 확보를 위해서는 실제 행위자까지 사용자 개념에 포함시켜 그에게도 일정한 문제에 대해 공법상의 사용자책임을 부과하는 것이 효과적이기 때문이라고 한다.

526) "사용자"라 함은 사업주, 사업의 경영담당자 또는 그 사업의 근로자에 관한 사항에 대하여 사업주를 위하여 행동하는 자를 말한다(노조법 제2조 제2호).

3. 근로자성 범위의 복합적 이해

근로계약상 고용주가 분명한 일반적인 경우는 사용자와 근로자 사이에 강한 종속관계가 인정되고 근로자는 노조법상 근로자이며, 고용주는 노조법상 사용자로서 단체교섭의 의무를 부담할 것이다. 그런데 사용종속관계의 정도가 분명하지 않아 예외적으로 근로기준법상 근로자에는 해당하지 않지만 노조법상 근로자에는 해당한다고 인정되는 경우가 있을 수 있다.

단결권은 구체적인 상대방을 전제로 하지 않더라도 성립할 수 있는 권리이므로, 산업별 · 직종별 · 지역별 노동조합의 경우와 같이 근로계약상의 고용주가 분명하지 않은 경우에 있어서도 단결권을 보장하기 위한 근로자 개념 확대는 가능하다. 또한 조합활동을 보장하기 위한 차원에서도 근로자 개념을 넓힐 수 있다. 이에 대응하여 사용자 개념 역시 단결권, 단체행위를 침해하는 행위에 대한 부당노동행위에 있어서는 확장될 수 있을 것이다. 대법원이 "근로자의 기본적인 노동조건 등에 관하여 그 근로자를 고용한 사업주로서의 권한과 책임을 일정 부분 담당하고 있다고 볼 정도로 실질적이고 구체적으로 지배 · 결정할 수 있는 지위에 있는 자"에 대해 노조법 제81조 제4호의 지배 · 개입의 주체인 사용자에 해당한다고 본 것도 이와 같은 맥락에서 이해할 수 있다.[527)]

그렇지만 단결권의 주체로서의 근로자 개념과 단체교섭의 주체로서 근로자 개념은 서로 명확히 구별되며, 단결권의 주체로서의 근로자성 판단에 비하여 단체교섭권 주체로서의 근로자성 판단은 보다 엄격한 기준에 의하여야 한다. 단결권과 달리 단체교섭권은 항상 구체적인 상대방을 전제로 하는 권리로, 그 상대방과의 관계 속에서 구체화된다. 단체교섭권은 사용자 또는 사용자단체와 근로조건에 관한 사항 등의 결정에 관하여 교섭하고 그 교섭의 결과 합의된 사항에 대하여 단체협약을 체결할 수 있는 권한을 의미한다. 단체교섭의 결과는 단체협약으로 나타나고, 단체협약의 규범적 및 채무적 부분을 이행하려면 단체교섭 당사자는 직접고용관계에 있어야 한다. 따라서 단체교섭의 상대방으로서의 사용자성은 그 사

527) 대법원 2010. 3. 25. 선고 2007두8881 판결.

용종속관계의 판단에 있어서 근로기준법상 사용자 개념에 준하여 판단하여야 한다. 따라서 단결권과 단체교섭에 있어서의 노조법상 사용자의 개념은 각 권리의 본질적인 구조 차이로 인하여 실질적인 판단에서 '사용종속' 의 정도를 달리 볼 수밖에 없지만, '단체교섭' 에서의 사용자성은 전통적인 근로기준법상 근로자 개념에 준하여 해석하여야 하고, 단결권 인정 등의 사안에서처럼 동일하게 확대 해석하는 것에는 신중해야 한다고 생각한다. 앞에서도 본 바와 같이 근로계약 관계에 있어서 근로자와 사용자 간에 분쟁이 발생하였을 때, 그 근로자들이 '단결할 권리' 는 ① 그 사용자와 '단체로 교섭할 권리' 와 '교섭을 위하여 단체로 행동할 권리' 의 전제가 되는 것일 뿐만 아니라, ② 그 개념상 어떠한 구체적 사용자와의 사용종속관계를 필수적 요소로 한다고 볼 수 없고, ③ 단결권의 보장만으로는 사용자의 권리가 침해될 소지가 크지 않는 반면, '단체교섭권' 은 근로자들이 서로 단결하여 노동조합이 설립된 상태에서 근로조건의 향상을 위하여 사용자와 구체적인 교섭을 진행할 권리로 필연적으로 구체적인 사용자와의 관계에서 고려될 필요가 있고, 그 인정 여부에 따라 사용자의 권리가 침해될 가능성이 상대적으로 높으므로 단체교섭권에 대하여는 단결권에 비하여 더욱 엄격한 판단기준이 적용되어야 하는 것이다.

이와 관련한 사례로서 '불법체류 외국인근로자' 의 노조법상 근로자성 여부가 문제된 경우가 있다.[528] 이 사안은 취업자격 없는 외국인근로자가 임원인 노동조합 설립신고를 반려한 행정처분에 대해 위법성을 다툰 것으로, 불법체류 외국인 근로자의 노조법상 근로자성 여부에 관하여 견해가 나뉘어졌다. 다수의견은 "노조법상 근로자란 타인과의 사용종속관계하에서 근로를 제공하고 그 대가로 임금 등을 받아 생활하는 사람을 의미하며, 특정한 사용자에게 고용되어 현실적으로 취업하고 있는 사람뿐만 아니라 일시적으로 실업 상태에 있는 사람이나 구직 중인 사람을 포함하여 노동3권을 보장할 필요성이 있는 사람도 여기에 포함되는 것으로 보아야 한다. 그리고 출입국관리 법령에서 외국인고용제한규정을 두고 있는 것은 취업활동을 할 수 있는 체류자격(이하 '취업자격' 이라고 한다) 없는 외국인의

528) 대법원 2015. 6. 25. 선고 2007두4995 전원합의체 판결.

고용이라는 사실적 행위 자체를 금지하고자 하는 것뿐이지, 나아가 취업자격 없는 외국인이 사실상 제공한 근로에 따른 권리나 이미 형성된 근로관계에서 근로자로서의 신분에 따른 노동관계법상의 제반 권리 등의 법률효과까지 금지하려는 것으로 보기는 어렵다. 따라서 타인과의 사용종속관계하에서 근로를 제공하고 그 대가로 임금 등을 받아 생활하는 사람은 노조법상 근로자에 해당하고, 노조법상의 근로자성이 인정되는 한, 그러한 근로자가 외국인인지 여부나 취업자격의 유무에 따라 노조법상 근로자의 범위에 포함되지 아니한다고 볼 수는 없다."고 판시하였다.

이에 반해 소수의견은 "임금 등의 금전적 청산, 업무상 재해에 대한 보상 등 위법한 고용의 결과이긴 하지만 되돌릴 수 없는 기왕의 근로 제공이라는 측면에서 취업자격 없는 외국인을 보호하는 것은 별론으로 하더라도, 취업자격 없는 외국인은 애당초 '정상적으로 취업하려는 근로자'에 해당할 수 없고 이미 취업한 사람조차도 근로계약의 존속을 보장받지 못할 뿐만 아니라, 노조법상의 근로자 개념에 포함된다 하여 취업자격을 자동으로 취득하거나 그의 국내 체류가 합법화되는 것도 아니다. 이런 마당에 장차 근로관계가 성립 혹은 계속될 것을 전제로 사용자와의 단체교섭이나 단체협약의 체결을 통하여 근로조건을 유지 · 개선하려 하는 것 자체가 가능한 일인지 의문이다. 결국 취업자격 없는 외국인에 대하여는 근로조건의 유지 · 개선과 지위 향상을 기대할 만한 법률상 이익을 인정하기 어렵고, 취업자격 없는 외국인은 노조법상 근로자의 개념에 포함되지 않는다."고 하면서 다수의견에 반대하였다.

이 판결은 내국인 또는 외국인이든, 그리고 그 외국인이 취업자격이 있든 없든 상관없이 타인과 사용종속관계 하에서 근로를 제공하고 그 대가로 임금 등을 받아 생활하는 사람이라면 헌법상 노동3권을 보장받는 근로자에 해당한다는 일반적 법리를 확인하였다는 점에서 의의가 있지만, 출입국관리법령상의 미등록 불법체류외국인 근로자의 지위와 헌법 제33조 노동3권의 미등록 근로자의 지위를 별개의 것으로 보았다는 점에 더 큰 의의가 있다. 다만, 다수의견과 같이 불법체류 외국인근로자에 대해 노조법상 근로자 개념에 포함시킨다는 것이 그대로 불법체류 외국인근로자에게 아무런 제한없이 노동3권을 인정하게 되는 것은 문제가 있어 보인다. 소수의견이 지적하는 바와 같이 "장차 근로관계가 성립 혹은 계속될 것을 전제로 사용자와의 단체교섭이나 단체협약의 체결을 통하여 근로조건을 유지·개선하려 하는 것 자체가 가능한 일인지" 의문이기 때문이다.

생각건대, 근로자의 노동3권은 자유권적인 면과 생활권(사회권)적인 면을 함께 내포하고 있는 하나의 복합적인 성질의 기본권이라고 할 것이다. 노동3권 중 단결권과 같은 자유권적 성격이 강한 기본권은 근로관계의 유지와 관계없이 보호되나, 단체교섭과 단체협약 체결과 같이 집단적 자치[529]를 구현하는 사회권적 성격을 가진 기본권은 근로관계의 존속이나 유지가 전제되어야 실효성을 가지는 권리라고 볼 수 있다. 즉, 불법체류 외국인근로자에게 단결권을 인정하더라도 장차 근로관계가 성립 혹은 계속될 것을 전제로 사용자와의 단체교섭이나 단체협약의 체결을 통하여 근로조건을 유지·개선하는 것으로 나아갈 가능성이 있는 한에서 대상 판결이 의미가 있을 것이다.[530] 따라서 불법체류 외국인근로자에게 기존 산업별 혹은 지역별 노동조합에 가입하는 것은 허용될 수 있으나, 만약 불법체류 외국인근로자만으로 조직된 노동조합의 설립은 허용하더라도 그 실효성이 크지 않을 것이다.

529) 단체행동권도 단체교섭권과 마찬가지로 근로자가 근로자단체를 통하여 행사할 수 있는 권리라 할 것이다.

530) 이는 노동3권 중 '단체교섭권'을 중핵적인 권리로 보는 입장인 노동법학계의 다수설을 전제한다. 만약 근로자의 경제적·사회적 지위 향상을 위한 단결권 보장이라는 '단결권'을 중핵적인 권리로 본다면 단체교섭권이나 단체행동권도 단결권 행사의 목적에 충실하게 보장되어야 할 것이다. 이에 따르면 근로자의 근로조건의 결정과 같이 사용자에게 처분권한이 있는 사항에 한하지 않고 근로자의 경제적·사회적 지위 향상을 위하여 관련되는 사항이라면 광범위하게 이를 단체교섭의 대상으로 삼거나 그러한 사항을 관철하기 위한 단체행동을 할 수 있다고 할 것이다.

제5장

결 론

제5장 결 론

우리나라도 세계적인 산업구조 조정기를 지나 본격적인 과학기술의 혁신기에 진입하면서 고용형태가 다양화되고 있다. 그에 따라 경영자의 노무관리 기법도 다양해지고, 기존 전통적인 제조업에서의 근로제공방식과는 전혀 다른 매우 생소한 노무제공 형태가 증가하고 있다. 따라서 '인적 종속성'이라는 전통적인 개념적 표지(Merkmal)만으로서는 포섭할 수 없는 노무제공자 집단이 증대하고 있기 때문에 이와 관련한 근로자 개념을 새로이 정립해야 할 필요가 있다. 또한 근로자인가 아닌가에 따라 법적용여부가 일률적 · 도식적으로 결정되는 방식도 바람직하지 않을 것이다.

오늘날 자유로운 시장경제체제 하에서 치열한 경쟁은 불가피하고, 상품시장뿐만 아니라 노동시장에서도 예측하기도 힘든 다양한 새로운 고용형태가 나타나고 있다. 이러한 현실을 반영하여 대법원은 사용종속성을 언급하지만 그 내용이 인적 종속성만을 기준으로 하는 것으로 보이지 않는다. 이러한 상황에서 근로자 개념을 인적 종속성의 기준으로 동일하게 보는 견해는 오히려 노동시장에서 사용자의 조작으로 보호필요성이 있는 노무제공자의 근로자성이 일방적으로 부정될 위험성이 다분하다. 따라서 근로기준법상 근로자 개념과 노조법상 근로자 개념을 동일하게 보는 전통적인 입장에서 탈피해서 사용종속성이라는 기반은 공유하지만 근로기준법과 노조법이 강조하는 점은 달라질 수 있음을 긍정하는 것이 오히려 현재의 지배적인 입장이다. 이러한 입장은 근로자 개념의 핵심인 사용종속성을 바라보는 측면에서 인적 종속성과 경제적 종속성으로 그 강조점을 다르게 보는 데서 출발한다. 노동관련 각 법률상 근로자 개념을 헌법의 취지에 비추어 개별 법률의 입법목적과 보호필요성 등에 따라 달리 보는 것이 타당할 것이다.

노동법상 근로자 개념에 관한 판례를 분석하고 체계화한 결과, 근로자 개념의 판단방식은 단계별로 이해하는 것이 적용하기 쉽고 효율적이다. 1단계로 활동제공의 목적이 금품수령인지 불분명한 경우 당사자의 의사를 해석하고, 2단계에서 사용종속성의 판단기준을 실질적으로 해석(직접적인 계약당사자인 노무제공자와 노무수령자 사이에 활동제공이 금품을 수령하기 위한 목적인 경우)한다. 이 실질적 종속성 판단(2단계)에서는 판례상 사용종속성 판단지표의 분류와 분석을 기초로 종속성의 판단기준을 전체적으로 체계화하여 실질적 · 종합적으로 고려하여 해석한다. 다만 근로기준법과 노조법상 종속성 정도의 차이는 그 주체인 근로자의 범위에서 구별된다. 계약의 당사자가 간접적인 경우에는 3단계로 '사업주로서의 실체' 와 '지휘 · 명령권 행사' 여부에 대한 각각의 판단에서 나아가, 다시 2단계로 돌아가서 해석하게 되는 경우가 생기기도 한다.

개별적 근로기준법상 근로자 개념은 평면적인 2차원으로, 집단적 노사관계법상 근로자 개념은 입체적인 3차원으로 구성되는 근로자성 범위의 중층적 구조는, 먼저 근로기준법과 노조법의 다음과 같은 각각 다른 특성에 대한 복합적 이해가 전제되어야 한다. 근로기준법은 근로자와 사용자간의 근로계약상 근로조건이 국가가 정한 최저수준을 밑돌지 않도록 국가가 직접 관리 · 감독하여 근로조건을 보호한다는 측면에서 그 특성을 도출할 수 있다. 근로자와 사용자간의 '직접적인 관계' 에서, 근로계약의 근로조건이 국가가 정한 최저수준인 '고정적인 상태' 를 하회하지 않도록, 국가가 직접 관리하여 근로조건을 보호한다는 '소극적' 인 특징이 있다. 반면 노조법은 근로자가 조직한 노동조합을 매개로 사용자와의 집단적 노사관계에서 노동3권을 집단적 자치원리를 통해 보장하고자 한다는 측면에서 그 특성을 도출할 수 있다. 근로자와 사용자간에는 노동조합을 매개로 한 '간접적인 관계' 에서, 단결권 · 단체교섭권 · 단체행동권이라는 노동3권을 구현하기 위한 각각의 권리에 대응하는 사용자는 고정적이지 않고 단체교섭의 상대방 혹은 부당노동행위의 주체 등으로 '변동적으로 연결' 되는 당사자이고, 국가의 개입없이 집단적 자치원리를 통해 '적극적' 으로 노동3권을 보장한다는 특징이 있다.

마지막으로 덧붙이자면, 근로자의 '근로' 혹은 인간의 '노동' 이라는 양태가 지금과 같을 것이라는 관념을 바꾸어야 할 시점이 바로 앞으로 다가왔다. 세계경제포럼(World Economic Forum, WEF)은 2016년 1월 18일 스위스 다보스에서 열리는 개막을 앞두고 발표한 "미래의 직업(The Future of Jobs)" 보고서를[531] 통해 '4차 산업혁명' 으로 관리직 및 화이트칼라 직업군들이 가장 큰 위험에 처하게 될 것이라고 주장했다.[532] 제4차 산업혁명이란 사이버 공간과 물리적 환경의 융합을 의미한다. 특히 다보스포럼에선 나노기술, 뇌 연구, 3D 프린팅 등 첨단 산업 영역간의 상호작용으로 인한 변화들에 대해 집중적으로 다루었다. 이 보고서에 따르면 이번 조사 결과 자동화 등으로 인해 선진국 내의 일자리 710만개 가량이 사라질 것으로 예상하고 있다. 대신 기술 발전으로 테크, 전문 서비스 영역 등에서 200만개 일자리가 새롭게 만들어질 것으로 전망한다.[533] 결과적으로 500만개 가량이 사라질 것이란 게 WEF의 예상이다. 로봇공학, 인공지능(AI), 사물인터넷(IoT), 유비쿼터스, 모바일, 3D프린터 등의 혁신이 결합한 '4차 산업혁명' 으로 무궁무진한 사업 기회가 생기기도 하겠지만, 한편으로 일자리 자체를 위협할 것이라는 진단이다.[534] AI에 의한 일자리 위협이 현실화된다면 자본주의에서 노동시장이 더 이상 소득 불균형을 완화하는 기능을 하지 못하고, 이른바 '기본소득' 과 같은 제도의 도입을 고민하게 될 것이다.[535] 또한 과학기술이 혁명적으로 발전된 미래 사회에서는 노동시장 자체가 축소될 것이고, 전형적인 노동의 모습도 더 이상 유지되기 어려울 것이다. 지금의 육체노동과 정신노동이 아닌 공상과학소설이나 SF영화에서나 다뤄지던 "인간의 두뇌에서의 일어나는 생각이나 사고를 직접적으로 추출하거나 가공한 결과물이나 작용" 과 같은, 다른 차원의 '노동' 형태가 출현할 가능성을 배제할 수 없다.

---

531) http://www3.weforum.org/docs/WEF_Future_of_Jobs.pdf.

532) http://www.weforum.org/reports/the-future-of-jobs.

533) WEF는 이번 보고서를 위해 전 세계 15개 선진국의 350개 대형 기업 경영자들을 대상으로 서베이 조사를 실시했다.

534) 헤럴드경제뉴스, "알파고 승리가 두려운 이유 노동자 '먹고사니즘' 위협", 2016. 3. 10.자 기사(http://news.heraldcorp.com/view.php?ud=20160310000450) 등 참조.

535) 경향신문, "스위스 국민투표 부결로 끝났지만…기본소득 오해와 진실", 2016. 6. 10.자 기사(http://news.khan.co.kr/kh_news/khan_art_view.html?artid=201606102151005&code=210100).

전 세계적인 급격한 기술변혁의 시대상황에서 인간의 노동 양태가 달라질 것은 틀림없다. 우리는 이러한 급격한 기술변혁과 노동양태의 근본적 변화에 대응하기 위해서라도 노동법에서의 근로자 개념을 도그마적 논리로만 접근하여 그 범위를 한정적으로 한계짓는 것은 지양해야 한다. 지금은 단순한 변화의 시기가 아니다. 근본을 뒤흔드는 변혁의 시기이다. 이에 대한 고민이 직접적으로 반영되는 노동법의 테마가 근로자 개념에 대한 문제이다. "근로자 개념을 어떻게 이해하고 체계화하여 정립할 것인가"라는 문제는 단순히 노동법의 이론상 논란에 그치는 문제가 아니라, 법을 적용함에 있어 어떻게 하면 현실을 제대로 반영하고 닥쳐 올 변화와 변혁에 대응할 준비를 할 수 있을까라는 인간사회에 대한 근본적 고찰의 문제이다. 헤겔은 노동을 사회형성의 원리일 뿐 아니라 인간의 본질이라고 보았다시피,[536] 이는 법철학적인 문제[537]이기도 하고 헌법과 입법론적 논의까지도 수반하여 이 책자의 범위를 벗어나 더 이상 논의하지 않았다. 그렇지만 미래의 근로자 개념을 어떻게 다시 정의하고 노동의 가치를 어떻게 재설정할지를 지금부터는 심각하게 고민해야 할 것이다.

---

536) '주인과 노예의 변증법'에서 주인은 노예의 인정을 통해 주인으로서의 자의식을 확립하지만 노예에게 진정한 인정과 존경을 받고 싶기 때문에, 주인은 노예의 노예가 되고 노예는 주인의 주인이 된다고 한다[헤겔(임석진 옮김), 「정신현상학1」, 한길사, 2005, 228~232면].

537) 칼 마르크스(Karl Marx)는 자본주의 체제 하에서는 일을 통해 자아실현을 할 수 없다고 한다. 노동의 결과물은 노동자 자신이 아닌 자본가에게 속하고, 노동자는 그것에서 소외된다는 것이 '노동의 소외'다[칼 마르크스(김태경 옮김), 「경제학-철학 수고(手稿)」, 이론과실천, 1992, 54~68면]. 이에 따르면 "노동자가 상품을 많이 생산하면 할수록, 그는 더욱더 저렴한 상품으로 된다. … 노동은 상품만을 생산하는 것이 아니라, 자기 자신과 노동자를 하나의 상품으로서 생산해낸다."

참고문헌

1. 국내문헌

[단행본]

강희원 · 김영문, 『근로자개념과 계약의 자유』, 중앙경제, 2001

강희원 · 이상윤 · 조준모 · 김영문, 『특수고용직 종사자의 법적 지위』, 중앙경제, 2002

곽윤직(편집대표), 『民法注解 제XV권』, 채권(8), 박영사, 1999

계희열, 『헌법학(중)』(신정2판), 박영사, 2007

권영성, 『헌법학원론』, 법문사, 2004

김유성, 『노동법 I』, 법문사, 2005

김유성, 『노동법 II』, 법문사, 2001

김철수, 『헌법학개론』, 박영사, 2003

김형배, 『노동법』(제23판), 박영사, 2014

김형배 · 박지순, 『근로자개념의 변천과 관련법의 적용-유사근로자에 관한 비교법적 고찰-』, 한국노동연구원, 2004

노동법실무연구회, 『근로기준법주해 I』, 박영사, 2010

박지순, 『독일의 유사근로자(특수형태고용종사자)의 유형과 노동법상의 지위에 관한 연구』, 한국노동연구원, 2005

배동희, 『실무노동법』(제3판), 미래가치, 2015

성낙인, 『헌법학』, 법문사, 2003

임종률, 『노동법』(제14판), 박영사, 2016

이병태, 『최신 노동법』(제6전정판), 중앙경제, 2005

이상윤, 『노동법』(제14판), 법문사, 2015

이은영, 『채권각론』, 박영사, 2005

이정 譯, 『일본노동법』, 법문사, 2015
장영수, 『헌법학』(제9판), 홍문사, 2015
허영, 『한국헌법론』(전정11판), 박영사, 2015

[학위 및 학술논문]

강성태, 「근로자의 개념」, 서울대박사학위논문, 1994
이근희, 「사회적 일자리 종사자의 노동법 · 사회보장법적 지위」, 고려대석사학위논문, 2013
이철수, 「단체교섭의 근로자측 주체에 관한 비교법적 연구」, 서울대박사학위논문, 1992
윤애림, 「다면적 근로관계에서의 사용자의 책임」, 서울대박사학위논문, 2003

강성태, 『누가 근로자인가』, 대구대학교 출판부, 2000
강성태, "근로자개념의 재인식", 「노동법강의(-기업구조조정과 노동법의 중요과제-)」(제7권), 법문사, 2004
강성태, "특수고용관계와 근로기준법상 근로자성의 판단", 「노동법학」(제11호), 한국노동법학회, 2000
강성태, "레미콘 운송차주 겸 운전자의 노조법상 근로자 지위: 근로자 개념 문제에 대한 올바른 접근", 「판례실무연구」IX, 박영사, 2010
고호성, "근로3권의 상호관계에 과한 소고", 동산 김두희박사 화갑기념, 1987
권두섭, 특수고용노동자 보호입법의 올바른 방향, 비정규노동자 보호입법의 올바른 방향, 경제정의실천시민연합, 민주사회를위한변호사모임, 참여연대, 2002
김소영, "특수고용관계에 있는 근로자들의 노동법적 문제", 「사회변동과 사법질서」, 김형배교수정년퇴임기념논문집, 2000
김영문, "근로자가 아닌 자의 노조가입을 둘러싼 법적 쟁점 연구", 「노동법학」(제32호), 한국노동법학회, 2009

김영문, “레미콘운송차주의 조합원 자격여부”, 「레미콘운송차주에 관한 판례 · 평석」, 경총, 2001

김재기, “공무원노동조합법제의 입법방향”, 「노동법연구」(제10호), 서울대 노동법연구회, 2001

김재훈, “레미콘운송차주의 근로자성”, 「월간노동법률」, 중앙경제, 2003.3

김재훈, “특수형태근로종사자에 대한 일본에서의 취급 및 시사점”, 「특수형태 근로종사자 관련 논의자료집」, 노사정위원회, 2003.

김형배, “골프장캐디의 노동법상 지위 -대판 2014. 2. 13, 2011다78804 및 이 판결의 원심 서울고법 2011. 8. 26, 2009나1121116에 대한 비판적 검토-”, 「노동법포럼」(제13호), 노동법이론실무학회, 2014

김희성, “위임직채권추심인의 노무제공관계 실태와 근로기준법상 근로자성 여부”, 『위임직채권추심인의 근로기준법상 근로자성 여부』, 2015

김희성 · 한광수, “한전 단전원의 근로기준법상 근로자성에 대한 연구”, 「노동법논총」(제33집), 한국비교노동법학회, 2015

노상헌, “파견 및 사내도급근로에 관한 일본의 노동법리와 쟁점”, 「노동법연구」(제19호), 서울대 노동법연구회, 2005

박수근, “특수고용형태의 근로자성-레미콘운송기사와 경기보조원의 근로자성에 관한 최근의 판례를 중심으로-”, 동계학술발표 자료집, 한국노동법학회, 2001

박수근, “레미콘운송기사와 경기보조원의 근로자성에 관한 검토”, 「노동법학」(제14호), 한국노동법학회, 2002

박종수, “세법상 유형화 · 포괄화의 정당성과 한계”, 『조세법연구』, 한국세법학회, 2004

박종희, “공무원의 노동관계법상 지위에 관한 연구”, 「노동법포럼」(제4호), 노동법이론실무학회, 2010

박종희, “근로기준법상 근로자개념-근로기준법의 적용확대와 선별적용과 관련하여-”, 「노동법학」(제16호), 한국노동법학회, 2003

박종희, "근로3권의 주체에 관한 연구 -실업자와 특수취업관계종사자를 중심으로-", 한국노사관계학회 하계학술대회발표논문, 2001
박종희, "근로3권의 보장의의와 내용", 「고려법학」(제48호), 고려대법학연구원, 2007
박종희, "노동조합 및 노동관계조정법상 근로자의 개념-특히 실업자의 조합원자격과 관련하여-", 「노사관계 선진화방안 주요쟁점 분석 및 입법대안 모색(Ⅴ)」, 한국노동연구원, 2005
박지순, "근로자개념론-골프장캐디 사건 판결을 계기로-", 노동법실무연구회 발표문, 2015.5.12
박지순, "텔레워크의 의의와 노동법적 기본문제", 인터넷법률(제23호), 2004
박지순, "근로자개념의 변천과 관련법의 적용", 한국노동연구원, 2004
박지순 · 하명호, 「실업자의 조합원 자격과 노조법상 근로자 개념」(고용노동부학술용역보고서), 고용노동부, 2011.6
오상호, "독일의 근로자 개념과 근로자성 판단", 「강원법학」(제44권), 강원대 비교법학연구소, 2015
오윤식, "근로기준법상 근로자성에 대한 판단", 「노동판례비평」(제18호), 민변 노동위원회, 2014
오윤식, "골프장 캐디의 근로자성; 서울고법 2011. 8. 26. 선고, 2009나112116 판결", 「법조」(제675호), 2012
유성재, "실업자 노조가입 허용 판결의 문제점과 개선방향", 「중앙법학」(제6집 제1호), 중앙법학회, 2004
유성재, "위법한 근로자파견의 사법적 효과", 「중앙법학」(제4집 제2호), 중앙법학회, 2002
유성재, "목적론적 개념형성에 의한 근로자성 판단", 「법조」(제569호), 2004
윤애림, "특수고용노동자의 근로자성과 입법의 방향", 「민주법학」(제23호), 2003
윤애림, "특수고용노동자의 근로자성과 입법의 방향", 「서강법학」(제6권), 2004

윤애림, “ILO 고용관계 권고와 한국의 특수고용 입법논의”, 「노동법학」(제23호), 한국노동법학회, 2006

이달휴, “헌법상 근로권에 있어서 근로자개념”, 「공법학연구」(제12권 제2호), 한국비교공법학회, 2011

이달휴, “노동3권상 근로자개념”, 「노동법학」(제53호), 노동법학회, 2015

이승욱, “노동법상 근로자 · 사용자 개념 확대를 둘러싼 쟁점과 입법적 과제”, 「노동법학」(제49호), 한국노동법학회, 2014.

이승욱, “특수형태근로종사자의 법적규율을 위한 입법적 모색”, 「노동법연구」(제19호), 서울대 노동법연구회, 2005

이영화, “골프장 경기보조원의 노동관계법상 지위: 판례를 중심으로”, 「裁判과 判例」(15집), 대구판례연구회, 2007

전형배, “근로자 여부에 대한 행정청과 법원 간의 견해차이 최소화 방안”, 산재보험 50주년기념 산재심사제도 학술세미나, 근로복지공단, 2014

조경배, “노동3권의 주체로서 근로자개념과 특수고용노동자”, 「노동법학」(제22호), 노동법학회, 2006

조경배, “독립노동과 유사근로자 그리고 위장자영인”, 「민주법학」(제25호), 민주주의법학연구회, 2004

조경배, “직접고용의 원칙과 파견근로”, 「민주법학」 제19호, 2001

조성재, “공공부문의 간접고용 실태와 외주화에 대한 정책방향”(노동리뷰 제21호), 2006

조용만, “골프장 경기보조원의 노조법상 근로자성”, 「노동법학」(제40호), 노동법학회, 2011

조용만, “프랑스의 집단적 노사관계법”, 노동과 법 제2호(산별노조에 따른 노동법적 쟁점), 2002

조임영, “근로계약의 본질과 근로자 개념”, 「노동법연구」(제15호), 서울대 노동법연구회, 2003

최영호, “계약근로형 노무공급자의 근로자성”, 「노동법연구」(제13호), 서울대 노

동법연구회, 2002
최은배, “근로기준법상 근로자의 개념”, 「특별법연구」(10권), 전수안대법관퇴임 기념, 사법발전재단, 2012

[기타 문헌]

국가인권위원회, 「특수고용직 노동권침해 실태조사보고서」, 2006
노동부, 「비정규 · 간접고용 근로자의 노동단체권 행사에 관한 법리 연구」, 2006
김유성, “노동조합을 결성할 수 있는 근로자”, 법률신문(1993. 8. 16.)
백재봉, “근로자의 개념과 조합가입자격”, 법정, 1977.8.
제러미 리프킨(이영호 옮김), 「노동의 종말」, 민음사, 2005
칼 마르크스(김태경 옮김), 「경제학-철학 수고(手稿)」, 이론과실천, 1992
헤겔(임석진 옮김), 「정신현상학1」, 한길사, 2005

2. 외국문헌

Arthur Nikisch, Arbeitsrecht, Bd. I, J.C.B. Mohr, 1961
Alfred Hueck/ Hans Carl Nipperdey, Lehrbuch des Arbeitsrechts(7.neu. Aufl.), Verlag Franz Vahlen G.m.b.H., 1963
Hans Brox, Grundbegriff des Arbeitsrechts(6. Aufl.), Verlag W. Kohlhammer GmbH, 1983
Manfred Weise, “Federal Republic of Germany”, Kluwer Law and Taxation Publishers, 1987
Wolfgang Däubler, Das Arbeitsrecht 1, Rowohlt, 1985
Wolfgang Zöllner, Arbeitsrecht, C.H.Beck’sche Verlagsbuchhandlung, 1983
Archibald Cox/Derek C. Bok/Robert A. Gorman/Matthew W. Finkin, Cases and Materials on LABOR LAW(11th ed.), The Foundation Press, Inc.(1991)

Benjamin S. Asia, “Employment Relation: Common-Law Concept and Legislative Definition”, Vol. 55, The Yale Law Journal(1945)

Fowler V. Harper, “The Basis of the Immunity of an Employer of an Indepedent Contractor”, Vol. 10, Ind.L.J.(1935)

Gerald M. Stevens, “The Test of the Employment Relation.”, Vol. 38, Mich.L.Rev.(1939)

James H. Wolfe, “Determination of Employer-Employee Relationship in Social Legislation,” Vol. 41, Col.L.Rev.(1941)

沼田 등 編(이철수 편역), 勞働者事典, 법문출판사, 1990.

柳屋考案, “西ドイツ労働法における被傭者概念の変化ー放送事業の自由協動者をめぐる最近の動き”(上), 日本労動協会雑誌　137(1985.10)

片岡昇, “勞働法の特質”, 法學論叢 110권 4・5・6호, 京都大出版部, 1981

片岡昇, “映畵排優は『勞働者』か”, 季刊勞働法57호, 總合勞働研究所, 1966

片岡昇, “特殊勞働者の法的問題ー外務員”, 「季刊勞働法」, 第60號, 總合勞働研究所, 1967

青木宗也・片岡昇, 「勞働基準法 Ⅰ」, 青林書院, 1994

蓼沼謙一, “勞働法の對象 − 從屬勞働論の檢討 −” 現代勞働法講座1, 1981

吾妻光俊, 勞働法の基本間題, 有斐閣, 1948

石井照久, 勞働法總論, 有斐閣, 1979

山本吉人, “勞働者・勞働組合”, 季刊勞働法57호, 總合勞働研究所, 1966

山本吉人, 「雇用形態と勞働法」, 總合勞働研究所, 1970

小嶋典明, “‘勞働者’の判斷基準”, 「季刊勞働法」, 第139號, 總合勞働研究所, 1986

伊藤博義, “勞基法上の勞働者・使用者”, 「現代勞働法講座」第9巻, 總合勞働研究所, 1982

有泉亨・青木宗也・金子征史編, 「基本法コンメンタールー 勞働基準法(第3版)」,

日本評論社, 1990
久保敬治,「三版 勞働法」, ミネルヴァ書房, 1976
吉田美喜夫, "雇用・就業形態の多様化と勞働者概念", 日本勞働法學會誌68호, 總合勞働研究所, 1986
東京大學勞働法研究會,「注釋勞働組合法 上卷」, 有斐閣, 1980
勞働旬報社,「勞働判例大系 1; 勞働契約」, 1993
勞働省勞働基準局編著,「解釋通覽 勞働基準法」, 總合勞働研究所, 1999

판례색인

ㄷ

ㅅ

ㅇ

ㅎ

저자소개

배 동 희

[학 력]

- 연세대학교 법과대학 졸업
- 제13기 공인노무사
- 경북대학교 대학원 법학과 졸업(석사)
- 고려대학교 대학원 법학과 졸업(노동법 박사)

[경 력]

- 조은노무법인(2005~2007)
- 농협중앙회 회원지원부 과장(2007~2009)
- 법무법인 지평지성(2009~2010)
- ㈜효성 인사관리팀 부장(2010~2014)
- 법무법인(유한) 태평양(2014~현재)
- 중앙행정심판위원회 비상임위원(2016.11~현재)

김 형 로

[학 력]

- 고려대학교 법학과 졸업
- 제37기 사법연수원 수료

[경 력]

- LG전자 주식회사(1998~2002)
- 법무법인(유한) 태평양(2008~현재)
- 산업재해보상보험심사위원회 비상임위원(2011.7~현재)
- 경기지방노동위원회 심판담당 공익위원(2011.11~2015.3)

이 욱 래

[학 력]

- 서울대학교 법과대학 졸업
- 서울대학교 법과대학원 수료
- 제22기 사법연수원 수료
- 미국 Harvard 로스쿨 졸업(LL.M.)

[경 력]

- 육군법무관(1993~1996)
- 서울지방법원 판사(1996~1998)
- 서울지방법원 북부지원 판사(1998~2000)
- 광주지방법원 목포지원 판사(2000~2004)
- 대법원 조사심의관(2004~2005)
- 김앤장 법률사무소(2005~2014)
- 법무법인(유한) 태평양(2014~현재)